Albrecht Ritter

Wandern & Einkehren

Heilbronner Land

45 ausgewählte Touren

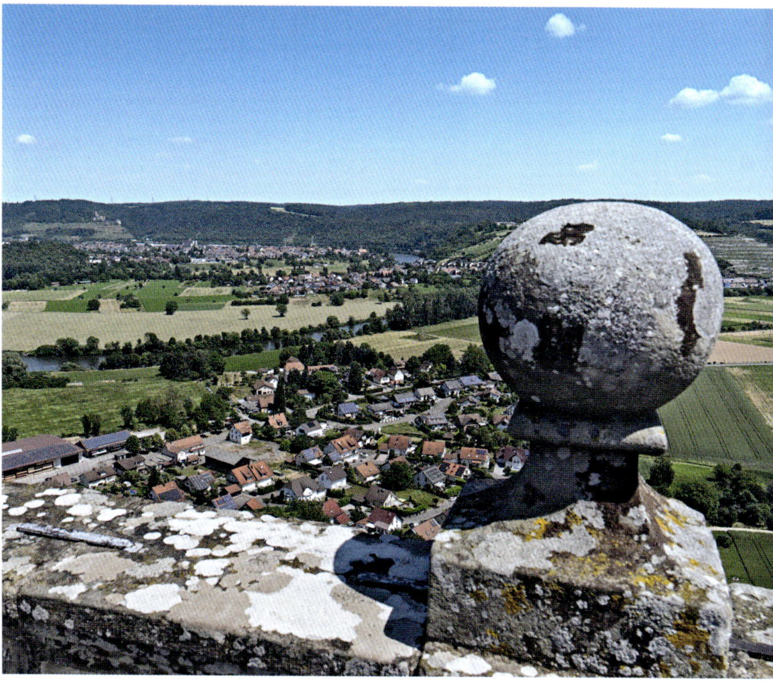

ROTHER
BERGVERLAG

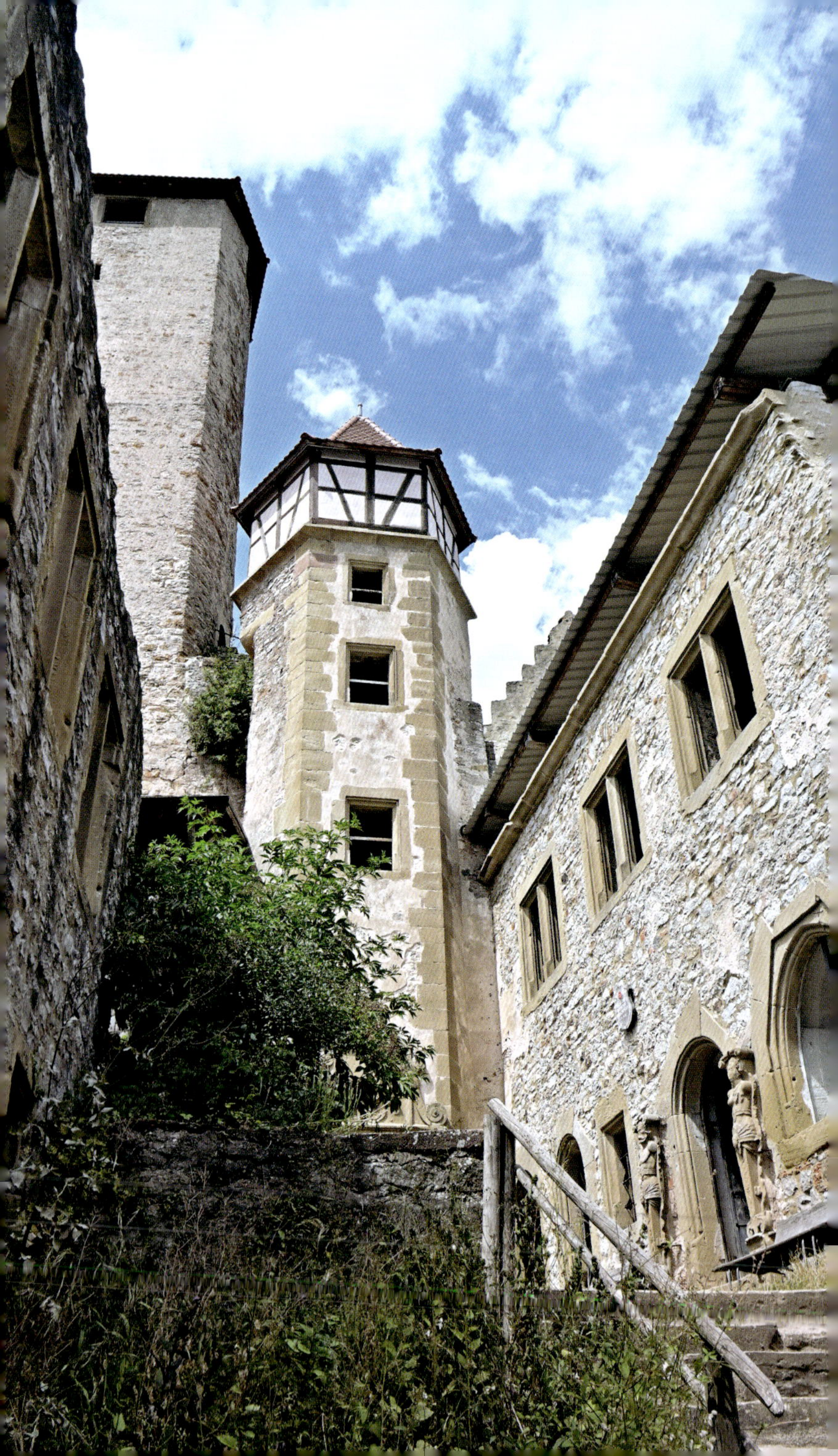

Vorwort

Nichts ist schöner als nach einer gelungenen Wanderung eine ansprechende Einkehrmöglichkeit anzusteuern. Quasi als Belohnung für die kleinen Mühen, die man sich mit der Tour aufgeladen hat. Dieses Wanderbuch soll helfen, eine kleine Vorauswahl zu treffen. Vom Kiosk über den Weinstand und die Besenschänke bis zum vornehmen Speiselokal ist alles vertreten. Dem Umstand, dass ein großer Teil des hier vorgestellten Wandergebiets auch eine gesegnete Weinregion ist, verdanken wir genügend Lokale, in denen heimischer Wein und lukullische Genüsse angeboten werden. Oft sind das die beliebten Besenwirtschaften, die sich, familiär betrieben, gut über Wasser halten können. Und wo sonst, wenn nicht hier, trifft man auf die ehrliche und bodenständige Küche des schwäbischen Unterlandes. In drei unterschiedlichen Wanderregionen möchte ich Sie zum Wandern und Genießen anregen.
Am Neckar mit seinen alten Burgen und steilen Weinberglagen und dem westlich angrenzenden Zabergäu mit Strom- und Heuchelberg und den dazwischenliegenden anmutigen Weindörfern finden sich viele aussichtsreiche Wanderwege, die es zu erkunden gilt. Fast überall gibt es eine Besenwirtschaft, in der man regionale Kost meist sogar zu kleinen Preisen findet. Lokalkolorit gibt's gratis dazu. Auf der gegenüberliegenden Seite des Flusses der Dichter und Denker tauchen wir tief in die Wälder und Klingen des Schwäbisch-Fränkischen Waldes ein, wo so mancher Landgasthof überlebt hat und traditionelle Kost serviert wird. In den nördlichen Randbereichen, in den Löwensteiner Bergen, wo ebenfalls Weinbau betrieben wird, gibt es genauso lebendige Winzerschenken wie am Neckar. In den historischen Kleinstädten des Hohenlohischen an Kocher und Jagst schließlich haben wir eine bunte Mischung aus bodenständiger Esskultur und vornehmer Küche mit fränkischem Einschlag.
Für jede Wanderung werden eine oder mehrere Einkehrmöglichkeiten vorgestellt, die direkt am Weg liegen oder aber in zumutbarer Entfernung erreichbar sind. Leider hat sich die Gastronomieszene in den letzten Jahren stark gewandelt. Infolge der Abwanderung des Personals können manche Gasthäuser nur noch eingeschränkte Öffnungszeiten anbieten. Andere wiederum waren gezwungen, ganz ihre Pforten zu schließen. Dennoch finden sich rund um das Mittlere Neckartal und in den Tälern von Kocher und Jagst noch genügend Möglichkeiten, der schwäbischen Küche zu frönen und dazu ein Gläschen Lemberger, Trollinger oder Riesling zu genießen. Das schwäbische Unterland rund um Heilbronn ist umgeben von herrlichen Landschaften. Also ziehen Sie Ihre Wanderstiefel an und gehen Sie raus in die Natur. Umso besser schmecken die Maultaschen hinterher.
Ich wünsche Ihnen vergnügliche Wanderungen und einen guten Appetit.

Sommer 2024 — Albrecht Ritter

Burg Hornberg (Tour 2).

Inhalt

Kocher- und Jagsttal in Hohenlohe

Die Johanneskirche in Jagsthausen-Olnhausen (Tour 42).

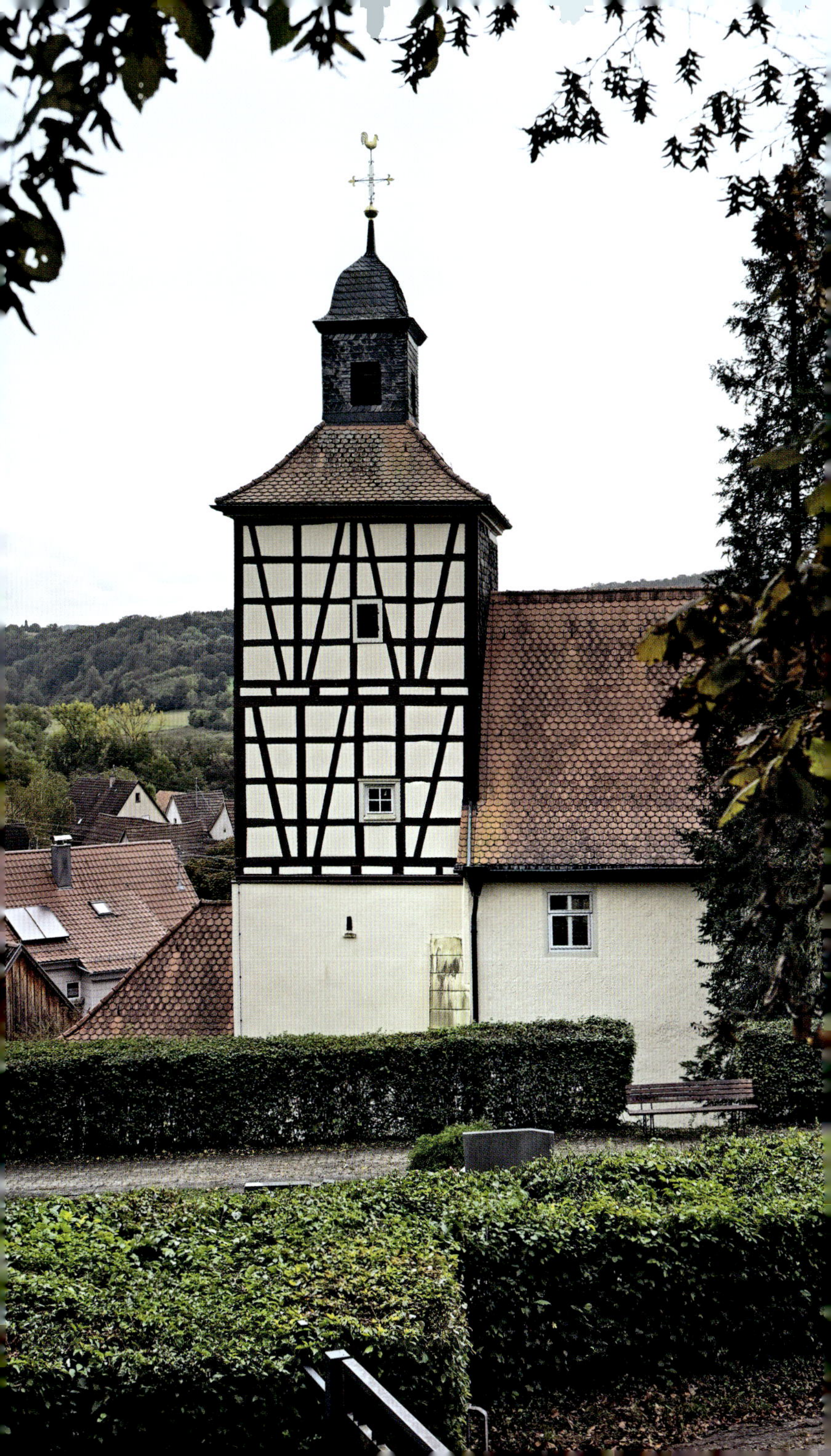

Top-Touren

Gundelsheim am Neckar
Von einer Burg zur nächsten könnte das Motto dieser Tour lauten, die entlang der schönsten Neckarwindungen führt. Die Gestade des Neckarufers dazwischen sind Balsam für die Seele *(Tour 3, 4.15 h)*.

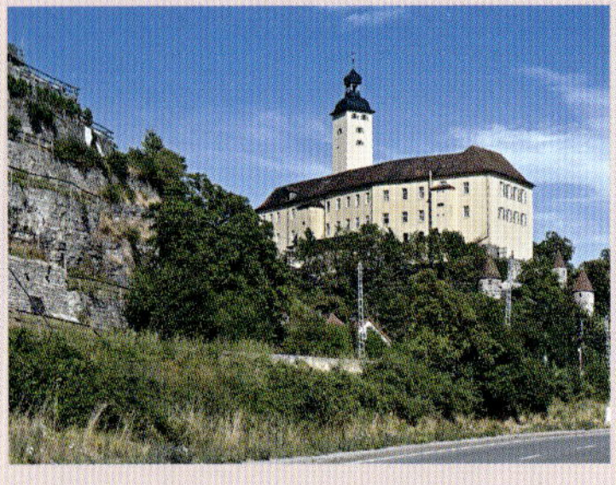

Treue Weiber auf Burg Weinsberg
Jeder kennt die Geschichte, wie die Weinsberger Weiber im Mittelalter ihre Männer aus der Burg schafften. Beim Besuch der Gemäuer fühlt man sich fast zurückversetzt in die Zeiten der Burgeroberungen *(Tour 9, 4.15 h)*.

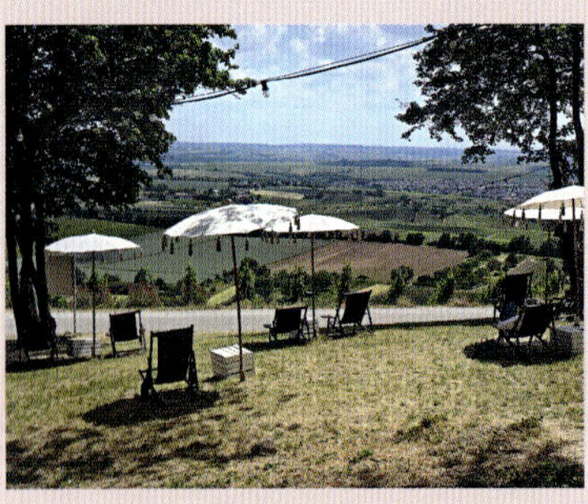

Kammweg auf dem Heuchelberg
Über den Höhenrücken des Heuchelbergs verläuft einer der schönsten Wanderwege des Zabergäus, der zudem mit aussichtsreichen Einkehrmöglichkeiten trumpft. Der Rundblick von der Heuchelberger Warte ist unschlagbar *(Tour 11, 4.45 h)*.

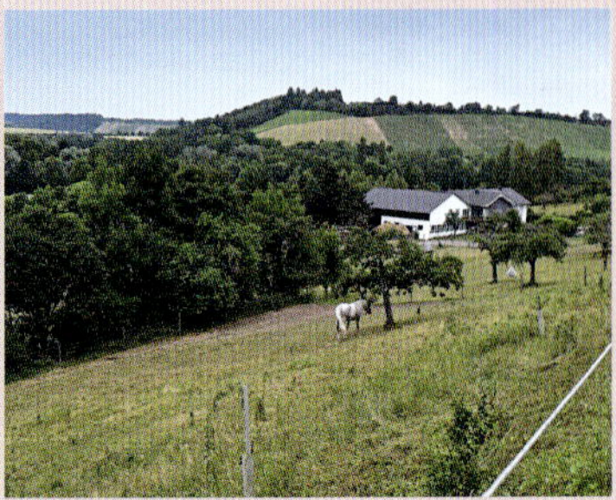

An der Ehmetsklinge bei Mörderhausen
An der versteckten Quelle der Zaber, die der Region ihren Namen verlieh, geht es durch üppige Mischwälder nach Mörderhausen, einem untergegangenen Ort mit illustrer Geschichte. An der Ehmetsklinge befindet sich das Naturparkzentrum *(Tour 12, 3.30 h)*.

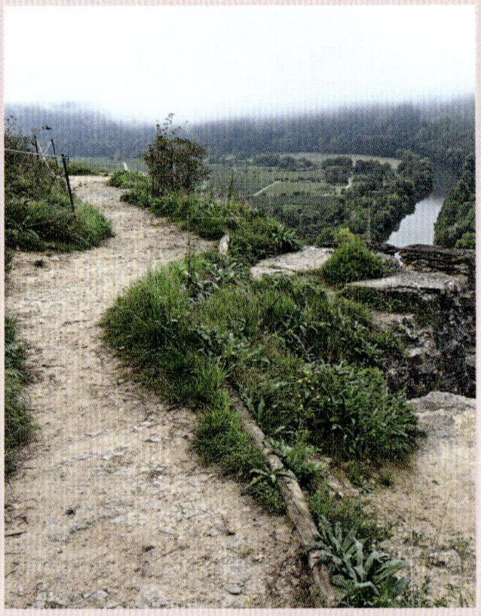

Hessigheimer Felsengärten
Unter den schroff aufragenden pittoresken Felstürmen liegen die Steillagen der Hessigheimer Winzer, deren Weine man in der benachbarten Felsengartenkellerei oder in einer der Winzerstuben verkosten kann *(Tour 18, 4.30 h)*.

Durchs wilde Strümpfelbachtal
Hier finden wir das, was den Naturpark Schwäbisch-Fränkischer Wald so einzigartig macht, geballt auf einer Tour: tief eingeschnittene mystische Klingen und ein zauberhafter See mit idyllischer Einkehr *(Tour 20, 3.45 h).*

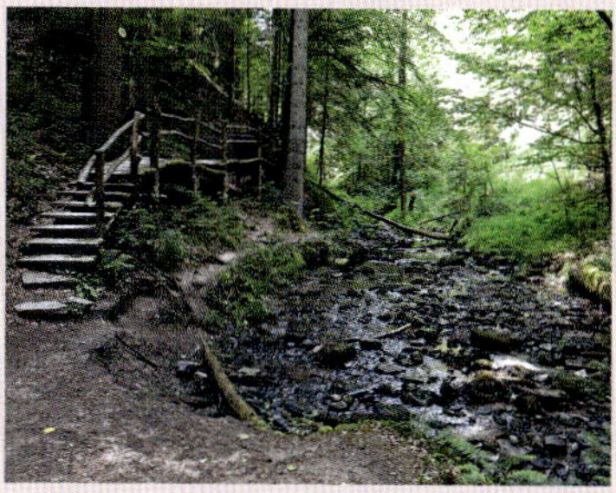

Fuxi-Naturerlebnis-Pfad
Was sich wie ein Kindervergnügungspark anhört, entpuppt sich als idyllischer Rundwanderweg mit diversen Höhepunkten und vielen informativen Tafeln. Eine Einkehr im alten Forsthaus von Mönchsberg ist die Krönung der Tour *(Tour 29, 3.30 h).*

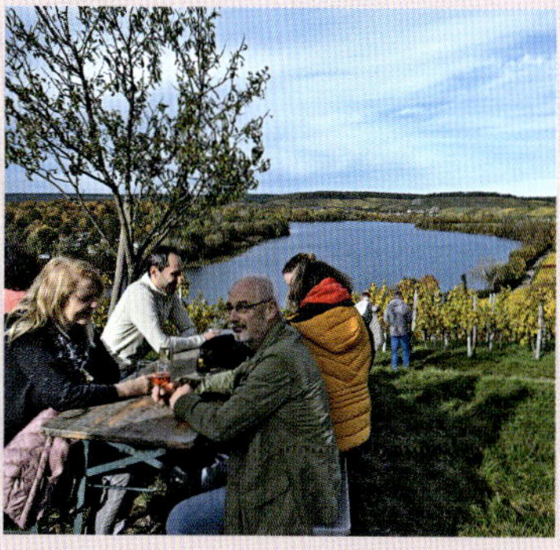

Am Rand der Löwensteiner Berge
Vor allem im Herbst kann man sich kaum satt sehen am Farbspiel der Weinberge und Waldränder rund um den Breitenauer See. Im Hochsommer hingegen ist großer Trubel am See angesagt *(Tour 32, 3.30 h).*

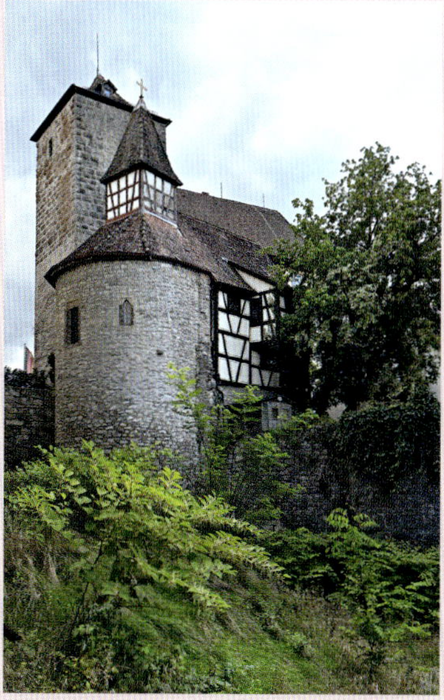

Auf den Spuren von Hermann Lenz
Nach einer ausgedehnten Waldrunde auf teilweise herrlichen Pfaden führt die Tour am idyllischen Kochersteinsfeld vorbei hoch zu einer staufischen Höhenburg, die nie zerstört wurde. *(Tour 39, 5.30 h).*

Kulturwanderweg Jagst
Nirgendwo sonst erfährt man soviel über den berühmtesten Ritter der Deutschen Geschichte wie in Jagsthausen. Auf verwachsenen alten Weinbergwegen geht es in die Stadt der Türme an der Jagst *(Tour 42, 4.00 h).*

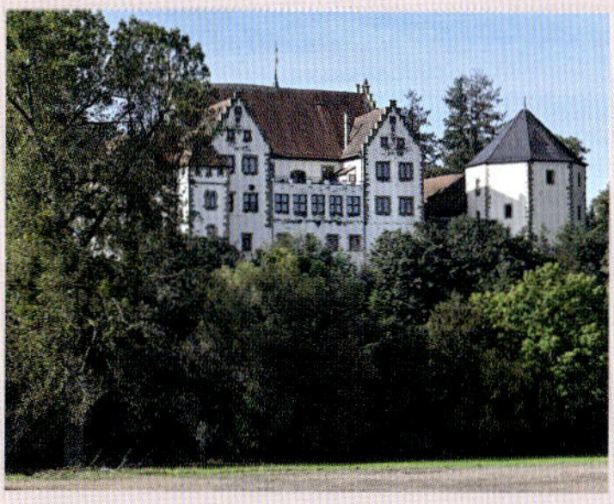

Allgemeine Hinweise

Anforderungen

Die Schwierigkeitsgrade der Touren in diesem Wanderbuch ergeben sich aus der Farbe der jeweiligen Tournummer. Dabei werden folgende Kategorien unterschieden:

■ **Leicht**

Halbtagestour auf vorwiegend gut beschilderten und gut begehbaren Wegen mit einer Gehzeit bis etwa vier Stunden. Bei meist geringen Höhenunterschieden sind die Touren auch von ungeübten Wanderern und Kindern begehbar.

■ **Mittel**

Bei oft größeren Weglängen kann es auch steile Passagen im An- oder Abstieg geben. Mancherorts findet man keine durchgehende Beschilderung. Die Touren sind etwas anspruchsvoller, verlangen mittlere Kondition und zuweilen Orientierungssinn. Gutes Schuhwerk ist nützlich.

Schwierige (»schwarze«) Wanderungen mit großen Höhenunterschieden und steilen An- und Abstiegen gibt es in diesem Wanderbuch nicht.

Gehzeiten

Bei den angegebenen Zeiten wird von einer Geschwindigkeit von 4 km pro Stunde auf ebener Strecke ausgegangen. Die Angaben beziehen sich auf die reine Gehzeit. Daher ist es nötig, zusätzliche Zeit für Pausen, Fotostopps und Besichtigungen einzuplanen. Zeit- und Entfernungsangaben im Text beziehen sich auf den davorliegenden Wegpunkt, es sei denn, etwas anderes ist erwähnt.

Markierungen und Wegweiser

Die meisten Wanderungen verlaufen größtenteils auf markierten Wegen, was in Text und Karte vermerkt ist. Achten Sie immer auf die angeführten Zeichen. Meist ist die Markierung vor oder an einer Abzweigung angebracht, auf die in einigem Abstand ein Bestätigungszeichen folgt. Sollte auf markierter Strecke längere Zeit (mehr als 500 m) kein neues Zeichen zu sehen sein, könnte es ein Hinweis darauf sein, dass eine Abzweigung übersehen wurde.

Die meisten Touren in diesem Wanderbuch sind auf gut begehbaren Wegen.

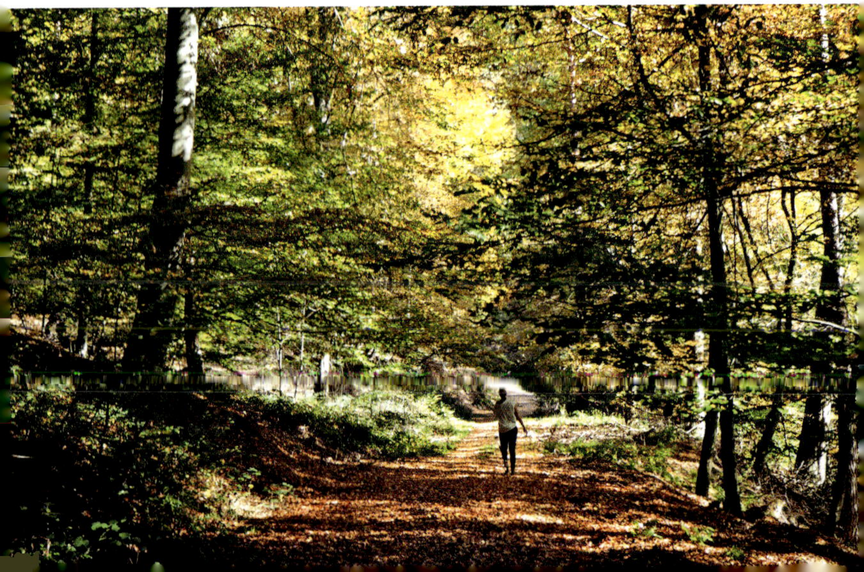

Ausrüstung

Mit Ausnahme von ein paar gemütlichen Weinbergrunden sind zu allen anderen Touren hohe Wanderschuhe mit gutem Profil zu empfehlen, die den Knöchel schützen. Sie geben den Füßen auf manchen der unwegsamen Pfade besseren Halt und vermeiden Einknicken und Verletzungen der Füße. Wanderstöcke sind generell zu empfehlen. Sie stützen und entlasten die Gelenke und verleihen die nötige Sicherheit auf Wegen und Pfaden. Eine Kopfbedeckung und Sonnenschutz sowie Getränke für heiße Tage sollten immer im Rucksack sein, genauso wie Regenschutz für einen unvorhergesehenen Schauer.

Beste Wanderzeit

Alle Touren sind ganzjährig begehbar. Lediglich ein paar Wanderungen im Schwäbisch-Fränkischen Wald könnten in einem strengen Winter Probleme bereiten. Beste Wanderzeit ist März bis Juni und zwischen September und November. Da einige Touren durch Weinberge führen, sollte man bedenken, dass es dort wenig Schatten gibt. Im Hochsommer ist davon abzuraten, oder für Sonnenschutz zu sorgen.

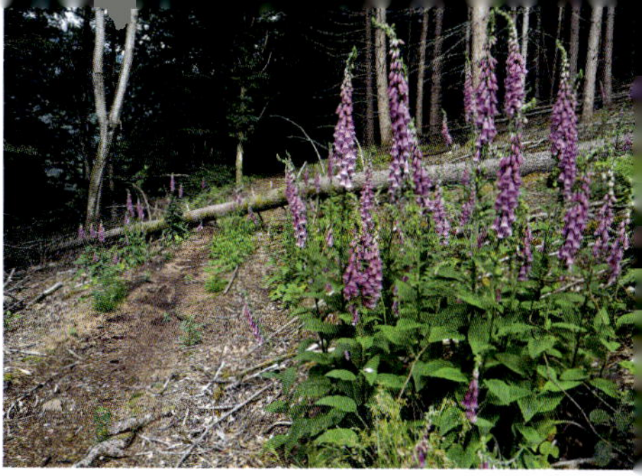

Jede Jahreszeit hat ihren Reiz – wenn es blüht, wie hier im Mai der Fingerhut, ist es eine besondere Augenweide.

Wandern und Einkehren

Fast jede Wanderung wurde mit Bedacht so ausgesucht, dass eine Einkehr – zumindest am Ende – möglich ist. Bei Gaststätten, Cafés und Restaurants gibt es geregelte Öffnungszeiten, die meist angegeben sind. Die Informationen darüber sind jedoch mit Vorsicht zu betrachten. In jetzigen Zeiten des Personalmangels sind die Öffnungszeiten ständigem Wandel unterworfen. Bei Besenwirtschaften ist es unbedingt nötig, sich auf der Homepage oder telefonisch zu erkundigen, wann geöffnet ist.
Besenstuben sind saisonal geöffnete Ausschankbetriebe von Winzern, die abwechselnd mit anderen im Ort mehrmals im Jahr ein paar Wochen geöffnet haben.

GPS-Tracks und Koordinaten der Ausgangspunkte

Auf **gps.rother.de** stehen zu diesem Wanderbuch GPS-Tracks und die Koordinaten der Ausgangspunkte zum kostenlosen Download bereit. Dieser QR-Code führt direkt zum Download.
1. Auflage, Passwort: 342201mwz
Die GPS-Tracks können in die **Rother App** importiert werden. In der App kann man unterwegs stets sehen, wo man gerade ist und wo es langgeht. **Anleitungen dazu: rother.de/gps**
Trotz sorgfältiger Prüfung können wir Fehler und zwischenzeitliche Veränderungen nicht ausschließen. Verlassen Sie sich für die Orientierung niemals einzig und allein auf die GPS-Daten, sondern beurteilen Sie die Verhältnisse vor Ort.

Der Umwelt zuliebe ...

Auch beim Wandern hinterlassen wir einen ökologischen Fußabdruck, aber im Einklang mit der Natur unterwegs zu sein, ist gar nicht so schwer!

VORBEREITUNG UND ANFAHRT

- Sich vorab informieren, worauf in Bezug auf Natur und Umwelt in der jeweiligen Wanderregion besonders zu achten ist.
- Soweit möglich mit Bahn und Bus anreisen, Wander- und Rufbusse nutzen.
- Ist eine Anfahrt mit dem Auto nötig, Fahrgemeinschaften bilden.
- Bei weiten Anfahrten Mehrtagestouren planen oder von einem Quartier vor Ort aus mehrere Touren absolvieren.
- Flugreisen möglichst reduzieren und durch Beiträge zu Klimaschutzprojekten kompensieren.

KLEIDUNG UND AUSRÜSTUNG

- Beim Kauf von Outdoor-Kleidung auf umweltfreundliche und faire Herstellung achten und Kleidungsstücke möglichst viele Jahre nutzen.
- Ausrüstung kann man eventuell auch gebraucht kaufen oder ausleihen.
- Reparieren statt neu kaufen.

VERPFLEGUNG

- Beim Einkauf Bio-Ware, regionale und saisonale Erzeugnisse bevorzugen.
- Hütten und Gasthäuser auswählen, die regionale Produkte verwenden.
- Auf Einwegflaschen und Plastikverpackungen verzichten, stattdessen wiederverwendbare Trinkflaschen und Brotzeitboxen benutzen.

ÜBERNACHTUNG

- Bei lokalen Anbietern buchen, damit Menschen vor Ort profitieren.
- Auf Hütten und in anderen Unterkünften Strom und Wasser sparen.

UNTERWEGS

- Wege benutzen und Abkürzer vermeiden.
- Sperrungen von Wegen und Schutzgebieten respektieren.
- Keine Blumen pflücken und keine Pflanzen entnehmen.
- Waldbrandgefahr beachten.
- Müll wieder mit nach Hause nehmen und dort entsorgen.
- Toilettengänge in freier Natur möglichst vermeiden.
- Lärm vermeiden.
- Hunde an die Leine nehmen.

ROTHER
BERGVERLAG

Das Wandergebiet

Wanderbusse

■ Stromer (Linie 572). VVS-Bus, von Bietigheim-Bissigheim in den Naturpark Stromberg-Heuchelberg, von April bis Oktober, samstags und an Sonn- und Feiertagen, vvs.de.

■ Radbus Weinsberger Tal, HNV-Bus, von Wilsbach bis Wüstenrot, von Mai bis Mitte Oktober, samstags, sonn- und feiertags, heilbronnerland.de.

■ Berg- und Talbus (Linie 467). VVS-Bus zwischen Backnang und den Löwensteiner Bergen, von Mai bis Mitte Oktober, an Sonn- und Feiertagen, naturpark-sfw.de.

■ Limesbus Süd (Linie 372), Nord (Linie 375), die VVS-Busse verkehren von Mai bis 3. Oktoberwoche im Schwäbisch-Fränkischen Wald, naturpark-sfw.de.

■ Räuberbus (Linie 385) fährt samstags, sonn- und feiertags über Sulzbach nach Wüstenrot. www.vvs.de.

■ WeinkulTourer (Linie 464) fährt von Mai bis Oktober an Sonn- und Feiertagen von Marbach über Großbottwar nach Besigheim. vvs.de

Fern- und Themenwanderwege

■ Württembergischer Weinwanderweg. Von Aub im Taubertal bis Esslingen, 470 km, wege.albverein.net.

■ Neckarsteig. Von Heidelberg bis Bad Wimpfen, 128 km, neckarsteig.de.

■ Kulturwanderweg Jagst. Von Jagstfeld bis Langenberg, 103 km, hohenlohe.de.

■ Limeswanderweg HW6. Von Osterburken bis Wilburgstetten, 186 km, limeswanderweg.info.

■ Frankenweg HW8. Von Pforzheim bis Rothenburg ob der Tauber, 210 km, wege.albverein.net.

■ Georg-Fahrbach-Weg. Von Criesbach bis Stuttgart, 120 km, wege.albverein.net.

Auf dem Kulturwanderweg Jagst (Tour 40).

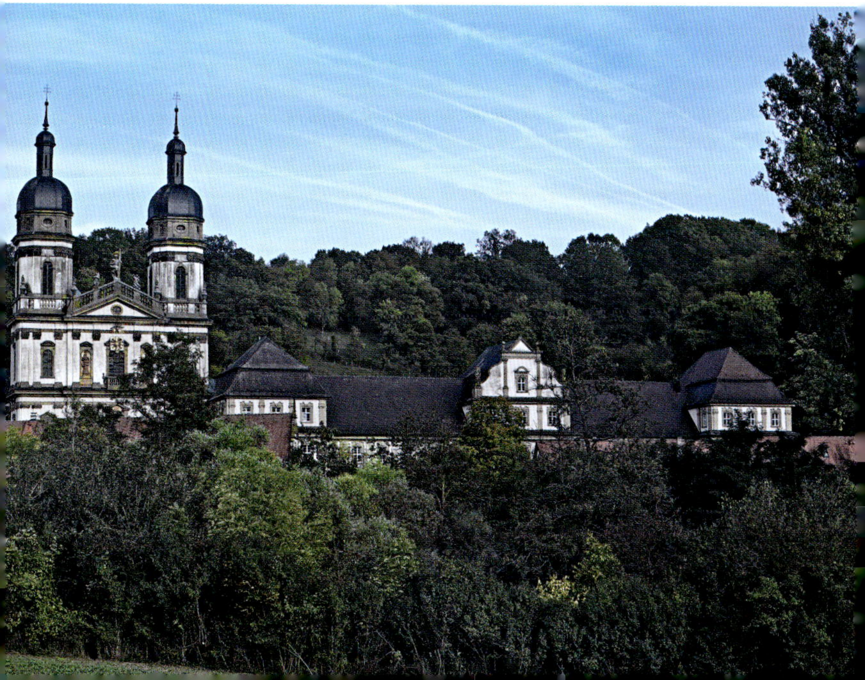

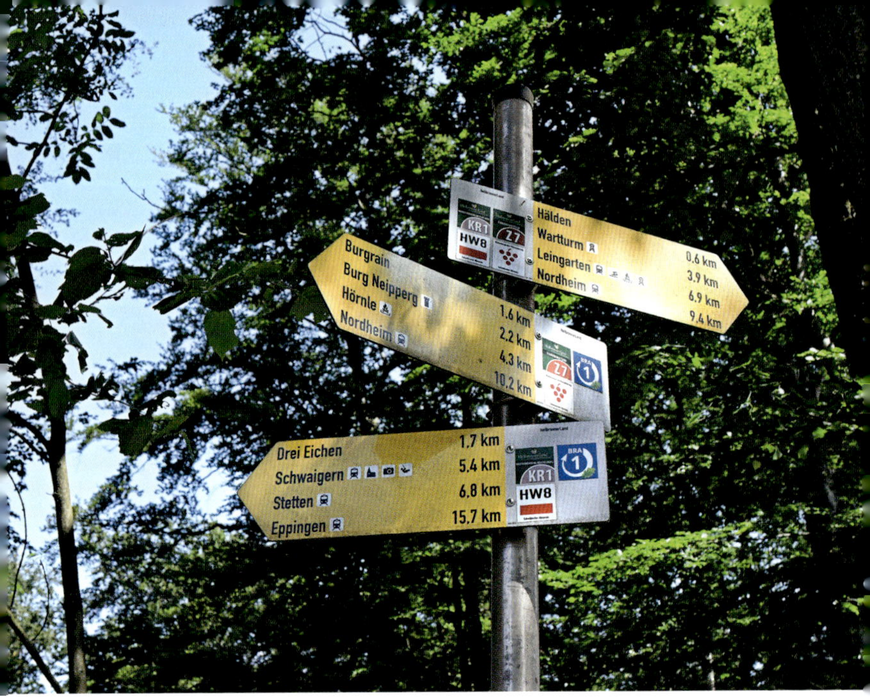

Mustergültige Beschilderung im Heilbronner Land.

Wanderwege Heilbronner Land

Überall in der Region begegnen uns die Schilder der Wanderwege der Touristikgemeinschaft Heilbronner Land e.V., deren Wege wir zum Teil übernommen, ergänzt oder abgewandelt haben. heilbronnerland.de/wandern.

Weinausschank im Weinberg

Hier folgt eine Auswahl der beliebtesten Weinstände der Region, die man vorwiegend am Wochenende auf oder in der Nähe der Touren dieses Wanderbuchs findet. Manche der Treffpunkte für Wanderer und Genießer sind ganzjährig geöffnet, andere wiederum nur bei schönem Wetter im Sommerhalbjahr. Infos z. B. auch unter heilbronnerland.de.

■ Heilbronner Wartberg. April bis Oktober, Sa. ab 14, So. ab 12 Uhr, solange die Fahne weht, wg-heilbronn.de.

■ Fleiner See. Sonntags bei gutem Wetter von 11–18 Uhr, Öffnungszeiten unter wg-heilbronn.de, oder Tel. +49 7131 59520 (Tour 16).

■ Wein im Park. In Lauffen direkt am Neckar, von Mai bis Mitte Oktober bei gutem Wetter, Fr., Sa. 18–21, So. 15–20 Uhr, Öffnungszeiten unter Tel. +49 7133 1850 (Tour 15).

■ Am Römischen Gutshof. Bei Lauffen am Neckar, An einzelnen Sonn- und Feiertagen von 12–18 Uhr, Tel. +49 7133 1850 (Tour 17).

■ Wengertshäusle am Breitenauer See. Unterhalb von Löwenstein, an Sonn- und Feiertagen von 11–18 Uhr, Öffnungszeiten unter +49 7130 461200 (Tour 32).

■ WeinTerrasse Kirchheim. Am Kirchheimer Kirchberg, Sonntags von 11–18 Uhr, Öffnungszeiten unter +49 7135 98550.

■ Grantschener Weinhäusle. Am Wildenberg bei Grantschen, April bis

Oktober, sonntags von 13–18 Uhr, Öffnungszeiten unter wg-heilbronn.de, oder Tel. +49 7134 98020.

■ Weinausschank am Zweifelberg. Zwischen Neipperg und Haberschlacht, So von 11–17 Uhr, Öffnungszeiten unter +49 7135 98550.

■ Weinausschank am Steinbruch Näser. Nähe Michaelsberg bei Cleebronn, März bis Oktober 11–18 Uhr, Öffnungszeiten unter +49 7135 98030, (Tour 13).

■ Weinlaube Hohenhaslach. An der Kelter, Mai bis September, außer August, sonntags 11–18 Uhr, Tel. +49 7135 98550 (Tour 14).

■ Weinausschank am Mönchsbergsee. Sonn- und feiertags 11–19 Uhr, auch im Winter bei schönem Wetter, Tel. +49 7135 8301.

■ Wein am Berg. Weinausschankhütte in Schwaigern am Lobenberg, von April bis Oktober bei gutem Wetter, an Sonn- und Feiertagen, Öffnungszeiten unter Tel. +49 7138 6674, wein-am-berg.de.

■ Weinausschank am Heuchelberg. Zwischen Schwaigern und Neipperg hinter der Kellerei, Von Mai bis Sept., sonntags bei gutem Wetter, Tel. +49 7138 97020.

■ Ausschank am Ranzenberg. Pfedelbach-Heuholz, an manchen Wochenenden, samstags ab 16 Uhr und sonn- und feiertags ab 11 Uhr geöffnet, (Tour 35).

■ Gaufers Weinbergshütte. Einmal monatlich in Ingelfingen, Tel. +49 7940 57373, Termine unter weingutgaufer.de (Tour 38).

Weinausschank am Römischen Gutshof (Tour 17).

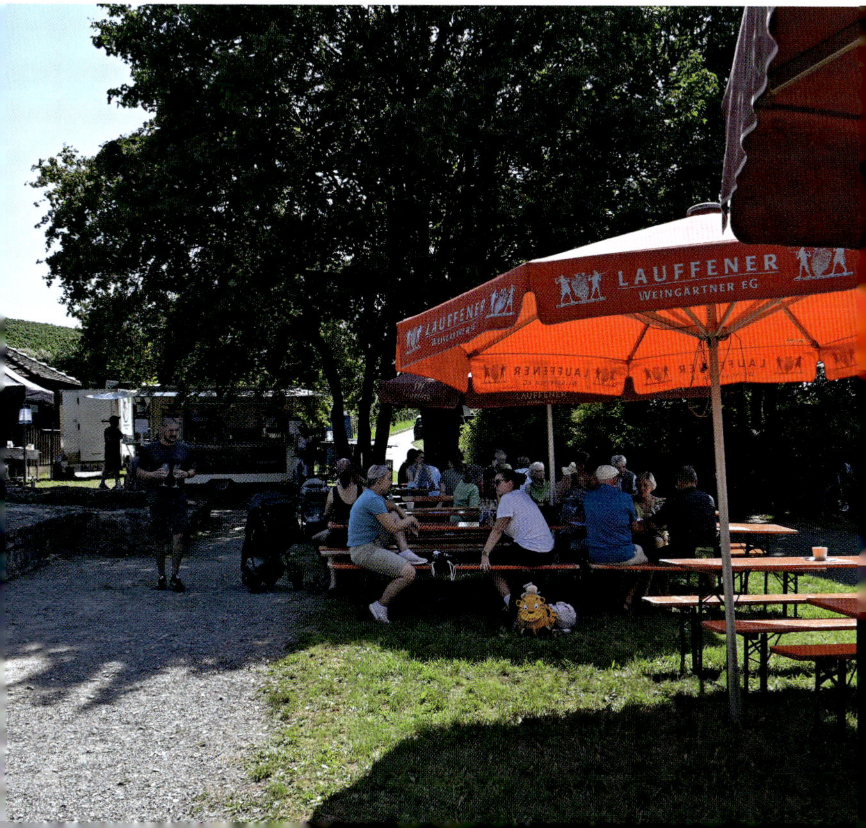

Geologie und Geografie

Wohin soll den Fuß ich lenken, ich, ein fremder Wandersmann,
Daß ich eure Dichterschule, gute Schwaben, finden kann?
Fremder Wanderer! o gerne will ich solches sagen dir:
Geh durch diese lichte Matten in das dunkle Waldrevier,
...
Trete dann aus Waldes Dunkel, wo im goldnen Sonnenstrahl
Grüßen Berge dich voll Reben, Neckars Blau im tiefen Tal;
Wo ein goldnes Meer von Ähren durch die Ebnen wogt und wallt,
Drüber in den blauen Lüften Jubelruf der Lerche schallt;
(Julius Kerner, Die Schwäbische Dichterschule)

Der bunte Zusammenschluss schwäbischer Lyriker, zu denen neben Julius Kerner auch Ludwig Uhland und Eduard Mörike zählten, verfasste manche Lobeshymnen und Elegien auf das Schwäbische Unterland rund um Stuttgart, das auch die Heimat einiger der größten der deutschen Literatur war, wie Friedrich Schiller und Friedrich Hölderlin. War es die liebliche Wein- und Flusslandschaft, die sich derartig inspirierend auswirkte? Tatsächlich führt die landschaftliche Vielfalt des Schichtstufenlandes zu einem äußerst abwechslungsreichen Landschaftsbild, das einmalig ist im süddeutschen Raum. Bewaldete Höhen, gekrönt mit Burgen und mittelalterlichen Türmen, darunter steile Rebhänge

Muschelkalkfelsband im Naturschutzgebiet Prallhang bei Lauffen (Tour 15).

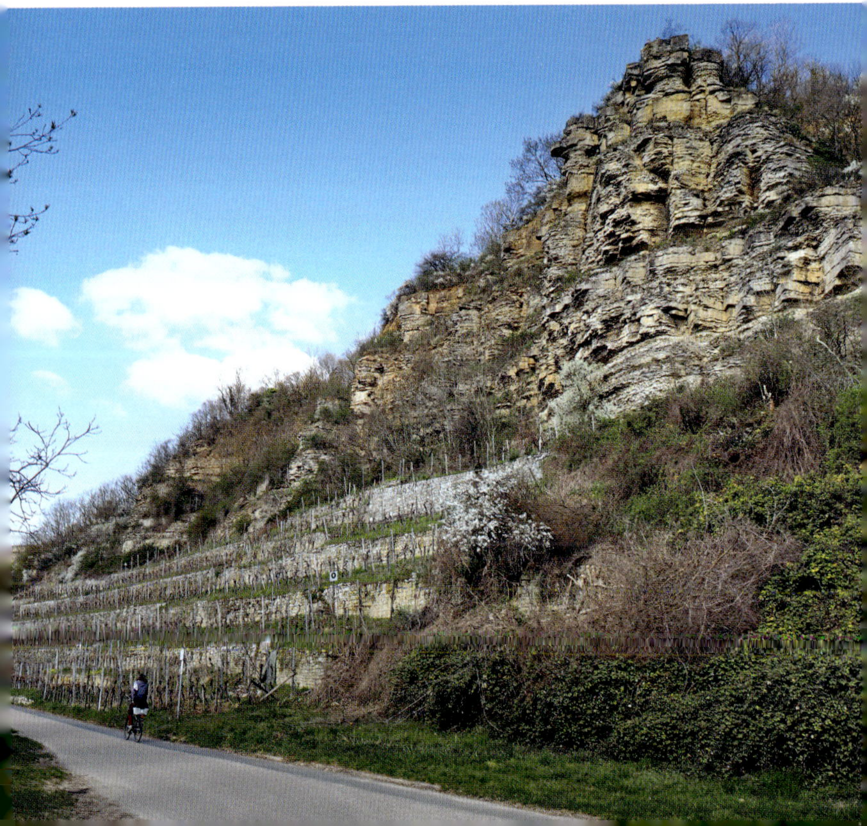

Ausblick von Waldenburg auf die Hohenloher Ebene (Tour 33).

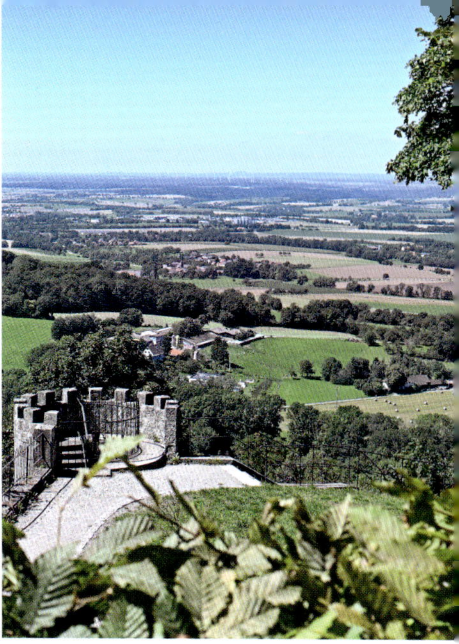

an den mäandernden Flüssen, bilden ein buntes Potpourri unterschiedlicher Landschaftselemente.
Ursprünglich geformt wurde die Region in der Trias des Erdmittelalters, vor etwa 244 bis 200 Mio. Jahren. Nach der ariden Epoche des Buntsandsteins drang das Muschelkalkmeer in das Germanische Becken (etwa dem heutigen Mitteleuropa entsprechend) vor. In Flachmeerbereichen lagerten sich dabei Sedimente ab und verfestigten sich zu teilweise fossilreichen Kalken, Mergeln und Dolomiten. Zeitweilige Austrocknung führte zu Gips- und Steinsalz-Formationen, die im Raum Bad Friedrichshall abgebaut werden. Im anschließenden Zeitalter des Keuper entstanden durch ein stetig wechselndes Klima durch fluviatile und äolische Ablagerungen Sand- und Tonsteine, die bis heute als Baustoffe verwendet werden. Im Tertiär wurden diese sogenannten Deckschichten des Erdmittelalters angehoben und zum Teil verformt. Den Rest besorgten die Eiszeiten, die in den ariden Epochen Teile der Landschaft mit feinem Sandstaub (Löss) aus den Flusstälern überzogen und damit die Grundlage für fruchtbare Böden schufen.
Im Zentrum und im Süden unseres Wandergebietes befinden wir uns im Neckarbecken, das landschaftskundlich zur Gäulandschaft aus Muschelkalk und Keuper zählt. Im Osten wird unsere Region von den Keuperbergen des Naturparks Schwäbisch-Fränkischer-Wald begrenzt. Im Westen ist es der ebenfalls im Keuper geformte Strom- und Heuchelberg, der eine naturräumliche Barriere markiert. Dazwischen durchschneidet der Neckar mit teils bizarr herauserodierten Hängen das anstehende Gestein.
Im Nordosten haben wir angrenzend an den Schwäbisch-Fränkischen Wald die Muschelkalkhochflächen der Hohenloher Ebene um die Zwillingsflüsse Kocher und Jagst, die in die Hochebenen des Baulandes übergehen. Westlich davon die stark zertalten Buntsandsteine des Odenwaldes. Während im Bereich der beiden Flusstäler Wiesen, Weiden und Äcker neben Weinbau an den Hängen vorherrschende Landschaftselemente sind, finden sich auf den wasserarmen Hochflächen mehr Wald- und Grünflächen.
Im Gegensatz zu den fruchtbaren, oft mit Löss und Lösslehm überdeckten Gäulandschaften des Neckarbeckens, sind die aus Sandsteinschichten des Keupers bestehenden Schwäbisch-Fränkischen Waldberge mit Höhen bis zu 600 m wenig fruchtbar und dementsprechend stark bewaldet. Die ertragsarmen Böden und hohen Niederschläge

führten historisch erst zu einer späten und kärglichen Besiedlung mit zahlreichen Rodungsinseln, die vorwiegend als Grünland für die Viehzucht genutzt sind. Die Region zählt zu den am dünnsten besiedelten Gegenden Baden-Württembergs.
Ganz anders sieht es im Neckarbecken aus. Die von Neckar, Rems, Murr und Schozach zerteilten und mit Löss und Lösslehm überdeckten Muschelkalkhochflächen mit Höhenniveaus zwischen 200 und 350 m führten zu früher Besiedlung und intensiver Landwirtschaft. An den Hängen findet intensiver Wein- und Obstbau statt. Wo es keine landwirtschaftliche Nutzung gibt, dominieren Buchen-, Eichen- und Hainbuchenwälder. Durch ihre klimatische Gunst mit geringen Niederschlägen und hoher Sonnenscheindauer zählt die Region zwischen Stuttgart und Heilbronn zu den am stärksten besiedelten Räumen Baden-Württembergs.

Naturpark Strom- und Heuchelberg

Als Insel im flachwelligen Hügelland des Neckarbeckens werden die Höhenrücken des Naturparks Strom- und Heuchelberg gerne bezeichnet. Fährt man in Lauffen am Neckar hoch auf die Gäuplatte in Richtung Cleebronn, taucht als Erstes der Michaelsberg tatsächlich wie eine Insel aus der Acker- und Reblandschaft auf. Der 1980 gegründete rund 408 km² große Naturpark im Keuperbergland besteht aus naturnahen Laubwäldern auf den Höhenrücken und den Nordhängen sowie den rebenbestückten Südhängen. In den Tälern finden sich Wiesen, kleine Seen und Siedlungen. In diesem harmonischen Ensemble aus Natur und Kultur bieten viele gut beschilderte Wanderwege prächtige Voraussetzungen zum Verweilen in der Natur. Im Naturparkzentrum Zaberfeld, direkt an der Ehmetsklinge (Tour 12) kann man sich gründlich über Naturerlebnispfade oder die Wildkatzenwelt informieren, naturpark-stromberg-heuchelberg.de.

Naturpark Schwäbisch-Fränkischer Wald

Fast zur selben Zeit wie der Naturpark im Zabergäu, im Jahr 1979, wurde der Naturpark östlich des Neckars gegründet. Mit bis zu 600 m hohen Bergen, die vorwiegend mit Nadelwäldern bewachsen sind, hat der 1270 km² große Naturpark einen völlig anderen Charakter. Der auch als »Kleiner Schwarzwald« bezeichnete Schwäbisch-Fränkische Wald zwischen Rems, Murr und Kocher ist gekennzeichnet durch einen Wechsel von harten und weichen Keupergesteinen. Dies führte zur Ausbildung von tiefen Klingen, Grotten, kleinen Seen und Wasserfällen. Nur im äußersten Osten, am Rand der Löwensteiner Berge, findet man durch das gemäßigtere Klima Weinanbau. Besonderes Merkmal des Naturparks ist der römische Grenzwall Limes, der den Park von Süden nach Norden mit gerader Linie durchzieht. An vielen Orten kommt man kaum an römischen Hinterlassenschaften vorbei. Zahlreiche ehemalige Säge- und Ölmühlen zeugen vom einfachen Leben der ländlichen und früher ärmlichen Region. Beste Voraussetzungen für erholsame und informative Wanderungen. Im Naturparkzentrum Murrhardt (Tour 22) erfahren Sie mehr davon, naturpark-sfw.de.

Der Michaelsberg bei Cleebronn (Tour 13).

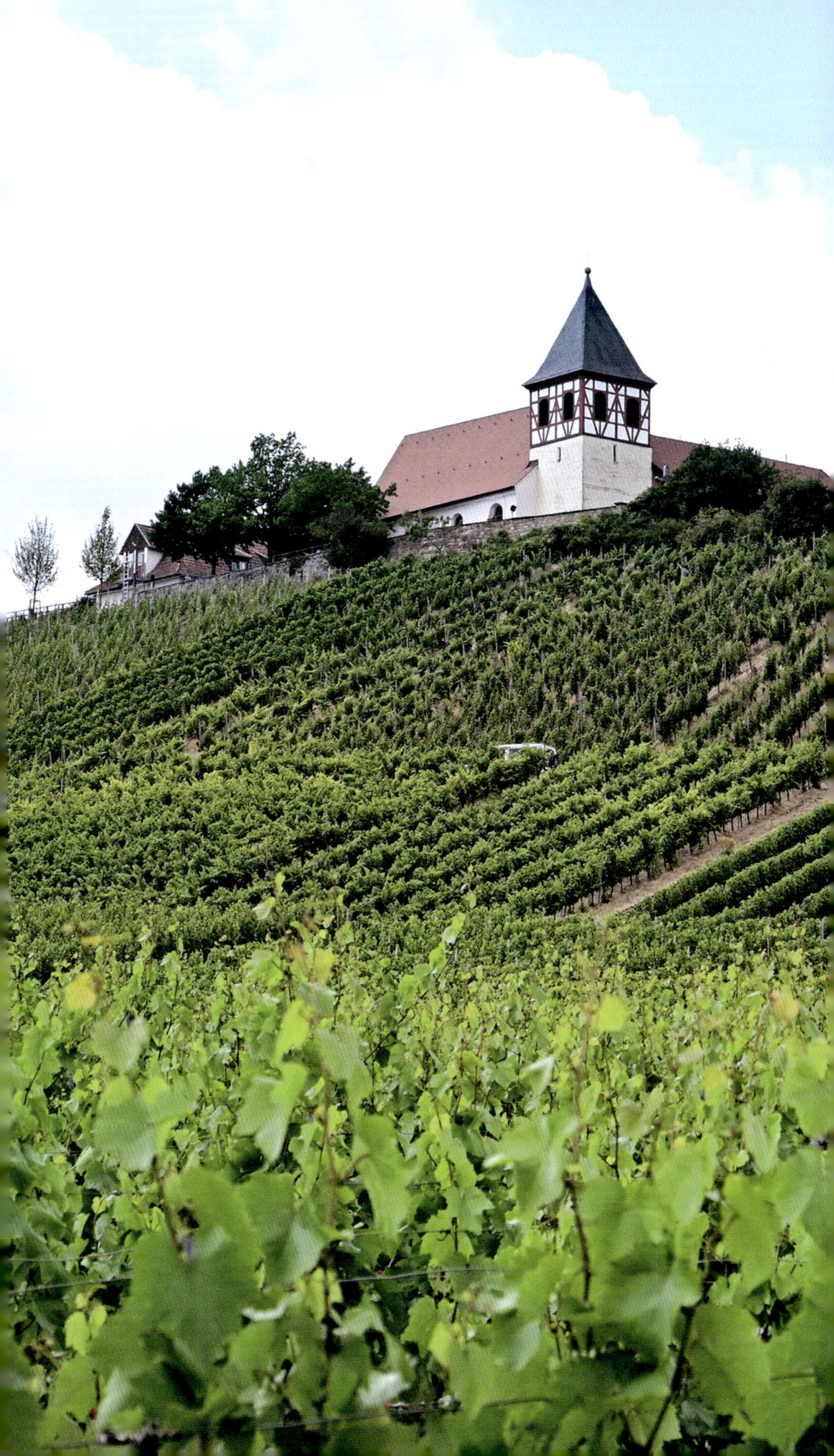

Schwäbisch-fränkische Küche

Deftig und bodenständig speist man im Württembergischen Unterland, wobei Teigwaren eine große Rolle spielen. Allen voran die Spätzle, die auf keiner Speisekarte fehlen. Meist in der urschwäbischen Variante als Kässpätzle mit buttergeschmälzten Röstzwiebeln.

Ein weiterer Klassiker, den man nur in dieser Region findet, ist der Zwiebelrostbraten, der im Weinland rund um den Neckar auch gerne mit Trollingersauce serviert wird.

Und was wäre ein Schwäbisches Restaurant ohne seine »Herrgottsb'scheißerle«, die Maultaschen. Ein Mönch des Klosters Maulbronn soll das teigummantelte kleingehackte Fleisch angeblich erfunden haben, um auch in der Fastenzeit Fleisch zu genießen. Nach dem Motto »der Herrgott sieht ja nicht, was drin ist«. Ob es der Wahrheit entspricht oder vielleicht die Italienische Küche als Vorbild diente, weiß man nicht so genau.

So gesehen könnte man auch die heiß geliebten Schupfnudeln, auch »Buabaspitzle« genannt, als schwäbische Antwort auf die italienischen Gnocchi sehen, beide aus Kartoffelteig.

Das frühere Arme-Leute-Essen wie Saure Kutteln oder Saure Nieren findet man zusehends mehr, selbst in renommierten Restaurants. Genauso waren die Linsen, die selbst auf der Schwäbischen Alb gedeihen, eher in ärmlichen Haushalten zu finden.

Restaurant Wo der Hahn kräht in Flein (Tour 16).

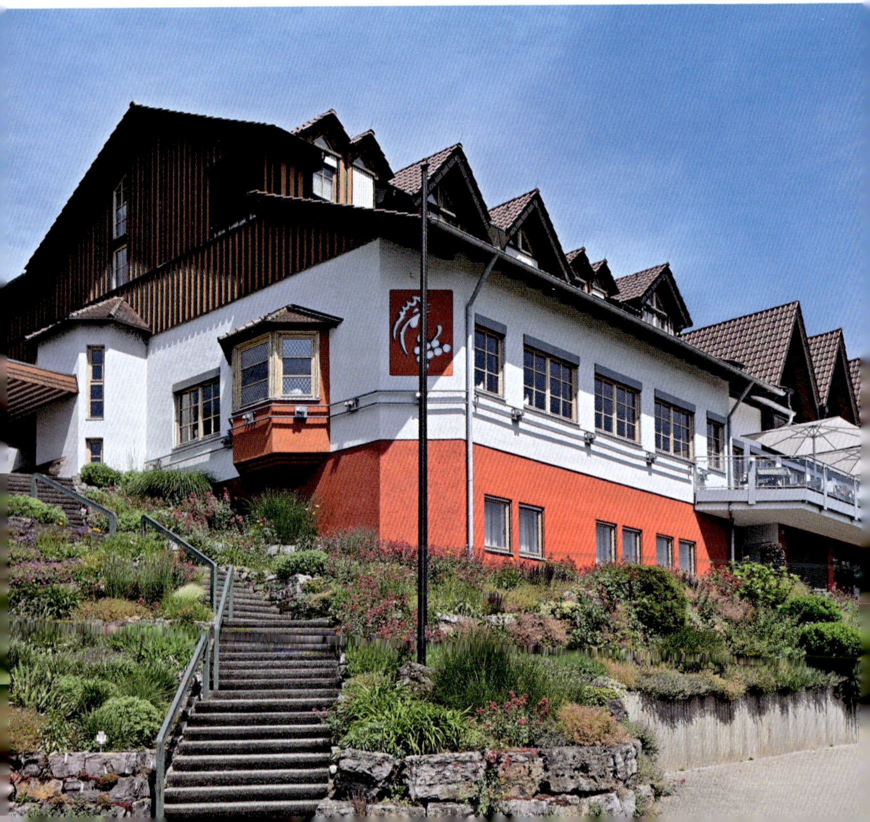

Hier in der Region werden sie zusammen mit Spätzle und Saitenwürstle auf den Tisch gebracht. Eine Kombination, vor der es manchem Norddeutschen graust, aber dem Schwaben das Wasser im Mund zusammen laufen lässt.

Unter dem Qualitätssiegel »Schmeck den Süden« – bei den Einkehrtipps zuweilen erwähnt – findet man Gasthöfe und Restaurants, die vorwiegend regionale Produkte auf den Teller bringen. Eine Untergruppe davon ist die »Mahlzeit Hohenlohe«, dazu zählen Gasthöfe, die zumindest ein Gericht aus der Region Hohenlohe auf der Speisekarte haben. Darunter fallen Fleischgerichte vom Limpurger Rind oder Schwäbisch-Hällischen Schwein. Die sogenannten »Mohrenköpfle« sind Schweine, die vorne und hinten schwarz gezeichnet sind und um 1820 aus einer Kreuzung einheimischer Rassen mit chinesischen Schweinen hervorgingen. Die schon fast ausgestorbenen Tiere wurden 1984 wieder gezüchtet. Ihr Fleisch ist nicht nur unter Gourmets äußerst beliebt.

Den Hohenloher Blootz (manchmal auch Blooz geschrieben), eine Art regionaler Flammkuchen, findet man ebenfalls nur im Raum Kocher und Jagst. Ganz im Norden Hohenlohes und im angrenzenden Bauland sind Gerichte aus Grünkern verbreitet, die heutzutage bei vermehrter Abkehr von Fleischgerichten immer mehr nachgefragt werden.

schmeck-den-sueden.de
hohenlohe-schwaebischhall.de/kulinarik

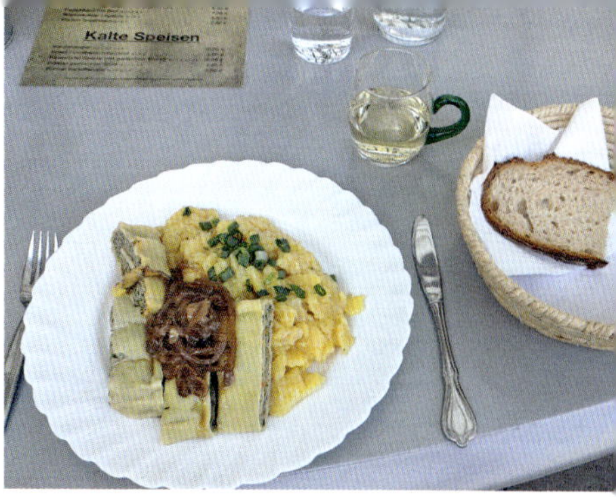

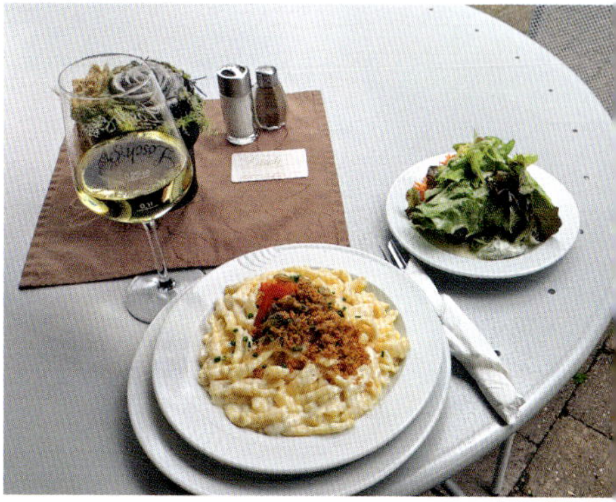

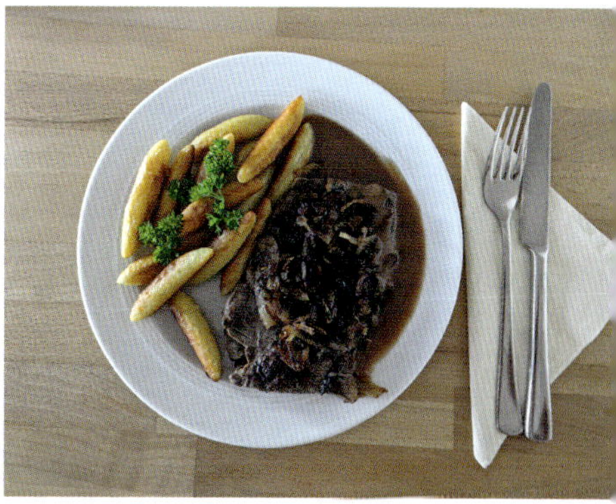

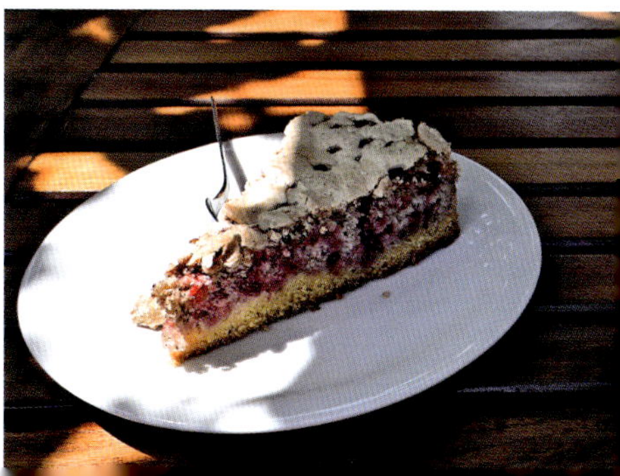

Schwäbisch-fränkische Spezialitäten – von oben nach unten: Herrgottsb'scheißerle mit Kartoffelsalat, Kässpätzle mit Röstzwiebeln, schwäbischer Rostbraten mit Buabaspitzle, schwäbischer Träubleskuchen.

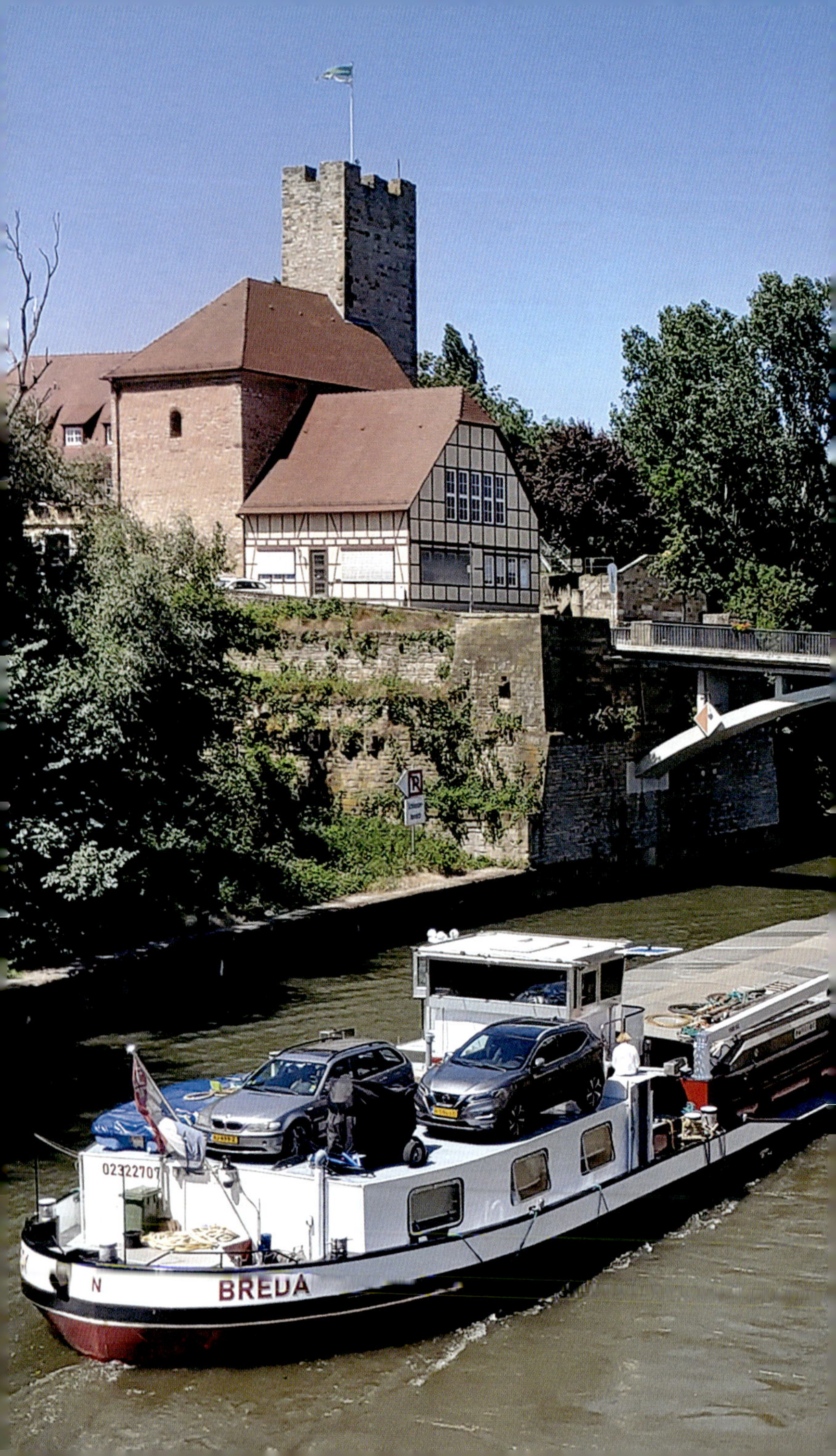
02322707
N
BREDA

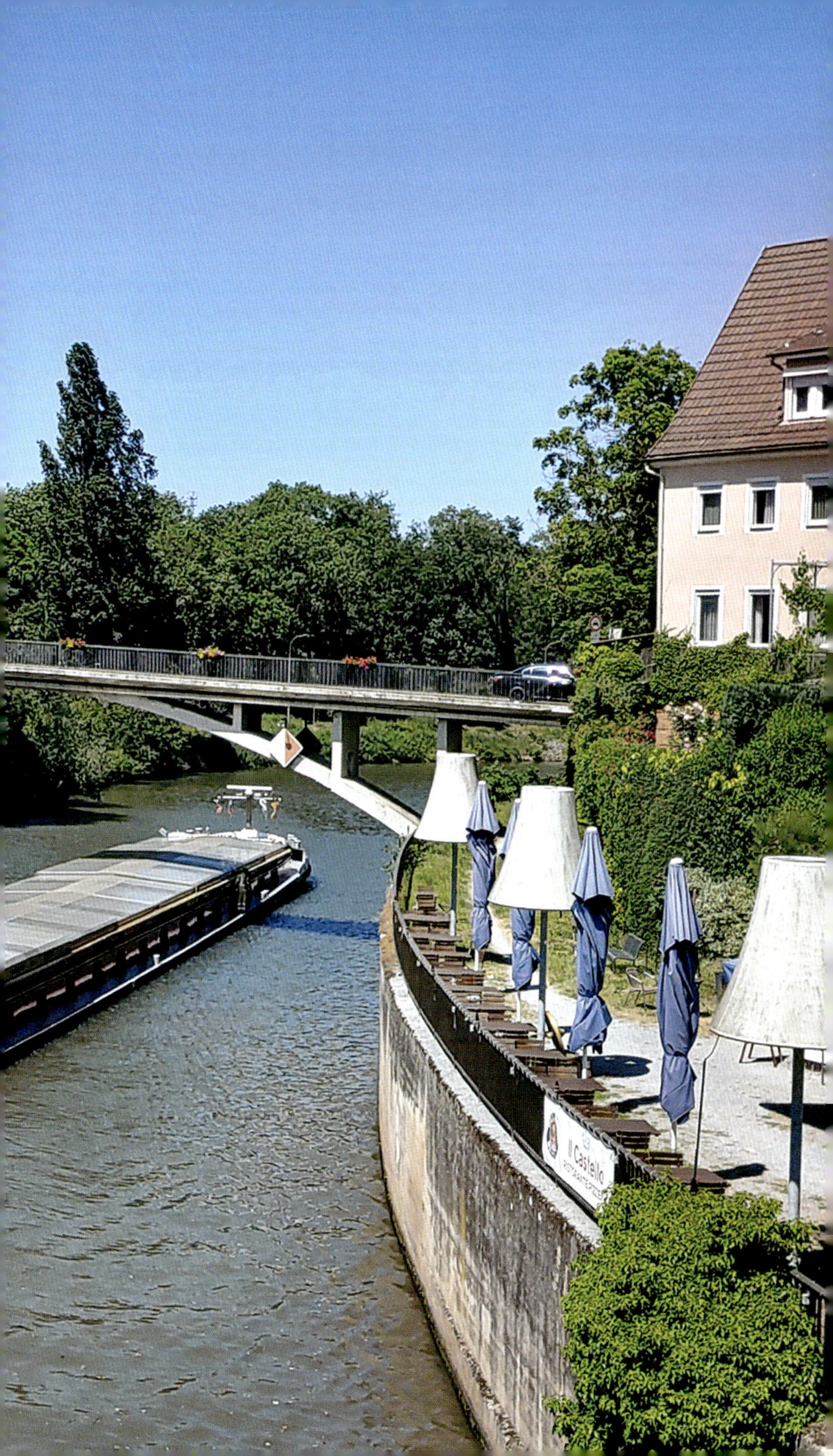
Il Castello

1 Kultur- und Naturlandschaften bei Mosbach

Über den Henschelberg ins Nüstenbachtal

3.15 Std. | 10,3 km | ↗ 240 m | ↘ 240 m

Auf den südlichen Ausläufern des Odenwaldes

Vom Mosbacher Sonnenrain, der seinen Namen durch seine südexponierte Lage erhielt, führt die Tour in anfangs steilem, später gemächlichem Anstieg empor zum Henschelberg, einem der Mosbacher Hausberge mit hohem Freizeitwert. Mit Blick auf die Mosbacher Altstadt wandern wir durch das Naturschutzgebiet mit seltener Flora und Fauna sowie geologischer und kulturhistorischer Bedeutung. Über das zauberhafte Nüstenbachtal an der Grenze zwischen dem von Muschelkalk geprägten Bauland und dem Buntsandstein Odenwald geht es zur Dreibrunnenwiese, einem beliebten Rast- und Picknickplatz. Zurück im Elztal durchstreifen wir noch den hübsch angelegten Landesgartenschaupark neben dem Fluss, einer Mischung aus Parklandschaft und naturnahen Bereichen.

Ausgangspunkt: Bahnhof in 74821 Mosbach (Baden), mehrere gebührenpflichtige Parkplätze und Parkhäuser in der Innenstadt Nähe Bahnhof, Womo-Platz am Wasemweg, N 49.3604, E 9.1473.

Anforderungen: Schattige Waldrunde um den Henschelberg. Nach steilem Anstieg durch das Naturschutzgebiet geht es eher gemächlich weiter, auf gut begehbaren Forstwegen.

Information: Tourist Information Marktplatz 4, 74821 Mosbach, Tel. +49 6261 91880, mosbach.de.

Tipp: Von Mai bis September gibt es mittwochs und samstags nach Anmeldung Führungen durch die sehenswerte historische Altstadt mit Rathausbesteigung. Im Sommerhalbjahr finden alljährlich zahlreiche kulturelle Veranstaltungen im Rahmen des Mosbacher Sommers statt.

Karte: Wanderkarte Neckartal-Stauferland (GNBO Blatt 21, 1:20.000). Wanderkarte Eberbach (LGL Blatt W203, 1:25.000).

Im Landesgartenschaupark in Mosbach.

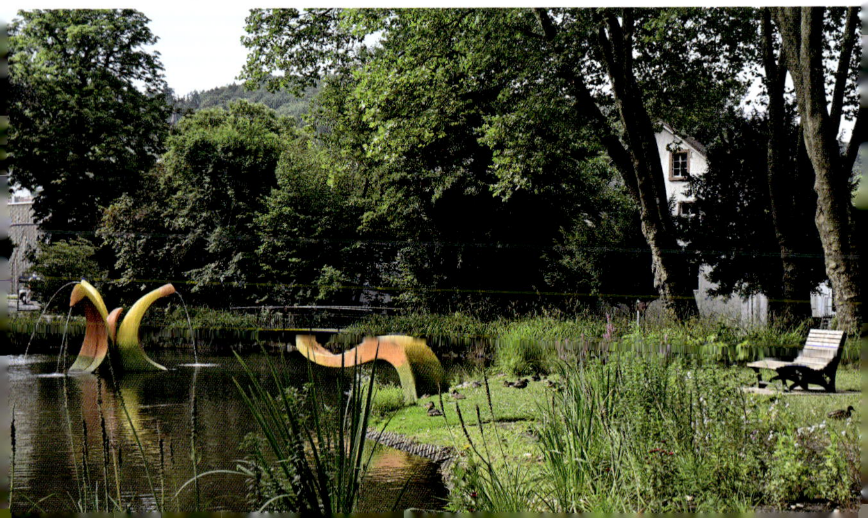

Der Marktplatz in Mosbach.

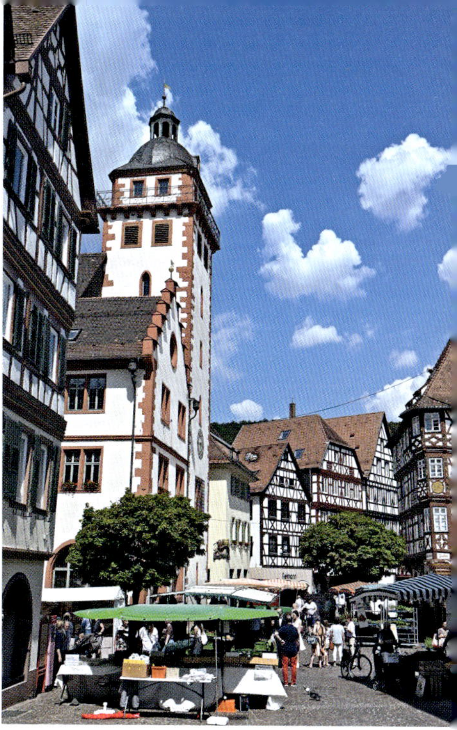

Vom Bahnhof in **Mosbach Mitte** ❶ aus wandern wir auf der abgewandten Seite der Innenstadt durch die Bleichstraße in Richtung des nordwestlich gelegenen bewaldeten Henschelbergs. Nach dem Feuerwehrgerätehaus – hier sind die Wanderwege M4 und M5 angezeigt – überqueren wir die Elz, gehen geradeaus weiter und steigen die Stufen hoch. An der Oberkante der Treppe halten wir uns links und finden etwas versteckt hinter der Hausnummer 12 die nächsten Stufen, die uns zum Naturschutzgebiet Henschelberg führen. Erst seit Mitte des letzten Jahrhunderts wurde der Anbau auf den Hangterrassen weitestgehend aufgegeben und die Natur konnte sich das Areal zurückerobern.

Wir folgen dem Weg bis zur Gemarkung Haftel, die auf der Karte an der Infotafel oben links angezeigt ist. Doch zunächst geht es mühevoll im Zickzack durch die vielfältige Vegetation steil bergauf an den einstigen Trockenmauern vorbei. Nach schweißtreibendem Anstieg biegen wir oben links ab und dürfen zunächst etwas verschnaufen. In der Rechtskurve des Weges finden wir einen hübschen Pavillon zu Beginn des **Zwerrenberges** ❷, dessen einstige Aussicht allerdings zugewachsen ist. Wir nehmen hier den scharf rechts abgehenden Weg und folgen nach fünf Metern an der Verzweigung links der roten Raute. Allmählich umgibt uns eine herrliche Ruhe, die nach dem umtriebigen Elztal eine wahre Wohltat ist. Wer immer noch überschüssige Energie hat, darf gerne die auf dem Fitnesspfad aufgemalten Übungen durchführen. Achtung! Nicht verpassen: Nach dem lang gezogenen Rechtsbogen des Weges verlassen wir den breiten Forstweg nach links auf einen Pfad, immer noch von der roten Raute begleitet. Nach 100 m kreuzen wir im dschungelartigen Wald einen anderen Forstweg und folgen weiter dem Waldpfad, der mit alten Wege- oder Gemarkungssteinen flankiert ist. Etwa 20 m nach der Rechtskurve, bei der Ruhebank und dem Schild zum Naturschutzgebiet, verlassen wir den Weg auf einen fast zugewachsenen sehr schmalen Pfad, der links abgeht. Damit verlässt uns auch die rote Raute, die hier geradeaus führt. Wer dem Weg nicht traut, kann auch weiter der Markierung folgen, sie führt ebenfalls nach Nüstenbach. Um wenigstens einen Teil des wunderbaren Nüstenbachtals zu durchwandern, folgen wir dem anfangs steil durch den Nadelwald führenden Pfad, der zwar unmarkiert, aber deutlich erkennbar ist. Unten treffen wir auf

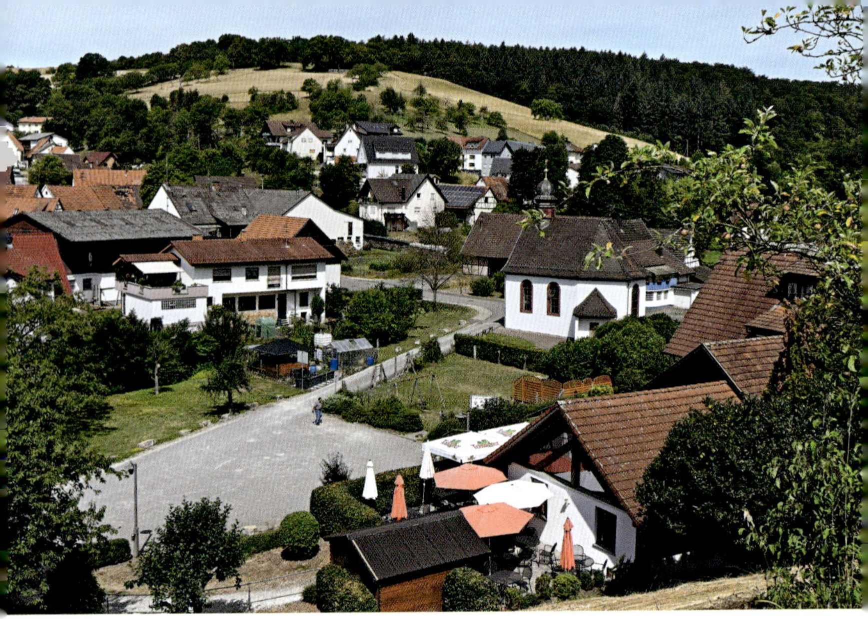

Einkehr im Dorf: Nüstenbach und das Café Haaß.

den breiten Talweg und setzen nach rechts fort. Nach zehn Minuten erklärt uns eine Infotafel den geologischen Aufbau der Landschaft rund um **Nüstenbach ❸**. Während in der Talsohle Buntsandstein vorherrscht, ist an den Hängen der Muschelkalk angeschnitten. Vom Zwerrenbergweg ziehen wir hinab ins Dorf, wo unterhalb des Weges schon das Café Haaß sichtbar ist. Wir halten uns links und passieren das schön sanierte Haus des ehemaligen Gasthauses Zum Ochsen. Direkt dahinter geht es links zum Café, in dem leckerer hausgemachter Kuchen serviert wird. Nach ausgiebiger Stärkung stoßen wir auf die Durchgangsstraße und biegen am Kastanienbaum vor der Mitfahrbank rechts ab. Ab hier ist M6 unsere Wegmarkierung. Die gut in Schuss gehaltene Milchsammelstelle vermittelt noch einen Eindruck vom früheren Dorfleben. Nach der Verzweigung am Ortsende, gegenüber dem ehemaligen Skilift, folgen wir dem rechts talwärts führenden Weg, der nach Durchquerung der Talaue sofort steil bergan führt. Nach dem Anstieg kreuzen wir am höchsten Punkt bei einer Ruhebank eine andere Forststraße und setzen gegenüber die Richtung fort. An der Kreuzung, hinter der sich eine Schutzhütte und ein wunderbarer Picknickplatz verstecken, dürfen wir es uns neben dem Brunnen mit drei Röhren auf der **Dreibrunnenwiese ❹** gemütlich machen. Wir folgen weiter der M6-Wegmarkierung, die uns halb rechts

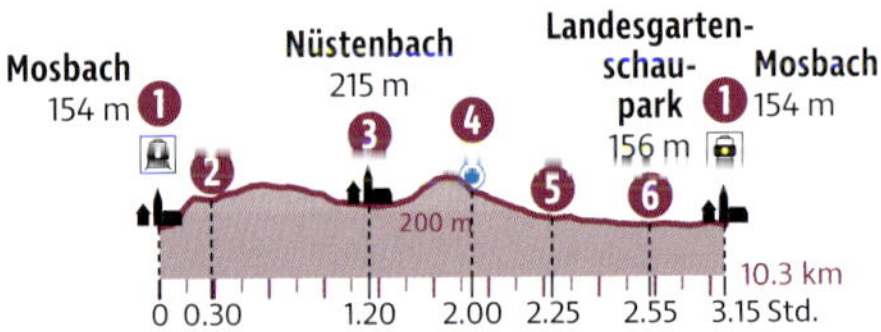

weiterleitet. Vor der Bahnlinie beim ehemaligen **Bahnwärterhaus 5** gehen wir scharf rechts hoch und umrunden, uns links haltend, das Umspannwerk. Parallel zur Bahnlinie wandern wir nun im aufgelockerten Elztal zwischen Feldern, Wiesen und Kleingärten zurück nach Mosbach. Nach der Holzfabrik gehen wir links über die Gleise und biegen hinter der gelben Brücke über den Fluss rechts ab. Durch das Tor betreten wir den wunderschönen **Landesgartenschaupark 6**, der anlässlich des Events 1997 angelegt wurde. Wir folgen den Wanderzeichen über die historische Sandsteinbrücke mit dem heiligen St. Nepomuk und gehen uns links haltend über die Fußgänger-Bogenbrücke zur Innenstadt von **Mosbach 1** oder alternativ rechts den Wanderzeichen folgend direkt zum Bahnhof. Wer ins Mosbacher Brauhaus gehen möchte, biegt

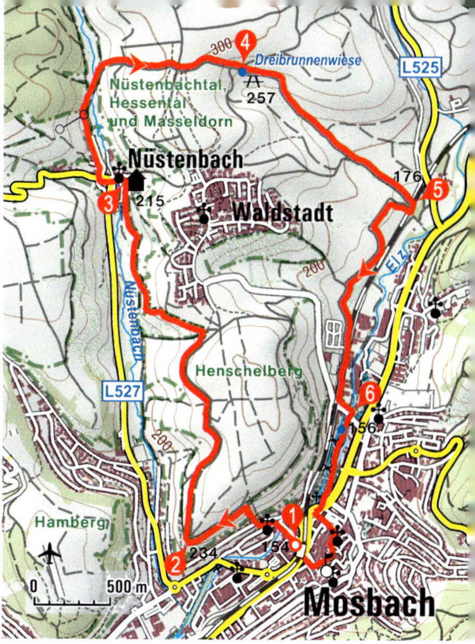

am Brunnen rechts ab und stößt auf einen großen Parkplatz, hinter dem sich linker Hand die Gaststätte hinter Bäumen versteckt.

EINKEHR

Café und Gästehaus Haaß: Am Hang oberhalb der schmucken Dorfkapelle in Nüstenbach, eingebettet zwischen viel Grün, liegt die einzige Einkehrmöglichkeit des kleinsten Mosbacher Ortsteils. In rustikalem Ambiente werden vom kleinen Familienbetrieb regionale Spezialitäten serviert, wie zum Beispiel Odenwälder Grünkernküchle. Spezialität sind Wildgerichte, die zum Teil aus eigener Jagd stammen, da der Chef des Hauses selbst Jäger ist. Nachmittags kann man selbst gebackene Torten und Kuchen genießen, bei denen auch saisonale Früchte verarbeitet sind. Bei gutem Wetter blickt man von der Sonnenterrasse auf die grünen Hügel, die das Dorf umschließen, während Kinder sich auf dem Spielplatz daneben austoben dürfen. Mi.–Fr. von 14 bis 22 Uhr, Sa., So. 11.30–22 Uhr, Im Weiler 8, 74821 Mosbach-Nüstenbach, Tel. +49 6261 92060, gaestehaus-haass.de.

Mosbacher Brauhaus: Unweit des Bahnhofs Mosbach glänzen in einem alten sanierten Backsteinbau die kupfernen Kessel des Brauhauses. Ob in der Braustube im Innern des Gebäudes unter gusseisernen Trägern, im lichtdurchfluteten Innengarten oder unter den ausladenden Bäumen des Biergartens, überall sitzt man gemütlich und rustikal. Mit Eröffnung der Landesgartenschau im Jahr 1997 bot auch Hans-Georg Thielecke sein selbst gebrautes Bier im umgebauten Stall an. Neben deftigen Gerichten aus der Pfanne werden auch vegetarische Speisen und diverse kreative Salate angeboten. Die hausgemachten vegetarischen Rösti mit Rahmchampignons, fünf Sorten Flammkuchen oder Steaks vom Black Angus Rind sind eine Einkehr allemal wert. Geöffnet täglich ab 11 Uhr, Eisenbahnstraße 18, 74821 Mosbach, Tel. +49 6261 36969, mosbacher-brauhaus.de.

2 Von Mosbach zur Burg Hornberg

Auf dem Neckarsteig

5.15 Std. | 15,1 km | ↗460 m | ↘460 m

Wo Götz von Berlichingen lebte

Einer der Höhepunkte des Neckarsteigs ist der einstige Wohnsitz des berühmtesten und rauflustigen Ritters des Spätmittelalters, Götz von Berlichingen. Der Ritter mit der eisernen Hand lebte hier von 1517 bis 1562 und trug zum guten Zustand der Burganlage bei. Von den aufständischen Bauern 1525 blieb die Burg verschont, da Götz von Berlichingen zeitweise auf ihrer Seite stand. Seine Hand hatte er in einer der zahlreichen Fehden, bei der Belagerung von Landshut im Jahr 1504, verloren und durch eine stählerne Prothese ersetzt, die ihn von weiteren Kämpfen nicht abhielt. Nach knackigem Anstieg wandern wir durch die den Neckar flankierenden Wälder, streifen dabei ein Mahnmal für die von den Nationalsozialisten verschleppten badischen Juden und erreichen schließlich die wunderbar erhaltene Ritterburg über dem Neckar.

Ausgangspunkt: Bahnhof in 74821 Mosbach (Baden), mehrere gebührenpflichtige Parkplätze und Parkhäuser in der Innenstadt Nähe Bahnhof, Womo-Platz am Wasemweg, N 49.3604, E 9.1473.

Anforderungen: Kräftiger Anstieg zu Beginn. Danach wandern wir auf schattigen Waldwegen und -pfaden des Neckarsteigs und ziehen aussichtsreich über die Höhe wieder zurück.

Information: Tourist Information, Marktplatz 4, 74821 Mosbach, Tel. +49 6261 91880, mosbach.de.

Karte: Wanderkarte Neckartal-Stauferland (GNBO Blatt 21, 1:20.000). Wanderkarte Eberbach (LGL Blatt W203, 1:25.000).

Tipp: Die Besichtigung der Burg Hornberg ist auf jeden Fall zu empfehlen. Mi.–So. von 11 bis 16 Uhr, Tel. +49 6261 5001.

Mahnmal für die deportierten Juden aus Baden.

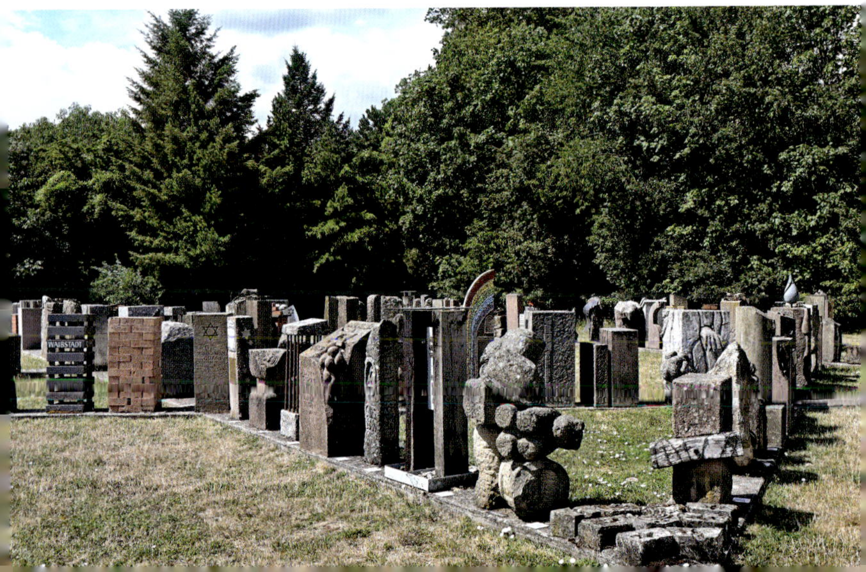

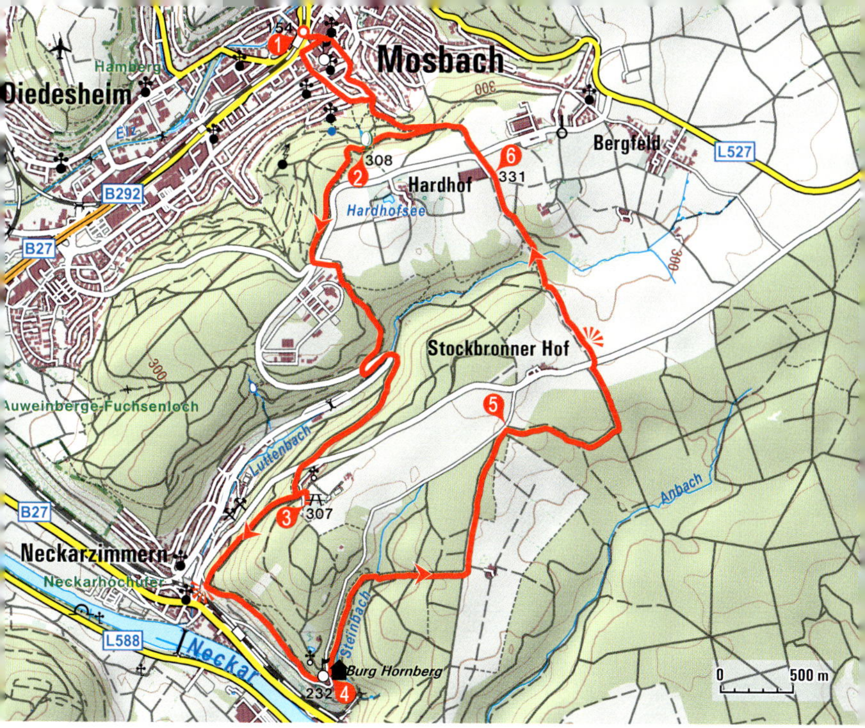

Wir beginnen unsere Runde auf der der Stadt zugewandten Seite der **S-Bahnstation Mosbach Mitte** ❶, wo wir von der Unterführung kommend über die Kesslergasse zur Fußgängerzone marschieren. Am prächtigen Rathaus aus dem 16. Jh. halten wir uns rechts und biegen ab in die Hauptstraße, mit zahlreichen Geschäften. Kurz vor dem Ende der Fußgängerzone gehen wir am letzten Fachwerkhaus links den Schmelzweg hinauf und steigen am Steiner-Haus vorbei die Stufen hoch. Weiter geht es in kräftigem Anstieg bergan, stets die Richtung beibehaltend, wobei uns die gelb-blaue Muschel des Jakobsweges anfangs den Weg zeigt. Nach der Linkskurve der Straße finden wir zum ersten Mal das geschwungene N des Neckarsteigs, an dem wir uns für mindestens die Hälfte des Weges orientieren. Er leitet uns kurz darauf nach rechts die Stufen hoch, wo es links auf nun angenehmem Waldpfad weiter bergauf geht. Oben an der Kreuzung Jubelsberg wenden wir uns beim Wegweiser um fast 180 Grad und schlagen die Richtung zur Burg Hornberg ein. Nach der ersten Anstiegshürde dürfen wir auf fast ebenem Waldweg etwas verschnaufen. Eine Ruhebank lädt am Forstmeister-Korn-Platz

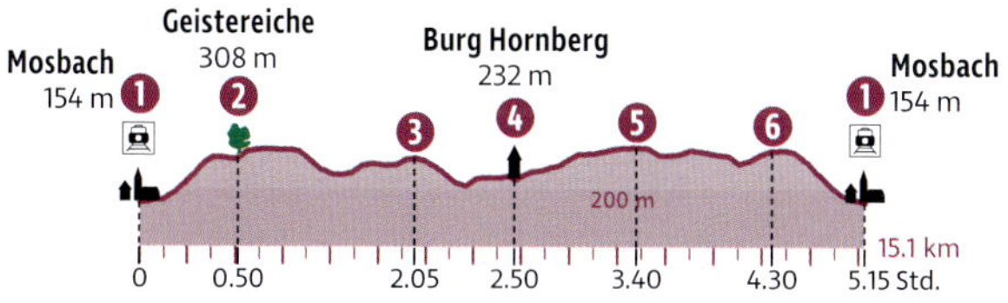

zum Verweilen ein. Wir passieren die Hunderte Jahre alte **Geistereiche ❷**, die ihren Namen den geisterhaften Geräuschen verdankt, die sie früher von sich gab. Es ist kaum vorstellbar, dass der Baum noch vor etwas über 100 Jahren im freien Feld stand, was uns eine Tafel erläutert. Nach der hübsch gestalteten Neckarsteigbank steht uns, indem wir uns links halten, ein nächster kurzer Anstieg bevor. Nach Austritt aus dem Wald queren wir unmittelbar die Straße und ziehen auf dem Kasernenweg weiter über die Hochebene. Nachdem wir das ehemalige Bundeswehrgelände teilweise umrundet haben, biegen wir links ab auf den Dreisteinweg.

Nach 10 Min. queren wir eine Straße und gehen weiter auf schmalem grünem Waldpfad, der kurz vor der Straße noch einmal die Richtung ändert und sanft bergan führt. Endlich überqueren wir die Straße erneut, gehen rechts hinauf und halten uns an der Verzweigung links.

Nach einer längeren gleichförmigen Waldetappe steigen wir kurz vor der nächsten Straße links den Pfad hinauf, überqueren diese und wandern weiter empor. Oben am nächsten Wegweiser machen wir nach links einen Abstecher zum **Mahnmal ❸** der etwa 5600 deportierten Juden aus Baden. 139 Stelen, jede einzelne stellvertretend für einen badischen Ort, die in Anordnung eines Davidsterns aufgereiht sind, dienen als Mahnmal für den Abtransport der jüdischen Mitbürger ins südfranzösische Lager Gurs. Hunderte kamen dabei ums Leben, manchen gelang noch die Flucht, bis die Nationalsozialisten im Jahr 1942 das Lager räumten und die Menschen in die Todeslager nach Auschwitz und Sobibor überführten. Nach einer Gedenkminute wandern wir zurück und ziehen am Wegweiser vorbei geradeaus auf der Alten Steige talwärts.

Auf schnurgeradem Weg geht es nun bergab. In der Rechtskehre verlassen wir den breiten Kiesweg und folgen geradeaus dem Neckarsteig weiter. Am unteren Ende des Weges, bei der Ruhebank, geht es nach links. Unten im Tal blicken wir auf die Schleuse von Neckarzimmern. In einiger Entfernung ist gegenüber die Burg Guttenberg sichtbar. Nach Wiederanstieg tauchen plötzlich und unerwartet wie aus dem Nichts die Türme der **Burg Hornberg ❹** hinter den Baumwipfeln hervor. Die schon 1184 erwähnte Burg ist bis heute gut erhalten und blieb von Umbauten weitestgehend verschont. Bekannt wurde sie durch ihren berühmten und berüchtigten zeitweiligen Besitzer, Götz von Berlichingen, dem Goethe mit seinem gleichnamigen Drama ein Denkmal setzte. Bergfried, Turmpalas und Schildmauer sind noch in hervorragendem Zustand und können besichtigt werden. Nach Einkehr und/oder Besichtigung folgen wir dem rechts der Parkplätze abgehenden Pfad und bleiben damit weiter auf dem Neckarsteig. Auf der Flanke eines tief eingeschnittenen Kerbtales geht es nun stetig bergauf.

Nach der Steinbachbrücke verlassen wir das geschwungene N, biegen links ab und orientieren uns vorübergehend am grünen L des Limesweges in Richtung Mosbach. Auf der Höhe, am Waldaustritt biegen wir links ab. Nach einer kurzen Etappe am Waldrand empfängt uns wieder ein prächtiger hochstämmiger Mischwald. An dessen Ende am alten Sandsteinwegweiser, beim **Rich-**

Burg Hornberg.

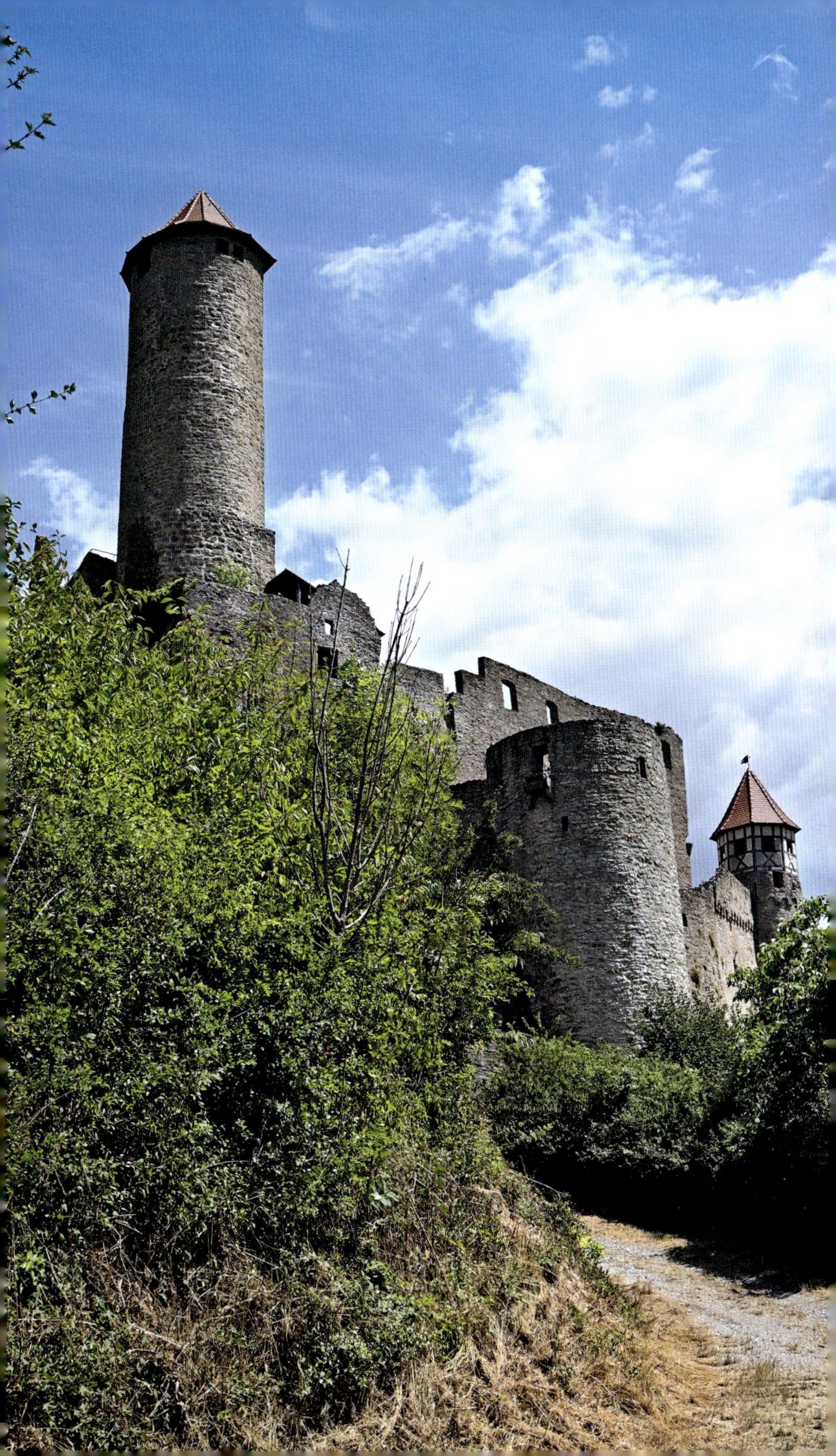

EINKEHR

Restaurant Burg Hornberg: Gediegen, hoch über dem Neckar, speist man in den ehrwürdigen Räumlichkeiten der Burg Hornberg. Sowohl hinter der üppigen Glasfront, als auch auf der Außenterrasse genießt man einen herrlichen Ausblick ins Neckartal. Im Innenhof sitzt man schattig unter einer ausladenden Kastanie. Unter dem Motto »Bei Götz zu Gast« werden neben badisch-schwäbischer Küche internationale Gerichte sowie vegane und vegetarische Speisen auf gehobenem Niveau serviert. Etwas preisgünstiger sind die Gerichte aus der Bistro-Karte. Dazu werden eigene Weine aus dem ältesten Weingut Baden-Württembergs kredenzt. Mi., Do. ab 15 Uhr, Fr. ab 13 Uhr, Sa., So. ab 12 Uhr, Burg Hornberg 3, 74865 Neckarzimmern, Tel. +49 6261 92460, burghotel-hornberg.de.

Hotel & Restaurant Lamm: In der Fußgängerzone, inmitten der prächtigen Fachwerkkulisse, findet man das ehrwürdige Traditionshaus. Die gutbürgerliche baden-württembergische Küche ist viel gelobt und bietet eine breite Palette von Speisen. An manchen Abenden kann man in Flammkuchen schwelgen, am Schnitzelabend hat man die Auswahl zwischen mehr als einem Dutzend verschiedener Schnitzel. Auch diverse Burger und vegetarische Grünkernküchle findet man auf der reichhaltigen Karte. Mittags werden preisgünstige Mittagsgerichte angeboten, die in Facebook veröffentlicht sind. Mo.–Sa. 11.30–14.30 Uhr und ab 17.30 Uhr, So. 11.30–14.30 Uhr, Hauptstraße 59, 74821 Mosbach, Tel. +49 6261 8902400, lamm-mosbach.de.

Restaurant & Bar Ludwig: Ganz oben, am Ende der Fußgängerzone lädt das modern gestylte Restaurant Ludwig ein. Auf der Terrasse am Ludwigsplatz kann man während der Einkehr dem bunten Treiben der lebendigen Stadt zuschauen. Wem dies zu laut und zu trubelig ist, der lässt sich auf den bequemen Sesseln und Stühlen im Inneren des gepflegten Restaurants nieder. Die bunte kreative Speisekarte setzt sich wohlwollend ab von den üblichen Fleischgerichten der Konkurrenz und setzt ihre Akzente auf leckere vegane und vegetarische Gerichte und üppige Salatteller. Täglich außer Mi. ab 9.30 Uhr, Hauptstraße 92, 74821 Mosbach, Tel. +49 6261 2242, ludwig-mosbach.de.

tungsanzeiger Sträßle ❺, biegen wir rechts ab auf das Asphaltsträßchen, das wir schon nach wenigen Metern erneut nach rechts verlassen. An der Verzweigung im Wald nehmen wir den linken Ast. Wir stoßen auf den Dornbacher Weg, wo der Limesweg nach rechts abgeht. Wir halten uns jedoch links und lassen uns von der roten Raute den Weg weisen. Bald verläuft unsere Tour aussichtsreich mitten durch üppige Getreidefelder rund um den Weiler Stockbronner Hof, mit Blick bis zum Katzenbuckel im Norden. Achtung! Beim Waldeintritt am nächsten Wegweiser bei einem Jagdsitz ist der Wegverlauf etwas schwer zu erkennen. Er führt nach rechts mitten durch das unbewaldete Areal. Zum Teil ist die Wegspur fast zugewuchert, aber meist noch als Pfad zu sehen. Am tiefsten Punkt treffen wir wieder auf einen Feldweg und halten bergauf die Richtung bei.

Nach der umzäunten **Bodensee-Wasserversorgung ❻** queren wir am Feldkreuz die Straße und ziehen am Waldrand nach links auf dem Waldpfad bergab. An der vom Hinweg bekannten Kreuzung setzen wir die Richtung fort. Zurück in der Wohnsiedlung lassen wir uns nun von den Wanderwegen leiten, die uns zuletzt nach ein paar Stufen am Kandelschussbrunnen vorbei direkt zum schmucken Rathaus von **Mosbach ❶** leiten.

Rund um Gundelsheim

Auf aussichtsreichen Höhen rund um den Neckar

3

4.15 Std. | 12,1 km | ↗330 m | ↘330 m

TOP

Ein Fluss, zwei Burgen und Weinberge

Hier zeigt sich der Neckar in voller Schönheit. Auf der einen Seite die imposante Deutschordensburg in Gundelsheim, gegenüber die komplett erhaltene Stauferburg Guttenberg, die noch heute bewohnt ist. Dazwischen durchstreifen wir bei Haßmersheim am Neckar eine üppig begrünte Uferlandschaft. Auf einer neuzeitlichen Fußgänger-Hängebrücke überqueren wir den Neckar mit Blick auf Burg Hornberg, das Altersdomizil des Götz von Berlichingen. Oberhalb der Weinberge des Gundelsheimer Himmelreichs der schon in der Steinzeit bewohnte Michaelsberg mit einer der ältesten Kirchen der Region und dem beliebten Schäfer's Landrestaurant gegenüber. Mehr Panoramen, Kultur und Geschichte auf so kurzer Distanz geht kaum.

Ausgangspunkt: Bahnhof in 74831 Gundelsheim. Bus 602 von Bad Friedrichshall. Parkmöglichkeit am Bahnhof. Womo-Platz, Kelter Haßmersheim, N 49.30032, E 9.15220.

Anforderungen: Der Einstieg ist etwas lärmend, bis wir über die Schleuse gelaufen sind, danach wird es ruhiger. Wir wandern auf gut begehbaren An- und Abstiegswegen im Wald. Lediglich der Aufstieg vom Neckar nach der Brücke verläuft auf steilem Pfad.

Information: Tourismusbüro Tiefenbacher Straße 16, 74831 Gundelsheim am Neckar, Tel. +49 6269 9641, gundelsheim.de.

Karte: Wanderkarte Neckartal-Stauferland (GNBO Blatt 21, 1:20.000). Wanderkarte Sinsheim (LGL Blatt W211, 1:25.000).

Tipp: Ein historischer etwa einstündiger Rundweg, dessen Flyer im Rathaus oder auf der Homepage der Stadt erhältlich ist, führt an 17 Stationen an allerlei Sehenswürdigkeiten der Stadt Gundelsheim vorbei.

Deutschordensburg in Gundelsheim.

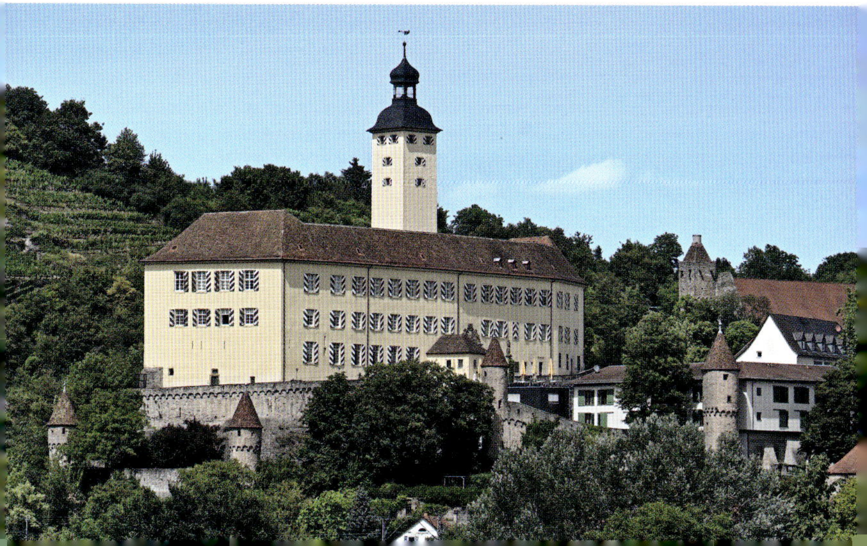

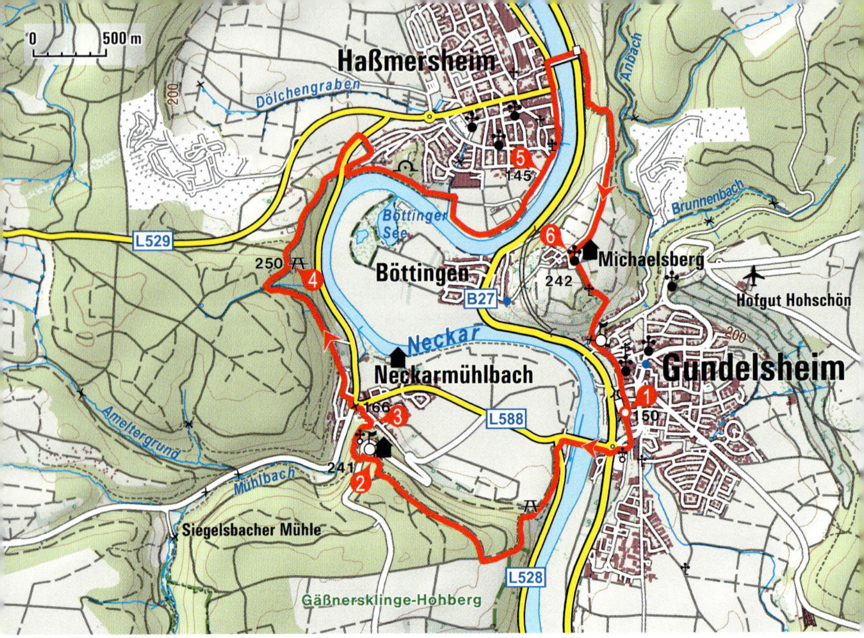

Am Bahnhof von **Gundelsheim** ❶ gehen wir auf der dem Fluss zugewandten Seite des Bahnsteigs und wandern dort parallel zur Bahnlinie in südlicher Richtung (rote Raute). Über den Kreisel marschieren wir halb rechts hoch zur Neckarbrücke. Unmittelbar nach der Brücke halten wir uns links, queren eine Straße und ziehen den Wanderwegweisern folgend in die Feldflur mit herrlichem Blick auf Burg Guttenberg.

Ab der Picknickgruppe am Waldrand lassen wir uns nun vom Neckarsteig leiten und ziehen etwas steiler bergauf. Oben an der T-Kreuzung halten wir erst einmal die Richtung bei und biegen erst nach 100 m an einer Aussichtsbank rechts ab. Es folgt eine angenehme Waldetappe durch den halbwüchsigen Mischwald ohne nennenswerte Höhendifferenzen. An der nächsten Kreuzung biegen wir schließlich rechts ab zur **Burg Guttenberg** ❷. Die spätmittelalterliche Burg gilt als eine der wenigen unzerstörten Gemäuer und ist bis heute von den Freiherren von Gemmingen bewohnt. Nach Besichtigung oder/und Einkehr wandern wir links an der Burg vorbei zum Ausgangstor. Dort wählen wir geradeaus den Weg zur Kapelle – sehenswert ist das Relief an der Seitenwand – und biegen nach 100 m am Wegweiser rechts ab, nun dem gelben R des Neckarrandweges folgend.

Unten am Brunnen angekommen in **Neckarmühlbach** ❸ folgen wir dem Wanderzeichen nach links in die

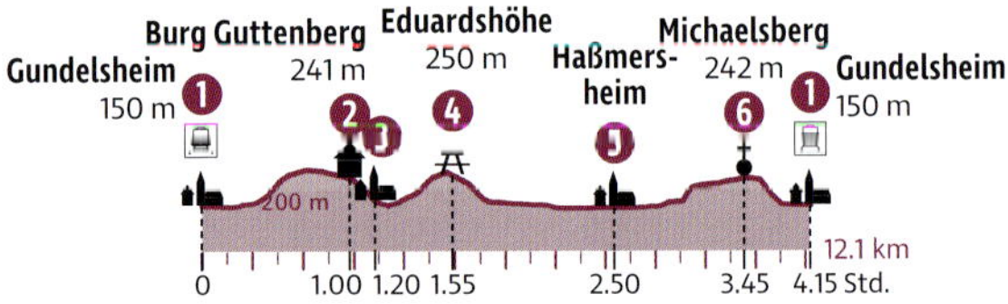

Ortsstraße. Wer einkehren möchte, geht auf der Durchgangsstraße nach rechts und biegt an nächster Möglichkeit nach der Bushaltestelle links ab in den Neckartalweg. Ansonsten halten wir uns an der Heinsheimer Straße links und gehen vor bis zur Kreuzung. Dort, an der Infotafel, überqueren wir die Straße und ziehen den Ziegelhäldenweg hinauf, der nach 75 m nach rechts knickt. Am Waldsaum entlang geht es weiter, immer noch dem gelben R folgend. Nun marschieren wir einige Zeit stets bergauf, bis der Weg scharf nach rechts abknickt und zur **Picknickgruppe auf der Eduardshöhe 4** führt. Nach einer verdienten Verschnaufpause ziehen wir am Pavillon vorbei wieder bergab und verlassen nach 50 m den breiten Forstweg nach rechts auf einen steil bergabführenden Waldweg. Dort wo wir den Wald kurz verlassen, nehmen wir den rechten asphaltierten Zweig, der uns erneut in den Wald hineinführt, nun der gelben Raute folgend. Dahinter müssen wir leider einige Meter an der Straße entlangwandern. Der prächtige Blick zur Burg Hornberg gegenüber entschädigt uns dafür. Am Ende des Radwegs queren wir an übersichtlicher Stelle vorsichtig die Straße (die Autos fahren hier zum Teil mit hoher Geschwindigkeit) und steigen den Hang hoch in Richtung Siedlung. Oben biegen wir rechts ab, laufen den Milanweg bis zum Ende und finden am Waldrand nach links einen Wanderpfad, der uns in ein paar Windungen hinab zum Neckar führt.

Unten angekommen, biegen wir links ab und wandern auf herrlichem Uferweg am träge dahinziehenden Fluss entlang.

Kurz nachdem sich der Weg etwas vom Fluss entfernt, treffen wir bei zwei Ruhebänken auf einen Wegweiser. Hier haben wir die Möglichkeit,

Blick von der Fußgängerhängebrücke zur Burg Hornberg, dem Altersdomizil des Götz von Berlichingen.

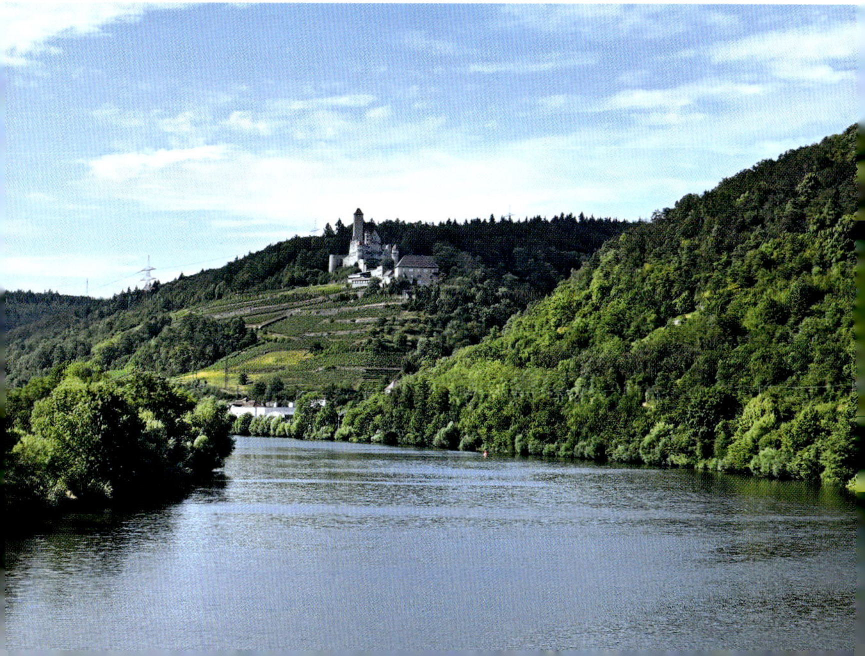

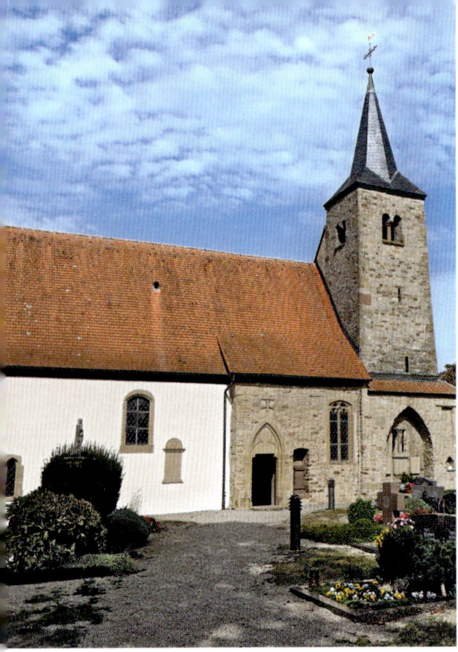

Die sehenswerte Kapelle auf dem Michaelsberg (oben) mit dem rechten Seitenaltar im Inneren der Kapelle (unten).

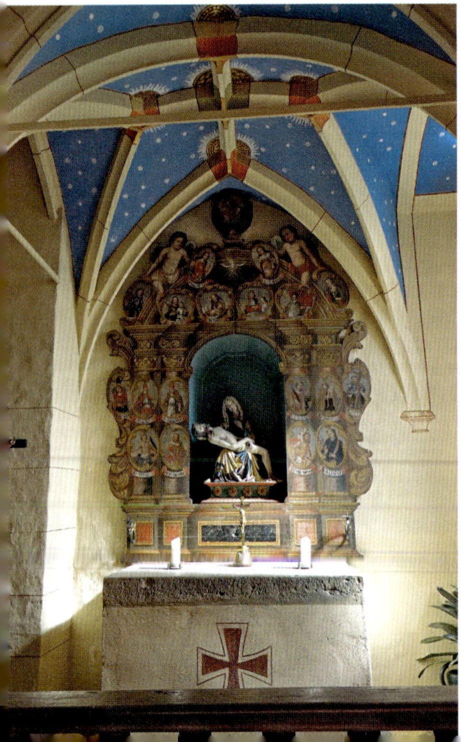

unsere Füße zu entlasten, indem wir rechts direkt wieder zum Neckarufer hinunterwandern und dort unsere Tour auf dem Treidelpfad fortsetzen (sofern kein Hochwasser vorherrscht). Wir erreichen die ersten Häuser von **Haßmersheim 5** und gehen am Gasthof Zum Ritter vorbei bis zur Hängebrücke.

Wir überqueren den Fluss hinüber zum steilen Prallhang. Nach der Brücke gehen wir auf die andere Bahngleisseite (Richtung Neckarelz) und folgen dem Neckarsteig nach Süden zunächst neben der Bahnlinie. Der Weg nimmt etwas an Höhe auf und führt zu einer Treppe, die wir links hinaufsteigen. Auf einer der schönen neuen Neckarsteigbänke können wir den Ausblick über Haßmersheim auskosten, bevor es weiter steil den Hang hochgeht. Oben auf dem Kirchsträßchen setzen wir den Weg nach rechts fort.

Am Wegedreieck gehen wir geradeaus weiter bergauf zum **Michaelsberg 6**. Die Kapelle ist unbedingt sehenswert. Dahinter wandern wir auf dem Schotterweg weiter und halten uns an der ersten Verzweigung links. Auf einem herrlichen Treppensteig längs der steingefassten Rebanlagen des Gewanns Himmelreich mit Blick auf den Neckar und das gewaltige Stiftsgebäude geht es nun hinab in den traditionsreichen Weinort am Neckar.

Wer inmitten der Weinberge im Gundelsheimer Himmelreich rasten möchte, macht am zweiten Abzweig nach rechts einen Abstecher zur Aussichtsplattform. Unten, wo der Neckarsteig nach rechts weist, gehen wir geradeaus auf dem Fußgängerweg an der noch teilweise erhaltenen Stadtmauer entlang und treffen am Ende wieder auf den Bahnhof von **Gundelsheim 1**.

EINKEHR

Gasthaus zum Neckartal: Gemütlich wie in einer Biedermeier-Wohnstube sitzt man in diesem badischen Traditionsgasthaus. Bei sonnigem Wetter lockt die Terrasse mit Blick ins Grüne. Der kreativen Speisekarte mit Fleisch-, Fisch- und Wildgerichten, aber auch vielen Salaten, merkt man in der Tat die feinschmeckerische badische Note an. Sehr beliebt ist der Gänsebraten, den es allerdings nur auf Vorbestellung gibt. Viel gelobt werden der Service und die großen Portionen. Mi.–Fr. ab 18, Sa. 11–15 und ab 18 Uhr, So. und Feiertage ab 11 Uhr, Neckartalweg 8, 74855 Haßmersheim-Neckarmühlbach, Tel. +49 6266 355, gasthaus-zum-neckartal.de.

Burgschenke Guttenberg: Speisen mit fantastischer Aussicht auf das Neckartal und die Ordensritterburg von Gundelsheim gegenüber, hinter den riesigen Panoramafenstern oder von der Außenterrasse des Biergartens in der Stauferschenke. Im holzverkleideten Gastraum sitzt man gemütlich auf den antik anmutenden Stühlen. Eine kleine Vesperplatte, ein paar Fleischgerichte und auch Vegetarisches, von allem ein bisschen, so könnte man die Speisekarte umschreiben, die für jeden Geschmack etwas bietet. Mi.–So. ab 12 Uhr. Da das Lokal gerne für private Feiern gebucht wird, ist eine Reservierung ratsam, Burgstraße 1, 74855 Haßmersheim-Neckarmühlbach, Tel. +49 6266 228, burg-guttenberg.de.

Gasthof Zum Ritter: Leckeres Essen und dabei noch die Schiffe, Wanderer und Radfahrer vor der Nase vorbeiziehen lassen. Dazu lädt die Terrasse des Gasthofs oder ein Tisch direkt hinter dem Panoramafenster ein. Klassische Fleischgerichte, diverse Salate und vegetarische Gerichte stehen auf dem Speiseplan des Gastroteams der Familie Strietter. Tgl. außer Di. ab 14 Uhr, Sa. und So. ab 12 Uhr, Neckarstraße 5, 74855 Haßmersheim, Tel. +49 6266 857, hotel-ritter-hassmersheim.de.

Schäfer's Landrestaurant Am Michaelsberg: Eine Institution in der Gegend ist das Landrestaurant Am Michaelsberg der Familie Schäfer. Der Gutshof mit Angus-Rindern und diversen anderen Tieren ist vor allem bei Familien ein beliebtes Sonntagsausflugsziel. Drinnen erlebt man ein modernes Ambiente, das so gar nicht an einen Gutshof erinnert. Bei schönem Wetter sitzt man draußen auf der Terrasse gegenüber der Kapelle und lässt die Wanderer und Radler an sich vorbeiziehen. Die anspruchsvolle Küche bietet eine überschaubare Karte mit Fleischgerichten aus eigener Erzeugung und regionalen Bio-Produkten. Und wer noch Platz im Rucksack hat, kann sich auch noch mit Produkten des gut sortierten Hofladens eindecken. Do. ab 17 Uhr, Fr.–So. ab 11.30 Uhr, unbedingt vorher reservieren, Michaelsberg 3, 74831, Gundelsheim, Tel. +49 6269 45072, schaefers-michaelsberg.de.

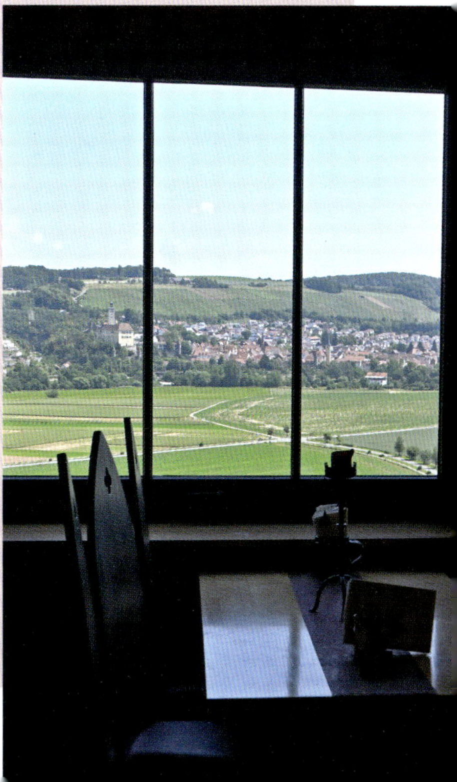

In der Burgschenke Guttenberg.

4 Von Siegelsbach zum Fünfmühlental

Vom Mühlwald zum Schlosswald und zurück

3.00 Std. | 11,0 km | ↗170 m | ↘170 m

Zur Siegelsbacher Mühle

Von der Hochebene rund um Siegelsbach wandern wir hinab ins Fünfmühlental, wo bis zum Zweiten Weltkrieg die Mühlräder der Getreidemühlen ratterten. Wir bleiben nur kurz im Tal und wandern stattdessen wieder auf die Höhe zu einem der bedeutendsten jüdischen Friedhöfe Süddeutschlands. Die mehr als 1000 Grabstellen auf einer Fläche von einem Hektar sind ein eindrucksvolles Zeugnis jüdischer Kultur. Ein weiteres imposantes Denkmal der Vergangenheit ist die bestens erhaltene Burg Guttenberg, die wir besuchen. Falls die Zeit es zulässt, dürfen wir in der Burgfalknerei den Flügen der Raubvögel zuschauen. Anschließend gelangen wir ins Fünfmühlental. Eine weitere Einkehrmöglichkeit, die Siegelsbacher Mühle, hat Generationen von Müllern und deren Familien über viele Jahrhunderte beschäftigt und ernährt. Heute beherbergt sie eines der beliebtesten Ausflugs- und Eventlokale der näheren Umgebung.

Ausgangspunkt: Ortsmitte von 74936 Siegelsbach, Hauptstraße 31, Café Betz. Dahinter Parkmöglichkeit. Bus 681/782 aus Waibstadt bzw. Bad Rappenau. Wohnmobilstellplatz Bad Rappenau, Salinenpark, N 49.23538, E 9.11391.

Anforderungen: Außer den 300 m am Mühlbach und einem Zufluss wandern wir meist auf gut begehbaren Forst- und Waldwegen mit geringen Anstiegen.

Information: Gäste-Information im Bahnhof, Bahnhofstraße 13, 74906 Bad Rappenau, Tel. +49 7264 922391, bad-rappenau-tourismus.de.

Karte: Wanderkarte Neckartal-Stauferland (GNBO Blatt 21, 1:20.000). Wanderkarte Sinsheim (LGL Blatt W211, 1:25.000).

Tipp: Eine Führung über den jüdischen Friedhof kann in der Gäste-Information Bad Rappenau gebucht werden. Tel. +49 7264 922391. Auch individuelle Besuche sind möglich, einen Schlüsselcode dafür erhält man im Bürgerbüro unter Tel. +49 7264 922309.

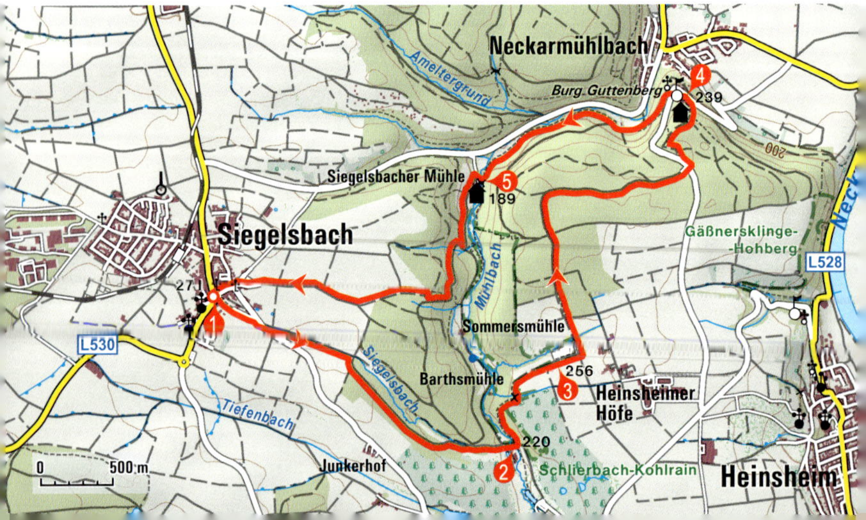

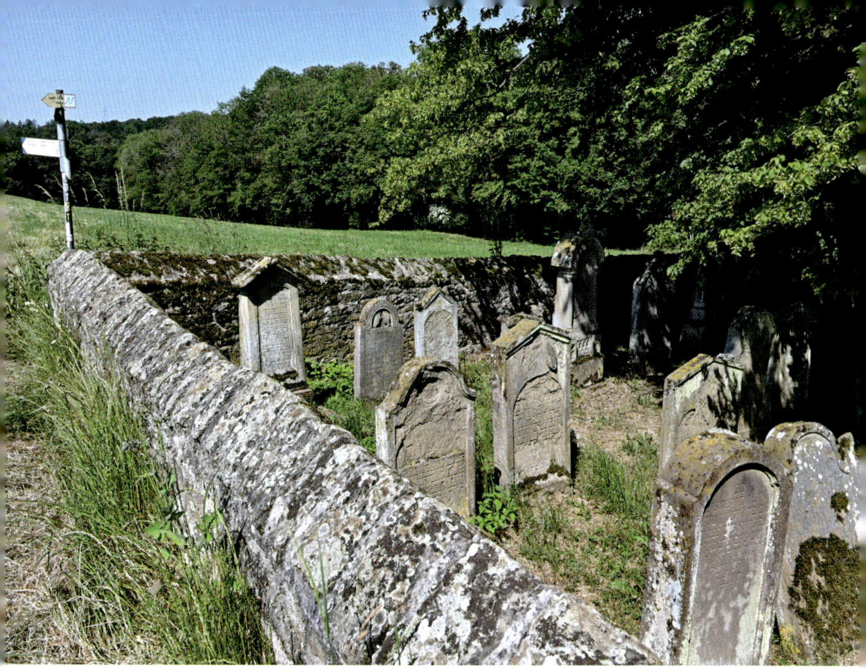

Der Jüdische Friedhof.

Wir starten in der Ortsmitte von **Siegelsbach ❶**, gegenüber dem Bäckerei-Café Betz, und gehen an einer alten Kastanie vorbei in Richtung Zimmerhof. Der rote Pfeil des DVV-Wanderweges – bis zum Mühlbach auch KR7 – gibt uns die Richtung vor und schickt uns sofort wieder nach rechts, wo ein Fußgängerweg zwischen Gärten hindurch ins Grüne führt. Wir folgen für ein paar Meter der Straße und überqueren sie. Längs des Siegelsbaches schreiten wir sanft bergab in Richtung des gut sichtbaren Waldes. Dort angekommen, bei der Hütte, biegen wir rechts ab und folgen der Beschilderung in den Wald.

Nach längerer Waldpassage queren wir die Talaue und das Flüsschen. Wir passieren die Kläranlage, verlassen hier den KR7 Wanderweg und folgen nach links dem grünen Pfeil, der zu einem schmalen Waldpfad weist. Nun geht es im Fünfmühlental am plätschernden **Mühlbach ❷** weiter. Nach kurzem Anstieg verlassen wir das Tal und wandern an der Oberkante einer tief eingeschnittenen Klamm entlang, die wir schließlich über eine Holzbrücke queren. Kurz nach dem Waldende treffen wir auf den großen **Jüdischen Friedhof ❸** von Heinsheim, einen der größten seiner Art. Auf dem sogenannten Verbandsfriedhof bestatteten zeit-

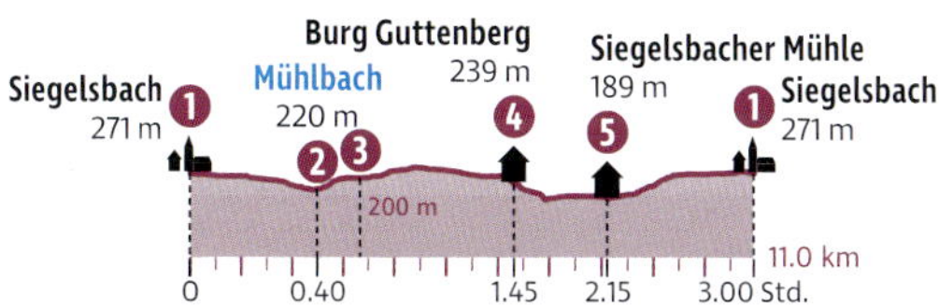

weise bis zu 25 Gemeinden ihre Toten. Der älteste der 1137 Grabsteine ist über 500 Jahre alt. An der Mauerecke biegen wir links ab und dürfen nach kurzem Anstieg wieder in den Wald eintauchen. Inzwischen hat sich der Neckarsteig mit dem gewellten N zu uns gesellt. An der großen Kreuzung folgen wir der Beschilderung zur Burg Guttenberg über den Oberen Dachsbauweg, halten uns an der Straße links und orientieren uns weiter an den Wanderzeichen.

Kurz darauf biegt rechts der Gaisbergweg ab. Wir folgen dem angenehmen Waldweg, gehen an der Gabelung nach einer privaten Waldhütte nach links und treffen nach 10 Minuten auf die wunderbar erhaltene **Burg Guttenberg ❹**. Einige Exponate vergangener Epochen können in den Mauern der Burg besichtigt werden, was durchaus sehenswert ist. Die Burg wird auch heute noch von Familienangehörigen der Freiherren von Gemmingen bewohnt. Und wer Zeit und Interesse hat, kann auch die Führung durch die Falknerei mit Flugvorführung buchen.

Am Ausgangstor finden wir wieder den roten Pfeil, dem wir nun in Richtung Siegelsbach durch die schattigen Eselsteige hinab folgen. Nach rechts kann man noch einen Abstecher zur Burgkapelle machen. Sie ist allerdings, außer zu Gottesdiensten, geschlossen. Sehenswert sind einige antike Grabsteine der Familie von Gemmingen, die fast seit Anbeginn das Schloss bewirtschaftet, sowie ein herrliches Relief an der Außenmauer der Kapelle aus dem 16. Jh.

Unten am Waldkindergarten angelangt, nehmen wir den rechten Zweig, der uns ins Tal des Mühlbachs hinabführt. Auf der Talschulter wandern wir bis zur **Siegelsbacher Mühle ❺**, die am Beginn des Fünfmühlentals zur Einkehr einlädt. Leider können wir nicht den idyllischen Pfad direkt am Mühlbach entlang weitermarschieren. Er ist von zahlreichen gefällten Bäumen blockiert (Stand Sommer 2023). Daher ziehen wir auf dem auch als Radweg mar-

Burg Guttenberg.

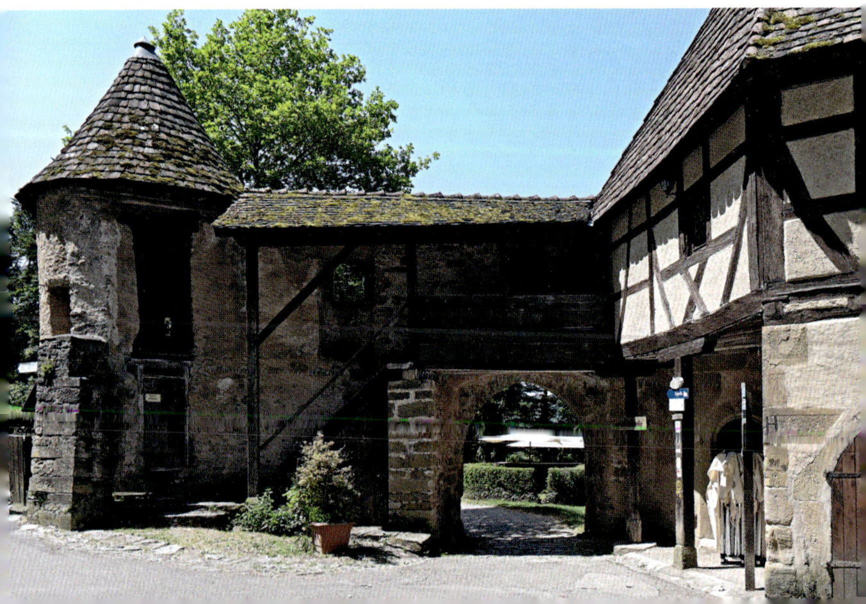

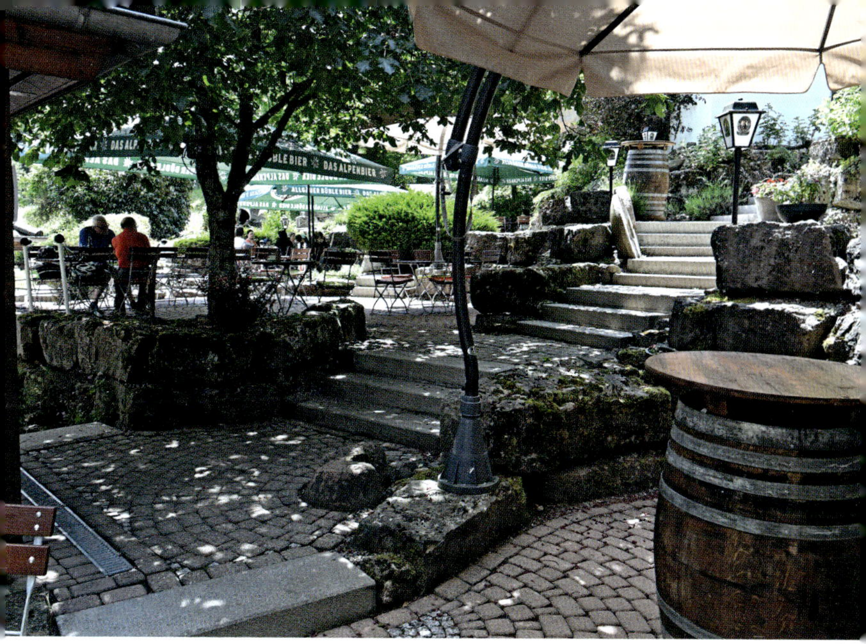

Siegelsbacher Mühle.

kierten Schotterweg oberhalb des Gasthofs weiter. An der Kreuzung bei der Schutzhütte biegen wir in spitzem Winkel rechts ab und wenden uns nach knapp 50 m wieder nach links.
Kurz vor dem Ende des Anstiegs führt ein Weg nach rechts aus dem Wald. Wir folgen ihm, biegen sofort wieder links ab und setzen unsere Runde am Waldsaum fort (rotes X). Dadurch ersparen wir uns den kleinen Umweg und wandern mit schönem Ausblick am Waldrand entlang. Wir ignorieren alle abgehenden Wege und steuern geradewegs auf den Kirchturm von Siegelsbach zu. Dabei erfahren wir auf zahlreichen Tafeln noch einiges über unsere heimatlichen Waldtiere. Auf dem Teersträßchen geht es zurück über die Hochebene nach **Siegelsbach ❶**.

EINKEHR

Restaurant Burg Guttenberg: Siehe Tour 3.
Siegelsbacher Mühle: Die traditionsreiche Mühle wurde schon 1358 erstmals erwähnt und war bis nach einem Brand im Jahr 1957 in Betrieb. Danach wurde sie nach und nach zur Gastwirtschaft umgebaut. Während das umgebaute Haupthaus gerne für Veranstaltungen und private Feiern genutzt wird, ist der herrliche Biergarten unter schattigen Bäumen – im Winter die Kaminstube – für Wanderer und Radler ein beliebtes Ziel. Die Karte, mit wenigen Fleisch- und veganen Gerichten, ist überschaubar. Ob die Wildschweinbratlinge »selbst geschossen« sind, lassen wir mal unkommentiert. Do.–Fr. 13.30–19.30 Uhr, Sa.-So. 11.30–19.30 Uhr, Grundmühle 1, 74936 Siegelsbach, Tel. +49 7264 1744, siegelsbachermuehle.com.
Café Betz: Mit leckeren Kuchen oder belegten Brötchen kann man sich nach der Tour auf der Terrasse des Cafés belohnen. Mo.–Sa., 6–18 Uhr, Hauptstraße 31, 74936 Siegelsbach, Tel. +49 7264 205374, baeckerei-betz-bonfeld.de.

5 Von der Jagst zum Neckar
Liebliche Flusstäler und einsame Höhen

3.45 Std. | 13,1 km | ↗140 m | ↘150 m

Zur Deutschordensstadt am Neckar

Von der Drei-Flüsse-Stadt Bad Friedrichshall führt unsere Tour auf dem Jagst-Kulturwanderweg am letzten und idyllischen Flussabschnitt der Jagst entlang. In Untergrießheim verlassen wir das Flusstal, ziehen am Tiefenbach entlang zur Hochebene und wandern am ländlichen Bachenau vorbei wieder hinab ins Tal des Neckars. Der Blick auf Schloss Horneck, das größte Neckarschloss, umrahmt von den Weinbergen des Himmelreichs, und gleichzeitig zur Burg Guttenberg auf anderer Flussseite zählt zu einem der schönsten im Unterland. Wir ziehen hinab ins Neckartal und lassen uns von der altstädtischen Idylle der Deutschordensstadt verzaubern.

Ausgangspunkt: Bahnhof Bad Friedrichshall. Parkplatz P4 am Bahnhof mit gebührenpflichtigen und kostenfreien Parkplätzen. Womo-Platz, Jagstfelder Str. 5, N 49.22712, E 9.20834.
Endpunkt: Bahnhof Gundelsheim. Rückfahrt mit Bus (602 oder 604) oder Bahn (S41).
Anforderungen: Wir wandern auf bequemen Wegen. Da ein Teil der Strecke auf einem stark befahrenen Fahrradweg, dem Kulturradweg Jagsttal, verläuft, empfiehlt es sich, diese Tour unter der Woche zu machen. Weite Teile der Route sind ohne Schatten.
Information: Stadtmarketing Bad Friedrichshall, Tel. +49 7136 832106, friedrichshall-tourismus.de.
Karte: Wanderkarte Sinsheim (LGL Blatt W211, 1:25.000).

Duttenberger Wehr.

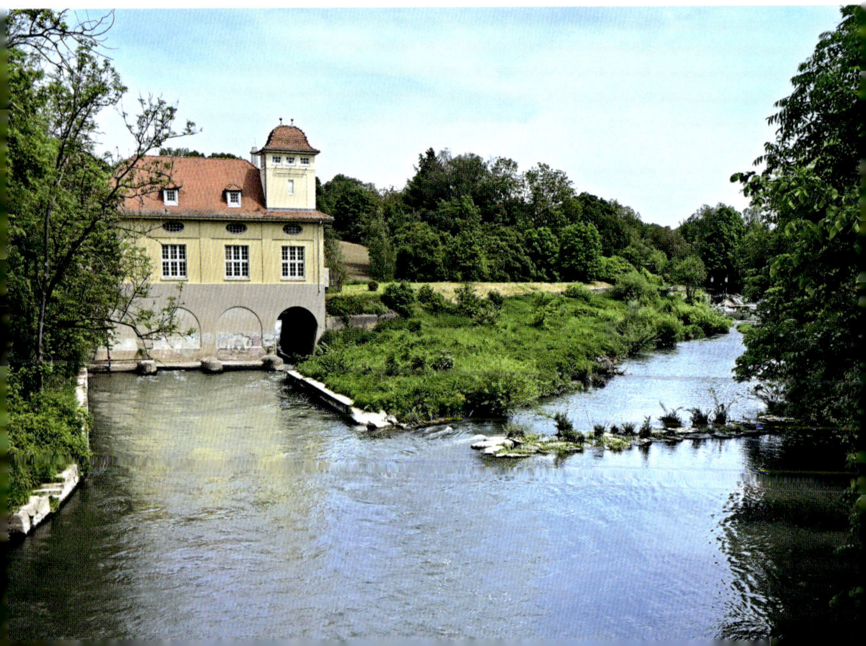

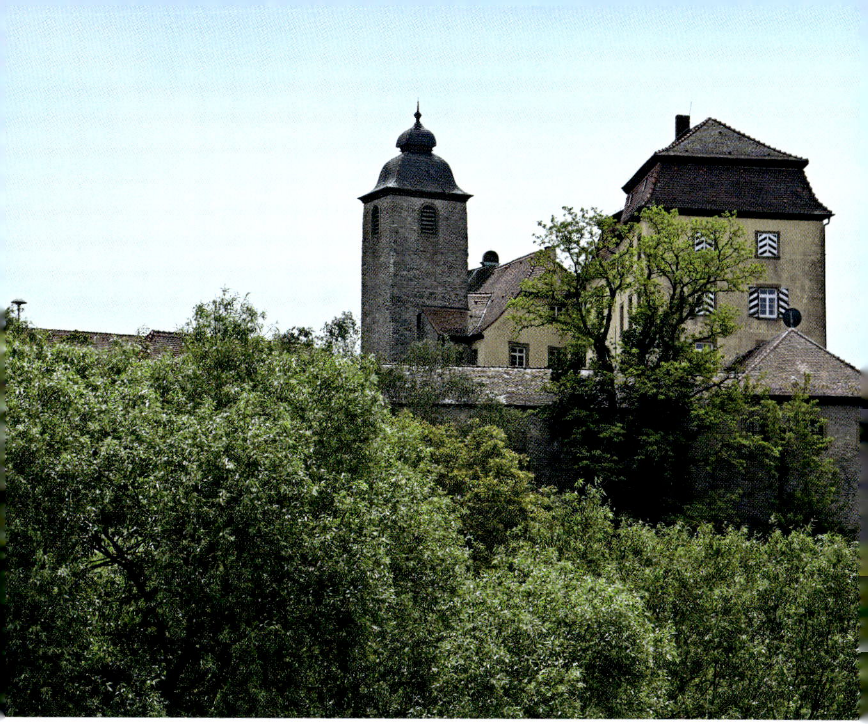

Schloss Heuchlingen.

Wir beginnen unsere Tour am Bahnhof von **Bad Friedrichshall ❶**. Am Bahnhofsausgang halten wir uns links, gehen über die Bushaltestelle den leicht ansteigenden Fahrradweg hinauf in Richtung Heilbronn. An der ersten Brücke queren wir nach links die Gleise und halten uns sofort wieder rechts. Damit wandern wir auf der ruhigeren Seite durch die Marienstraße längs der Gleise.

Vor der Kirche geht es wieder zurück auf die andere Seite der Bundesstraße. Wir biegen rechts ab, wandern unter der B27 hindurch und gehen vor dem Supermarkt links in die Heuchlinger Straße in Richtung Jagsttal. In der Rechtskurve der Straße ziehen wir geradeaus am Lärmschutzzaun entlang weiter.

An erster Möglichkeit gehen wir nun nach links unter den Gleisen durch und orientieren uns am Jagst-Kulturwanderweg mit gelbem Pfeil. Auf der anderen Seite setzen wir von der Treppe kommend 10 m die Richtung fort, biegen rechts ab und folgen dem Wander- und Fahrradweg durch die Siedlung. Wir laufen am Friedhof entlang bis zur Bahnlinie und verlassen vor der Brücke die Straße nach rechts. Kurz vor dem Fluss halten wir uns rechts und wandern nun durch die prächtige Auenlandschaft der Jagst. Wir treffen auf den Fahrradweg, setzen für 100 m die Richtung fort, um links abzubiegen in Richtung Gundelsheim. Auf dem Fußgängersteg überqueren wir vor dem Stauwehr den Fluss und gehen direkt am Gebäude den Trampelpfad am Kanal weiter. Am Wehr steigen wir die Stufen hinab und folgen weiter dem gelben Pfeil. Schon bald taucht zu unserer Rechten **Schloss Heuchlingen ❷** auf. An der Kreis-

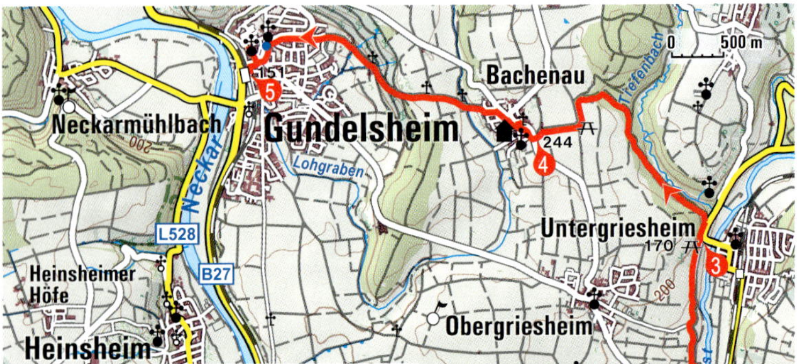
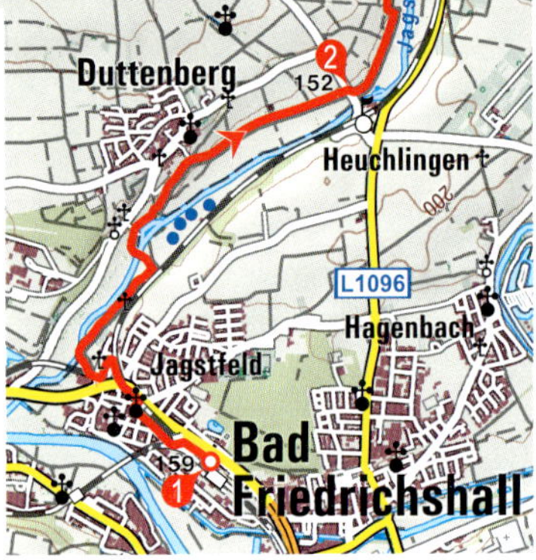

straße angekommen, gehen wir ein paar Schritte nach rechts und vor der Brücke die Stufen hinab und setzen die Richtung links neben dem Fluss fort. Nach dem Hebewerk ziehen wir noch geradeaus weiter in Richtung **Untergriesheim ❸**. Dort gehen wir vor der nächsten Brücke links hoch und wandern ca. 100 m an der Straße entlang. Wir steigen links ein paar Stufen hoch, verlassen damit den Kulturwanderweg-Jagst, überqueren die Straße und werden nun von dem Wanderweg mit dem blauen Kreuz in den Wald geführt. Achtung! Nach dem ersten Anstieg und der Rechtskurve verlassen wir den breiten Forstweg nach links und folgen dem urigen Waldweg bergauf, der bald in einen üppigen Grasweg übergeht. Oben am Waldrand setzen wir die Tour auf dem befestigten Weg nach links fort und biegen nach der Marienstatue links ab. Inzwischen hat für uns der blaue Punkt die Führung übernommen. An der Wegkreuzung zwischen den Birken biegen wir rechts ab zum idyllischen Dorf **Bachenau ❹** auf der Höhe. Wir gehen rechts in die Hauptstraße.

Wer im Gasthof Kreuz einkehren möchte, geht am Feuerwehrhaus rechts. Ansonsten folgen wir weiter der Hauptstraße und biegen am ehemaligen Rathaus links ab auf die Horneckstraße in Richtung Gundelsheim. Nach der Marienstatue verlassen wir die Straße nach links in die Bischof-Kühner-Straße mit dem blauen Punkt als Wegweiser. Am Ortsrand bei der letzten Hausreihe führt ein asphaltierter Weg talwärts und wieder empor.

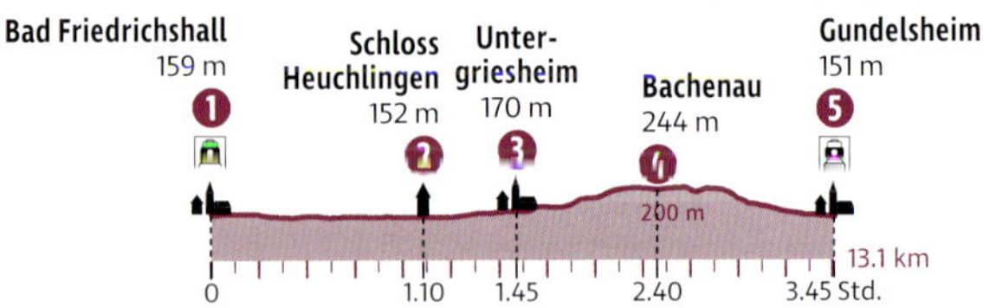

Am Waldaustritt erwartet uns ein imposanter Anblick auf die Neckarschleifen bei Gundelsheim, mit dem mächtigen Schloss Horneck und Burg Guttenberg gegenüber. An der Gabelung bei der Weinbauversuchsanstalt folgen wir weiter nach links dem blauen Punkt.
Im Ort angekommen, am Altenheim Haus Christine, halten wir die Richtung bei und wandern geradeaus hinab ins Neckarstädtchen. Unten am Kreisverkehr geht es geradeaus weiter durch die Mühlstraße und dann halten wir uns links zum Bahnhof von **Gundelsheim** 5, wo wir die Rückfahrt mit Bahn oder Bus antreten können.

EINKEHR

Gasthaus zum Kreuz: Etwas versteckt im Dorf liegt das traditionelle Landgasthaus. Schon in der 7. Generation, seit 1803, betreibt die sympathische Familie Kerber die Gaststätte, die sich großer Beliebtheit im Ort und darüber hinaus erfreut. Hier wird ehrliche ländliche Hausmannskost ohne Schnickschnack entweder auf der Terrasse vor dem Haus oder im Gastraum serviert. Meist sonntags (Öffnungstage variieren von Monat zu Monat, daher bitte Homepage ansehen) in der Regel ab 15 Uhr, manchmal auch früher, Hintere Dorfstraße 9, 74831 Gundelsheim-Bachenau, Tel. +49 6269 599, gasthaus-zum-kreuz.info.

Kuhberg-Schänke: Die Besenwirtschaft ist ein traditioneller Familienbetrieb der Familie Mühlbeyer in zweiter Generation mit ausgezeichneten Weinen. Maultaschen aller Art und typische Besengerichte werden im ausgeschmückten Hof vor dem Scheunentor oder bei schlechtem Wetter in der Gaststube serviert. Wer sich nicht entscheiden kann, nimmt einfach den Mosbacher Teller mit Bratwurst, Maultasche und Schnitzel. Bei Schupfnudeln oder Grünkernküchle werden auch Vegetarier satt. Alles zu zivilen Preisen. Zu Besenöffnungszeiten ab 15 Uhr, Hauptstraße 8, 74831 Gundelsheim-Bachenau, Tel. +49 6269 90254, kuhberg-schaenke.de.

Weinbau Pavillon: Der Besen vor dem Haus ist nur noch Reminiszenz an vergangene Zeiten als Besenwirtschaft. Heute ist das Restaurant das ganze Jahr über geöffnet. Nur noch die Wengerter Vesper erinnert an die alten Besenzeiten. Und wer schwäbische Kost liebt ist hier nicht falsch. Beim Schwäbischen Dreierlei hat man alles auf einem Teller. Der Strudel auf schwäbisch mit »beschwipstem Schlagrahm« könnte der krönende Abschluss sein. Unter den schattigen Bäumen im Hof sitzt man gemütlich, genauso wie im Inneren des mit Fachwerk ausgeschmückten Gastraumes. Do.–Mo. ab 11 Uhr, Oststraße 5, 74831 Gundelsheim, Tel. +49 6269 8015, weinbau-pavillon.de.

Restaurant Bräustüble: Wer sich für seine Wanderung mit edlen Speisen belohnen möchte, ist hier genau richtig. Der Familienbetrieb in dritter Generation bietet hervorragende gutbürgerliche Küche. Nur wenige Gerichte, darunter auch vegetarische, bietet die Speisekarte. Diese sind aber ausgezeichnet und mit viel Liebe dekoriert. Tgl. außer Mi. 12–14 Uhr, Do.–So. auch ab 18 Uhr, Schloßstraße 14, 74831 Gundelsheim, Tel. +49 6269 8453, braeustueble.de.

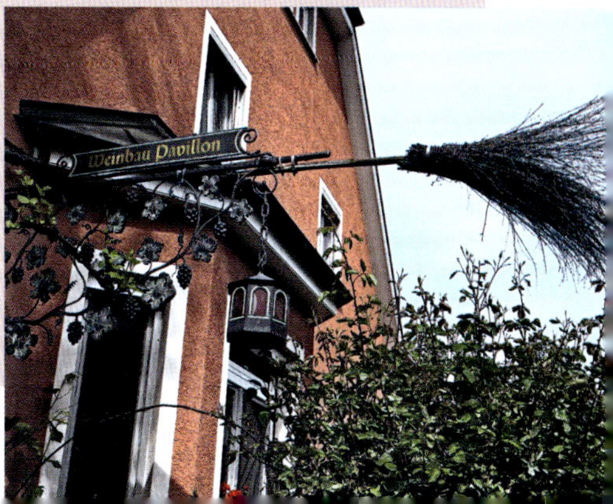

Eingang des Weinbau Pavillons.

6 Von Bad Wimpfen nach Bad Rappenau

Zu den Kurbädern im Neckartal

3.30 Std. | 11,8 km | ↗160 m | ↘160 m

Zwei urige und einmalige Waldgaststätten

Vom geschichtsträchtigen Bad Wimpfen wandern wir über den landwirtschaftlich geprägten Stadtteil Hohenstadt zum nächsten Sole-Heilbad, Bad Rappenau. Unterhalb der berühmten Silhouette von Bad Wimpfen mit den Resten der Kaiserpfalz und dem Blauen Turm am Prallhang des Neckars ziehen wir erst mal eine geraume Weile am Neckar entlang. Auf unserem Weg streifen wir sowohl in Bad Wimpfen als auch in Bad Rappenau zwei urige Waldgaststätten und müssen uns entscheiden, wo wir einkehren. Falls das nicht gelingt, genießen wir in der einen den selbst gekelterten Most und in der anderen die Fleischspezialitäten der hauseigenen Metzgerei. Wohlgenährt kehren wir zurück in die Mauern der mittelalterlichen Stadt. Ob wir dann noch die 132 Stufen auf den Blauen Turm hoch schaffen, ist allerdings fraglich.

Ausgangspunkt: Bahnhof in 74206 Bad Wimpfen. Von Heilbronn verkehrt die S42 nach Bad Wimpfen. Parkmöglichkeit am Lindenplatz. Womo-Platz Bei der alten Saline, N 49.23396, E 9.15084.

Anforderungen: Bequeme Rundtour mit geringen Anstiegen. Anfangs schattig, danach längere sonnige Anteile. Gute Wald- und Feldwege.

Information: Kultur- und Touristinformation, Hauptstraße 45, 74206 Bad Wimpfen, Tel. +49 7063 53230, bad-wimpfen.de.

Karte: Wanderkarte Sinsheim (LGL Blatt W211, 1:25.000).

Vom Bahnhof in **Bad Wimpfen** ❶ gehen wir über die Gleise ein paar Meter bergab und scharf links auf den Neckarsteig. Zwischen Bahnlinie und Neckar wandern wir nun für geraume Zeit gemütlich durch die schattige Randbewaldung des Flusses. Man läuft wie durch einen grünen Tunnel, der mit Fenstern zum Neckar ausgestattet ist.

Nach etwa 1,5 km treffen wir am Austritt vom begrünten Auenweg auf eine Ruhebank und nehmen den nach links im Halbrund verlaufenden Weg. Damit verlassen wir wieder den Neckarsteig. Wer in der Fleckinger Mühle einkehren möchte, geht nun nach links an der wenig befahrenen Straße entlang, am alten Bahnwärterhaus vorbei (als Alternative bietet sich an, die Straße zu überqueren und den beschilderten Wanderpfad

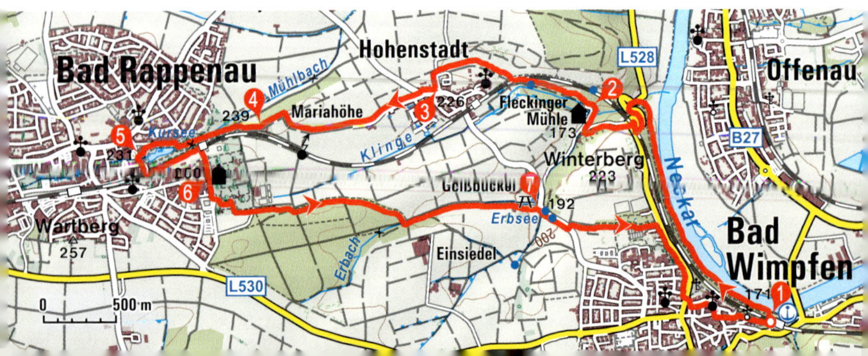

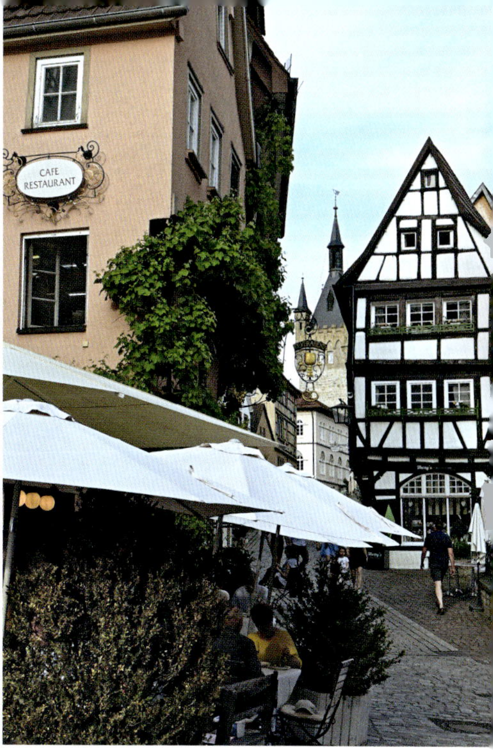

Altstadt von Bad Wimpfen.

gegenüber weiter emporzusteigen. Er führt auf der rechten Seite der Bahngleise weiter). Auf dem Weg an der Straße gehen wir nach den Bahngleisen geradeaus weiter auf dem Seniorenweg zur Mühle. An der T-Kreuzung im Tal halten wir uns rechts. Wer einkehren möchte, bleibt auf dem geteerten Weg hinauf zum Lokal. Alle anderen können auch den Wanderwegen nach rechts am Bach entlang folgen, die außen um das Mühlengelände herumführen.

Wir durchqueren das Gelände der **Fleckinger Mühle ❷** und ziehen wieder hinab zum Mühlkanal am Flüsschen Klinge, wo wir entgegen der Fließrichtung unsere Rundtour fortsetzen. Rechter Hand von uns sehen wir aufgelassene Terrassen früherer Anbauflächen. Das Rehwaldbrünnle sorgt für eine kleine Erfrischung (Wanderweg Gelbe 2, auch DVV Wanderweg). Gegenüber dem Klärwerk gehen wir rechts durch die Bahnunterführung und setzen dahinter uns halb links haltend auf dem Grasweg, der bald in befestigten Weg übergeht, die Richtung fort. Am Spiegel beim Holzlagerplatz gehen wir links ortseinwärts nach **Hohenstadt ❸** und biegen am Bushäuschen rechts ab. Nach 100 m halten wir uns links und orientieren uns am Friedhofsschild (gelbe 2). Wer Lust auf eine kühle Erfrischung hat, findet rechts der Kreuzung nach 50 m einen Eisautomaten mit köstlichem Eis vom Hof. Gegenüber gibt es weitere Produkte vom Land in einem anderen Automaten. Nicht zu vergessen der Konditorautomat, dem wir schon zuvor begegnet sind. Dorfwelt von heute!

An großen Aussiedlerhöfen vorbei ziehen wir durch die Feldflur in Richtung Bad Rappenau. In der Linkskurve des Weges können wir unsere Fußgelenke etwas schonen und verlassen den geteerten Weg (entgegen der Beschilderung) geradeaus auf den Feldweg. Am Waldrand biegen

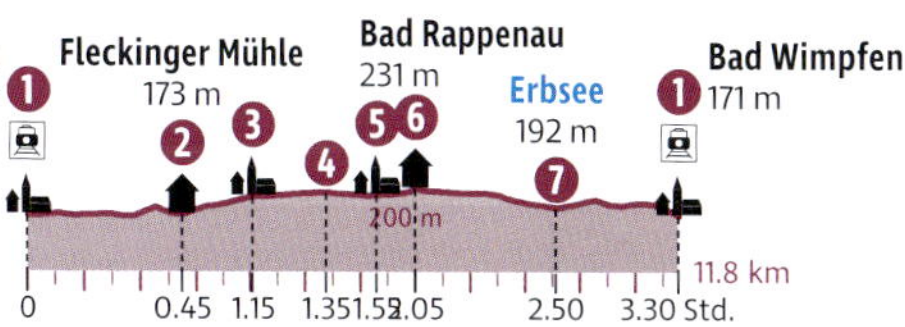

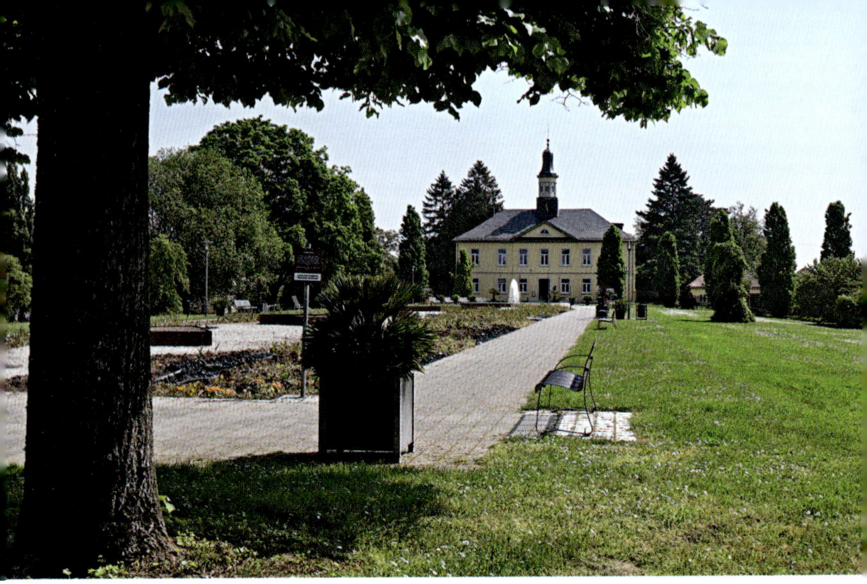

Das ehemalige Salinenamtsgebäude im Salinenpark.

wir links ab, stoßen am solitär stehenden Haus **Mariahöhe** ❹ wieder auf den Teerweg und wandern uns rechts haltend in Richtung Kurpark weiter. An der Ruhebank im Talgrund gehen wir nach links (rote Raute) und folgen im Park dem Weg auf der rechten Seite des Weihers. Hier bietet sich die nächste Möglichkeit zur Einkehr im Biergarten Fine Dine, oder daneben im Café Luna Bar. Beide direkt am Kurpark-Weiher von **Bad Rappenau** ❺.

An der Kopfseite des Sees, vor dem Café Luna, biegen wir links ab und wandern am Kiosk vorbei. Vor der Bahnunterführung gehen wir erneut nach links und machen uns wieder auf den Rückweg, nun auf der anderen Parkseite (rote Raute). Über die Stahltreppe und -brücke überqueren wir nach rechts die Bahnlinie und verlängern geradeaus weiter zum Kurcafé im **Salinengarten** ❻. Geradeaus weiter über die Kuppe ziehen wir hinab in Richtung Gradieranlage. Etwa auf halber Höhe, kurz vor dem großen Parkplatz zur Rechten, verlassen wir jedoch die Straße und wenden uns nach links in den Park. Nach wenigen Metern treffen wir auf die Hütten des Erlebnisbiergartens und biegen davor rechts ab. Wir treffen wieder auf den stadtauswärts führenden Fuß- und Fahrradweg und biegen links ab (gelbe 2). Am historischen Solebohrturm vorbei geht es zurück in die Natur.

50 m nach dem Tretrad an der Schutzhütte gehen wir rechts in den Einsiedelwald, biegen aber direkt am Waldrand sofort wieder links ab auf den idyllischen Waldpfad, wo uns ein herrlicher hochstämmiger Buchenwald, flankiert von uralten Kastanien, empfängt. Der Pfad stößt auf einen breiten Alleenweg, auf dem wir uns links halten und zum **Erbsee** ❼ kurz vor der Straße gelangen.

Nach dem Gänseteich überqueren wir die Straße und wandern ein Stück parallel daran entlang. Am Hessenbrünnle auf der anderen Straßenseite dürfen wir uns erfrischen, bevor wir die Straße nach links verlassen. Die Beschilderung für den

EINKEHR

Fleckinger Mühle: Schon 1280 wurde die einstige Mühle mitten im Wald urkundlich erwähnt. Dort, wo einst das Getreide gemahlen wurde, darf man an romantischen Biertischen – bei Regen in der Scheune – den selbst gekelterten Most trinken. Dazu gibt es zünftige Hausmacher Vesperteller. Mi.—Sa. ab 15, So. ab 12 Uhr, Fleckinger Mühle 2, 74206 Bad Wimpfen, Tel. +49 7063 8981, fleckingermühle.de.

Biergarten Fine Dine: Hier hat man die Wahl. Eher rustikal mit einfachen Gerichten, wie Wurstsalat, Bratwürste aller Art oder Spareribs, kann man im Biergarten direkt am Kursee speisen. Mi. ab 17, Do.–Sa. ab 15, So. ab 12 Uhr. Sehr gepflegt speist man im Kurhaus. Hier legt man großen Wert auf regionale Erzeuger und serviert schwäbisches Wild oder Rind aus Hohenlohe. Auch diverse kreative vegetarische Gerichte stehen auf dem Speiseplan. Do.–So. ab 11.30 Uhr. Fritz-Hagner-Promenade 2, 74906 Bad Rappenau, Tel. +49 7264 4440, finedine.online.

Café Luna Bar: Direkt am Kursee bietet das Café allerlei Snacks sowie Kuchen und Gebäck. Beliebt sind die hausgemachte Kartoffelcremesuppe und belegte Panini. Tgl. ab 10 Uhr, Piaweg 6-10, 74906 Bad Rappenau, Tel. +49 7264 4001, cafe-luna-bar.business.site.

Zeitwald Erlebnisbiergarten: Da der Betreiber eine Metzgerei besitzt, stehen natürlich in erster Linie Fleischgerichte auf der Speisekarte. Neben BBQRibs, Burger aller Art, Gulasch und Hähnchen gibt es aber auch Kaffee und Kuchen. Selbst Pizza und Döner kann man an den urigen Holzbuden ordern. Ferner gibt es ständig Aktionswochen und Veranstaltungen mit unterschiedlichem Angebot. Man speist mitten im Grünen unter den Bäumen auf rustikalen Holzbänken, während Kinder sich auf dem Spielplatz daneben oder im Streichelzoo austoben können. Mo.–Fr. ab 16, Sa. ab 14, So. ab 12 Uhr, Saline 1, 74906 Bad Rappenau, (Im Salinenpark), Tel. +49 7268 487, metzgerei-gollerthan.de.

Rest des Weges ist eindeutig. Die gelbe 1 weist uns den Weg. Am kleinen Park halten wir uns links und gehen im Zickzack in Richtung der romantischen Altstadt. Vorbei an der Stadtkirche und dem Wahrzeichen der Stadt, dem Blauen Turm, geht es zurück zum Bahnhof von **Bad Wimpfen ❶**.

Der sehenswerte Turm, der bis heute von einer Türmerin bewohnt ist, kann auf 134 Stufen erklommen werden (Di.–So. von 10 bis 18 Uhr) und erlaubt eine prächtige Sicht über die Stadt und den Neckar zu Füßen. Sollte eine Einkaufstüte unten am Eingang stehen, freut sich die Türmerin, wenn sie diese mit nach oben mitbringen.

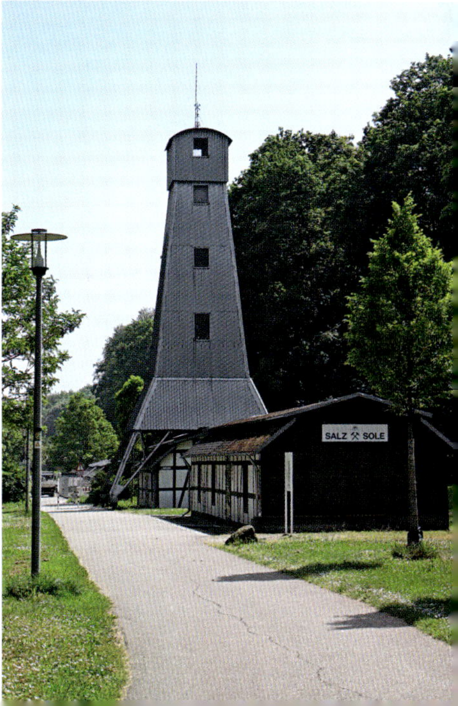

Bohrturm der historischen Soleförderanlage.

7 Von Bad Wimpfen zur Waldschenke

Vom Neckar auf die Höhe

3.45 Std. | 13,1 km | ↗120 m | ↘120 m

Auf dem Salzwanderweg

Wandern wir heute durch die begrünten Randbereiche des Neckars und seiner Kanäle rund um Bad Friedrichshall, kann man sich nicht vorstellen, welche Betriebsamkeit im vorletzten Jahrhundert hier geherrscht hat. Zum Transport des Holzes aus umliegenden Forsten für die Salzsiedepfannen in Jagstfeld wurde extra ein eigener Kanal gebaut, der die Holzstämme der Flöße aufnahm und weiterleitete. Das Salz wiederum wurde auf einer eigens dafür errichteten 11 km langen Bahnlinie befördert. Auf einem Teil unserer Tour können wir uns auf informativen Tafeln darüber ein Bild machen. Heute hört man nur noch Vogelgezwitscher an den überwachsenen Kanälen. Nach Überquerung von Kocher und Neckar wandern wir über den Höhenzug des Dornetwaldes zurück nach Bad Wimpfen. Auf halber Höhe treffen wir auf die beliebte Waldschenke mit prächtigem Ausblick.

Ausgangspunkt: Bahnhof in 74206 Bad Wimpfen. Von Heilbronn verkehrt die S42 nach Bad Wimpfen. Parkmöglichkeit am Lindenplatz. Womo-Platz Bei der alten Saline, N 49.23396, E 9.15084.
Anforderungen: Abwechslungsreiche, aber asphaltlastige Rundtour um die beiden Badeorte am Neckar auf durchgehend gut begehbaren Wegen.
Information: Kultur- und Touristinformation, Hauptstraße 45, 74206 Bad Wimpfen, Tel. +49 7063 53230, bad-wimpfen.de.
Karte: Wanderkarte Sinsheim (LGL Blatt W211, 1:25.000).

Bad Friedrichshall auf der gegenüberliegenden Neckarseite.

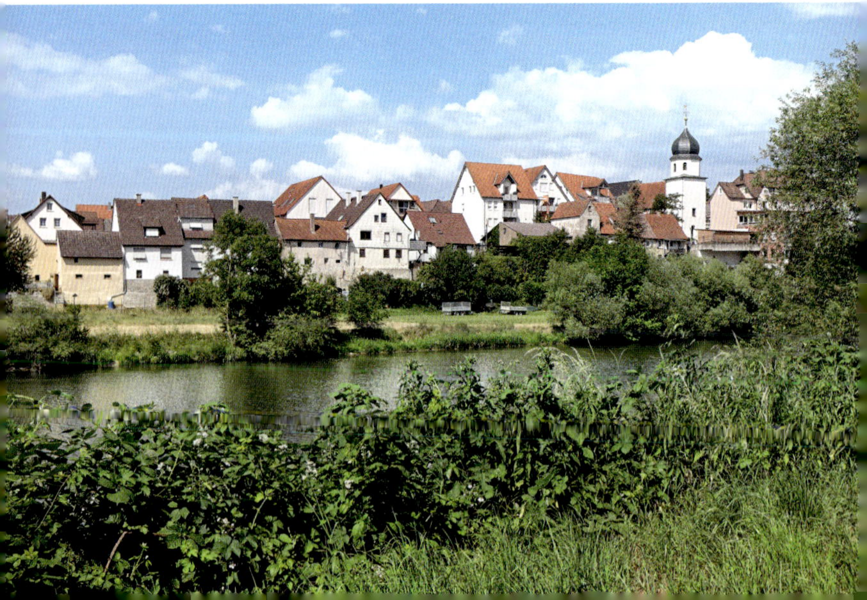

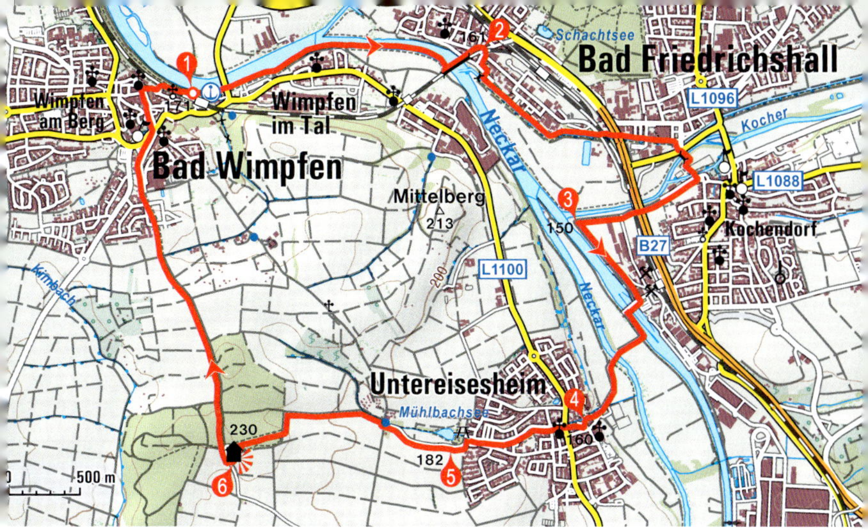

Vom Bahnhof Altstadt in **Bad Wimpfen** ❶ wandern wir hinab zum Fuß- und Fahrradweg am Neckar und dann flussaufwärts Richtung Bad Friedrichshall direkt am Flussufer. Versäumen Sie nicht, sich umzudrehen, um die herrliche Kulisse von Bad Wimpfen mit dem Blauen Turm zu bestaunen.

Um den vielen Fahrradfahrern aus dem Weg zu gehen, bleiben wir kurz vor dem Spielplatz, wo der Weg vom Fluss abweicht, geradeaus auf dem grasigen Fußgängerpfad und gehen direkt am Ufer weiter. Gegenüber blicken wir auf die Ortskulisse von Jagstfeld.

An der Bahnbrücke in **Jagstfeld** ❷ überqueren wir schließlich den Neckar. Wir halten uns nach der Brücke rechts und wandern sofort wieder rechts zum Fluss hinab. Dort geht es zunächst links und nach 50 m wieder rechts über den Kanal. Hier finden wir erneut diverse Wanderwegschilder, unter anderem auch den Neckarsteig mit dem blauen N, dem wir nun folgen. Man wähnt sich fast wie im Dschungel auf dem schmalen Pfad, würde man nicht ab und zu ein paar Häuser zwischendurch sehen. Wir sind inzwischen auch auf dem Themenwanderweg des Salinenkanals N5. Der Kanal wurde um 1820 angelegt zum Transport des Holzes für die Siedepfannen der Salinen von Jagstfeld. An der großen Bogenbrücke bietet sich links die erste Einkehrmöglichkeit im Biergarten Saline.

Wir queren Straße und Bahnbrücke und wandern auch bei Tafel 1 noch weiter am Kanal entlang. Kurz darauf unterqueren wir nach rechts die Straße und folgen weiter dem Neckarsteig. Nach der Brücke über den Kocher und einen Mühlenkanal verlässt uns nun der Fernwanderweg

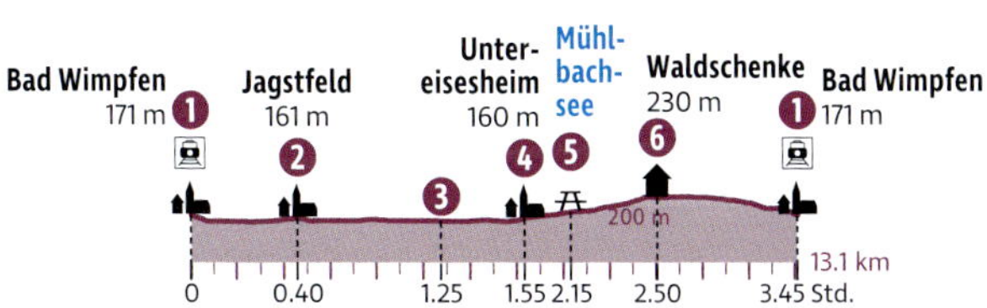

nach links, wir wandern stattdessen nach rechts in Richtung Untereisesheim.
Als nächste Einkehrmöglichkeit passieren wir das Reiterstüble. Nun geht es am Kocher entlang bis zur **Kocherspitze ❸**, wo wir scharf links auf den Neckar einschwenken. Wir queren den Fluss an der Schleuse, halten uns dahinter links und wieder rechts. Nach einer weiteren Kanalüberquerung steuern wir geradeaus die Neckargemeinde **Untereisesheim ❹** an. Am Ortseingang folgen wir geradeaus dem Fußgängerweg, der im Links-Rechts-Schwenk auf die Hauptstraße stößt. Diese überquerend passieren wir in der Brunnenstraße ein kleines Geschäftszentrum und setzen die Richtung geradeaus fort bis zum Siedlungsende. Dort biegen wir links und wieder rechts ab und treffen auf den **Mühlbachsee ❺**, den wir links umgehen.
Wer lieber die Teerstraße einen Moment verlassen möchte, umrundet rechter Hand das Gewässer. Am oberen Ende der Grünanlagen treffen wir beim Kleintierzuchtverein auf eine Teerstraße, die wir überqueren, um geradeaus in die Feldflur weiterzumarschieren. An der nächsten Verzweigung schlagen wir den Weg nach links in Richtung Wald ein. Dort angekommen biegen wir links ab und verlassen den ansteigenden Weg am Waldrand etwa 50 m vor der sichtbaren Schutzhütte nach rechts. Nach Durchquerung des Waldes stoßen wir auf den Parkplatz und erreichen uns links haltend dahinter die **Waldschenke ❻**.
Nach Einkehr und aussichtsreicher Rast wandern wir auf Wanderweg BW1 auf dem Wimpfener Weg in nördlicher Richtung durch den Wald zurück. Mit prächtigen Ausblicken zur Stadt erreichen wir den Ortsrand von Bad Wimpfen, treffen auf die Biberacher Straße und überqueren die verkehrsreiche Durchgangsstraße. Über Neutorstraße und Marktrain ziehen wir bis ins Zentrum beim Blauen Turm und der Beschilderung folgend zurück zum Bahnhof von **Bad Wimpfen ❶**.

Schattiger Weg am Mühlenkanal.

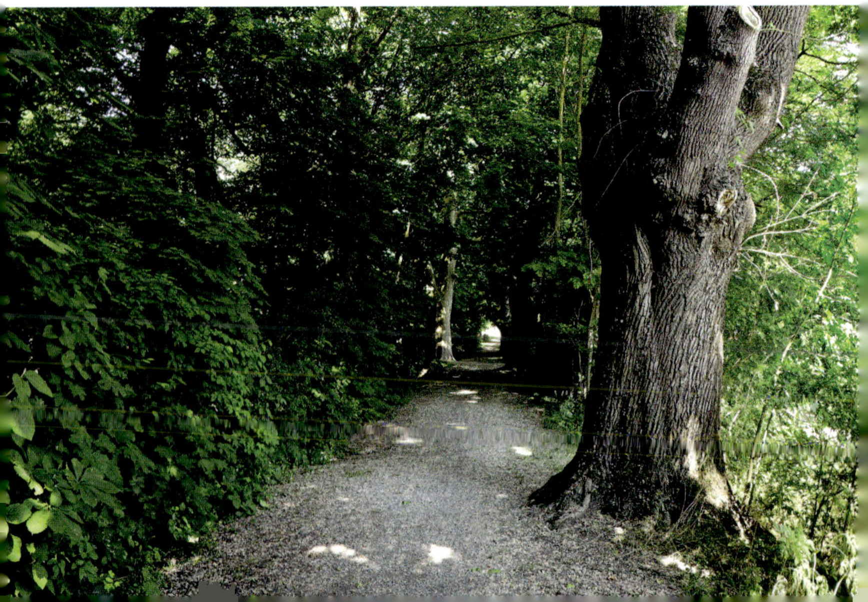

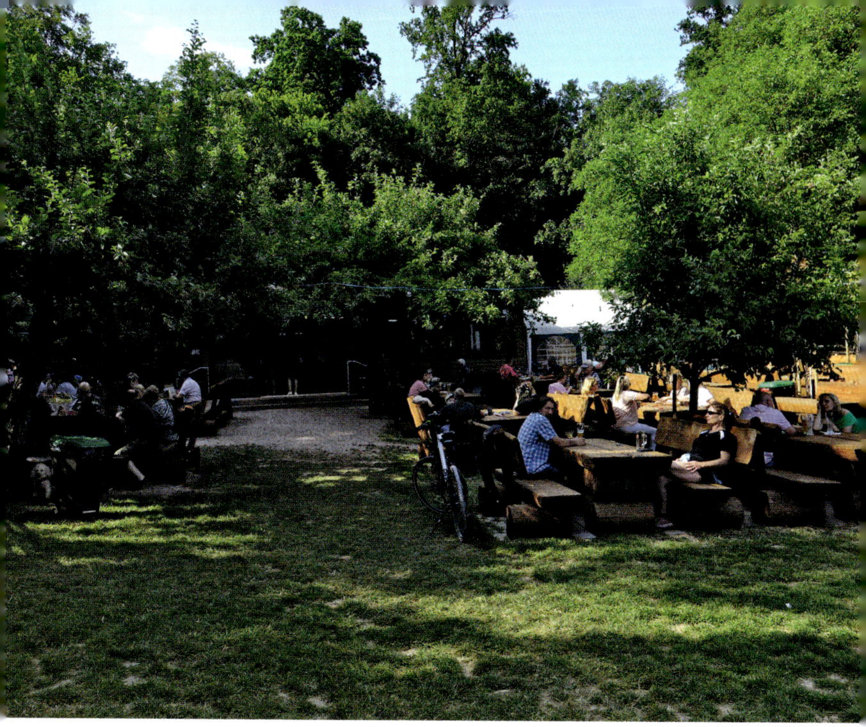

Biergarten Waldschenke.

EINKEHR

Biergarten Saline: Direkt am historischen Kocherkanlal und dem Salzwanderweg liegt der beliebte Biergarten. Es werden Wirtshaus-Klassiker, wie auch vegetarische Klassiker angeboten. Am beliebtesten sind jedoch die Friedrichshaller Burger, die in einem Dutzend verschiedener Variationen angeboten werden. Je nach Saison gibt es regionale Spezialitäten. Kommunikativ sitzt man an den Biertischen unter ausladenden Bäumen. Bei schlechtem Wetter wird innen serviert, wo es rustikal wie in einer Almhütte zugeht. Do.–Sa. ab 11.30, So. ab 9.30 Uhr, Saline 5, 54177 Bad Friedrichshall, Tel. +49 7136 6023591, biergarten-saline.de.

Reiterstüble: Seit 5 Jahren betreibt Familie Bachmayer das Reiterstüble direkt neben den Pferdestallungen. Einfache Fleisch- und Wurstgerichte, stehen neben vielen Salaten auf der Karte. Für die Zubereitung der Speisen werden nur regionale landwirtschaftliche Produkte verwendet. Die Portionen sind üppig bei fairen Preisen. Für Pferdeliebhaber auf jeden Fall ein Tipp, da man den Tieren unter Umständen sogar beim Essen zuschauen kann. Wenige Gerichte Mi.–Sa. ab 16, So. ab 11.45 Uhr, Mühlstraße 30, 74177 Bad Friedrichshall, Tel. +49 7136 2949543, reiterstueble-bfh.de.

Waldschenke: Der Biergarten am Waldrand mit umwerfendem Weitblick ist weithin beliebt und an sonnigen Wochenenden im Sommer entsprechend gut besetzt. Beliebt sind die gut belegten Pizzen aller Art. Daneben werden ein paar Wurstgerichte und diverse Salate angeboten. Man speist kommunikativ an rustikalen Holztischen auf der Wiese unter vielen Obst- und Zierbäumen. Mo.–Sa. ab 14, So. und feiertags ab 10 Uhr, Holzweg, 74172 Neckarsulm-Obereisesheim, Tel. +49 7132 43787, biergartenwaldschenke.de.

8 Von Erlenbach zum Kayberg
Mönchswald und Erlenbacher Weinberge

4.00 Std. | 12,6 km | ↗ 310 m | ↘ 310 m

Auf stillen Wegen durch Wald und Weinberge
Tausende fahren täglich auf der stark frequentierten Autobahn A6 am schnuckeligen Weinort Erlenbach vorbei, der gleich mit mehreren Besenwirtschaften aufwartet. Vom hübsch sanierten Fachwerkrathaus aus ziehen wir das Erlenbachtal hoch und biegen ab in die Bruderklinge auf das Binswanger Sträßle, das uns hoch zum Mönchswald geleitet. Am Wahrzeichen Erlenbachs vorbei, dem goldenen Kaykreuz mit herrlicher Aussicht, wandern wir durch die Weinberge wieder hinab und freuen uns auf eine gemütliche Weinstube.

Ausgangspunkt: Rathaus in 74235 Erlenbach. Von Weinsberg verkehrt Bus 692 nach Erlenbach. Ein großer, kostenloser Parkplatz befindet sich in der Talstraße. Womo-Platz Genossenschaftskellerei Heilbronn, N 49,16753, E 9.24340, oder beim Weingut Haberkern.

Anforderungen: Wald- und Weinbergtour auf gut begehbaren Wegen mit viel Schatten.

Information: Gemeindeverwaltung, Klingenstraße 2, 74235 Erlenbach, Tel. +49 7132 933514. erlenbach-hn.de.

Karte: Wanderkarte Heilbronn (LGL Blatt W218, 1:25.000).

Wir beginnen im Ortszentrum von **Erlenbach ❶** am Rathaus, das eine gelungene Symbiose von altem Fachwerk und moderner Architektur

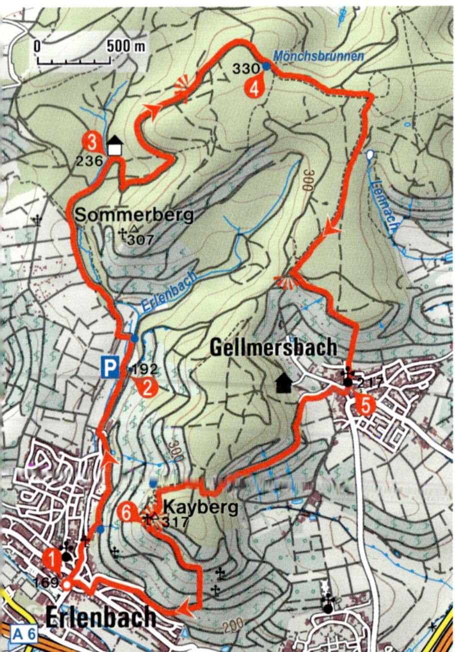

darstellt. Wir gehen links neben dem Rathaus die Klingenstraße hinauf (rotes Kreuz). Bei den beiden Scheunen biegen wir rechts ab, setzen nach wenigen Metern auf Grasweg fort und sind sofort im Grünen. Eine Treppe führt hoch zu den Weinbergen, wo wir uns links halten und weiter marschieren. An der ersten Gabelung beschreiten wir den links leicht bergab führenden Weg, genauso an der nächsten Verzweigung, wo wir uns anschließend nach dem Winzerhof rechts halten (roter Punkt) und im Tal weiter wandern. Nach dem **Wanderparkplatz Kayberg ❷** gehen wir nach links auf den Bruderklingen Weg.

Wer nur eine kurze Runde laufen möchte, geht nach rechts und folgt weiter dem roten Punkt über die Rote Steige nach Gellmersbach.

Kurz nach Eintritt in den Wald gehen wir links über die Brücke und folgen vorübergehend den Wanderwegen

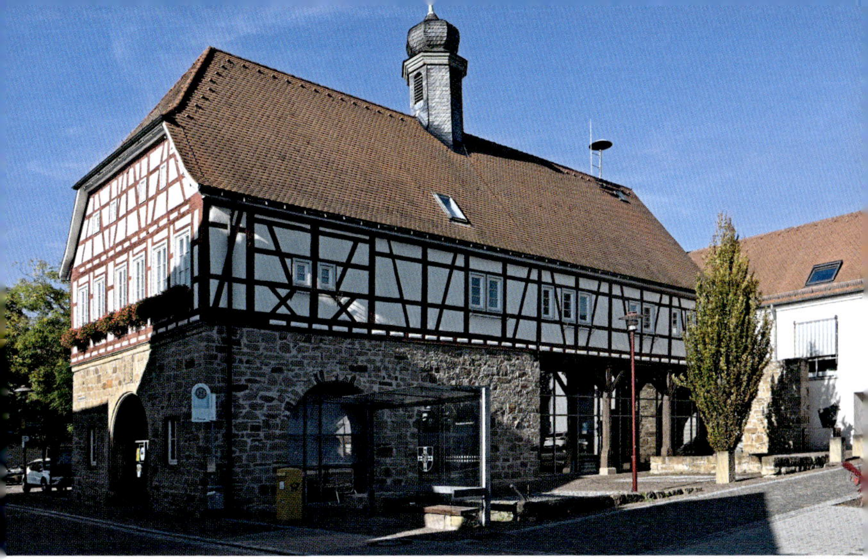

Unser Ausgangspunkt: das Rathaus in Erlenbach.

WT3 und blaues Kreuz. Wir überqueren den Erlenbach erneut auf einer Brücke, halten uns gegenüber einem Waldkindergarten links und wandern auf dem Gerechtigkeitsweg weiter. An der Verzweigung nach dem Waldaustritt halten wir uns rechts und folgen weiter dem blauen Kreuz zwischen Obstwiesen und Waldrand. Auf breitem Forstweg mit sanftem Anstieg geht es nun bei absoluter Stille durch die Bruderklinge im Wald. An der **Binswanger Hütte** ❸ biegen wir rechts ab in das Binswanger Strässle. Auf dem breiten Forstweg, der sich in lang gezogenen Kurven in die Höhe zieht, bleiben wir jetzt für eine geraume Weile. Am höchsten Punkt angelangt, bei Rudis Bank, dürfen wir durch das abgeholzte Areal einen weiten Ausblick bis zum Katzenbuckel im fernen Odenwald genießen. Den Abzweig Höhenweg ignorieren wir und bleiben noch etwas auf dem Binswanger Strässle. Erst fünf Minuten später geht es am nächsten Abzweig nach rechts. Etwa 150 m danach verzweigt nahe dem **Mönchsbrunnen** ❹, einer Quelle wenige Meter links des Weges, nach rechts ein deutlich sichtbarer Pfad, auf dem wir nun fast parallel zum Forstweg der Beschilderung von WT3 folgen.

An einer modern gestalteten Schutzhütte mit Steildach folgen wir weiter den Wanderzeichen, die uns kurz darauf nach rechts lotsen und uns auf der Oberkante eines Hohlweges bergab schicken. Das Wanderzeichen rotes Kreuz übernimmt die Wegführung und führt uns bei gleich bleibender Richtung durch den herrlichen Mischwald stetig und

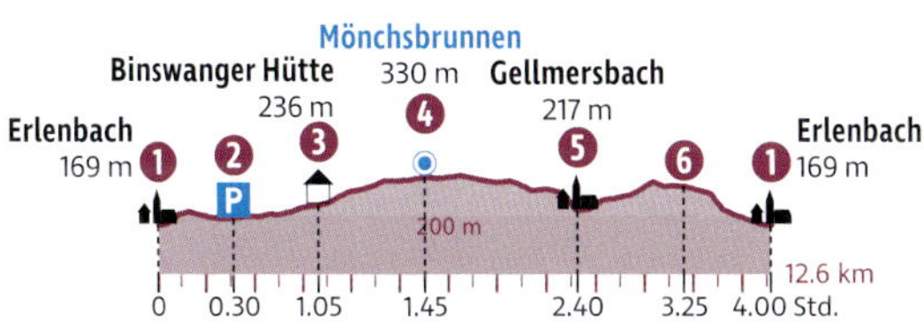

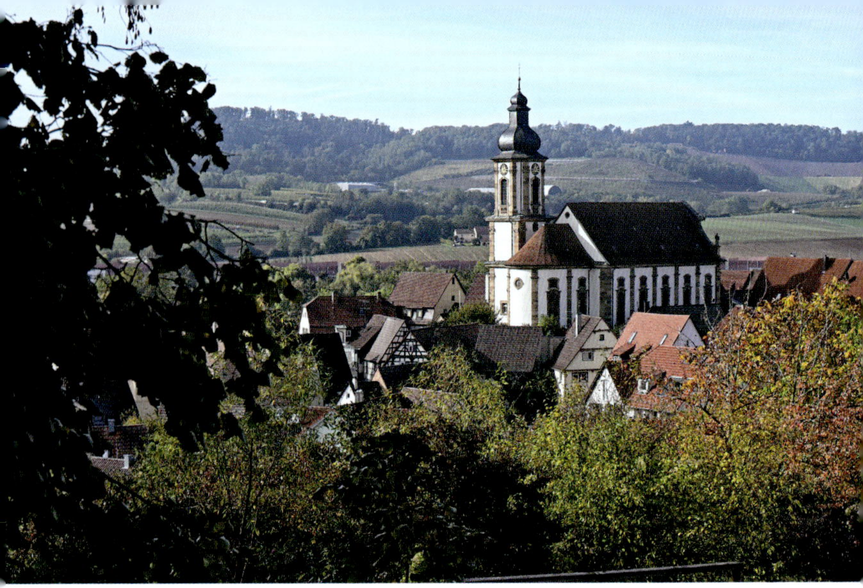

Blick auf Erlenbach.

sanft bergab. Nach langer Waldetappe biegen wir schließlich am Austritt vor den Weinbergen links ab. Mit herrlichen Ausblicken geht es oberhalb der Reben des Anbaugebiets Gellmersbacher Steinäcker entlang. Auf einer Weinbergtreppe (roter Punkt) am Trollinger Schild steigen wir schließlich im rechten Winkel hinab nach **Gellmersbach ❺**.

Wir treffen auf die Leonhardskirche, die von einer Kette umschlungen ist. Sie zählt damit zu einer vor allem in Süddeutschland anzutreffenden Kettenkirchen, die mit diesem Attribut auf den Heiligen Leonhard hinweisen, der sich für Gefangene einsetzte. Nach der Kirche biegen wir rechts ab und gehen nach knapp 100 m links die Kaygasse hinauf. An der Kreuzung ziehen wir geradeaus weiter und folgen dem Asphaltsträßchen bergauf.

Nach dem Anstieg bleiben wir am Schnauweingarten mit den verschiedenen Rebsorten auf dem Weinbergweg. An dessen Ende geht es leicht links in den Wald. Linker Hand ziehen wir an einem Freizeitgrundstück vorbei und wenden uns oben am Waldrand in spitzem Winkel nach links. Wir treffen auf einen asphaltierten Weg, dem wir kurz, mit Blick auf Neckarsulm, nach rechts folgen, ihn aber sofort wieder verlassen. Im Scheitel der Kurve finden wir einen links abgehenden Pfad, dem wir zuerst hangabwärts, dann wieder links in Serpentinen steil bergauf um die Kuppe folgen. Oben, im zerfurchten Gelände, halten wir uns rechts und erreichen am Waldrand schließlich das goldene **Kaykreuz ❻**, ein Wahrzeichen der Weinbaugemeinde Erlenbach. Auf der Aussichtsbank davor dürfen wir den weiten Ausblick nach Heilbronn und darüber hinaus auskosten.

Auf dem Wirtschaftsweg zwischen den Reben geht es jetzt bergab. Kurz nach einer lang gezogenen Linkskurve finden wir rechts Weinbergstafeln, die uns drei Weinbergslagen tiefer bringen. Schließlich biegen wir rechts ab und wandern zurück nach **Erlenbach ❶**.

EINKEHR

Leissium: Der modern gestaltete Weinbaubetrieb der Familie Leiss ist rundum ein Geheimtipp unter den Besengängern. Allein schon die Lage mitten im Weinberg mit Blick auf die Burg Weibertreu ist einmalig. Die geringfügig höheren Preise im Vergleich zu anderen Besen sind es allemal wert, hier einen Sitzplatz zu ergattern. Neben traditionellen Besengerichten kommt auch Vegetarisches auf den Tisch, wie Grünkernbratlinge und diverse Salate. Zu Besenöffnungszeiten Mi.–Fr. 9–11 und 14–18 Uhr, Sa. 9–12 und 13–16 Uhr, Lennacher Straße 7, 74189 Gellmersbach, Tel. +49 7134 14389, weingut-leiss.de.

Ristorante Da Toni: Etwas nüchtern ist der Speisesaal des beliebten Italieners, umso schöner sitzt man bei gutem Wetter unter Bäumen auf der Terrasse. Gerühmt werden die Pizzas und der Italienische Salat. Ansonsten gibt es eine Vielzahl von Pastagerichten und ein paar klassische Fisch- und Fleischgerichte. Di–So. 11–14 und ab 17 Uhr, Dahenfelder Straße 29, 74189 Weinsberg-Gellmersbach, Tel. +49 7134 14746, datoni-gellmersbach.de.

Weingut Haberkern: In der rustikalen Weinstube oder auf den kommunikativen Biertischen im Hof des Weinguts der Familie Haberkern werden gute Portionen schwäbischer Spezialitäten wie saure Nieren oder Linsen mit Spätzle und Saitenwürste serviert. Dazu ein hausgemachter Kartoffelsalat. Die Weine sind erster Güte. Gemundet hat der Cabernet Sauvignon und auch der Samtrot Kabinett. Zu Besenöffnungszeiten ab 11 Uhr, Weißenhofstraße 4, 74235 Erlenbach (gegenüber dem Rathaus), Tel. +49 7132 2901, weingutklaushaberkern.de.

Zum Goldenen Besen: Außen modern, innen ländlich rustikal könnte man die Besenschänke der Familie Haberkern-Betz beschreiben. Neben traditionellen herzhaften Besengerichten stehen auch fleischlose Gerichte auf der Karte, alle mit regionalen Produkten hergestellt. Die angebotenen Weine der Keuper- und Lössböden sind vorwiegend Lemberger, Riesling und Trollinger. Zu Besenöffnungszeiten ab 11 Uhr, Friedenstraße 26, 74235 Erlenbach, Tel. +49 7132 6214, haberkern-betz.de.

Winzerstube Löhe: Die heimelige von Frauen geführte Weinstube ist weit über den Ort hinaus beliebt. Deftige schwäbische Spezialitäten zu kleinen Preisen, könnte man das Angebot für die Gerichte umschreiben, die fast alle im einstelligen Bereich liegen. Vegetarier haben es nicht so leicht, für sie gibt es einen Toast oder Flammkuchen ohne Speck. Das sehr aufmerksame Personal behält auch bei voller Stube stets den Überblick. Zu Besenöffnungszeiten werktags ab 16, So. ab 11 Uhr, Friedensstraße 27, 74235 Erlenbach, Tel. +49 7132 2448, winzerstube-lohe.business.site.

Der Rutenbieger: Gemütlich sitzt man im Hof unter dem Vordach der ehemaligen Maschinenhalle auf Holzbänken zwischen den alten Weinpressen. Selbst gemachte Maultaschen aller Art, Spätzle und andere schwäbische Leckereien stehen auf der Speisekarte. Am besten man nimmt gleich den Rutenbiegerteller mit allem davon. Dazu gibt es eine große Auswahl hervorragender, selbst gekelterter Weine. Zu Besenöffnungszeiten ab 11 Uhr, Friedensstraße 53, 74235 Erlenbach, Tel. +49 7132 342200, der-rutenbieger.de.

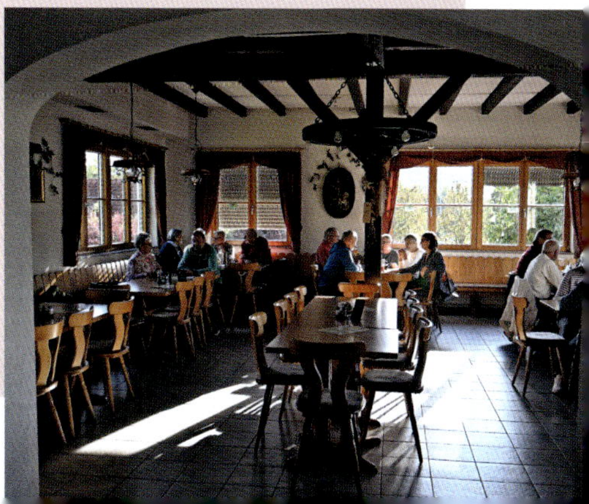

Winzerstube Löhe.

9 Von Weinsberg zur Heilbronner Waldheide

Ein Berg mit bewegter Vergangenheit

TOP | 4.15 Std. | 13,2 km | ↗ 260 m | ↘ 260 m

Treue Weiber, Reben und Romantik

Mit diesem Slogan wirbt die Stadt mit ihrer auffallenden Ruine. Kaum eine Burg liegt so markant und weithin sichtbar im Heilbronner Land wie die von Weinbergen umschlossene Burg Weibertreu, um die sich die Geschichte rankt, wie die Frauen bei einer mittelalterlichen Belagerung des Stauferkönigs Konrad III. ihre Männer auf dem Rücken aus der Burg trugen und ihnen damit das Leben retteten. Ab 2024 darf sich die Stadt sogar offiziell auf dem Stadtschild Weibertreustadt Weinsberg nennen. Wir tragen nach einer Runde um die Burg lediglich unseren Rucksack hinab und wandern damit auf gegenüberliegender Seite aussichtsreich hoch zur Waldheide, einem ehemaligen Militärgelände und heutigen Naturschutz- und Erholungsgebiet für die Heilbronner und Weinsberger Bevölkerung. Auf dem idyllischen Stadtseeweg geht es durch das Saubachtal zurück nach Weinsberg.

Ausgangspunkt: Bahnhof in 74189 Weinsberg. Von Heilbronn verkehrt die S4 nach Weinsberg. Parken am Bahnhof oder unterhalb der Burg Weibertreu, vor der Hildthalle. Womo-Platz Eugen-Diez-Str. 4, N 49.14896, E 9.28362.
Anforderungen: Vorwiegend waldreiche und schattige Rundtour auf Wald- und Feldwegen.
Information: Tourismus im Weinsberger Tal, Hauptstraße 1, 74189 Weinsberg, Tel. +49 7134 1386192, weinsbergertal.com.
Tipp: Mehrmals jährlich findet die Weinsberger Weinwanderung statt, hier werden regionale Weine und Leckereien auf dem Wein- und Rosenweg kredenzt.
Karte: Wanderkarte Heilbronn (LGL Blatt W218, 1:25.000).

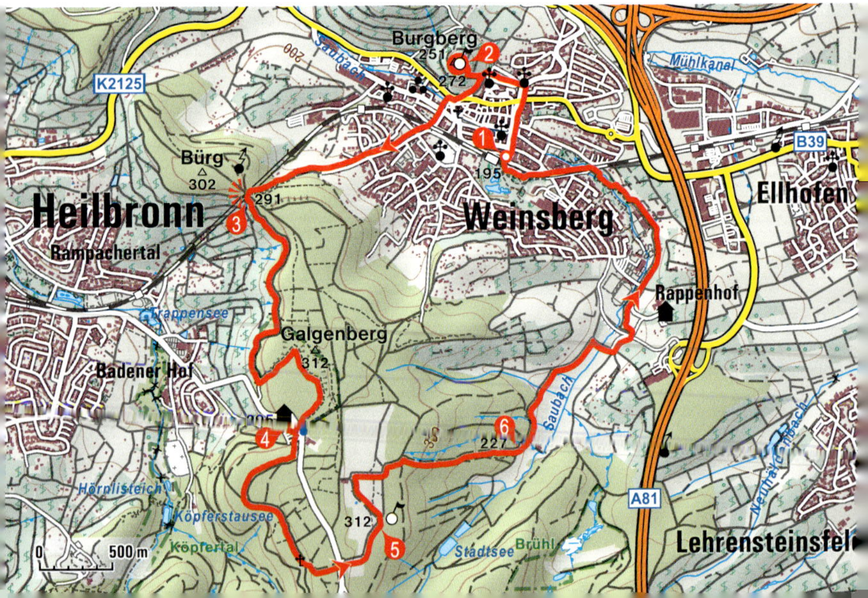

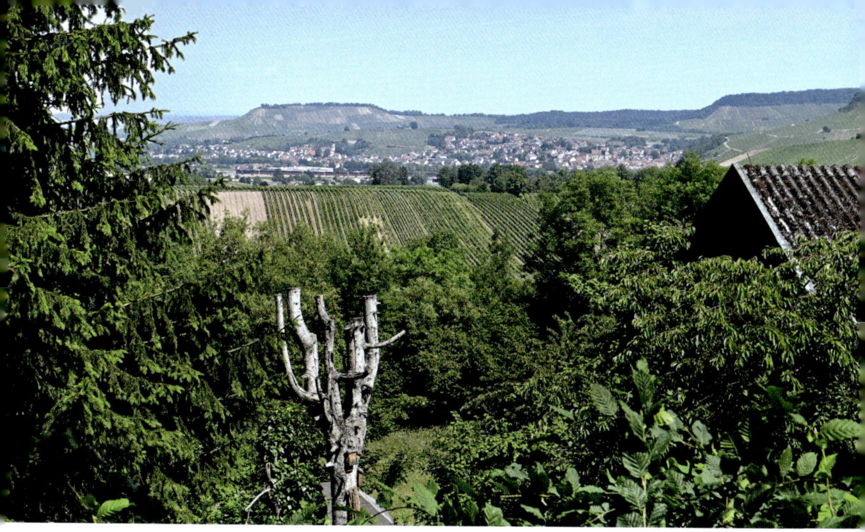

Ausblick auf die Weinberg-Schichtstufen bei Erlenbach.

Los geht's am Bahnhof von **Weinsberg 1**. Wir gehen vom Gebäude aus geradeaus stadteinwärts auf die Bahnhofstraße, welche die Innenstadt östlich umschließt. Nach Querung der Hauptstraße finden wir in der Öhringer Straße einen Wanderwegweiser und orientieren uns zu Beginn erst mal in Richtung Ruine Weibertreu. Wir treffen auf das Kernerhaus, das der berühmteste Sohn der Stadt, Justinus Kerner, Mediziner und Dichter, im Jahr 1822 erbauen ließ. Dort biegen wir links ab und folgen den Wanderzeichen an der Hildthalle vorbei. Dahinter würde unser Weg wieder nach links bergab gehen.

Aber natürlich versäumen wir nicht, einen Abstecher zur berühmtesten Burgruine der Region, zur **Burgruine Weibertreu 2**, zu machen. Bekannt wurde sie vor allem durch die Belagerung im Jahr 1140. Nachdem sich die Burgbesatzung dem Stauferkönig ergeben hatte, versprach dieser den Frauen freies Geleit mit allem, was sie auf den Schultern tragen konnten. Die listigen Weiber trugen daraufhin ihre Männer aus der Burg. Der König hielt sein Wort und das Leben der dem Tode geweihten Männer war gerettet.

Auf kurzem Rundweg entlang der Ringmauer genießen wir einen imposanten Rundblick. Am Dicken Turm wurden dank Kerners Sohn Theobald viele berühmte Dichter und Denker verewigt, die hier zu Besuch waren.

Zurück von der Burg biegen wir vor der Kirche rechts ab, orientieren uns am WT1 Wanderweg, der kurz darauf die Straße überquert und die Stufen

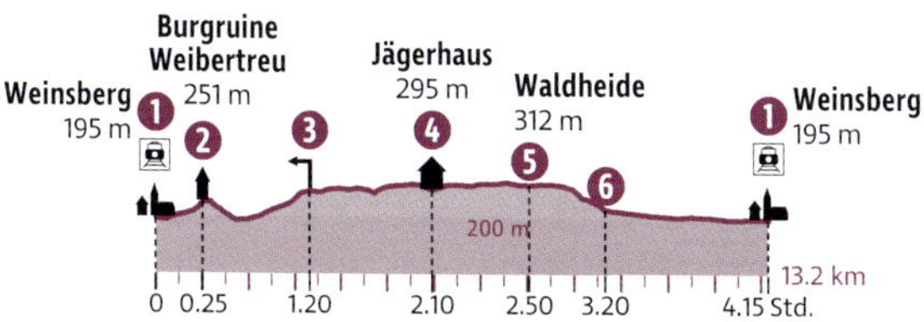

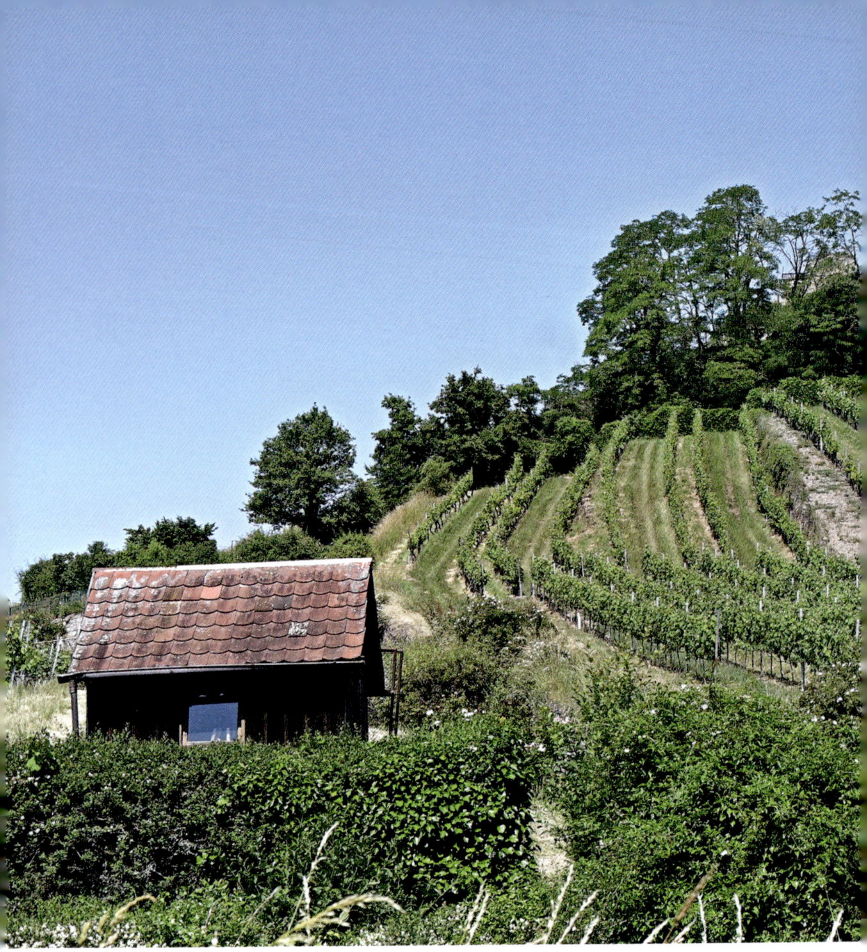

Burgruine Weibertreu.

hinabführt. Unten an der Heilbronner Straße gehen wir ein paar Schritte nach rechts, ziehen weiter talwärts und folgen an der Litfaßsäule den Stufen hinab. Nach der Bahnunterführung geht es über den Steinbruchweg geradeaus aus dem Ort.

Kurz hinter der Bebauungsgrenze treffen wir auf zwei große Holzscheunen. Vor der zweiten Scheune verlassen wir den breiten Weg nach links auf einen Pfad, der auch vom Württembergischen Weinwanderweg mit dem Zeichen der roten Traube genutzt wird. Er führt uns durch schattigen Mischwald steiler bergauf.

An einer alten Steinbank unter einer mächtigen Eiche treffen wir auf einen breiten Forstweg und halten uns rechts. Am Waldaustritt liegt uns Heilbronn zu Füßen. Wir folgen dem ersten links abgehenden **Galgenberg-Weg ❸**, den wir aber nach 75 m schon wieder nach rechts verlassen auf einen angenehmen Waldpfad, der durchs Unterholz führt (roter Punkt). An einer T-Kreuzung angelangt, folgen wir dem Wanderzeichen nach rechts und biegen am

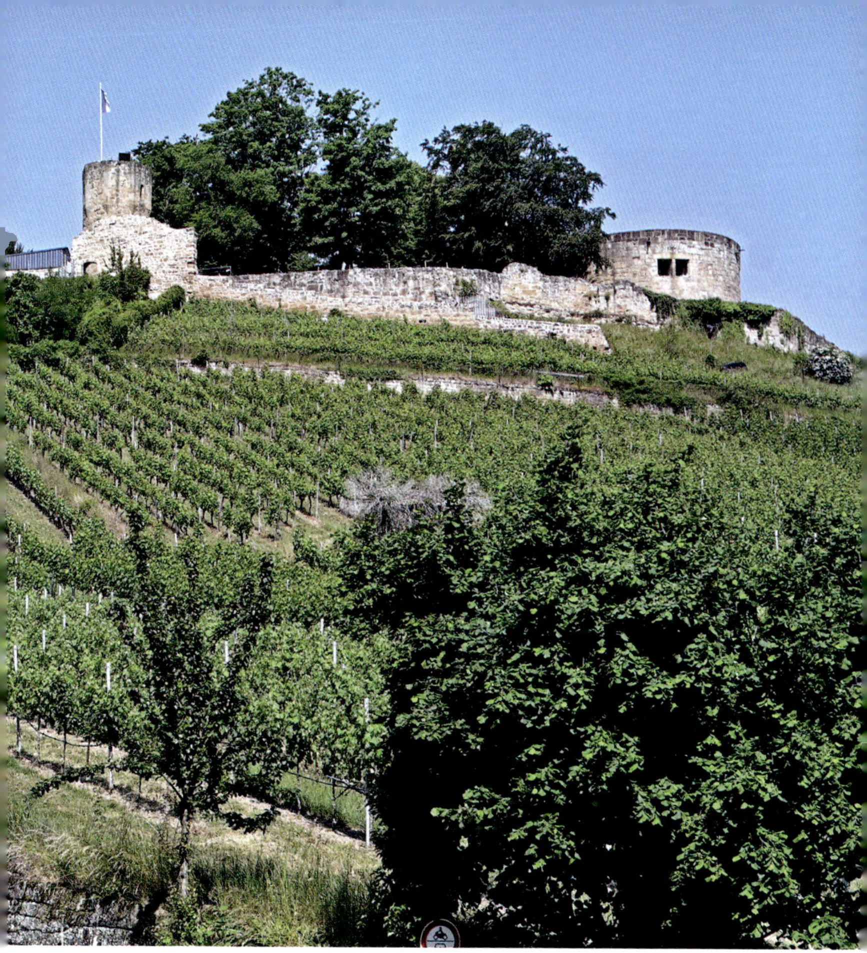

Ende, kurz nach den Stufen, scharf links ab in den Schilfsandsteinbruch, der vor allem für geologisch interessierte Wanderer eindrucksvoll ist. Hier wurde über Jahrhunderte der Sandstein abgebaut und hinterließ eine Schlucht mit senkrechten Wänden. Viele Gebäude von Heilbronn, wie Rathaus und Kilianskirche, wurden damit erbaut. Auf dem Weg zwischen den tief eingegrabenen Felsmassiven herrscht eine angenehme Kühle vor, was man an heißen Sommertagen sehr zu schätzen weiß.

Vor dem **Jägerhaus 4** queren wir die Straße und halten uns sofort links zum Walderlebnispfad, der am Schild die Stufen hinaufführt. Spielerisch mit vielen Animationen und Tafeln erfahren wir einiges über den Wald und seine Bewohner. Am Labyrinth ignorieren wir die Abkürzung und gehen geradeaus weiter. Kurz darauf an den Steinkreisen biegen wir links ab auf den Heideweg, halten uns nach 20 m rechts und biegen erneut links ab. Wir überqueren die Autostraße und wandern der roten 3 folgend in die **Heilbronner Waldheide 5**.

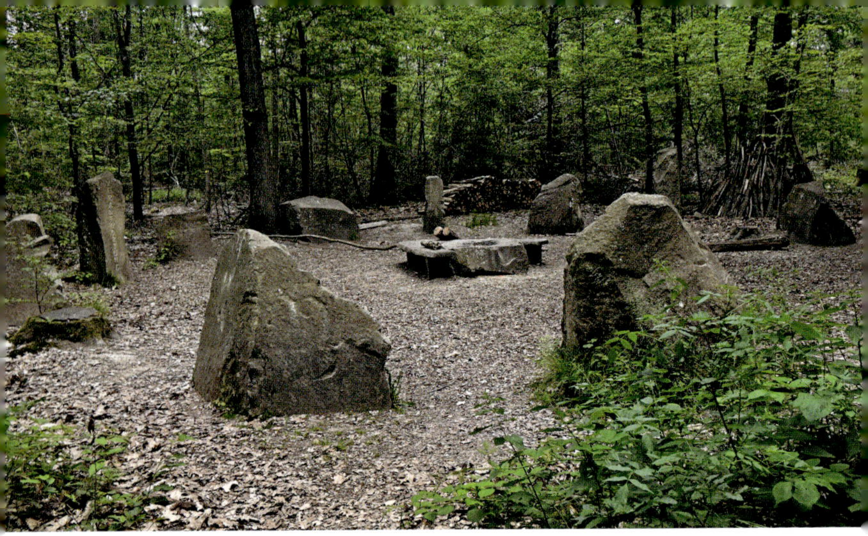

Steinkreise kurz vor der Heilbronner Waldheide.

Die große Waldlichtung mitten im Heilbronner Stadtwald blickt auf eine bewegte Vergangenheit zurück. Als frühere Angerweide und Ackerfläche wurde sie nach dem Krieg von 1870/71 als Exerzierplatz der Königlichen Württembergischen Armee genutzt. Nach militärischer Nutzung diente sie in den 20er-Jahren des letzten Jahrhunderts als Naherholungsort der Heilbronner Bevölkerung. Dies änderte sich mit der Machtergreifung der Nationalsozialisten. Erneut wurde die Fläche zum Truppenübungsplatz, der nach dem Krieg von der amerikanischen Besatzungsmacht übernommen wurde, die dort atomar bestückte Pershing-II-Raketen stationierten. Ein tragischer Unfall mit drei getöteten Soldaten und große Proteste der Friedensbewegung beendeten nach dem Kalten Krieg die militärische Nutzung. Wieder wurden die Zäune und Gebäude abgerissen und die Landschaft naturnah umgebaut, so wie sie sich heute zeigt.

Nach 10 Minuten, etwa 150 m nach der Ruhebank rechts des Weges, geht nach links ein Schotterweg ab. Diesen verlassen wir aber auch sofort nach wenigen Metern nach links auf einen Wiesenweg. Er führt uns zur Gedenktafel, die an den Tod der amerikanischen Soldaten im Jahr 1985 erinnert. Nach einem ehemaligen Gebäude des Militärgeländes biegen wir rechts ab und halten uns an der T-Kreuzung links. Am Ende des Asphaltweges geht es auf kiesigem Grund weiter nach links und unmittelbar hinter der Kurve nehmen wir den rechts bergabführenden Waldweg. Am Waldaustritt im Tal biegen wir links ab auf den **Stadtseeweg** ❻ mit dem Wanderzeichen WT1.

Durch das herrliche von Weinbergen eingerahmte Saubachtal wandern wir zurück nach Weinsberg, an Pferdekoppeln und Freibad vorbei. Nach den Weideflächen – linker Hand sind ein paar Trimm-dich-Geräte aufgebaut – führt ein idyllischer Weg direkt am Ufer des Bachs entlang. Vor der Bahnlinie biegen wir links ab und wandern parallel dazu zurück. Am Ende geht es durch eine hübsch gestaltete naturnahe Grünanlage direkt zum Bahnhof von **Weinsberg** ❶ zurück.

EINKEHR

Waldgaststätte Jägerhaus: Einer der größten und bekanntesten Biergärten der Umgebung mit 600 Sitzplätzen. Das Waldgasthaus geht in den Ursprüngen bis ins 17. Jh. zurück. Ursprünglich als Treffpunkt der Jäger zum Ausschank nach der Jagd wurde es Jahr für Jahr weiter aus- und umgebaut. Seit 2016 bewirtschaftet die griechischstämmige Familie Aetos das Restaurant, was sich auch in der Karte niederschlägt. Die Hand von Chefkoch Vasileos Aetos, der seine Lehre im Schwäbischen absolvierte, aber auch Erfahrungen in Griechenland sammelte, prägt heute die Karte. Neben den klassischen schwäbischen Spezialitäten werden auch griechische Köstlichkeiten wie Gyros oder Lammhaxe serviert. Im Biergarten gibt es rustikale Holzfäller-Steaks vom Schwenkgrill oder diverse Burger und Salate. Mi.–So. ab 11 Uhr, Jägerhaus 1, 74074 Heilbronn, Tel. +49 7131 176075, jaegerhaus-heilbronn.de.

Rappenhof: Auf einer Anhöhe, nicht weit von der Wanderroute entfernt, mit Blick auf die Weinberge und Burg Weibertreu liegt das idyllisch in der Landschaft eingebettete Hotel und Gutsrestaurant. Ob hinter den riesigen Panoramafenstern im Wintergarten oder auf der umgrünten Terrasse – überall schweift der Blick zu den Weinbergen. Die biozertifizierte regionale Küche mit Produkten aus nachhaltiger Landwirtschaft – auch vegetarische und vegane – ist vom Feinsten und lässt keine Wünsche offen. Als Mitglied des Verbands »Haus der Baden Württemberger Weine« kommen ausgewählte Tropfen auf den Tisch. Dass dies alles seinen Preis hat, ist verständlich. Tgl. ab 7, So. ab 8 Uhr, Rappenhofweg 1, 74189 Weinsberg, Tel. +49 7134 5190, rappenhof.de.

Weingut Seyffer: Hier bleibt der Anbau in der Familie. Drei Generationen arbeiten zusammen für eine breite Palette unterschiedlichster Weine, die in traditioneller Methode an- und ausgebaut werden. Seit 1999 werden die edlen Tropfen auch im Besen ausgeschenkt. Dort, im rustikalen Weinkeller oder auf der Sommerterrasse serviert Familie Seyffer schwäbische Spezialitäten mit hausgemachten Bratkartoffeln und Spätzle von Oma Mary. Aber auch vegetarische und vegane Gerichte stehen auf der Karte. Der Service ist herzlich und aufmerksam. Würde es eine Auszeichnung für den besten Besen geben, wäre dieser mit Sicherheit in der engsten Auswahl. Zu Besenöffnungszeiten ab 11 Uhr, Schwabstraße 4, 74189 Weinsberg, Tel. +49 7134 6933, weingut-seyffer.de.

Weingasthaus Burgblick: Seit Sommer 2023 betreibt Familie Kircher die modern gestaltete Besenwirtschaft mit Blick auf die Burg mit großem Anklang. Unüblich für einen Besen findet man diverse vegetarische und sogar vegane Gerichte auf der Karte. Hier hat jemand den Trend der Zeit erkannt. Aber natürlich gibt's auch Bratwurst, Fleischkäse und Schnitzel, wer mag, mit einem hervorragenden schwäbischen Kartoffelsalat von Mama Weber. Dazu trinkt man den hauseigenen Burgblick Riesling oder Lemberger. Zu Besenöffnungszeiten ab 11 Uhr, Weidachstraße 48, 74189 Weinsberg, Tel. +49 178 3664466, weingasthaus-burgblick.de.

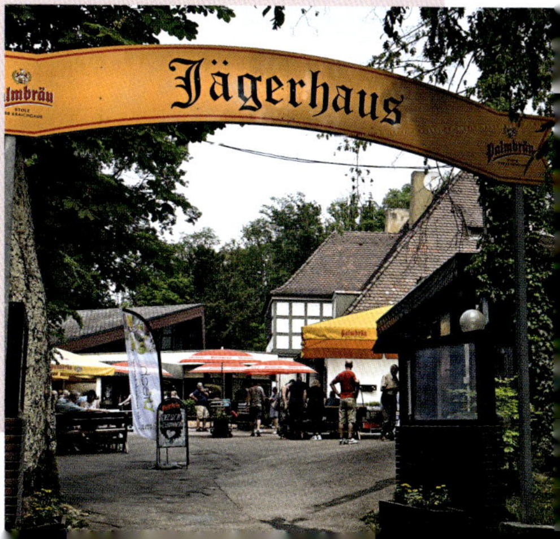

Im Biergarten der Waldgaststätte Jägerhaus.

10 Am Fuß des Heuchelbergs
Im Herzen des Zabergäus

4.15 Std. | 13,1 km | ↗ 280 m | ↘ 280 m

Auf den südlichen Ausläufern des Heuchelbergs

Vom zauberhaften Weinörtchen Neipperg im Tal führt unsere Tour hoch zu den Weinlagen am Südabfall des Heuchelbergs mit herrlicher Aussicht. Unterhalb des Heidelbergs queren wir den Katzentalbach und wandern zum Bergsporn des Mönchbergs, wo das »Hörnle«, eine der größten Höhengaststätten der Region, auf uns wartet. Der Blick in östlicher Richtung nach Heilbronn und zu den Löwensteiner Bergen und bei guter Sicht bis nach Stuttgart ist überwältigend. Zurück ins Weindorf geht es am Familiensitz der Herren und Grafen von Neipperg vorbei, die in der staufischen Burg aus dem 13. Jh. mit zwei Bergfrieden innerhalb einer Ringmauer residierten. Dem Weingut der Burgherren ist es zu verdanken, dass der Lemberger, eine elegante Rotweinsorte, in Württemberg Einzug hielt.

Ausgangspunkt: Zentrum von Neipperg, an der alten Kelterei. Parken am Kelterplatz dahinter. Von Brackenheim fährt die Buslinie 665 nach Neipperg. Womo-Platz am Weingut Echle, N 49.10245, E 9.04907.
Anforderungen: Ausgedehnte Wald- und Weinbergtour auf meist gut begehbaren Wald- und Weinbergwegen.
Information: Tourist Information Im Rondell, 74336 Brackenheim, Tel. +49 7135 933525, neckar-zaber-tourismus.de.
Karte: Wanderkarte Bietigheim-Bissingen (LGL Blatt W217, 1:25.000).
Variante: Kurz vor der Weinausschankhütte Heuchelberg, nach Überquerung der Kreisstraße, wandern wir rechts abbiegend etwa 150 m daran entlang in Richtung Neipperg und folgen dem Wanderzeichen BRA1 talwärts bis zum Wegweiser Katzentalbach. Dort geht es wie beschrieben weiter.

Blick zur Burg Neipperg.

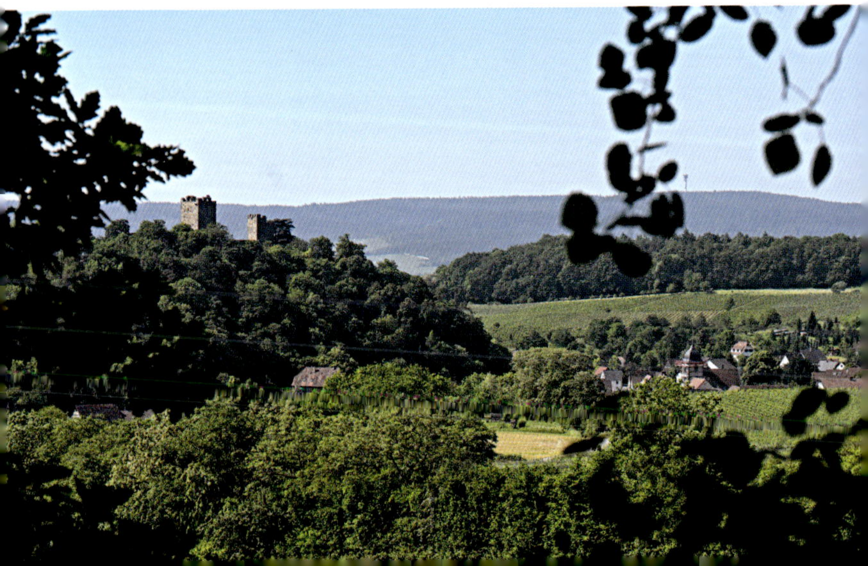

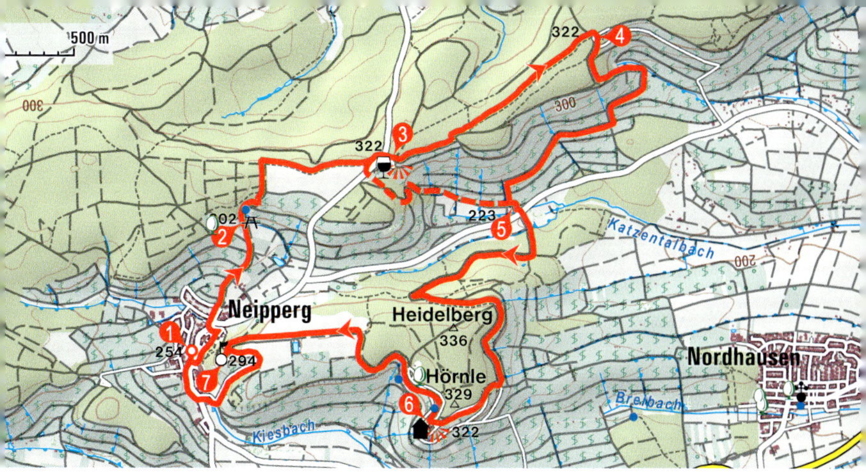

Wir starten in der Ortsmitte an der Alten Kelterei von **Neipperg ❶** und wandern zu Beginn auf dem Naturerlebnispfad (siehe Infotafel) in Richtung Brackenheim. Dazu gehen wir in südlicher Richtung auf der Leintalstraße bis zum Winzercafé und finden dort einen Wegweiser des Naturerlebnispfades, der nach links weist. Dieser führt sofort wieder nach links zwischen zwei Häusern hindurch auf den Panoramaweg, der mit informativen naturkundlichen Tafeln bald auf schmalem Waldpfad oberhalb des charmanten Dorfes verläuft.

An der T-Kreuzung gehen wir links bergab und folgen an der Straße rechts vorläufig dem roten Punkt in Richtung Schwaigern und folgen dem Klingenweg, auf dem wir schon nach wenigen Metern die Häuser hinter uns lassen. Durch den Klingenweg, einen Hohlweg, geht es hoch zu den Weinbergen. Wir halten uns rechts und setzen den Weg auf der Teerstraße fort, die wir aber sofort an der Gabelung nach rechts auf den Schotterweg verlassen, dem roten Punkt folgend.

Wenn wir uns umdrehen, sehen wir hinter uns im Wald die Zinnen des Schlosses, das wir am Ende noch besuchen. An der Picknick-Gruppe unter dem Kirschbaum im Gewann **Klinge ❷** verlassen wir nun den Naturerlebnispfad, der nach links weiterführt. Wir folgen stattdessen geradeaus weiter dem roten Punkt, der kurz darauf an einem Brunnen vorbeiführt, hinter dem wir an der Verzweigung links gehen. Am Waldrand direkt dahinter biegen wir nach dem Weinberghäuschen links ab und steigen zwischen den Reben und dem Grundstück den Grasweg hinauf. Oben gehen wir uns links haltend auf einem Pfad durch die Wiese am Waldrand weiter. Am Ende biegen wir rechts ab auf einen Trampelpfad, der jetzt für eine Weile am Waldsaum entlangführt. An der

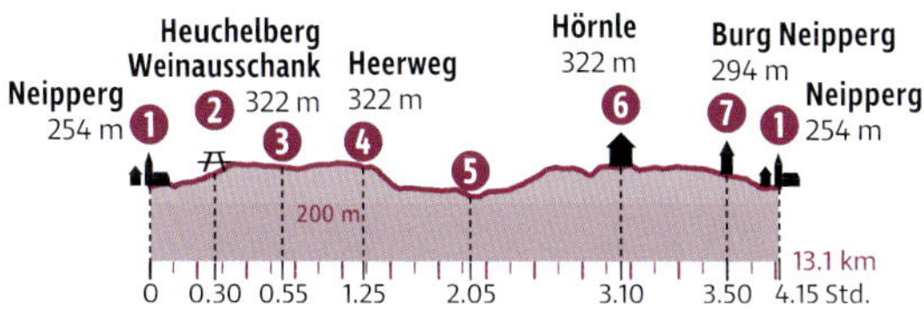

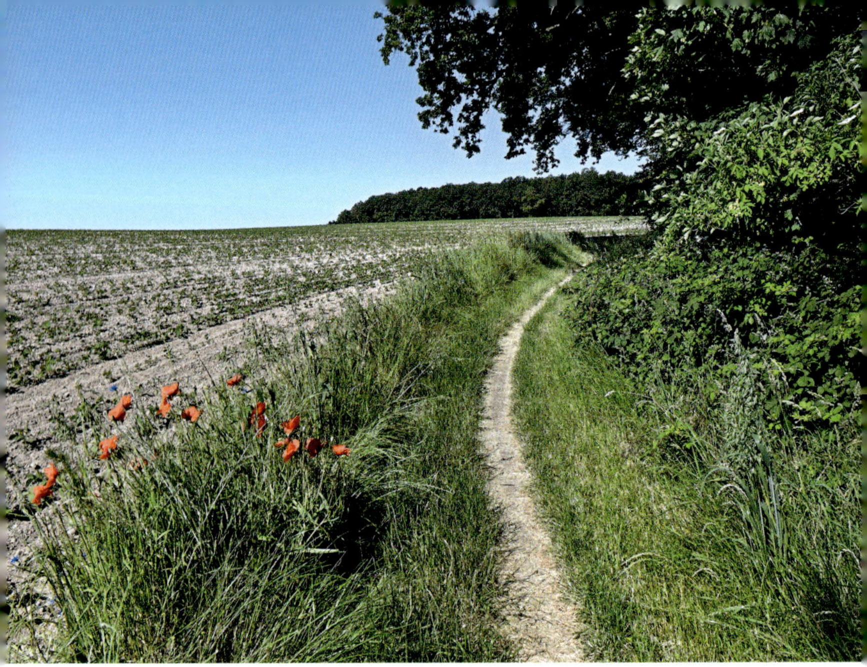

Der Trampelpfad beim Waldrand.

Straße gehen wir wenige Meter nach links und überqueren sie. Wir treffen auf die Weinausschankhütte am **Heuchelberg** ❸ und begeben uns auf den Weinlehrpfad mit traumhaftem Ausblick.

Um die ausgiebige Schleife durch die Weinberge abzukürzen, bietet sich hier die oben beschriebene kürzere Variante an, die vor allem an heißen Sommertagen angenehmer ist.

Wir ziehen an der Hütte vorbei. Rechter Hand von uns blicken wir auf herrlich herausmodellierte Schichtstufen wie aus dem Geografie-Lehrbuch. Im Links-Rechts-Schwenk folgen wir weiter den Wanderwegen nun durch schattigen Wald. Nur wenige Meter darauf verlassen wir den Asphalt und beschreiten den links abgehenden Waldpfad. Wer lieber außerhalb des Waldes wandern möchte, kann auch geradeaus weiter gehen, beide Wege führen wieder zusammen. Ein alter Wegstein von 1885 zeigt an, dass dieser Pfad auch schon in vergangenen Zeiten begangen wurde.

An der Kreuzung Schächerhausen, am **Heerweg** ❹, verlassen wir den roten Strich und nehmen den ersten rechts abgehenden Weg in Richtung Hörnle (KR1 und Z7 Wanderweg). Wir stoßen wieder auf den Panoramaweg oberhalb der Weinberge und gehen nach links weiter. Auf dem Pflastersteinweg geht es nun steil bergab (Vorsicht, Stolpergefahr). Unten an den Freizeitgrundstücken unter Bäumen biegen wir rechts ab und gehen an der nächsten Kreuzung halb rechts weiter. Nach dem Linksbogen unseres Weges gehen wir am nächsten Schnittpunkt der Wege geradeaus weiter und biegen an erster Möglichkeit rechts ab. Der Weg beschreibt der Topografie entsprechend einen Links- und Rechtsbogen um die Anhöhe zu unserer Rechten. Nachdem wir die Schichtstufe zu zwei Dritteln umrundet ha-

ben, biegen wir am Weinberghäuschen am Kiliansplatz links ab und ziehen talwärts.
Am Ende der Weinberge, etwa 100 m vor der Autostraße, biegen wir noch einmal links ab. Kurz vor dem verlandeten Teich folgen wir am **Wegweiser Katzentalbach** ❺ dem Trampelpfad rechts über die Wiese am Gebüsch entlang und queren die Straße. Wir lassen uns vom Württembergischen Weinwanderweg auf einem Schotterweg in den Wald leiten. Nach einer langen Geraden geht es nach einer Linkskehre weiter sanft bergan. Achtung! Etwa 100 m nach der Kurve nehmen wir an einem Ausweichplatz entgegen der Beschilderung rechts den Pfad bergauf. Der angenehme Waldpfadpfad mündet am Waldaustritt auf die Oberkante der Weinberge mit fulminantem Ausblick, der bis hinüber nach Heilbronn und zu den Löwensteiner Bergen reicht. Im Westen überblicken wir weite Teile des Kraichgaus.

Nach den beiden Weinberghäuschen links des Weges überschreiten wir noch eine Kuppe und tauchen danach kurz vor der Rechtskurve wieder in den Wald ein. Vom Parkplatz aus führt ein leicht überwachsener Pfad noch einmal kurz steil bergauf. Kurz vor dem Waldaustritt finden wir rechts wieder Wanderwegweiser und folgen ihnen. Der schattige Waldpfad, der nun eine Etage höher verläuft, führt uns direkt zur **Waldschenke Hörnle** ❻.
Nach wohlverdienter Stärkung halten wir uns am Parkplatz links und wandern auf dem Wanderweg Z7 in Richtung Burg Neipperg. Am Ende der großen Kehre weist uns das Wanderschild nach rechts auf einen angenehmeren Waldrandweg, den wir nach 200 m wieder nach links über die Felder verlassen. Vor der **Burg Neipperg** ❼ biegen wir links ab und wandern in großem Rechtsbogen talwärts zurück zum Ortskern von **Neipperg** ❶.

Burg Neippberg.

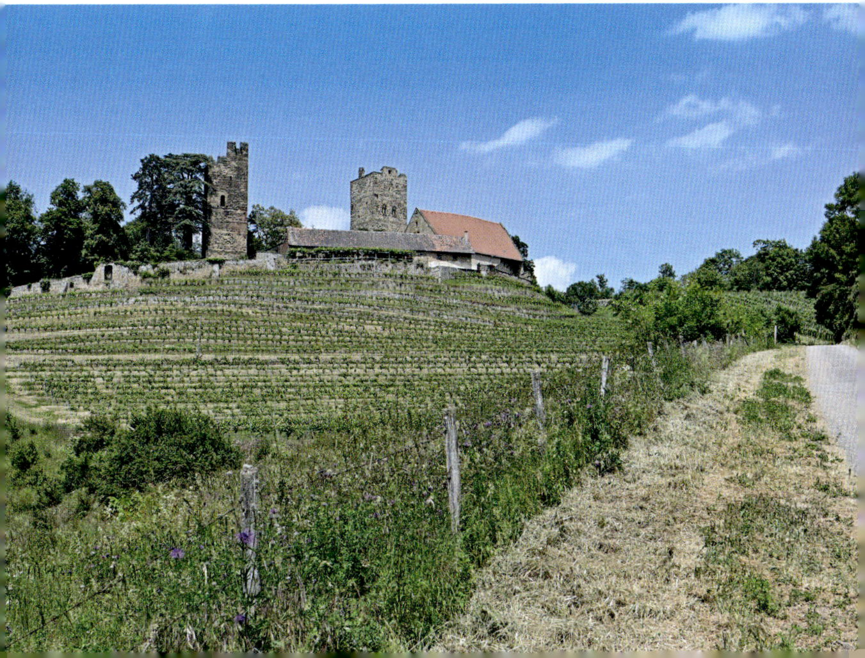

EINKEHR

Waldschenke Hörnle: Es ist der atemberaubende Ausblick über das Zabergäu, der das Erfolgsgeheimnis des großen Biergartens auf dem Hörnle ist. Jeder Wanderer, der hier vorbeikommt, gerät in Versuchung, den Ausblick bei leckerem Essen zu genießen. Entsprechend voll ist es bei schönem Wetter. Wobei vermutlich die »Autowanderer« in der Mehrzahl sind, was der anschließende Gang über den Parkplatz bezeugt. Die große Speisekarte bietet für jeden Geschmack etwas und auch Vegetarier werden satt. Im Sommer sorgt die Eisbar für eine Erfrischung. Mi.–Sa. ab 11, So. ab 10 Uhr, Hörnle 1, Brackenheim, Tel. +49 7135 12515, waldschenke-hoernle.de.

Zinser's Flämmle: Im ehemaligen Fachwerk- Rat- und Schulhaus von 1836 darf man den höheren schwäbischen und indischen Gerichten frönen. Dabei fehlen natürlich nicht die Klassiker wie Opa Walter's Maultäschle und der Zwiebelrostbraten mit handgeschabten Spätzle. Im alten Gemäuer sitzt man stilvoll auf antiken Holzbänken unter den mit Hirschgeweihen drapierten stylischen Kronleuchtern. Die Symbiose aus Alt und Modern ist wunderbar gelungen. Eine herrliche Außenterrasse hinter dem Gebäude ergänzt im Sommer die Sitzmöglichkeit. Fr.–Mi. ab 17.30, Sa.–So. 11.30–14 und ab 17.30 Uhr, Leintalstraße 15, 74336 Brackenheim-Neipperg, Tel. +49 7135 9387060, zinsersflaemmle.de.

Zur Traube: Gemütlich wie im alten schwäbischen Landgasthaus sitzt man in der Traube und genießt Spezialitäten vom Balkan der Familie Stefanov. Aber auch der Schwäbische Zwiebelrostbraten steht auf der Karte. Die Preise sind moderat. Wer kann, darf das Essen mit Musik am alten Jugendstil-Klavier begleiten. Bei schönem Wetter speist man auf der Terrasse. Do.–Sa. ab 17.30, So. ab 12 Uhr, Klingenweg 1, 74336 Neipperg, Tel. +49 7135 9388358, zurtraubeneipperg.com.

Winzercafé: Nur Bioweine gibt es im Ausschank der Winzerfamilie Hönnige, die schon in dritter Generation Weinbau betreibt. Im Garten des Lokals, der liebevoll mit Blumenbeeten und anderen kunstvollen Accessoires eingefasst ist, darf man unter dem ausladenden

Waldschenke Hörnle.

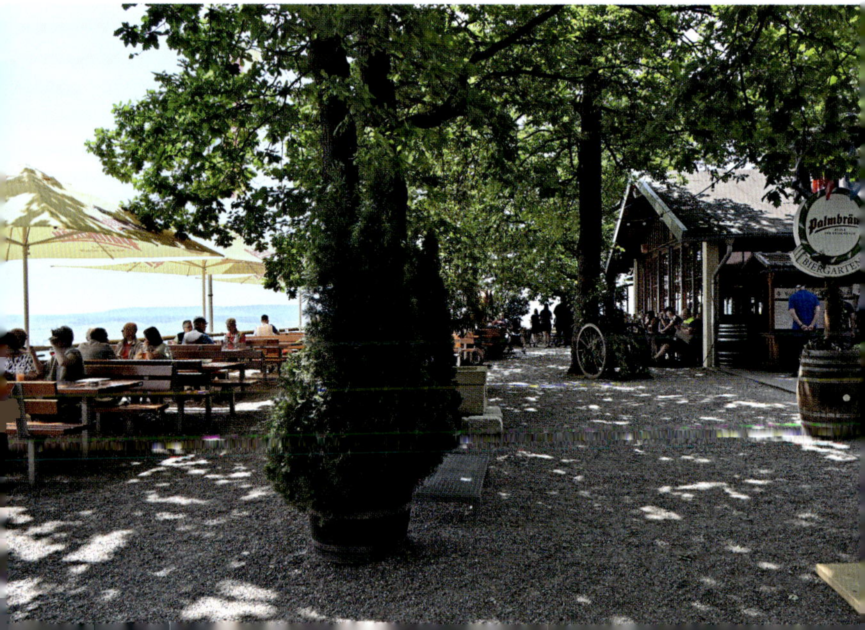

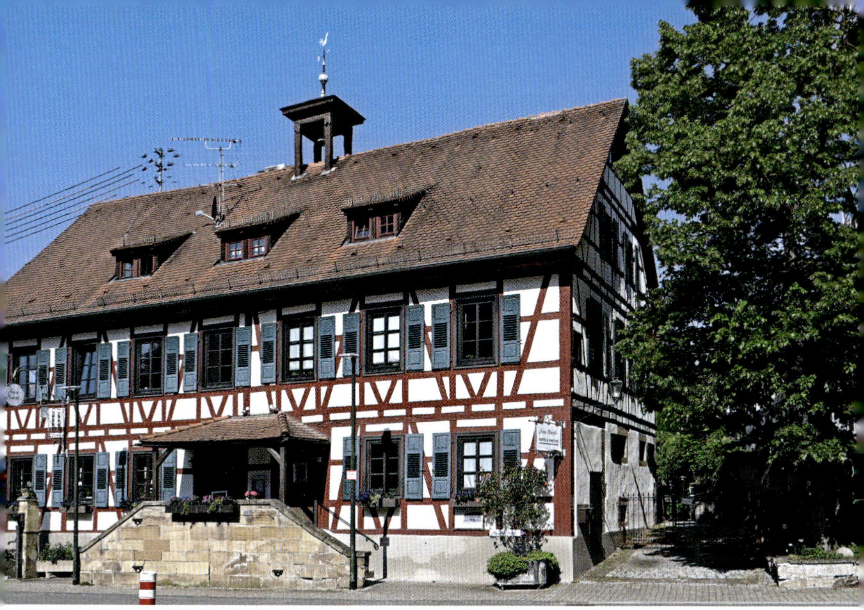

Zinser's Flämmle.

Apfelbaum den selbst gebackenen Kuchen der Seniorchefin genießen. Der schwäbische Träubleskuchen war ein Gedicht. Wer Lust auf Herzhaftes hat, greift zum Flammkuchen. Ein wahrlich gemütliches Ende einer Wanderung in Neipperg. Wen es interessiert, darf gern einen Blick ins Buch zum Umbau des Winzercafés werfen, an dem die ganze Familie mitgewirkt hat. Fr.–So. 14–18 Uhr, Wilhelmshof 2, 74336 Brackenheim-Neipperg, Tel. +49 7135 965471, winzercafe-neipperg.de.

Zum Rädle: Seit 1984 öffnet Familie Seiter im Dachgeschoss ihres Betriebsgebäudes ihren Besen. Mit Blick auf Burg Neipperg werden klassische, vorwiegend Besengerichte aus Wurst und Fleisch angeboten. Dazu trinkt man hauseigene Trollinger und Lemberger oder Riesling. Zu Besenöffnungszeiten ab 11 Uhr, Gänsberg 20, 74336 Brackenheim-Neipperg, Tel. +49 7135 4804, weingut-seiter.de.

Zum Alten Pflug: Wann der Besen des Weinguts Echle geöffnet hat, kann man an der Anzahl der Wohnmobile erkennen, die sich um das Anwesen herum scharen. Anscheinend haben sich die großen Portionen zu kleinen Preisen bei dieser Klientel herumgesprochen. Mit Blick auf die Burg (von der Außenterrasse an der Straße) genießt man typische traditionelle Besenspezialitäten. Zu Besenöffnungszeiten ab 11 Uhr, Marsaner Straße 18, 74336 Brackenheim-Neipperg, Tel. +49 7135 8134, weingut-echle.de.

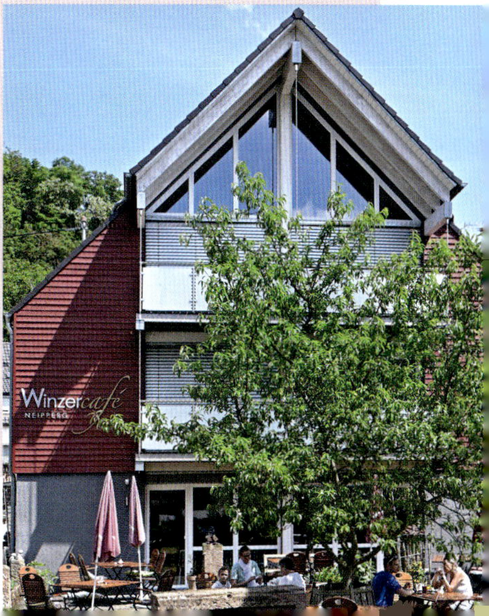

Winzercafé.

11 Von Leingarten nach Stetten am Heuchelberg

Zum Altwürttembergischen Landgraben

TOP | 4.45 Std. | 15,9 km | ↗ 250 m | ↘ 210 m

Wurstsalat mit Fernblick

Bis zum ersten Highlight, der Heuchelberger Warte, müssen wir uns ein bisschen anstrengen. Aber wem es zu beschwerlich ist, der nimmt für die letzten Höhenmeter einfach den Heuchelberghupfer – ein Shuttle-Service für Besucher des Gasthauses Heuchelberger Warte für 1 Euro pro Person. Ein Telefonanruf mit dem altertümlichen Apparat am Parkplatz genügt. Oben angelangt, beginnt nun einer der herrlichsten Höhenwege des Zabergäus. Schön ist es, wenn man früh morgens startet. Vor den Öffnungszeiten der Heuchelberger Warte und ihrem (sonntäglichen) Trubel hat man den Wald noch fast für sich. Immer wieder öffnen sich herrliche Ausblicke zu den Höhen des Naturparks Stromberg-Heuchelberg bis zum Stuttgarter Fernsehturm und im Norden zum Odenwald. Viele alte Weg- und Gemarkungssteine flankieren unsere Wanderroute über den Kamm des Heuchelbergs. Sofern wir den Wurstsalat respektive Erdbeerkuchen mit Fernblick auf der Heuchelberger Warte noch nicht genossen haben, können wir das kurz vor dem Ende der Tour in der Waldschenke Neuer Berg nachholen.

Ausgangspunkt: Bahnhof in 74211 Leingarten-Mitte. Parken in der Nähe des Bahnhofs. Die S4 Karlsruhe–Heilbronn–Öhringen hält in Leingarten. Womo-Platz Winzergenossenschaft Schwaigern, N 49.13563, E 9.06525.
Endpunkt: Bahnhof Stetten a. H. Mit S4 zurück nach Leingarten.
Anforderungen: Nach kurzem Anstieg läuft man die meiste Zeit auf dem schattigen und unkomplizierten Kammweg durch den Wald.
Information: Rathaus, Heilbronner Straße 38, 74211 Leingarten, Tel. +49 7131 40610, leingarten.de. Tourist Information Im Rondell, 74336 Brackenheim, Tel. +49 7135 933525, neckar-zaber-tourismus.de.
Karte: Wanderkarte Bietigheim-Bissingen (LGL Blatt W217, 1:25.000).

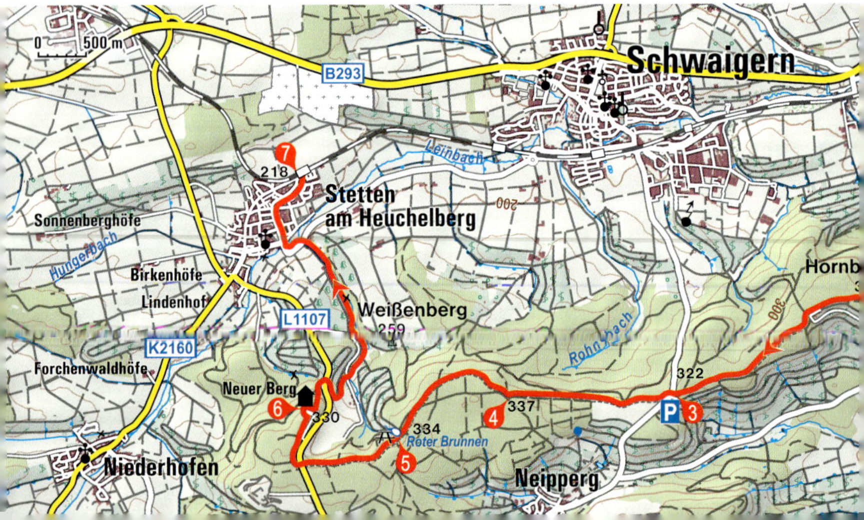

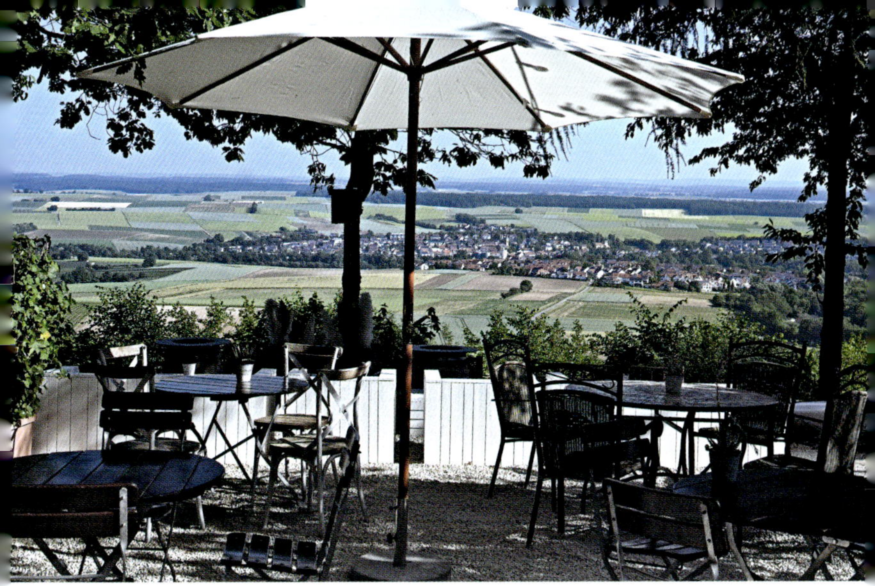

Ausblick vom Gasthaus Heuchelberger Warte.

Vor der Bahnstation **Leingarten-Mitte ❶** wandern wir los. Wir gehen direkt gegenüber dem Bahnsteig die Herda-Vogel-Straße hoch (Wanderzeichen KR1) in Richtung Freibad, das wir schon nach wenigen Minuten passieren. Am Gesundheitszentrum halten wir uns rechts in die Kantstraße und ziehen am Ende der Hecke nach rechts und schließlich vor dem Spielplatz nach links am Eichbottbach entlang.

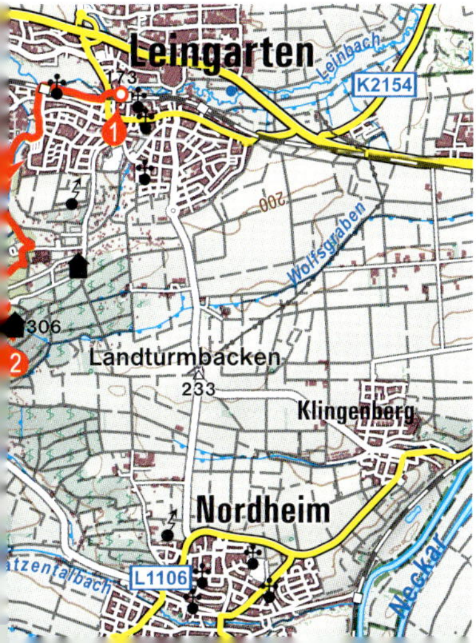

Weiter führt der Weg durchs grüne Tal an zwei Rückhaltebecken vorbei. Schließlich verlassen wir an einer Ruhebank den geteerten Weg nach rechts, umrunden eine Reithalle und biegen links ab in Richtung Wartturm. In Höhe des Waldspielplatzes Baunzel gehen wir rechts vom Weg ab, überqueren den Platz und biegen nach den Sitzgruppen links ab. Der Waldpfad schlängelt sich empor, stößt auf die Straße, auf der wir bis zum zweiten Parkplatz hinaufwandern. Dort verrät uns ein Schild, dass es nun inklusive des Heuchelberghupfers fünf Möglichkeiten gibt, um zur Heuchelberger Warte zu kommen. Wir entscheiden uns für den angenehmen, gut begehbaren Walderlebnispfad nach oben. Im Lokal angekommen, halten wir uns links und finden den Sandsteinturm der **Heuchelberger Warte ❷** nach wenigen Metern durch das Gelände des Lokals hinter Bäumen versteckt. Von oben genießt man einen fantastischen Rundblick über das gesamte Heilbronner Land. Der aus dem 15. Jh.

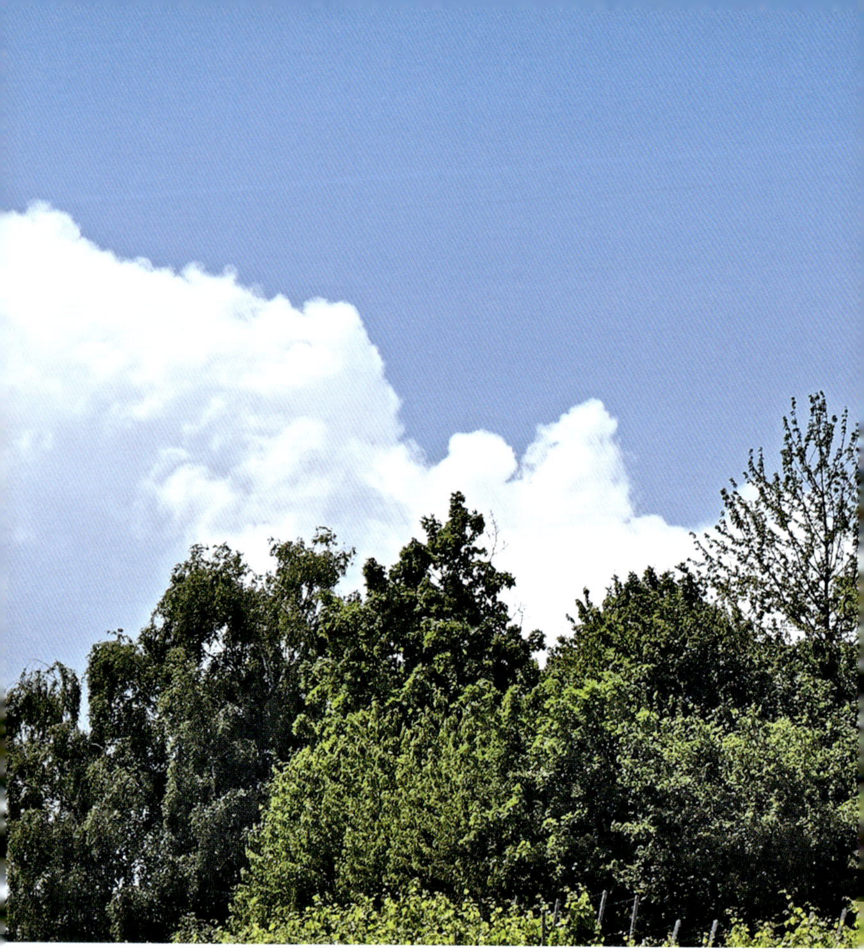

Sandsteinturm der Heuchelberger Warte.

stammende Turm war Teil des Württembergischen Landgrabens, eine Grenzbefestigung der Württembergischen Landgrafen, die vorwiegend zur Zolleinnahme genutzt wurde.

Weiter geht es am Spielplatz vorbei auf den breiten Kammweg. Der sogenannte Heerweg steht ebenfalls im Zusammenhang mit dem Altwürttembergischen Landgraben und ist von alten Wappensteinen gesäumt. An der ersten Verzweigung bei der »Weitsprung-Olympiade« schlagen wir den linken Ast ein. Lus-

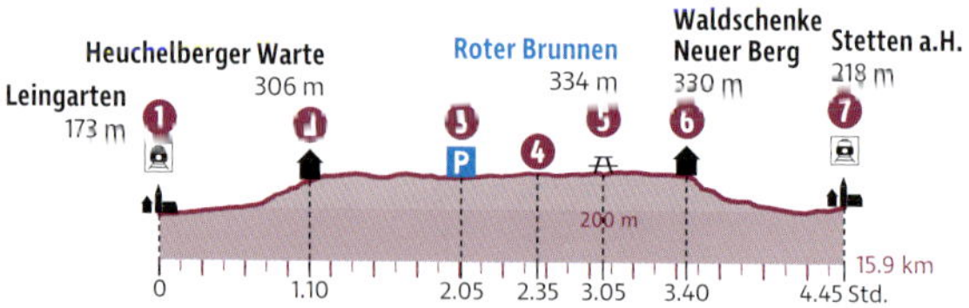

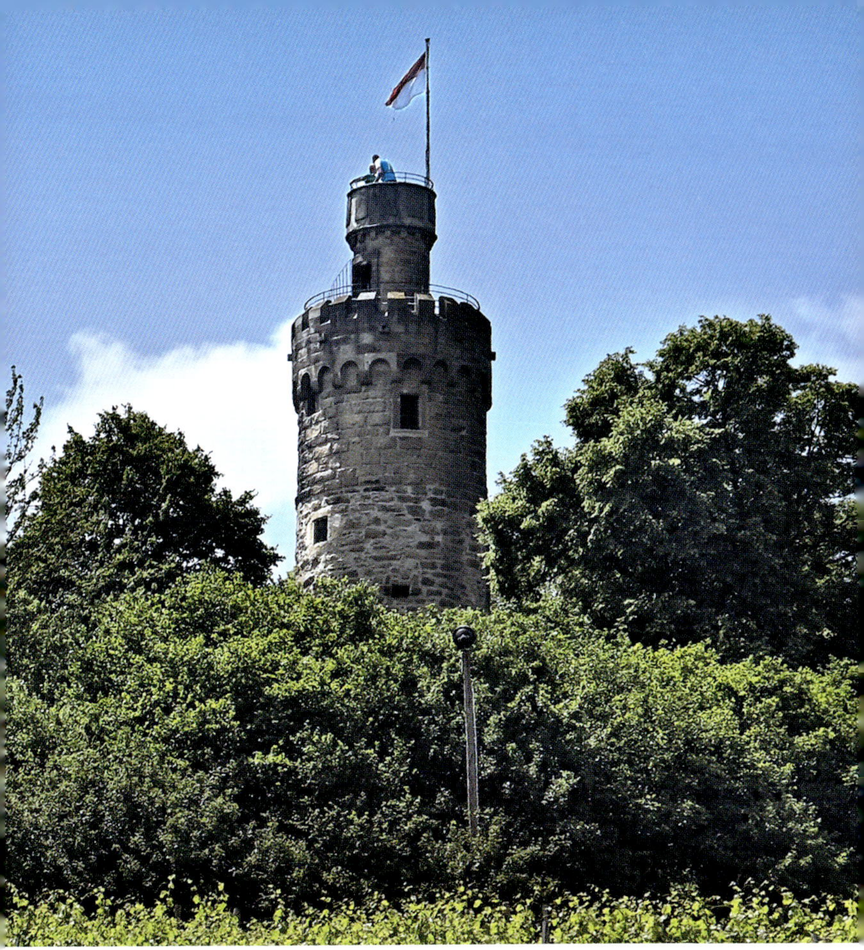

tige Installationen sorgen für Unterhaltung der Kinder auf dem Walderlebnisweg. Den Teerweg dürfen wir auf schmalem Waldpfad umgehen. An der Kreuzung bleiben wir weiter auf KR1 und biegen links ab in Richtung Hörnle (geradeaus auf den HW 8 mit rotem Strich geht vermutlich auch). Nach 100 Metern können wir anstelle des Wirtschaftsweges auch den rechts abgehenden Waldpfad beschreiten. Er stößt nach 10 Minuten wieder auf den Asphaltweg. Vor der Linkskurve nehmen wir erneut den angenehmeren Waldpfad geradeaus entgegen der Beschilderung. Nach dem **Waldparkplatz ❸** überqueren wir die Straße, gehen 20 m nach links und setzen am Waldrand die Richtung fort.

Nach einer längeren Geraden erreichen wir den **Kreuzungspunkt Drei Eichen ❹** und dürfen unseren Rucksack auf der »Gruhe« abstellen. Die im Schwäbischen auch »Gruobbank« (von ausgruoba = ausruhen) genannten Steingestelle wurden früher zum Abstellen schwerer Lasten genutzt. Wir setzen nach rechts fort und verlassen nach 100 m den breiten Forst-

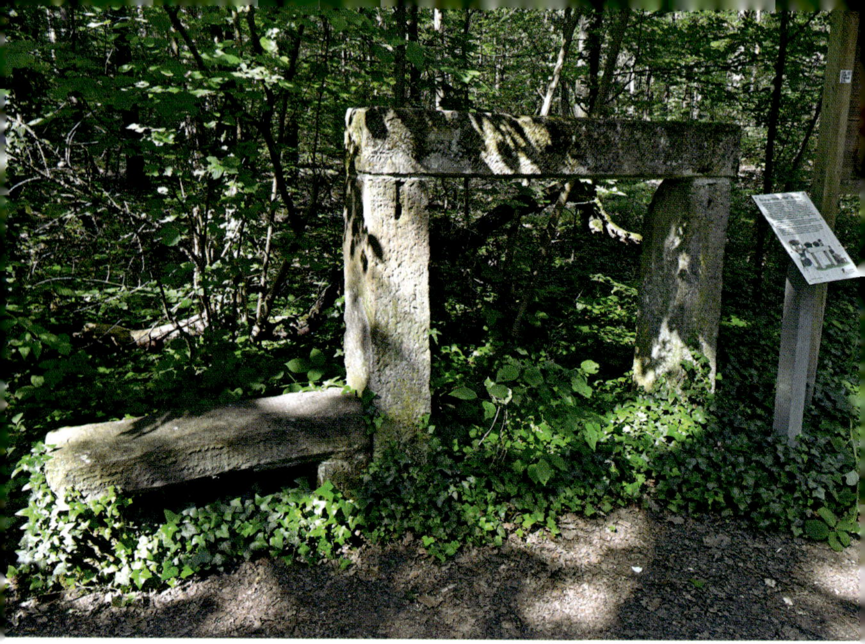

Die »Gruobbank« bei Drei Eichen.

weg wieder. Einige alte Wegsteine, die einen noch stehend, andere halb liegend, zeugen vom historischen Weg, auf dem wir wandern. Dort wo wir auf Asphalt treffen, führt gegenüber ein idyllischer Pfad zu einem Rastplatz mit Quelle zum **Roten Brunnen ❺** hinab.

Nachdem wir uns am Quellwasser erfrischt haben, setzen wir auf dem breiten Forstweg die Richtung fort. Wir überqueren vorsichtig die stark befahrene Straße und biegen unmittelbar dahinter rechts ab auf einen Waldpfad (ohne Beschilderung). Nun müssen wir leider bis zur **Waldschenke Neuer Berg ❻** etwas Lärm der nahen Straße in Kauf nehmen. Wir queren den Parkplatz der Länge nach und setzen auf dem Schotterweg fort bis zur Gaststätte. Nach der Einkehr folgen wir weiter dem nun in einiger Entfernung zur Straße verlaufenden Waldpfad bergab durch dichtes Grün. Am Waldaustritt queren wir am Parkplatz die Straße und müssen nun ein kleines Stück in entgegengesetzter Richtung laufen. Wir umrunden in großem Bogen den Weinberg.

Unten im Tal halten wir uns rechts, überqueren die nächste Straße und wandern nach links weiter auf dem Wirtschaftsweg durch das Landschaftsschutzgebiet. An der nächsten Kreuzung finden wir einen Hinweis des KR1b-Wanderweges, der uns durch ein schönes Wiesengelände nach Stetten führt (Bahnhof 2,3 km). Kurz darauf heißt es Kopf einziehen. Wir biegen rechts ab und hoffen, nicht von verirrten Golfbällen getroffen zu werden, da der Weg am Rand des Golfplatzes entlangführt. Nach dem Trainingsgelände queren wir die Straße, halten uns links und wandern Richtung Ort. Rechter Hand des Friedhofs gehen wir geradeaus hoch, überschreiten die Kuppe und ziehen im Rechtsbogen in Richtung Bahnhof von **Stetten am Heuchelberg ❼**.

EINKEHR

Restaurant Paradies: Fast wie im botanischen Garten sitzt man im Außenbereich des beliebten Lokals mit italienischer Küche. Bepflanzt mit Palmen, Bananenstauden und Oliven wähnt man sich fast in südlicheren Gefilden. Die meisten Gäste holen sich die beliebte Pizza vom Tresen und steuern einen der Plätze im Garten an. Diese bestehen in kunterbunter Anordnung aus einfachen Holzbänken, Klapp-, Liegestühlen und allem, worauf man sitzen und zum Teil auch liegen kann. Neben Pizzen gibt es klassische Pasta in vielen Variationen und reichlich Salate zur Auswahl. Di.–Fr. 11–13.30 und ab 17 Uhr, Sa. ab 12, So. ab 11 Uhr, Egarten 2, 74211 Leingarten, Tel. +49 7131 401896, paradies-leingarten.de.

Heuchelberger Warte: Nur selten gibt es einen solch grandiosen Ausblick, den man dazu noch beim Essen genießen kann. Es ist einfach ein Genuss, auf den Gartenstühlen im knirschenden Kies unter Bäumen zu sitzen und dazu einen Wald-Hotdog oder eine Heuchelberger Nudelpfanne mit Trüffel zu verspeisen. Seit 1992 betreiben Inge und Jügen Wieland das Restaurant am mittelalterlichen Wachtturm. Die Speisekarte ist so bunt und vielfältig wie die Umgebung. Das Motto nennt sich »moderne schwäbische Küche mit Einflüssen aus aller Welt«. Ob Fleisch, Fisch, Salate, Vegetarisches oder Veganes, es gibt fast alles oben auf dem Berg. Entsprechend groß ist der Andrang an sonnigen Tagen, vor allem auf die über 500 Sitzplätze im Außenbereich. Mi.–Sa. ab 12, So. und Feiertag ab 11 Uhr, Auf dem Heuchelberg 1, 74211 Leingarten, Tel. +49 7131 401849, heuchelberg.com.

Waldschenke Neuer Berg: Seit 2022 führt Alexander Wieprecht die traditionsreiche Gaststätte mit großem Erfolg. Auf den 200 Sitzplätzen unter den Bäumen des direkt daran angrenzenden Waldes ist vor allem an den Wochenenden immer reger Betrieb. Auch ein Spielplatz ist vorhanden. Innen sitzt man hinter den riesigen Panoramafenstern mit prächtiger Aussicht in den Kraichgau. Die Küche ist schwäbisch gut bürgerlich mit regionalen Produkten aus der Umgebung. Neben den klassischen Fleischgerichten werden auch diverse vegetarische Speisen angeboten, die man sich personalsparend in Selbstbedienung am Buffet holt. Mi.–So. ab 11.30 Uhr, Neuer Berg 1, 74193 Schwaigern, Tel. +49 7138 3091409, waldschenke-neuer-berg.de.

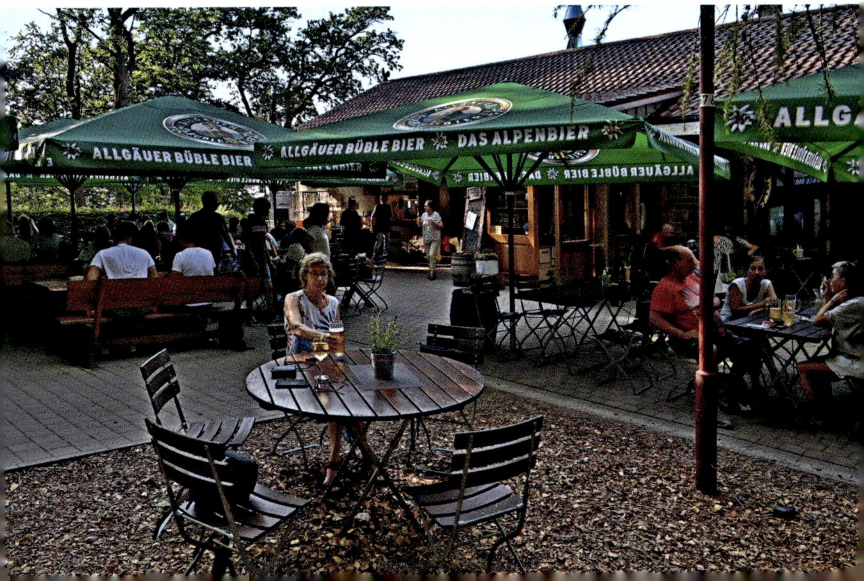

Waldschenke Neuer Berg.

12 Zu den Badeseen bei Zaberfeld

Wasser, Wald und viel Historie

TOP | 3.30 Std. | 11,6 km | ↗200 m | ↘200 m

Ein Steintisch und seine Geschichte

Längs der Zaber, die der gesamten Region ihren Namen verlieh, wandern wir aus dem Ort zum Katzenbachsee. Am malerischen Waldsee vorbei, geht es durch eine aufgelockerte Landschaft aus Hecken, Feldern und Streuobstwiesen weiter. Nachdem wir die im Unterholz versteckte Quelle der Zaber entdeckt haben, treffen wir nach längerem Waldgang auf den Steintisch von Mörderhausen. Über die schon im Mittelalter zerstörte Gemeinde, deren Wüstung wir durchqueren, rankt sich die Legende von zwei Brüdern, die sich im Streit gegenseitig umbrachten. Nach dem Untergang des Ortes im Mittelalter waren die Gemarkungsrechte umstritten. Als Kompromiss wurde an der Grenze der Herrschaftsbereiche ein Steintisch erstellt, an dem fortan Gericht gehalten wurde. Dies und weitere historische Zusammenhänge erfahren wir auf dem Grenzsteinpfad am Abendwaldweg. Am beliebten Badesee Ehmetsklinge finden wir direkt am Ufer und in unmittelbarer Umgebung mehrere Einkehrmöglichkeiten zum Ausklang der Tour.

Ausgangspunkt: Ortsmitte von 74374 Zaberfeld, an der Kirche. Parkplatz am Rathaus. Womo-Platz An der Ehmetsklinge, N 49.05593, E 8.91639.
Anforderungen: Lediglich der schmale und steile Pfad hoch zur Zaberquelle ist etwas beschwerlich. Auf dem Rest der Tour wandern wir auf bequemen Wald- und Feldwegen. Badesachen einpacken.
Information: Rathaus, Schloßberg 5, 74374 Zaberfeld, Tel. +49 7046 96260, zaberfeld.de, Tourist Information, Im Rondell, 74336 Brackenheim, Tel. +49 7135 933525, neckar-zaber-tourismus.de.
Karte: Wanderkarte Bretten (LGL Blatt W216, 1:25.000).

Der Badesee Ehmetsklinge.

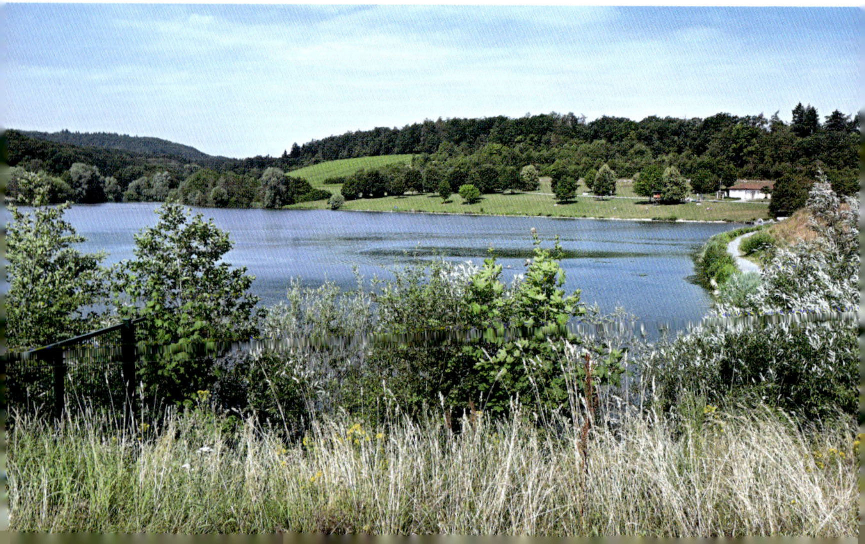

An der zentralen Kreuzung von **Zaberfeld** ❶ unterhalb von Kirche und Rathaus beginnen wir unsere Tour. Wir ziehen hinab zur Zaber, überqueren den Fluss und biegen hinter der Feuerwehr rechts ab in den Herrenwiesenweg. Dem Wegweiser des Z9 Wanderweges folgen wir vorläufig auf einem idyllischen Fußweg entlang der Zaber.

An der nächsten Brücke verlässt uns Z9 nach rechts. Wir bleiben weiterhin neben dem Flüsschen, folgen nun dem HW8 des Schwäbischen Albvereins mit dem roten Kreuz und biegen erst nach dem Jugendzeltplatz an der nächsten Brücke rechts ab. Nach Querung der Landesstraße passieren wir ein Pferdegestüt und wandern an der Dammkrone vorbei zum aufgestauten **Katzenbachsee** ❷.

Wir drehen eine Runde um den See (Baden erlaubt) und verlassen ihn etwa 75 m nach dem Kiosk nach links. Auf dem bergauf führenden Waldpfad, jetzt wieder auf dem Z9 Wanderweg, setzt sich unser Weg fort. Nach Austritt aus dem Wald geht es auf angenehmem Feldweg weiter zwischen Wiesen und Streuobstbeständen. Wir überqueren die Kreisstraße, wandern rechts wenige Meter daran entlang und biegen links ab auf einen asphaltierten Wirtschaftsweg. Nach 5 Minuten treffen wir auf eine Gehölzgruppe, hinter der sich ein **Waldkindergarten** ❸ versteckt. Dort, an der Ruhebank, verlassen wir Z9 wieder und biegen links ab. Ohne Markierung geht es nun sanft bergauf.

Kurz bevor wir erneut auf die Kreisstraße treffen, geht es an einem Parkplatz nach rechts in den Wald auf den Unteren Zaberhaldeweg. Wir ignorieren die rechts abgehenden Wege und halten uns an der Kreuzung mit dem Schild über die Sing-

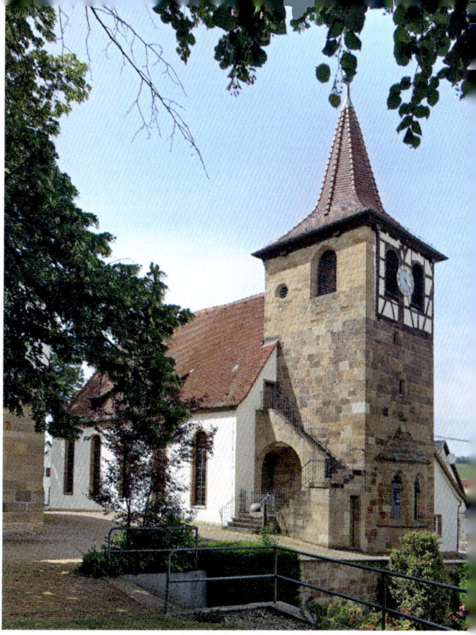

Evangelische Kirche in Zaberfeld.

vögel links. Kurz vor dem Übergang über das hier noch kleine Bächlein, biegen wir links ab und wandern auf teilweise zugewachsenem Pfad hoch zur **Zaberquelle** ❹, die sich wenige Meter links unterhalb des Weges versteckt. Der Pfad führt uns weiter zur Kreisstraße, auf der wir ein paar Meter fortsetzen, um dann wieder rechts in den Wald abzubiegen auf den Oberen Zaberhaldeweg.

Kurz darauf haben wir den höchsten Punkt unserer Tour erreicht und wandern nun für eine knappe halbe Stunde auf dem ausgebauten

Zaberquelle.

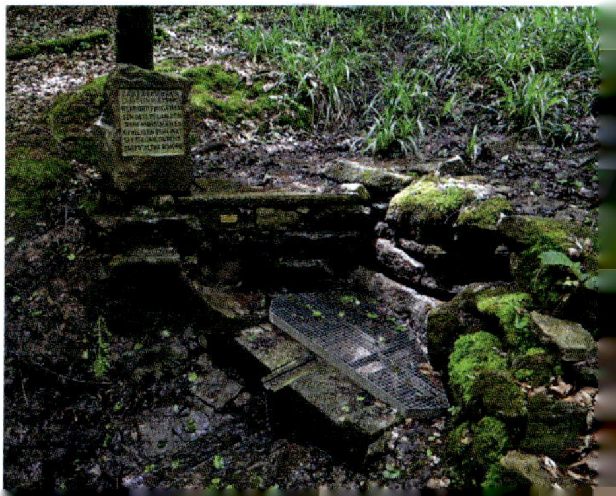

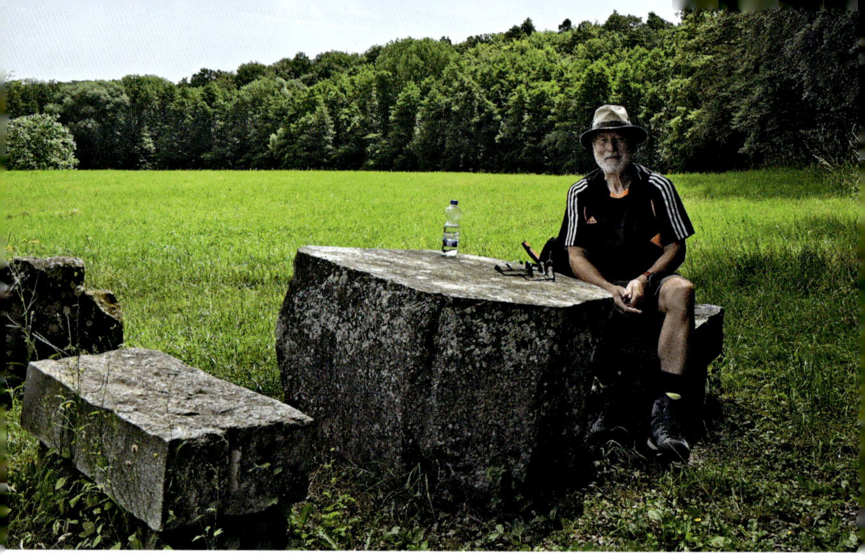

Der Autor am Gerichtstisch zu Mörderhausen.

Forstweg. An der ersten Kreuzung biegen wir scharf rechts ab, ziehen weiter bergab und ändern die Richtung nach 400 m wieder um fast 180 Grad.

Nach einem Rechtsknick des Weges treffen wir auf eine Waldkreuzung, hinter der sich der Weg bald auf einen Pfad mit kleinen Hindernissen verjüngt und an alten Wegsteinen vorbeiführt. Am alten Gerichtstisch zu **Mörderhausen** ❺ neben drei mittelalterlichen Steinkreuzen verlassen wir den Wald. Nach dem Untergang des Dorfes Mörderhausen – zwei Brüder, die sich gegenseitig ermordeten, verliehen ihm den unschönen Namen – war die Gerichtsbarkeit zwischen den Herren von Sternenfels und Württemberg umstritten und wurde schließlich hierhin verlegt. Am viereckigen Steintisch – das Original steht vor der Kirche in Leonbronn – wurde fortan Recht gesprochen.

Geradeaus setzen wir die Richtung fort und erreichen bald den Grenzsteinpfad. Eine stattliche Anzahl von alten Grenz- und Wegsteinen sind hier mit erläuternden Tafeln aufgebaut, die einiges über die mysteriösen Steine erklären. Am Ende des Feldweges, bei der Picknickbank, kurz vor dem nächsten Gewässer

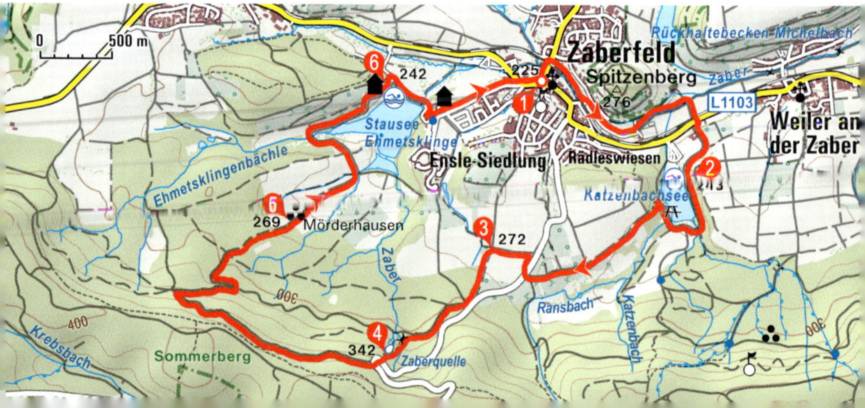

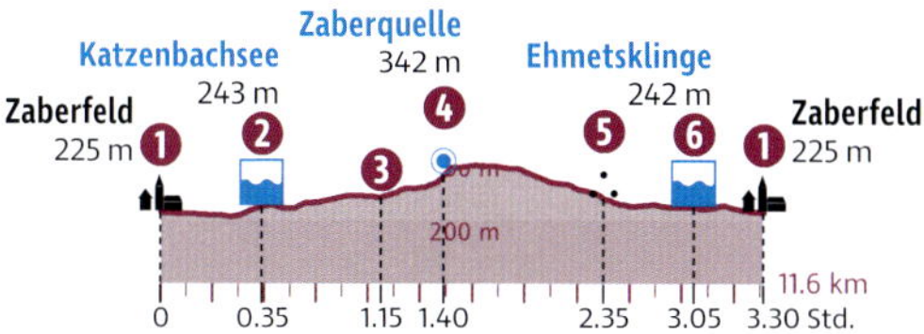

biegen wir links ab und orientieren uns wieder am Z9 Wanderweg. Nachdem wir die Kuppe überschritten haben, treffen wir auf eine Kreuzung, halten uns rechts und wandern zwischen Weinbergen und Seeufer zur Liegewiese des beliebten Badesees und Rückhaltebeckens **Ehmetsklinge** ❻. An der nördlichen Ecke des Sees befindet sich das Naturparkcenter Stromberg-Heuchelberg, das durchaus einen Besuch lohnt. Daneben die Imbissstube, Wirtshaus am See.

Wir biegen am Damm rechts ab, gehen dahinter erneut rechts und ziehen durch das Wäldchen am Wohnmobilstellplatz vorbei in Richtung Ort. Rechts hinter Bäumen versteckt, das Seestüble. Etwa 100 m weiter das Ristorante Le Radici. Über die Seestraße wandern wir zurück nach **Zaberfeld** ❶.

An der Kreuzung zur Durchgangsstraße finden wir rechts das empfehlenswerte Landcafé Leinberger im Stromberghof.

EINKEHR

Wirtshaus am See: Kleine Gerichte wie Pommes, Bratwürste oder Currywurst kann man mit herrlichem Blick auf den See verspeisen und dabei dem bunten Treiben zuschauen. Sa. und So. im Sommer bei schönem Wetter ab 11 Uhr, Ehmetsklinge, 74374 Zaberfeld, Tel. +49 7046 881195, wirtshaus-am-see.info.

Ristorante Le Radici: Zu den Wurzeln (Le Radici) des Geschmacks möchten die beiden Freunde und Besitzer des Restaurants ihre Gäste führen. Dabei orientieren sie sich an der sizilianischen Tradition einer reichhaltigen und fantasievollen Küche. Pasta und Pizza aus dem Steinofen sind die Spezialitäten des Restaurants. Vegane und glutenfreie Speisen stehen ebenfalls auf der Karte. Innen ist modernes Ambiente geboten, auf der herrlichen Außenterrasse genießen die Gäste den Blick zum See. Di.–Sa. ab 16.30, So. ab 12 Uhr. Seestraße 50, 74374 Zaberfeld, Tel. +49 7046 3060125, leradici.de.

Landcafé Leinberger im Stromberghof: Landcafé, Ambiente, Genuss & mehr lautet die Inschrift auf dem mediterran anmutenden Gebäude mit blauen Klappläden. Tanja und Heinrich Leinberger haben sich ihren Lebenstraum verwirklicht und 2014 ein modernes Café in provenzalischem Stil mit regionalen Elementen errichtet. Auf zwei Terrassen – vor und hinter dem Haus – oder im lichtdurchfluteten Innenraum kann man die handgefertigten frisch zubereiteten Kuchen und andere Süßspeisen genießen. Auch herzhafte kleine Speisen wie Flammkuchen aller Art, diverse Leibgerichte wie Maultaschen und verschiedene Salate fehlen nicht auf der Karte. Mi.–So. 9–17 Uhr, Schillerstraße 36, 74374 Zaberfeld, Tel. +49 7046 8847360, stromberghof.de.

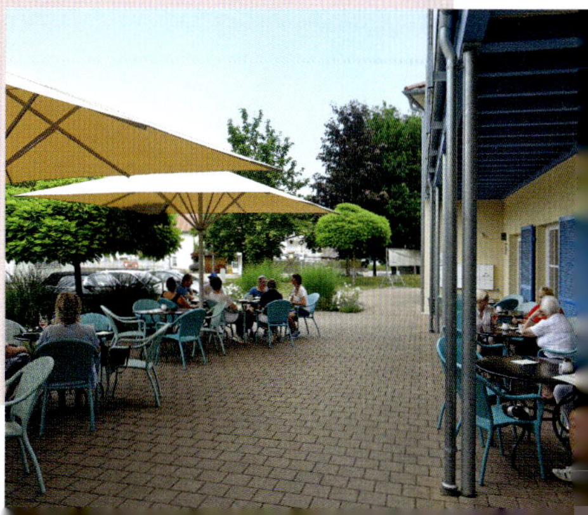

Landcafé Leinberger im Stromberghof.

13 Zum Michaelsberg bei Cleebronn

Der Wächter des Zabergäus

4.00 Std. | 11,4 km | ↗300 m | ↘300 m

Hoch über dem Vergnügungspark

Zur »Schönsten Weinsicht Württembergs« wurde im Jahr 2020 die Aussicht vom Michaelsberg gekrönt. Bei guter Sicht hat man hier tatsächlich einen 360°-Rundblick, der im Norden über den Katzenbuckel im Odenwald bis zum Königstuhl bei Heidelberg reicht. Im Südwesten blickt man über den Neckar bis zu den Löwensteiner Bergen und vielleicht sogar zur Schwäbischen Alb, im Norden bis zum Odenwald. Vom Weinort Cleebronn drehen wir eine waldreiche Runde hinauf zum historischen Michaelsberg mit der romanischen Kapelle. Einst, so die Sage, hausten im Tal um den Michaelsberg viele Drachen, die den vorbeiziehenden Menschen das Leben schwer machten. Erst die Kapelle und ihre Gottesdienste bereiteten dem Spuk ein Ende. Durch Weinberge und einen imposanten Hohlweg durch die Keuperschichten geht es zurück nach Cleebronn.

Ausgangspunkt: Rathaus in 74389 Cleebronn. Parkplätze rund um das Rathaus oder in der Brückenstraße. Bushaltestelle Cleebronn-Mitte direkt am Kreisel (Bus 663 und 666 aus Brackenheim). Von Bietigheim aus verkehrt im Sommer der Wanderbus Stromer, er hält in Tripsdrill, wo die Tour auch begonnen werden könnte.

Anforderungen: Einige Steilpassagen im ersten Drittel, ansonsten gut begehbare Wald- und Weinbergwege.

Information: Gemeindeverwaltung, Keltergasse 2, 74389 Cleebronn, Tel. +49 7135 98560, cleebronn.de. Tourist Information, Im Rondell, 74336 Brackenheim, Tel. +49 7135 933525, neckarzaber-tourismus.de.

Karte: Wanderkarte Neckartal-Stauferland (GNBO Blatt 21, 1:20.000). Wanderkarte Eberbach (LGL Blatt W203, 1:25.000).

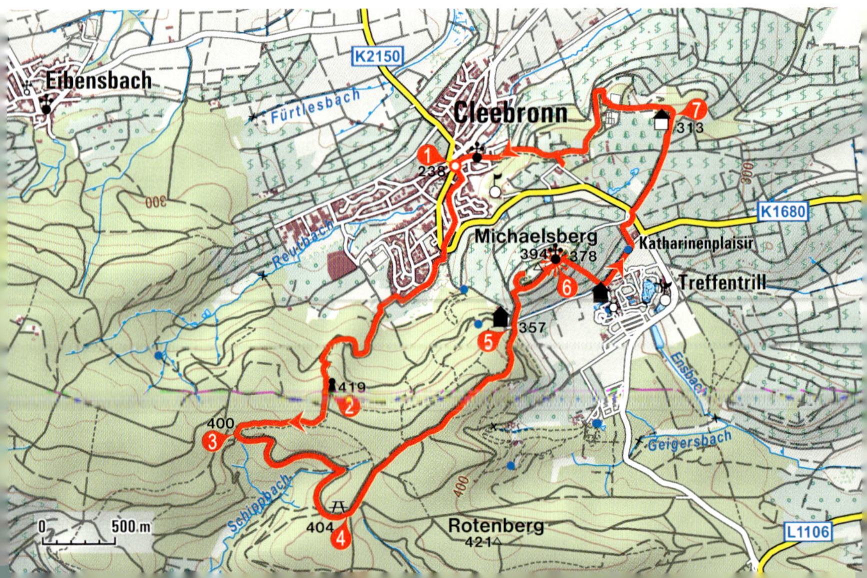

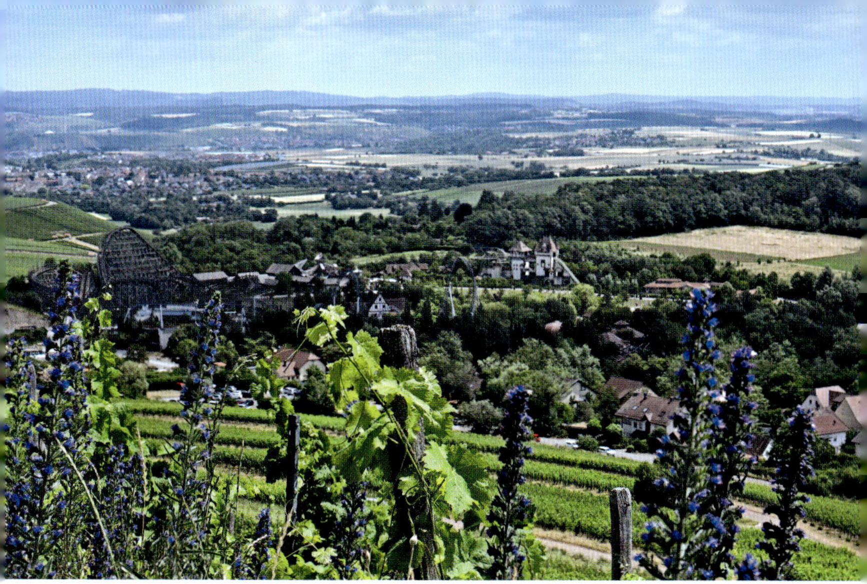

Natternkopf mit Aussicht.

Wir beginnen am Rathaus von **Cleebronn** ❶ und wandern die Wilhelm-Fischer-Straße bergauf. Unser vorläufiges Wanderzeichen, dem wir folgen, ist der blaue Strich. Nach 100 m geht es nach rechts in den Michaelsberger Weg. An der Verzweigung folgen wir weiter dem Fahrradweg in Richtung Michaelsberg. Wir queren in der Kehre vorsichtig die Straße und wenden uns nach 50 m nach rechts. Unterhalb der Häuserzeile wandern wir das aufgelockerte Tal hinauf.

Nach dem Rechtsschwenk des Weges am Siedlungsende gehen wir an der Kreuzung links weiter, biegen noch mal links ab und ziehen uns rechts haltend in den Wald. An der Kreuzung, nach der lang gezogenen Rechtskurve gehen wir linker Hand 20 m weiter hinauf und verlassen den breiten Forstweg nach rechts auf einen urigen Waldpfad. In dichtem Laubwald steigen wir nun deutlich strammer bergauf. Nach der Kreuzung beim Jägersitz und den drei markanten Findlingen, dem **Pfaffensitz** ❷, haben wir das Schlimmste hinter uns und gehen geradeaus weiter. Die Art, wie die Steine drapiert sind, deutet auf einen Kultort hin. Leider ist dem Autor nichts darüber bekannt. Kurz darauf treffen wir auf einen Wegweiser und orientieren uns am blauen Strich in Richtung Wolfstein. Der herrliche Trampelpfad führt durch ein gelichtetes Areal, in dem blau blühender Natternkopf farbige Akzente setzt.

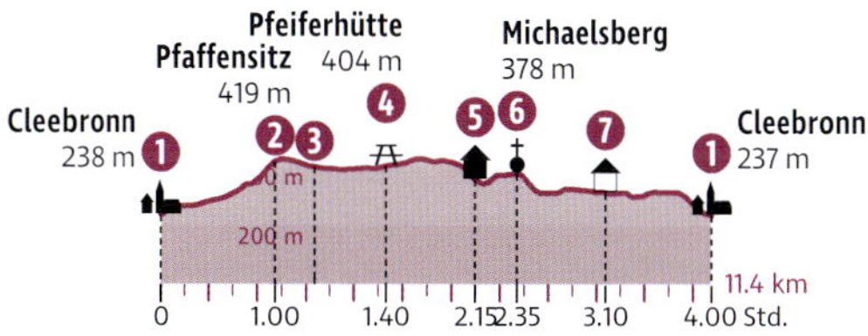

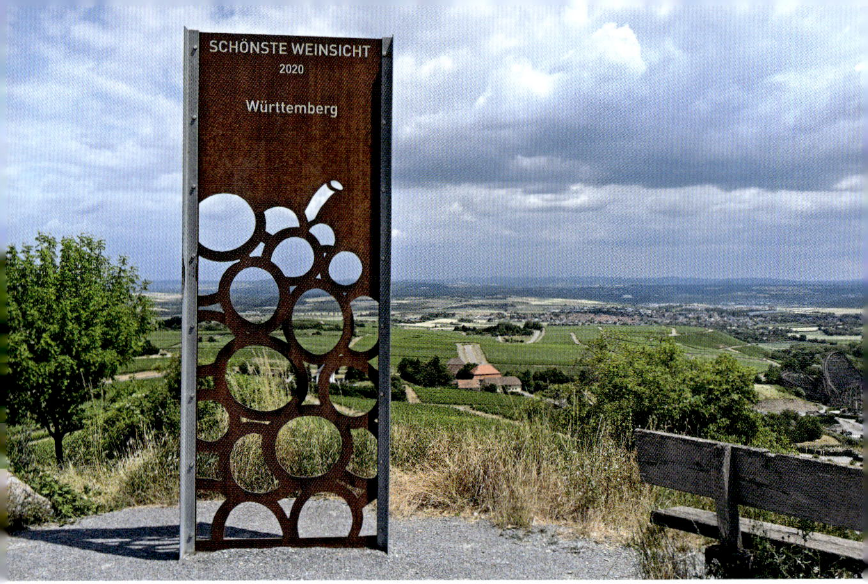

»Schönste Weinsicht 2020 Württemberg«.

Dahinter tauchen wir erneut in völlig dichten Laubwald ein, flankiert von alten Wegsteinen mit dem Württemberger Wappen. Am Abzweig mit dem Zaunpfosten kurz vor einem markanten Wegstein mit einem B in der Mitte verlassen wir den Pfad nach links. Auf dem breiten Forstweg halten wir uns links und folgen dem blauen Kreuz in Richtung Pfeiferhütte.

Zuvor aber betrachten wir rechts des Weges den **Wolfstein ❸**, zur Erinnerung an den letzten Wolf, der hier 1847 erlegt wurde. Heute haben die gefürchteten Tiere ihr Terrain wieder zurückerobert.

Auf breitem Forstweg geht es nun zügig bergab. Wir ignorieren die abgehenden Wege und erreichen in knapp 30 Minuten die Picknickplätze neben der **Pfeiferhütte ❹**. Nachdem wir unser Pausenbrot vertilgt haben, folgen wir dem roten Kreuz (auch Z2) in Richtung Näser auf den links abgehenden Weg. Bei der nächsten Kreuzung ignorieren wir die nach rechts führenden Wanderzeichen und orientieren uns geradeaus am grünen N der Naturfreunde. Die Abkürzung stößt wieder auf den breiten Forstweg, wo wir uns links halten und uns dem roten Kreuz anvertrauen. An der nächsten Kreuzung marschieren wir erneut links, an der Hütte vorbei, den angenehmen Hohlweg bergab und spüren statt hartem, geschottertem Forstweg weichen Waldboden unter den Füßen. An der Verzweigung halten wir uns rechts. Der Pfad endet am **Steinbruch Näser ❺**, wo wir uns sonntags bei gutem Wetter mit einem Schoppen Wein und einem kleinen Imbiss belohnen können. Vor uns der markante und geschichtsträchtige Michaelsberg, den wir als Nächstes ansteuern. Die Geräusche aus dem Tal stammen von kreischenden und jubelnden Kindern der Achterbahn aus dem Freizeitpark Tripsdrill.

Am Wanderparkplatz finden wir wieder Wegweiser und orientieren uns nun am Württembergischen Weinwanderweg (Michaelsberg 700 m). Kurz nach dem Schild zur Entste-

hungsgeschichte des Michaelsbergs steigen wir rechts die 222 Stufen der Weinbergstaffel empor. Oben angekommen genießen wir erst mal die überwältigende Aussicht.
Wir gehen nach rechts weiter. Wer Lust hat, macht zuvor einen Abstecher nach links in das Naturschutzgebiet mit ein paar Mauerresten der mittelalterlichen Burg auf der Westseite des Plateaus. Auf der Südostseite des lang gezogenen Hügels, dem »Wächter des Zabergäus«, liegt weithin sichtbar die Kapelle auf dem **Michaelsberg** ❻. Neben der Kirche lockt noch ein Eisautomat mit leckerem Bauernhof-Eis.
Direkt hinter der Kirche gehen wir nun die Stufen hinab. Wer nicht einkehren möchte, folgt geradeaus den Wanderwegen die Stufen wieder bergab (Württembergischer Weinwanderweg). Andernfalls gehen wir 10 m rechts von der »Schönsten Weinsicht« die Stufen der Kapuzinerstaffel hinab. Direkt an deren Fuß liegt die mehrfach ausgezeichnete Gaststätte Am Michaelsberg. Vor dem Lokal gehen wir oberhalb von Straße und Parkplatz auf dem Weinbergweg links hinüber zum Gehöft Katarinenplaisir. Das Anwesen mit illustrer Vergangenheit gehörte zeitweilig auch dem von den Nationalsozialisten hingerichteten Widerstandskämpfer und ehemaligen Oberbürgermeister von Dresden, Carl Friedrich Goerdeler.
Etwa 50 m vor dem Anwesen biegen wir links ab (rotes Kreuz). Oben, am klassizistischen Wohnhaus, wenden wir uns nach rechts, queren Parkplatz und Straße und wandern zwischen den Reben weiter in Richtung Naturfreundehaus Botenheimer Heide.

EINKEHR

Gaststätte am Michaelsberg: Direkt auf den traditionsreichen Michaelsberg blickt man vom gemütlichen Biergarten der Gaststätte, von der man auch die Freudenschreie aus der Achterbahn vernimmt. Viermal in Folge belegte die Gaststätte der Gastronomin Sandra Gries und ihrem Team den 1. Platz der Restaurants des Schlemmerblocks Heilbronn & Umgebung. Klassische Fleischgerichte, aber auch vier verschiedene Arten von Ofenkartoffeln und andere vegetarische Gerichte stehen auf dem Speiseplan. Und wer Berliner Weiße bisher nicht kennt, hat hier die Qual der Wahl. Tägl. ab 11 Uhr, Treffentrill 15, 74389 Cleebronn, Tel. +49 7135 8022, gaststätte-am-michaelsberg.de.
Besen Leiterwägele: Mitten im Grünen speist man im Leiterwägele, dessen Spezialität das selbst gebraute Bier der Biermanufaktur Cleebronn ist. Das bekommt man nicht alle Tage in einer Besenwirtschaft serviert. Die saisonal wechselnde Speisekarte bietet kreative Gerichte aller Art an. Das kann im Frühjahr Spargel sein, im Sommer Spezialitäten vom Smokergrill, ein Besenburger oder Kartoffelnocken mit frischen Pilzen, im Herbst und Winter gibt es Wild oder Gänsebraten. Zu Besenöffnungszeiten, Fr. und Sa. ab 17, So. ab 11.30 Uhr, Neu Magenheim 1, 74389 Cleebronn, Tel. +49 174 2439613, leiterwaegele.de.
Restaurant Zum Ochsen: Vater, Mutter und die beiden Kinder der Familie Einkörn betreiben die Traditionsgaststätte, die seit über 150 Jahren in Familienbesitz ist. Klassische Fleischgerichte werden mit hausgemachten Spätzle oder Schupfnudeln serviert. Auch ein paar vegetarische Gerichte findet man auf der Karte. Ein täglich wechselndes, günstiges Tagesessen gibt es um die Mittagszeit. Di.–Fr. und So. 11.30–13.30 Mittagstisch und ab 18 Uhr, Sa. und So. ab 17, So. Keltergasse 16–18, 74389 Cleebronn, Tel. +49 7135 974700, ochsen-cleebronn.de.

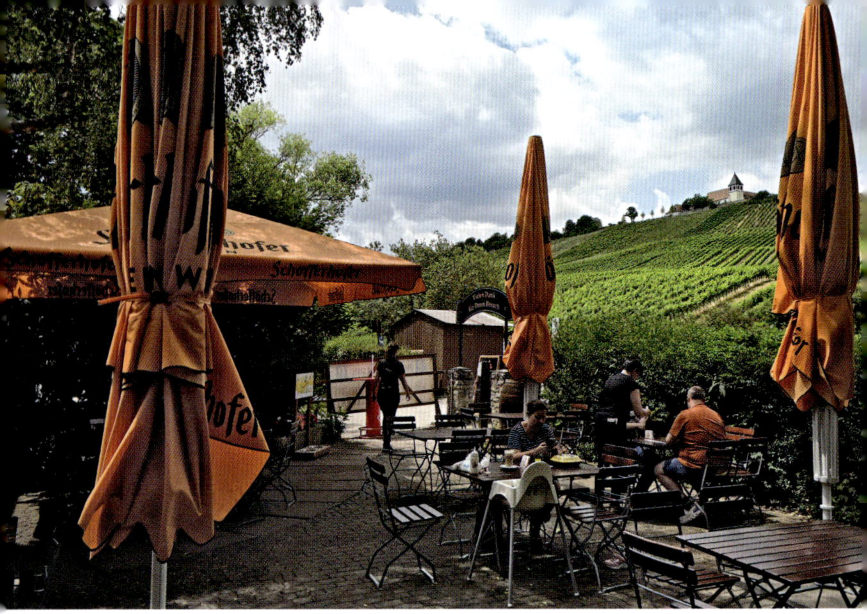

Gaststätte am Michaelsberg.

Nach einer Gehölzgruppe haben wir schließlich die Wahl zwischen drei Wegen. Wir schlagen ganz links den Grasweg ein, auf dem mehrere Wanderwege verlaufen. Er führt uns zum **NFH Botenheimer Heide ❼**, das von Wandergruppen gebucht werden kann. Wir ziehen rechts am Gebäude vorbei, halten uns links und wandern anschließend durch einen fast dschungelartigen Wald.
An den Sportanlagen wird es ein wenig kompliziert, da die Wegweiser hier Mangelware sind. Wir gehen am Fußballplatz vorbei, biegen rechts ab und halten uns 20 m vor dem Gebäude links. Wieder nach einigen Metern gehen wir auf zugewachsenem Pfad rechts am Zaun entlang, treffen auf den darunter befindlichen Weg und gehen in spitzem Winkel nach links fast in entgegengesetzter Richtung. Dort, wo die Asphaltstraße beginnt, marschieren wir geradeaus weiter in den Wald. Wir stoßen wieder auf einen asphaltierten Weg und setzen die Richtung fort. Kurz vor einer Kreuzung, vor einem verlassenen Stallgebäude, folgen wir rechts dem Hohlweg hinab. An der Stelle, wo der Weg rechts auf die Wiesen führt, gehen wir geradeaus weiter auf einen überwachsenen grünen Waldpfad bis zum Schild des Naturdenkmals. Wer im Besen Leiterwägele einkehren möchte, läuft wenige Meter nach links. Ansonsten geht unser Weg geradeaus weiter und wir erfahren kurz darauf, was es mit dem Schild auf sich hat. Immer tiefer gräbt sich der Keuper-Hohlweg in die umgebenden Felswände ein, ähnlich wie die Kraichgauer Hohlwege, nur dort im Löss. Schätzungsweise bis zu 20 m hohe Wände werden durchschritten. Am Ende der Hohle heißt es nochmals aufpassen. Wo der Asphalt beginnt, gehen wir nicht auf dem Teerweg weiter, sondern auf dem Grasweg links daneben.
Bei den beiden alten Wegsteinen halten wir uns rechts und treffen nach dem Gasthaus zum Ochsen wieder ins Zentrum von **Cleebronn ❶**.

Zum Weitblickweg in Hohenhaslach

Kunst und Reben

14

3.00 Std. | 9,4 km | ↗230 m | ↘230 m

Auf der Himmelsleiter zur Himmelspforte

Nach dem Anstieg durch Weinberge und Wald treffen wir erst einmal auf einen der schönsten Aussichtspunkte des Zabergäus. Das Lug-ins-Land ist der Auftakt zu einigen Kunstinstallationen des Tübinger Künstlers Martin Burchard. Seine Werke sollen zum Nachdenken über zentrale Fragen des Lebens animieren. So wandern wir nach Durchschreiten der Himmelspforte an den stählernen Stelen vorbei und dürfen uns Gedanken über Sorge und Zuversicht wie auch Aktivität und Trägheit machen. Alles garniert mit fantastischem Weitblick, wie es der Name der Tour verrät. Am Ende der Runde wartet einer der beliebtesten Besen des Zabergäus auf uns.

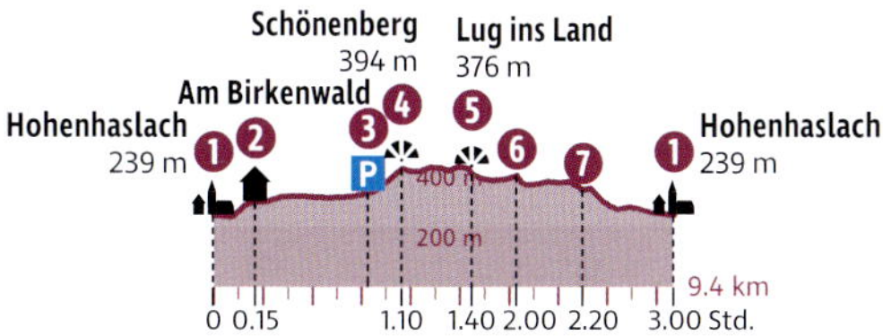

Ausgangspunkt: Im Ortszentrum von 74343 Hohenhaslach, in der Ochsenbacher Straße an der Bushaltestelle Steige. Parkmöglichkeiten in der Klingenstraße nahe Kirbachtalhalle. Von dort geht man am besten über die Bühlgasse ins Oberdorf. Von Bietigheim aus verkehrt im Sommer der Wanderbus Stromer, er hält in Hohenhaslach.

Anforderungen: Zwei Anstiege sind bis zum Schönenberg zu meistern. Da der Weg über weite Teile durch Weinberge verläuft und damit schattenlos ist, ist eine Kopfbedeckung unbedingt zu empfehlen.

Information: Gemeindeverwaltung, Äußerer Schloßhof 3+5, 74343 Sachsenheim, Tel. +49 7147 280, sachsenheim.de. Tourist Information, Im Rondell, 74336 Brackenheim, Tel. +49 7135 933525, neckar-zaber-tourismus.de.

Karte: Wanderkarte Bietigheim-Bissingen (LGL Blatt W217, 1:25.000).

Tipp: Auf dem Historischen Rundgang Hohenhaslach (Weglänge 1 km, Dauer 15–20 Min.) erfährt man auf 13 Stationen allerlei Interessantes zur Geschichte und Architektur des Weindorfes. Ein Faltblatt dazu gibt es im Rathaus von Sachsenheim.

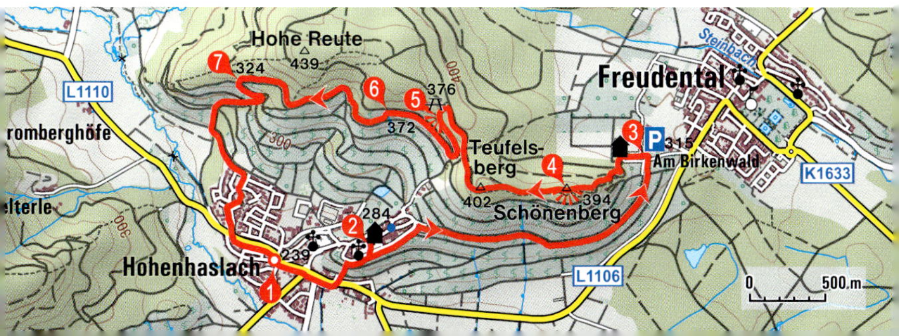

Unsere Tour deckt sich größtenteils mit dem ausgeschilderten Weitblickweg Hohenhaslach. Wir beginnen in der Ortsmitte der Talsiedlung von **Hohenhaslach ❶** an der Bushaltestelle Steige in der Ochsenbacher Straße. Auf der Ortsdurchfahrt wandern wir 400 m in östlicher Richtung (Freudental). In der leichten Linkskurve gehen wir links die Rampe der Kirchbergstraße hoch und finden die Stufen (Stäffele) durch die Weinberge zum oberen und alten Ortsteil.

An der Oberkante der Treppe haben wir den ersten Teil des Aufstiegs geschafft, genießen in der Verschnaufpause erst einmal den Ausblick und biegen rechts ab. Wir gehen nach der Kirche links die Stufen hoch und betreten den inneren Teil des Höhendorfes am **Marktplatz ❷**. Gegenüber dem Rathaus steht das alte Pfarrhaus in herrlichem Fachwerkstil. Ein paar Schritte darunter das Ristorante Italia, von dessen Terrasse wir auf die Weinberge blicken. Je nach Lust und Laune gehen wir entweder außen auf dem Panoramaweg weiter oder im Inneren des Ortes. Oben am östlichen Ortsende, am Panoramaweingut Baumgärtner treffen die Wege wieder zusammen. Von hier aus folgen wir nun anfänglich dem blauen Kreuz durch die Weinberge. Ein Transparent weist darauf hin, dass hier 2021 der beste Lemberger Deutschlands gekeltert wurde.

Nun geht es munter und mit herrlichem Panorama durch die Rebflur. Fast alle Winzer des Anbaugebiets bieten auf Flyerständern ihre Produkte an. Der Weg mündet auf einen anderen Weinbergweg, auf dem wir die Richtung fortsetzen. An der ersten Kreuzung haben wir endlich den asphaltlastigen Teil der Tour hinter uns, halten uns halb links und erreichen an der Kreuzung den **Parkplatz Am Birkenwald ❸** mit vielen Schildern und Karten. Wer Lust auf ein Fischbrötchen hat, geht rechts hinab zum Restaurant Gosch-Sylt (ca. 300 m).

Wir verlassen hier das blaue Kreuz, das ebenfalls nach rechts zeigt, und wandern nach links weiter am Restaurant Am Birkenwald vorbei. Am Waldeintritt halten wir uns links in

Fachwerkhäuser auf dem Panoramaweg.

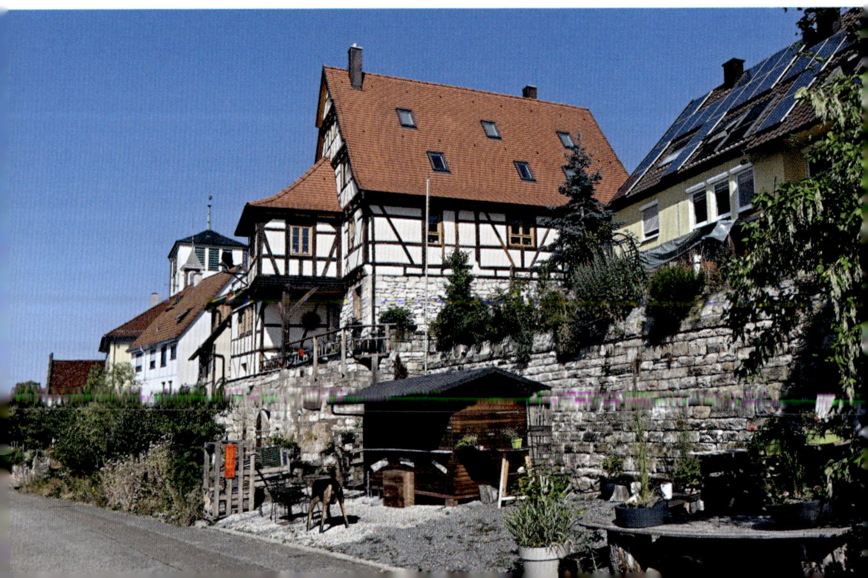

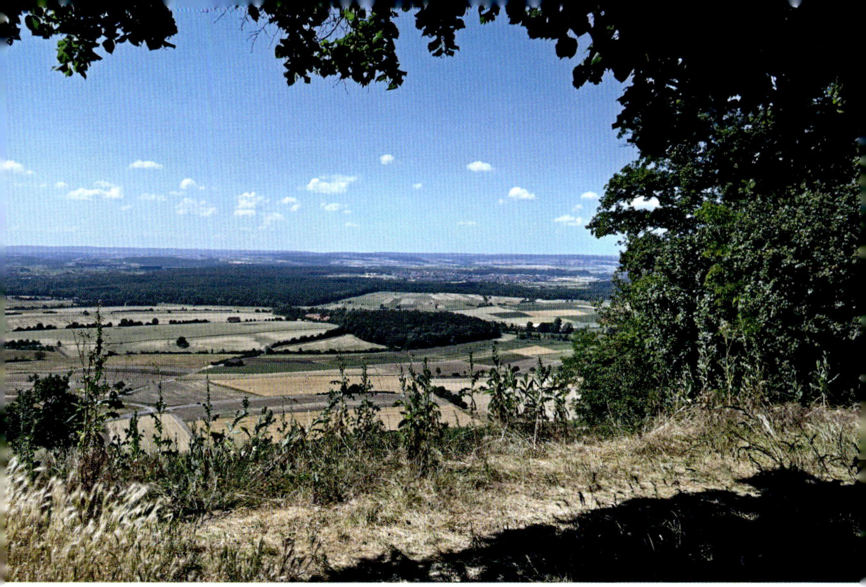

Wunderbare Aussicht am Schönenberg.

Richtung geologisches Fenster und folgen jetzt dem Württembergischen Weinwanderweg mit der roten Traube (auch Rotes Kreuz). Wir bleiben vorläufig auf dem herrlichen schattigen Waldpfad, der zu Beginn steil bergauf führt. Endlich dürfen wir oben am **Schönenberg** ❹ bei einem Karree zwischen mehreren mächtigen Birken auf einer alten behauenen Steinbank durchschnaufen und das Panorama genießen. Bei guter Sicht reicht der Blick von hier bis Stuttgart.

Wir verlassen den magischen Platz und folgen weiter dem Waldpfad unterhalb des Teufelsbergs. An der Vögeleslinde orientieren wir uns am roten Punkt, der geradeaus weiter zeigt. An der nächsten Kreuzung biegen wir links ab und nehmen sofort links einen mit Gras überwachsenen Waldweg, den wir nach 75 m wieder nach links verlassen (rotes Kreuz u.a.). Über Treppenstufen geht es längs eines alten Steinbruchs hinab zum prächtigen Aussichtspunkt **Lug ins Land** ❺ mit zahlreichen Bänken. Damit sind wir auf dem Weitblickweg Hohenhaslach angelangt, der mit einigen Kunstinstallationen aufwartet. Wir gehen weiter die Stufen hinab und erreichen schließlich wieder in den Weinbergen das geologische Fenster und Station 6 des Weitblickweges. Nachdem wir uns über die diversen Schichten des Keuper schlau gemacht haben, kehren wir um und wandern auf dem obersten Weg zwischen Wald und Weinberg weiter. Am Hanganschnitt kurz darauf können wir wunderbar die einzelnen Schichten studieren. Bunte Mergel wechseln sich ab mit dazwischen geschalteten grauen Tonbändern.

An der **Himmelsleiter** ❻ angelangt, gehen wir links die Stufen hinab und verlassen sie an der Himmelspforte nach rechts. Da wir den Weg in andere Richtung laufen als vorgesehen, sollten wir uns immer wieder wenden, um die Inschriften auf den Tafeln zu lesen. Unterhalb unseres Weges zwei weitere Installationen, die wir allerdings außen vor lassen. Wir gehen stattdessen an der nächs-

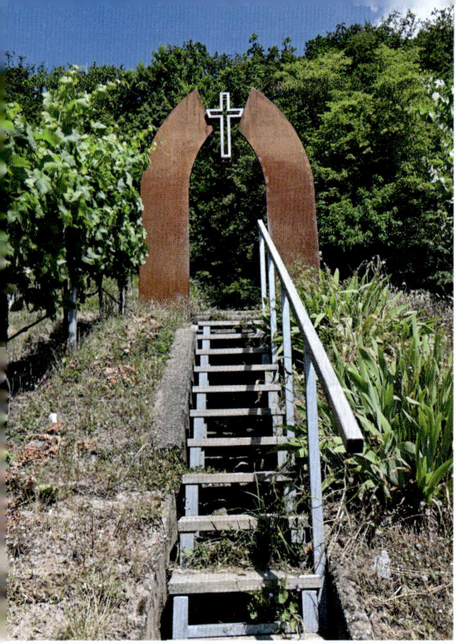

Himmelsleiter.

ten Kreuzung hoch zum Waldrand (Weinwanderweg), wo zwei Stelen die Begriffe Sorge und Zuversicht darstellen. Kurz darauf dürfen wir noch mal dem Asphalt entfliehen und ziehen rechts in den Wald. Das Glück währt jedoch nicht lange. Dort, wo der Weg rechts nach oben führt, gehen wir geradeaus weiter.

An erster Möglichkeit an den Kunstwerken zum Thema **Aktivität und Trägheit** ❼ gehen wir nun im spitzen Winkel nach links zurück.
Kurz nachdem wir in den Wald eingetaucht sind, gehen wir nach rechts auf einem unbefestigten Weg bergab, halten an der Kreuzung die Richtung bei und biegen im Sattel des Weges links ab. Gegenüber der Ruhebank folgen wir dem geradeaus zwischen Bäumen bergab führenden Weg. Diesen verlassen wir wieder an erster Möglichkeit, am Wegweiser nach links auf den geschotterten Weg. Mit schönem Ausblick auf das Höhendorf geht es zurück. Wer im Besen Wengerthäusle einkehren möchte, geht bei den rot-weißen Pfosten rechts hinab. Andernfalls folgen wir weiter der Beschilderung in Richtung Hohenhaslach und biegen nach ca. 400 m rechts ab auf den Lochweg und wieder zurück ins Zentrum. Beim Weg zum Besen gelangen wir zur Allmandklinge, halten uns rechts und treffen kurz vor der Ortsdurchfahrt die beliebte Besenschenke. Auf der Ochsenbacher Straße wandern wir zurück in die Ortsmitte von **Hohenhaslach** ❶.

Keuperschichten auf dem Weitblickweg.

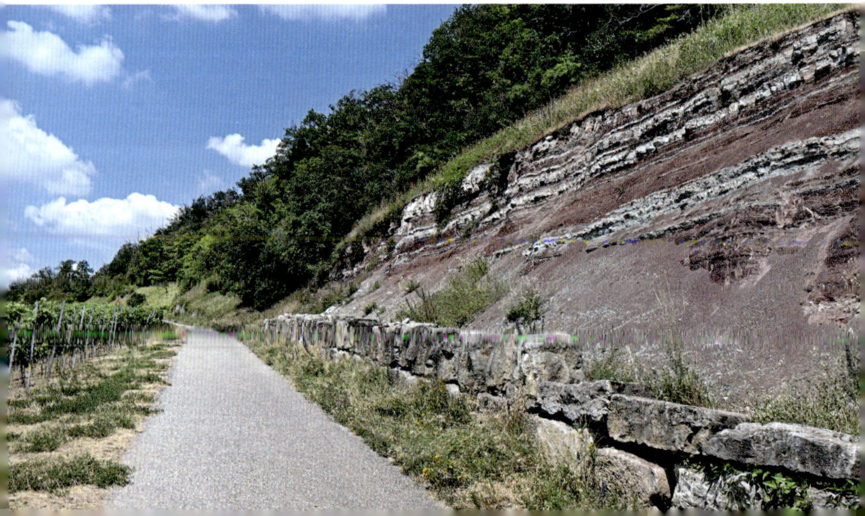

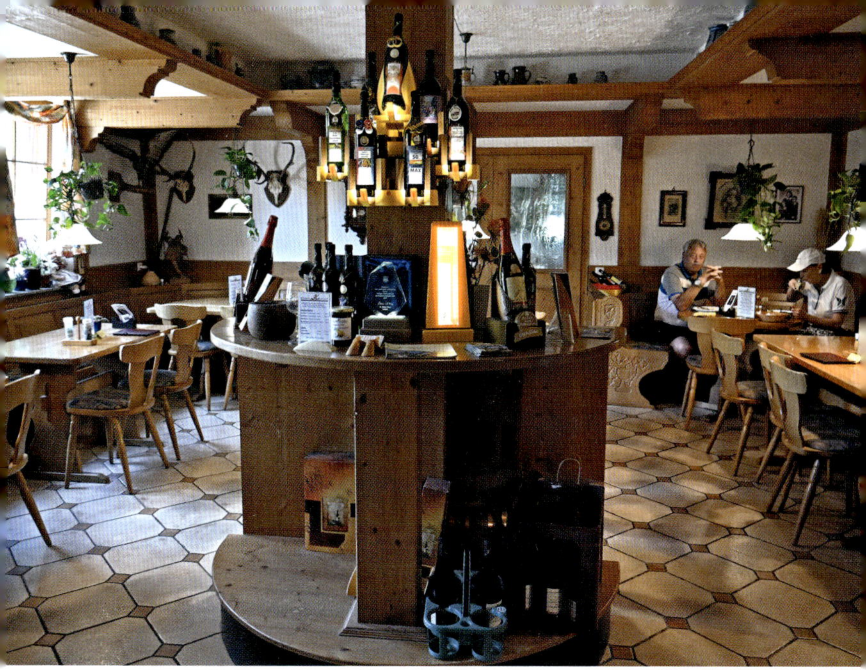

Die rustikale Gaststube des Wengerthäusle.

EINKEHR

Restaurant Am Birkenwald: Da haben sich zwei gefunden und ihren Traum verwirklicht, unter dem Motto »Moderne Küche – Schwäbisches Herz« eröffneten Natalie Ibrahim und Kevin Kühbauch das Restaurant am Schönenberg. Dass der Koch im Sterne-Restaurant gelernt hat, sieht man der Speisekarte an. Schwäbische Spezialitäten werden mit raffinierten Zutaten angeboten, die an gehobene Küche erinnern. Dafür sind die Preise nicht abgehoben. Und das mit handgeschabten Spätzle. Sowohl vom Gastraum aus als auch von der herrlichen Terrasse blickt man zum Wald und ins Grüne. Nur wenn der SV Freudental unterhalb des Biergartens fightet, könnte es etwas lauter werden. Mo., Di., Do., Fr. ab 17, Sa. u. So. 12–15 und ab 17 Uhr, Im Birkenwald 1, 74392 Freudental, Tel +49 7143 9693654, restaurant-ambirkenwald.de.

Ristorante Pizzeria Italia: Ein Italiener mit Leib und Seele. Inklusive der Desserts und Antipasti stehen fast 200 italienische Gerichte auf der Karte. Da fällt die Auswahl schwer. Aber bei diesem Ausblick von der Terrasse ins Kirbachtal lässt man sich gerne Zeit und genießt. Di.–So. 11.30–14 und ab 17.30 Uhr, An der Steige 53, 74343 Sachsenheim-Hohenhaslach, Tel. +49 7147 7827, pizzeria-hohenhaslach.de.

Wengerthäusle: Seit über 20 Jahren betreibt die Winzerfamilie Katzer ihre Weinstube, die schon zweimal zum »Besen des Jahres« gewählt wurde. Regelmäßig landet das Weingut unter den Top 100 der DLG Weinerzeuger. Gemütlich und rustikal geht's in der Gaststube zu. Im Sommer sitzt man auf der begrünten Terrasse hinter dem Haus. Zu den typischen Besengerichten werden hauseigene Weine mit vielen Goldenen und Silbernen Preismünzen gereicht. Der hausgemachte Kartoffelsalat hat dem Autor hervorragend gemundet. Zu Besenöffnungszeiten ab 11.30 Uhr, Ochsenbacher Str. 46, 74343 Sachsenheim-Hohenhaslach, Tel. +49 7147 272035, weingut-katzer.de.

15 In der Hölderlinstadt Lauffen am Neckar

Das Naturschutzgebiet alte Neckarschlinge

3.00 Std. | 10,9 km | ↗75 m | ↘75 m

Auf der Katzenbeißer Runde

Eine Geldkatze nannte man im Mittelalter meist aus Leder gefertigte Beutel, die man am Gürtel trug. Um die wertvollen Weine des Prallhangs an der ehemaligen Neckarschlinge zu bezahlen, musste man tief in diesen Katzenbeutel greifen oder beißen. Ob die Herkunftsgeschichte des seltsamen Namens der Lage Katzenbeißer stimmt, weiß man nicht genau. Wir wandern unterhalb der berühmten Weinlage entlang zu einem einmaligen naturbelassenen Altarm des Neckars, dessen Wasserfläche aus dem Dickicht des Naturschutzgebiets hervorblinzelt. Am Ende besichtigen wir die mauerumsäumte Altstadt von Lauffen am Neckar, der Geburtsstadt von Friedrich Hölderlin, einem der bedeutendsten Lyriker seiner Zeit. Wer Lust hat, besucht noch sein Geburtshaus in Neckarnähe.

Ausgangspunkt: Bahnhof in 74348 Lauffen am Neckar. Womo-Platz, Lauffener Weingärtner, N 49.07566, E 9.14167.
Anforderungen: Der Pfad durch die alte Neckarschlinge im Kaywald ist etwas abenteuerlich und für Kinderwagen nicht geeignet. Im Sommer empfiehlt sich Mückenschutz und eine lange Hose. Der Rest sind gut begehbare Feld- und Weinbergwege.

Information: Tourist Info, Bahnhofstr. 50, 74348 Lauffen, Tel. +49 7133 20770, lauffen.de.
Tipp: Ein kleines Museum widmet sich dem Dichter Friedrich Hölderlin in seinem Geburtshaus, hoelderlinhaus.de.
Karte: Wanderkarte Bietigheim-Bissingen (LGL Blatt W217, 1:25.000). Bietigheim – Bissingen Beilstein, Blatt 52-543 (NaturNavi Verlag, 1:25.000).

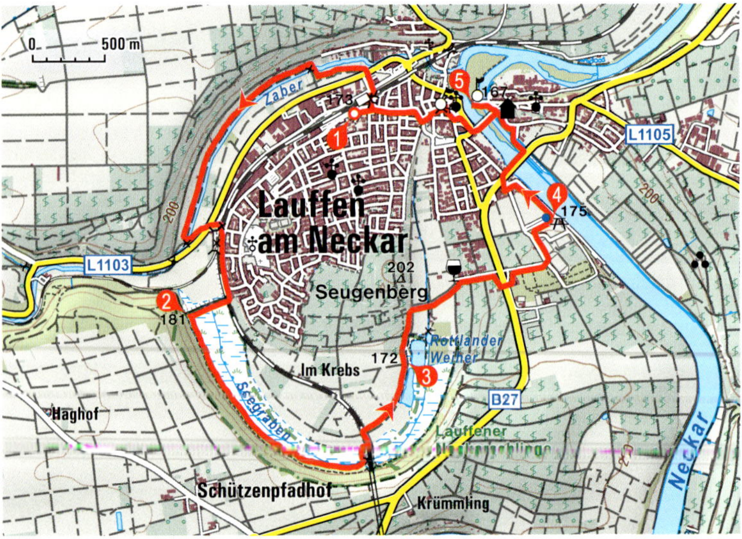

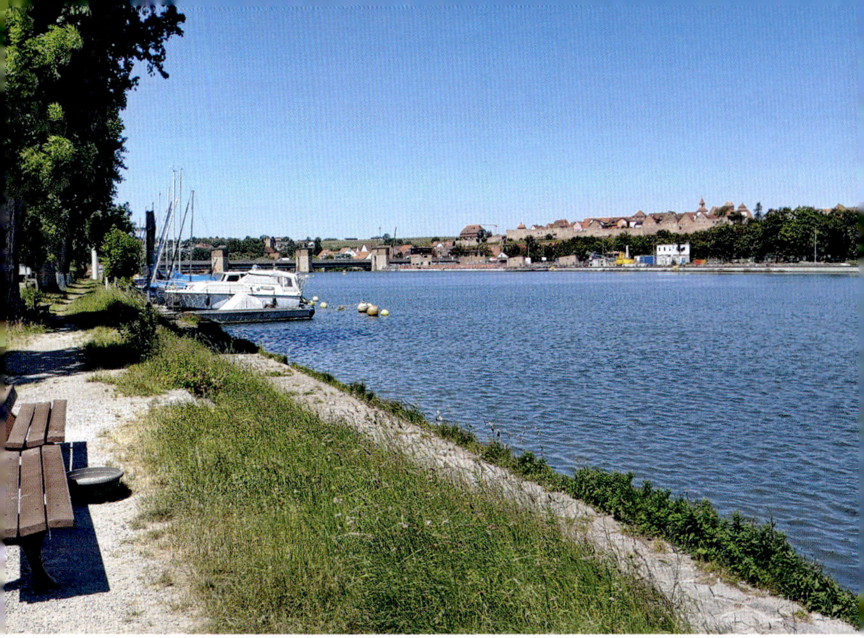

Vom Neckar aus blickt man hinüber zur Altstadt von Lauffen.

Wir beginnen unsere Tour am Bahnhof von **Lauffen am Neckar** ①. Die Fußgängerunterführung leitet uns unter den Gleisen stadtauswärts ins Gewerbegebiet Im Brühl. Wir halten uns links, gehen durch die Raiffeisenstraße am Feuerwehrstützpunkt vorbei und überqueren die Landesstraße. Direkt gegenüber im Gebüsch versteckt finden wir einen Pfad, auf dem wir sofort nach links schwenken. Nach 300 m treffen wir auf einen asphaltierten Weg und biegen rechts ab.

Über die Zaber hinweg geht es den Wanderzeichen folgend auf den unmittelbar hinter der Brücke links abgehenden schattigen Uferweg, der im Gegensatz zu den offiziellen Wanderwegen nicht asphaltiert ist. Alternativ bietet sich auch an, 50 m weiterzugehen und auf dem Fahrradweg direkt unterhalb der Weinberge des ehemaligen Prallhangs der verlandeten Neckarschlinge zu wandern. Hier in der Großlage Kirchenweinberg gedeihen die berühmten Rotweine mit dem Namen Lauffener Katzenbeißer.

Am träge dahinfließenden Flüsschen verläuft der Weg an Kleingärten und an einem Wildgehege vorbei. Am Ende stoßen wir wieder auf einen Teerweg, gehen nach links über die Brücke und queren am Übergang wieder die Straße. Im Rechtsbogen umgehen wir das Umspannwerk und biegen vor der Bahnunterführung

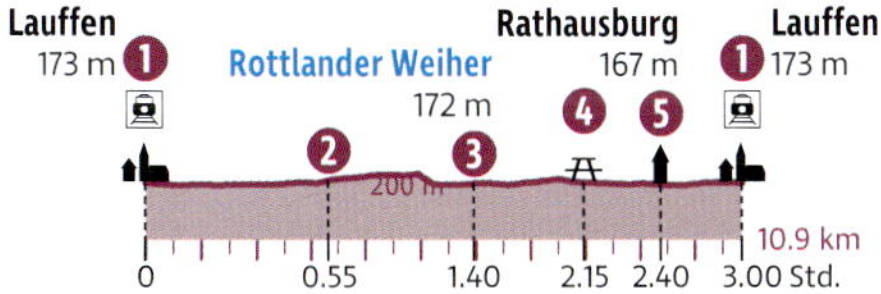

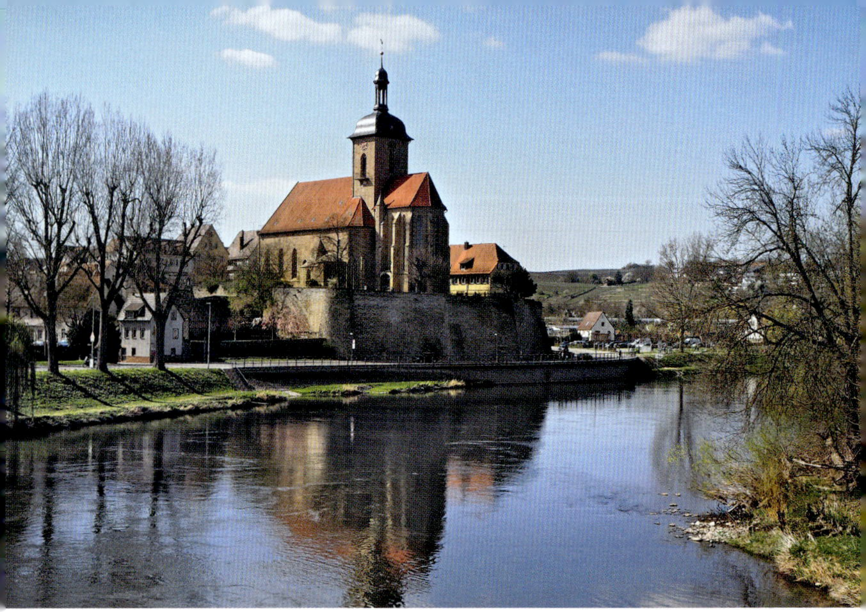

Regiswindiskirche in Lauffen am Neckar.

rechts ab in Richtung Weingärtner Genossenschaft. Hier finden wir eine Tafel des Rundwanderweges 2, der Naturgenießertour. Wir folgen weitgehend der rot eingezeichneten Katzenbeißer Runde mit der Nummer 3, die bis zum Ende der Lauffener Neckarschlinge identisch ist mit der orangefarbenen Tour. Nun geht es einen Augenblick an der Bahnlinie entlang und wir wenden uns zu Beginn des Naturschutzgebietes nach rechts.

Am Schild zum Waldlehrpfad biegen wir links ab zur **Alten Neckarschlinge ❷** und wandern auf urigem, zuweilen fast zugewachsenem Pfad. Links des Weges blicken wir auf die sumpfigen, verlandeten Reste des ehemaligen Altarms des Neckars, der sich vor etwa 6.000 Jahren, nach dem Ende der letzten Eiszeit, einen neuen Weg bahnte. Im naturbelassenen Kaywald heißt es zuweilen die Füße zu heben und den einen oder anderen Baumstamm zu übersteigen.

Am Ende des Abenteuerpfades gehen wir rechts durch die Bahnunterführung und folgen im weiteren Wegverlauf über die Felder der Beschilderung. Wir gelangen zu einem weiteren Relikt des ehemaligen Flusses, dem **Rottlander Weiher ❸**, der eigentlich aus zwei Wasserflächen besteht. Wer bis jetzt nicht genug hat von schmalen Waldwegen, kann auch hier den Pfad direkt am Wasser nehmen. Am Wegweiser nach den Seen halten wir uns rechts und folgen weiter der Beschilderung mit der Nummer 3. Wir biegen rechts ab und wandern bald am Weingut Seybold vorbei, das gelegentlich Events mit Weinausschank (Wein unter Palmen oder Ähnliches) anbietet.

An der Verkehrsinsel überqueren wir die Straße, halten die Richtung bei und wenden uns am Ende des Parkplatzes nach links. Nach dem Freibad geht es nach rechts hinab zum Neckar, wo wir uns links haltend auf dem **Neckaruferweg ❹** dem Lauf des Flusses folgen. Mit herrlichem Ausblick auf die Altstadt mit der imposanten Stadtmauer ziehen wir stadteinwärts. Wir gehen rechts hoch und queren den Neckar auf dem Stauwehr des Wasserkraftwerkes. Dahinter halten wir uns links und folgen immer dem Wanderweg mit der Nummer 3 und betreten bald den alten Ortskern von Lauffen.

Kurz vor der nächsten Brücke gehen wir ein paar Schritte nach rechts in die Heilbronner Straße und besichtigen die Weinstube Sonne, den ältesten Gasthof Lauffens, der allerdings erst abends seine Pforten öffnet und damit für Wanderer kaum infrage kommt. Wer Lust hat, geht noch die Heilbronner Straße weiter hinauf bis zum sehenswerten alten Heilbronner Tor aus dem 13. Jh.

Zurück in der Mühltorstraße machen wir nach rechts einen Abstecher zur sehenswerten mittelalterlichen **Rathausburg ❺** auf einer Neckarinsel, die man nach Überquerung des Kanals erreicht. Die einzige Inselburg im Neckar besitzt noch einen Wohnturm aus der Salierzeit.

Nachdem wir auf die andere Seite des Neckars hinübergewechselt sind, halten wir uns rechts, überqueren die Uferstraße, orientieren uns erneut rechts und wandern über die Kirchbergstraße hinauf, am Pfarrhaus aus dem 15. Jh. vorbei, zur ortsprägenden Regiswindiskirche.

Dem Ortsrundgang folgend schlendern wir im Zickzack zurück zum Ausgangspunkt am Bahnhof von **Lauffen am Neckar ❶**.

EINKEHR

Dächle: »Das Schwäbische Wirtshaus« steht in großen Lettern über der Tür. Fünf verschiedene Variationen von Maultaschen zeigen, dass das Logo stimmt. Daneben gibt es viele Fleischgerichte, die vom Dächleteller getoppt werden. Er enthält Rostbrätle, Schnitzele, Maultäschle, Spätzle und hausgemachten Kartoffelsalat. Schwäbischer geht's wirklich nicht mehr. Schön sitzt man im Außenbereich unter der Markise hinter der Hecke etwas von der Straße abgeschirmt. Innen geht es urig und rustikal zu, mit viel Holz. Die Lauffener lieben ihr Dächle. Di., Mi., Fr.-So. ab 10 Uhr, Do. ab 17 Uhr, Hintere Straße 2, 74348 Lauffen, Tel. +49 7133 12286, daechlelauffen.de.

Café-Konditorei Schillerlocke: Im angenehmen und modern gestalteten Ambiente des Cafés genießt man hervorragende hausgemachte Kuchen und Torten. Das Richtige für süße Schlemmermäuler nach der kurzen Wanderung. Mo. 14–18, Di.–So. 9–18 Uhr, Lange Str. 15, 74348 Lauffen, Tel. +49 7133 1200850, konditorei-schillerlocke.de.

Klostergartenlaube: Nur wenige Meter vom Neckar entfernt liegt der einladende Biergarten unter Schatten spendenden Bäumen. Der Innenraum, mit Fachwerk und einer Holzkassettendecke, wirkt gemütlich. Die Karte ist klassisch, mit vielen Fleisch-, ein paar Fischgerichten und drei vegetarischen Speisen. Klosterstraße 1, 74348 Lauffen, Tel. +49 7133 2338546. klostergartenlaube.eatbu.com.

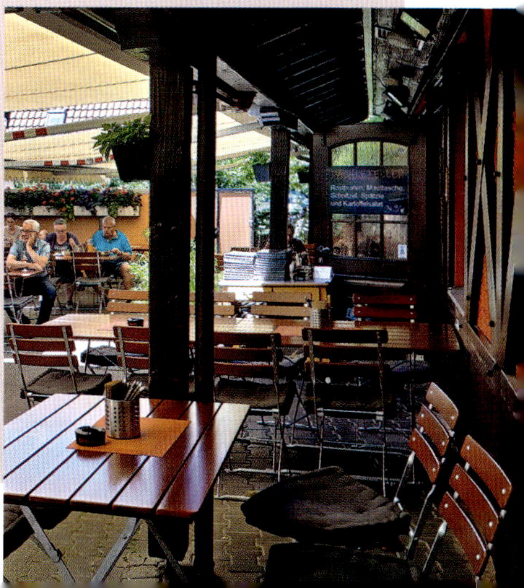

Außenbereich des Dächle.

16 Von Flein nach Talheim

Wo einst die Bottwartalbahn fuhr

4.15 Std. | 14,2 km | ↗ 260 m | ↘ 260 m

Vier Herren im blauen Anzug

Die Kunstwerke mit den vier blauen Herren im Kreisel, wie auch jene vor dem Rathaus von Flein, stammen vom renommierten Künstler Guido Messer und waren jahrelang umstritten. So schauen die vier Herren im Kreisverkehr mit verschmitzten Blicken in die vier umgebenden Straßen und beobachten die Fleiner Bürger und Autofahrer. Die anderen vier auf dem Rathausplatz applaudieren, wem auch immer. Wir nehmen an, dass dies den vorbeiziehenden Wanderern gilt, und marschieren los. Über den Hügel geht es zum nächsten Weinort Talheim, weiter auf einer ehemaligen Bahnlinie im Tal der Schozach und über die vielfältige Wald- und Weinberglandschaft zurück. Am Eselsberg genießen wir noch einmal bei einer Rast am Pavillon die herrliche Aussicht, bevor unser Weg am Fleiner See vorbei – sonntags mit Ausschank – gemütlich zum Weinort zurückführt.

Ausgangspunkt: Rathaus im Ortszentrum von 74223 Flein (am Kreisel). Bushaltestelle Rathaus. Von Heilbronn verkehrt Buslinie 61 nach Flein. Parkmöglichkeit am Friedhof oder Rathaus.
Anforderungen: Rundtour mit mehreren An- und Abstiegen auf angenehmen Wegen.
Information: Rathaus, Kellergasse 1, 74223 Flein, Tel. +49 7131 50070, flein.de.
Karte: Wanderkarte Heilbronn (LGL Blatt W218, 1:25.000). Bietigheim – Bissingen Beilstein, Blatt 52-543 (NaturNavi Verlag, 1:25.000).

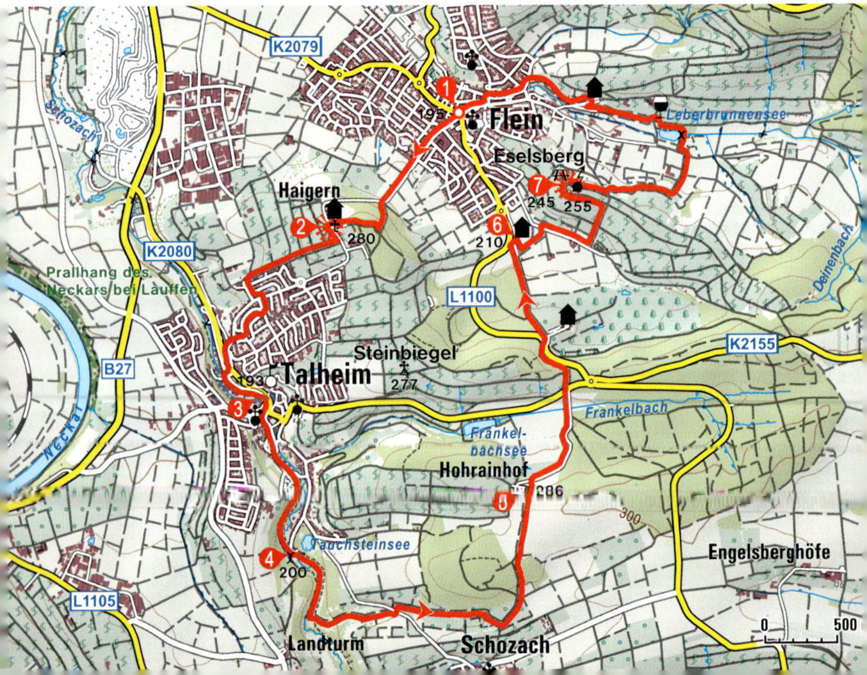

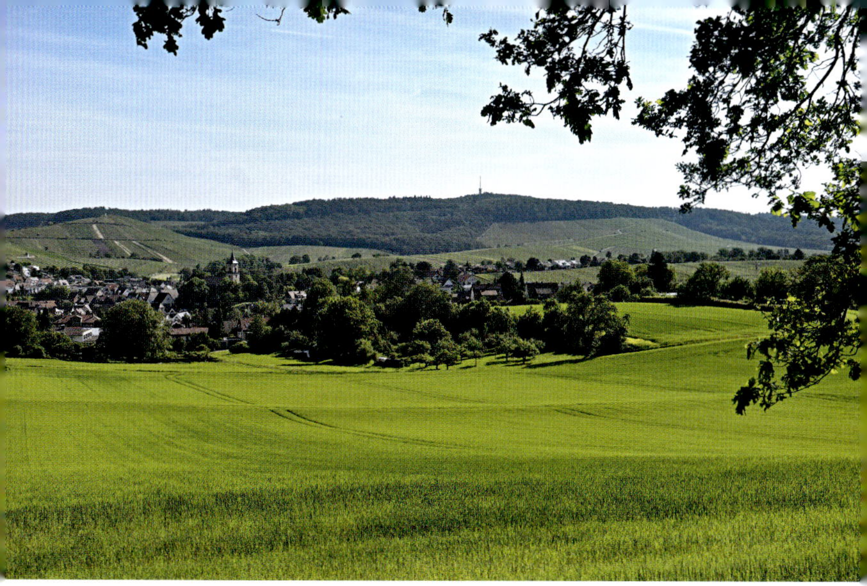

Blick nach Flein und zum Eselsberg dahinter.

Im Zentrum von **Flein** ❶, am Kreisel mit der Skulptur der vier blauen Herren, finden wir das gelbe Wanderschild des Sb2-Wanderweges, dem wir größtenteils folgen werden. Wir wandern in südwestlicher Richtung rechts am Rathaus vorbei durch die ansteigende Kellergasse in Richtung Haigern.

Am Waldrand angelangt, nehmen wir in der Kurve der Autostraße den geradeaus führenden Weg zum Wald. Oben an der Aussichtsbank gibt es einen wunderbaren Blick über den von Weinbergen umgebenen Ort, mit dem Eselsberg gegenüber, den wir zum Schluss ansteuern. An der Gabelung im Wald nehmen wir den rechten Zweig und gelangen zu einer Wegespinne mit Picknickbänken. Hier biegen wir rechts ab (Markierung fehlt). Nach Überschreiten der Kuppe ergeben sich vom ehemaligen Kindererholungsheim auf dem Flein-Thalheimer Hausberg in **Haigern** ❷ herrliche Blicke ins Neckartal. Gegenüber blicken wir auf die Neckarschlinge bei Lauffen (siehe Tour 15), dahinter auf den Stromberg.

Wir biegen am Kreuz links ab. Gegenüber dem Tor des noblen Weingutes Kurz-Wagner – auch hier stehen zwei Herren des Künstlers im Hof – biegen wir rechts ab. Zwischen Siedlung und Obstplantagen wandern wir bergab, verlängern im Rechtsknick des Weges noch geradeaus und biegen dann zweimal links und wieder rechts ab in die Hundsbergstraße. (Wegweiser zum Teil zugewachsen). Wir achten sorgfältig auf die Beschil-

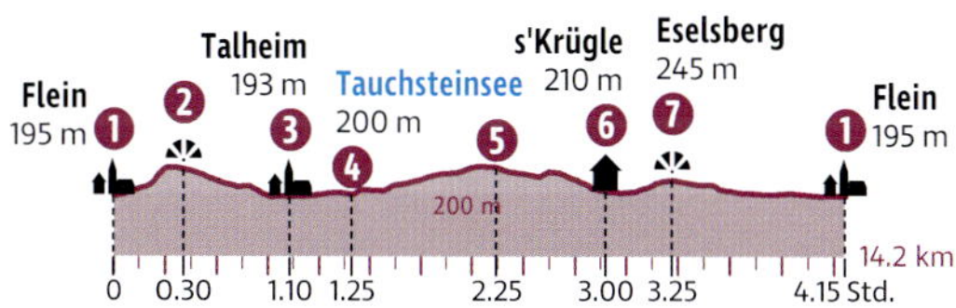

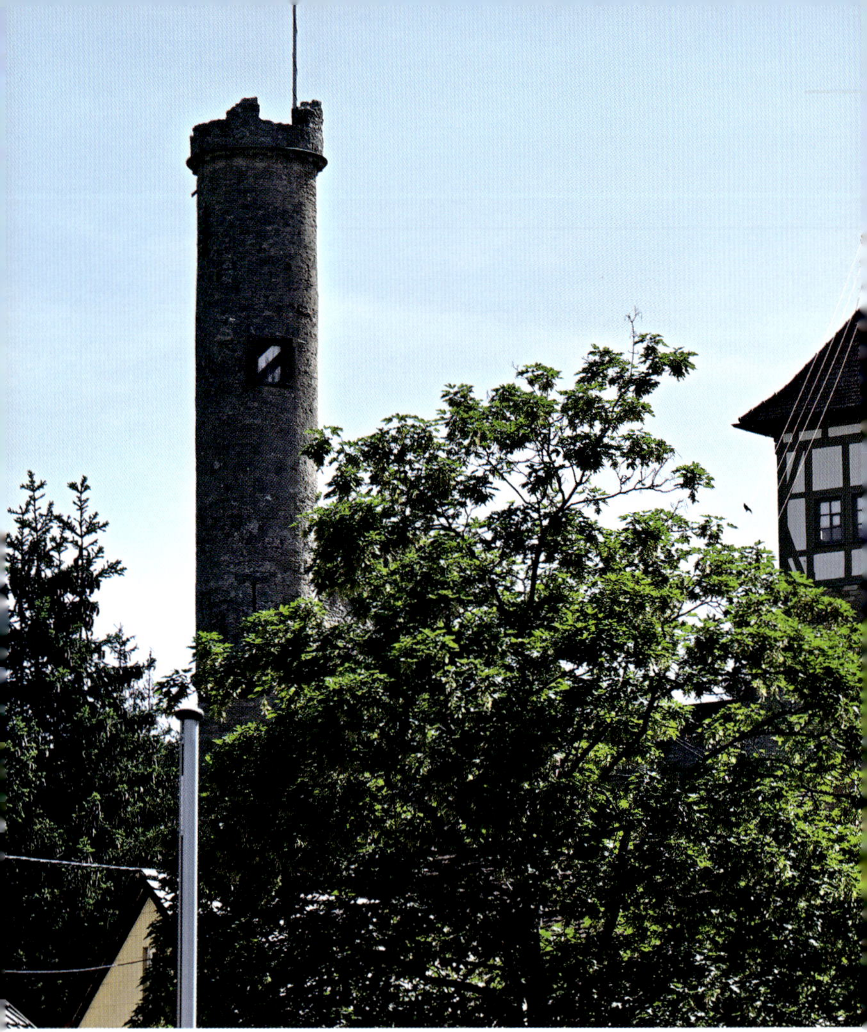

Talheimer Ganerbenburg.

derung, die uns in einigem Zickzack durch den Ort lotst. An der Durchgangsstraße angelangt, überqueren wir am Gasthaus Mühlau die Straße und biegen vor der Schlossberghalle links ab.

Am Ende des Fußgängerweges lohnt sich ein kurzer Abstecher nach links über die Durchgangsstraße zum Rathaus von **Talheim** ❸ mit dem Blick auf das Obere Schloss. Die Fachwerkgebäude sind restliche Bestandteile einer Ganerbenburg, deren Ursprung bis ins 12. Jh. zurückreicht.

An der Kreuzung bleiben wir am Bachlauf und gehen geradeaus weiter durch die Sonnenstraße in Richtung Schozach. Wir stoßen auf eine Gabelung, verlassen hier die Asphaltstraße und gehen links auf dem Fuß- und Radweg weiter durch die üppig begrünte Talaue. Am nächsten Wegweiser gehen wir halb links in Richtung Talheimer Hof (Sb2).

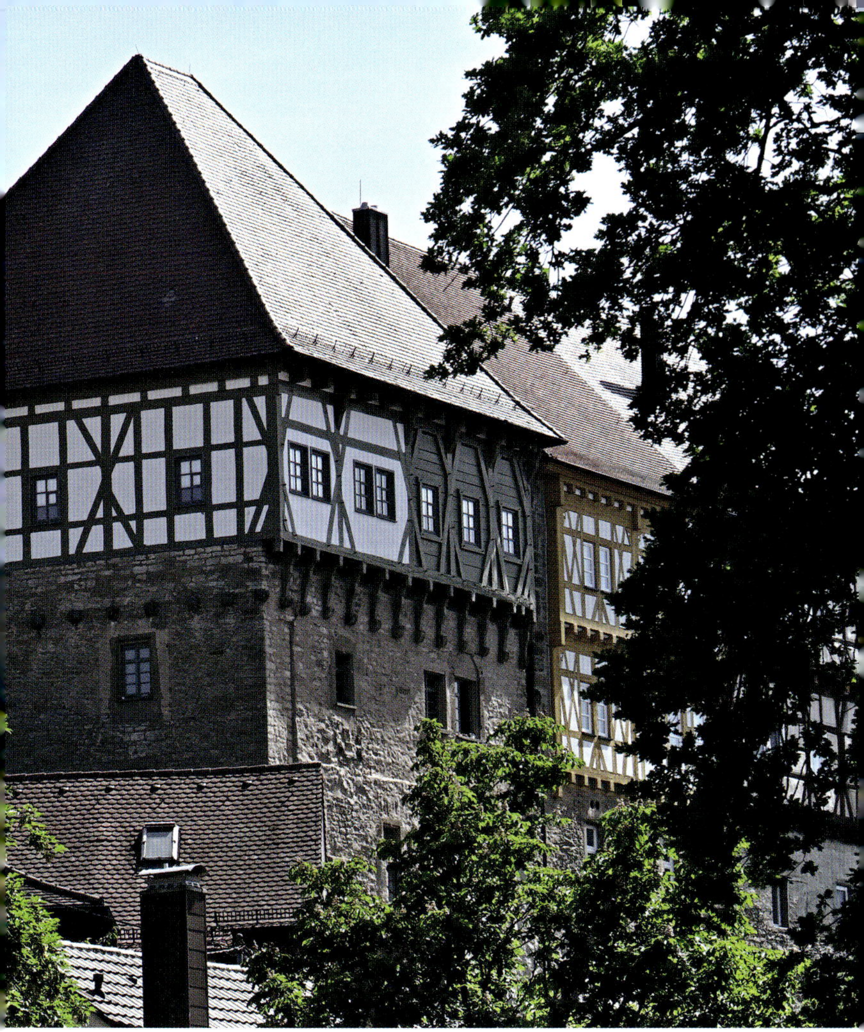

Nach links lohnt sich ein Blick zum felsumrahmten **Tauchsteinsee** 4 mit azurblauem Wasser. Der Zugang zum gefluteten ehemaligen Steinbruchsee ist leider nur Mitgliedern des Angelsportvereins gestattet und bleibt uns verwehrt. An der Picknickgruppe neben dem Schild zum Altwürttembergischen Landgraben verlassen wir den Talweg und gehen links den Grasweg bergauf. Der einst 3 m breite und tiefe Graben diente im Spätmittelalter vorwiegend zur Zolleinnahme. Der Warenverkehr auf den alten Handelsstraßen wurde damit gezwungen, an Zolltürmen wie etwa der Heuchelberger Warte oder dem Lauffener Landturm (siehe Tour 17) die Landesgrenzen zu überqueren, wo man den Zoll erheben konnte. Man kann sowohl über die Wiese wandern als auch den überwachsenen Grasweg links daneben benutzen.

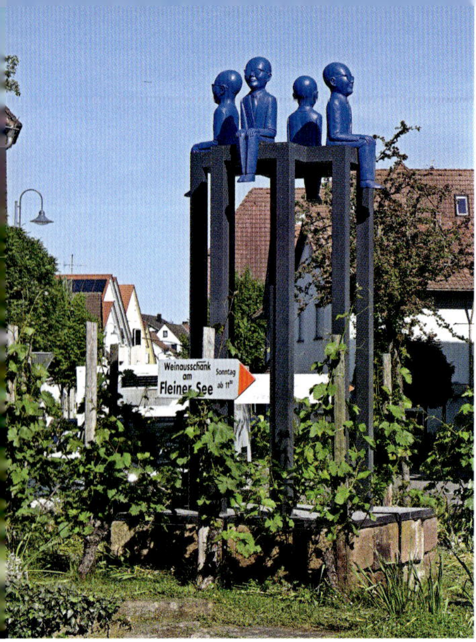

Die vier blauen Herren beim Ausgangspunkt der Tour.

An der Teerstraße angekommen, halten wir uns links in Richtung Biohof Mauk. Nach dem Waldrandweg biegen wir am Betonsträßchen links ab und ziehen am Sportplatz vorbei, erneut in den Wald, wo es einen kurzen Anstieg zu bewältigen gilt. Wir tangieren die Staatsdomäne **Hohrainhof ❺**, wo von den Insassen der Außenstelle der JVA Heilbronn Feldbau betrieben wird. Nach der Taldurchquerung kreuzen wir vorsichtig die Kreisstraße, gehen kurz darauf geradeaus auf dem schmalen Waldpfad weiter und queren vor dem Golf-Resort Talheimer Hof ein zweites Mal die Straße.

Auf dem Kreuzlesweg spazieren wir genüsslich am Waldrand entlang, bis wir am Ende den **Landgasthof s'Krügle ❻** finden. Wir gehen ein paar Meter weiter bis zum Wohnhaus, wo der Weg um fast 180 Grad schwenkt. In der Talaue biegen wir am zweiten Weg links ab, stoßen wieder auf ein Teersträßchen, wo es nach rechts weitergeht. Etwa 100 m nach dem letzten Gebäude eines ehemaligen Bauernhofes biegen wir links ab. Nach kurzem und knackigem Anstieg geht es oben den Wanderschildern folgend nach links, wo wir hangparallel nun etwas verschnaufen dürfen.

Nach gut 5 Minuten erreichen wir den Pavillon am **Eselsberg ❼**, wo wir herrliche Ausblicke zu Strom- und Heuchelberg genießen können. Wer genug hat, kann von hier aus auf direktem Weg nach Flein zurückmarschieren. Der Kirchturm ist kaum zu übersehen.

Ansonsten schlagen wir den Weg ein, der um 180 Grad wieder zurückführt und folgen an der Kreuzung im Zickzack der SB2-Beschilderung. Kurz darauf regt das Fleiner Naturkino zum Betrachten und Innehalten an. Hübsch gestaltete Wegsteine und Kunstwerke begleiten uns auf dem restlichen Weg. Wir machen noch einen Schlenker durch das Naturschutzgebiet des Leberbrunnensees. Sofern Sonntag und schönes Wetter ist, dürfen wir uns am Weinstand daneben zu einem Schoppen niederlassen. Ansonsten gehen wir vor dem Weinstand nach links und wandern auf dem Grasweg in der Mitte des Deinenbachtals zurück. Rechts oberhalb des Pferdehofes befindet sich die nächste Einkehrmöglichkeit »Wo der Hahn kräht«. Kurz nach dem Restaurant, vor der Brücke, biegen wir rechts ab auf den Feldweg unterhalb der Rebflur und wandern so – entgegen der Beschilderung – auf grünem Weg zum Ortsmittelpunkt. Dort gehen wir auf den Fußweg, der links am Feuerwehrhaus vorbeiführt. Über die Bildstraße und die Erlachstraße geht es zurück zu den vier blauen Herren am Kreisel von **Flein ❶**.

Infotext

Café Die Brotschmiede: Im modernen, aber historischen Stil erbauten Rathausgebäude eröffnete Familie Schrempf eine der beliebtesten Bäckereien der Region. Vorne, auf dem Rathausplatz, oder im modernen Innenraum darf man ein Gebäck oder einen der vielen leckeren Kuchen genießen. Auch kleine herzhafte Snacks werden angeboten. Dazu gibt es Seeberger Kaffee von höchster Qualität. Mo.–Fr. 6.30–18, Sa. bis 13 Uhr, Rathausplatz 18, 74388 Talheim, Tel. +49 7133 2031858, diebrotschmiede.de.

Weitblick da Franco: Fast wie in der Toskana sitzt man auf der Terrasse des Restaurants am Golfplatz und blickt in die Weinberge. Auch hier, vor und hinter dem Haus haben sich die Herren des Bildhauers Guido Messer niedergelassen und begrüßen uns. Innen sitzt man in edlem Ambiente hinter großen Panoramafenstern. Der Sohn einer italienischen Gastronomie-Familie hat sich hier seinen Traum verwirklicht und zaubert leckerste Pizza und Pasta und ein paar Fleisch- und Fischgerichte, italienisch aufbereitet auf den Tisch. Für Vegetarier gibt es einige kreative Salate oder Antipasti. Di.–So. 11.30–14 und ab 18 Uhr, Talheimer Hof 2, 74388 Talheim, Tel. +49 7131 6359910, restaurant-weitblick.de.

S'Krügle: »Für Jeden Ebbes« steht auf der ersten Seite des »s'Krügle Blättle«. Die sogenannte Wirtschaftszeitung ist einmalig. In Form einer Tageszeitung schlägt man sie auf, findet darin die vielfältige Speisekarte nebst allerlei Anekdoten, Sprüchle, schwäbischen Gedichten und anderen Kuriositäten der Schwaben. Irgendwo darin versteckt der Hinweis auf die sechs verschiedenen Arten der Herrgotts B'scheißerle, wie die Maultaschen im Schwäbischen genannt werden. Fleischgerichte und Weine aus eigenem Anbau vervollständigen die Karte. Man sitzt herrlich auf der Terrasse, direkt an Wiese und Waldrand. Besitzerin und Winzerstochter Margarete Krug und ihr Team sorgen gerade bei Wanderern für einen angenehmen und unterhaltsamen Zwischenstopp. Und wenn's einem langweilig ist, liest man einfach ein paar Anekdoten im Krügle Blättle. Mo., Do. und Fr. ab 15, Sa. ab 12, So. ab 11 Uhr, Kieslesgrund 1, 74223 Flein, Tel. +49 7131 919838, landgasthof-kruegle.de.

Wo der Hahn kräht: Gehobene Küche mit schwäbischen Akzenten könnte man das Angebot des feinen Restaurants umschreiben. Ende der 50er-Jahre errichtete es Familie Schick nach einem Umbau der einstigen Hühnerfarm – daher der eigenwillige Name für das Restaurant, das inzwischen in dritter Generation betrieben wird. Auch heute noch ist das gegrillte Hähnchen beliebt. Die Zertifizierung als Haus der Württemberger Weine und in der Liste des erlauchten Kreises der »Schmeck den Süden«-Restaurants spricht Bände und erklärt die etwas gehobenen Preise. Herrlich schweift der Blick von der Terrasse des Hauses über das rebenumrankte Deinenbachtal. Stilvoll und aussichtsreich kann man hier eine Wanderung ausklingen lassen. Mo.–Di. ab 17, Mi.–So. 11.30–14 und ab 17.30 Uhr, Altenbergweg 11, 74223 Flein, Tel. +49 7131 50810, woder-hahn-kraeht.de.

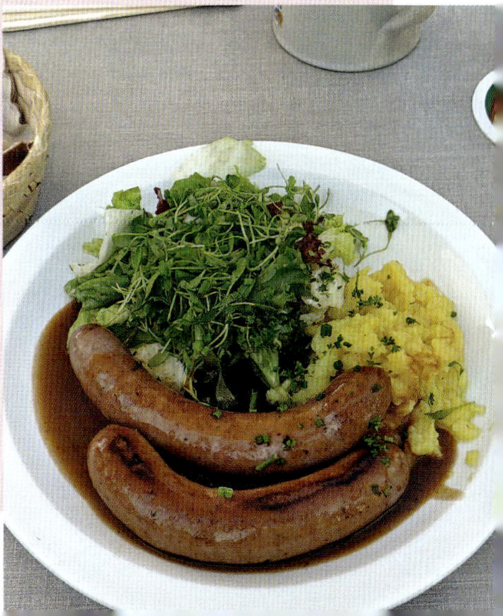

Deftiges vom Krügle.

17 Von Schozach zum Krappenfelsen
Auf Weinwegen vom Schozachtal zum Neckar

3.30 Std. | 11,5 km | ↗190 m | ↘190 m

Wo sich schon die Römer gerne niederließen
Von Schozach aus führt die Tour – zu Beginn und am Ende auf der ehemaligen Trasse der Bottwartalbahn – zuerst zu den Mauerresten einer römischen Villa über dem Neckar. Mit etwas Glück können wir hier sonntags am vergnüglichen Weinausschank unsere erste Pause einlegen. Vorbei am berühmten Krappenfelsen, mit beeindruckender Aussicht auf das Neckartal und das Zabergäu, geht es über Weinberge, Wiesen und Felder wieder zurück ins Schozachtal. Nach einer Rast in der beliebten Öttinger Mühle, oder etwas weiter am Alten Bahnhöfle, kehren wir zurück nach Schozach. Der Ort ging aus einem Lehen des Grafen Eberhard von Württemberg an den Ritter Friedrich Sturmfeder hervor, dessen Nachfahren noch heute ein renommiertes Land- und Weingut im Ort betreiben.

Ausgangspunkt: Ortszentrum von 74360 Schozach, an der Kirche. Parkplätze 50 m unterhalb der Kreuzung in Richtung Heilbronn, vor der Sturmfederhalle. Bushaltestelle Schozach-Kirche. Bus 641/642 verkehrt von Heilbronn nach Schozach. Womo-Platz Neckarwestheim, N 49.04180, E 9.18786.
Anforderungen: Die Tour auf Feld- und Weinbergwegen ist auf weiten Strecken schattenlos. Achtung! Der Wanderweg verläuft zu einem Drittel auf beliebten Fahrradrouten, daher ist an Wochenenden etwas Vorsicht geboten.
Information: Gemeindeverwaltung Rathausstraße 8, 74360 Ilsfeld, Tel. +49 7062 904219. ilsfeld.de.
Karte: Wanderkarte Murrhardt (LGL Blatt W219, 1:25.000). Bietigheim – Bissingen Beilstein, Blatt 52-543 (NaturNavi Verlag, 1:25.000).

Aussicht über dem Neckartal.

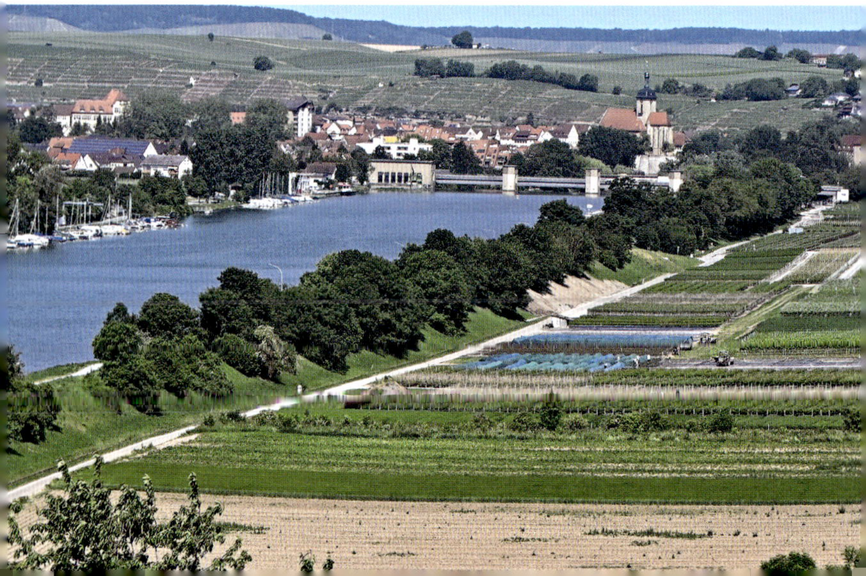

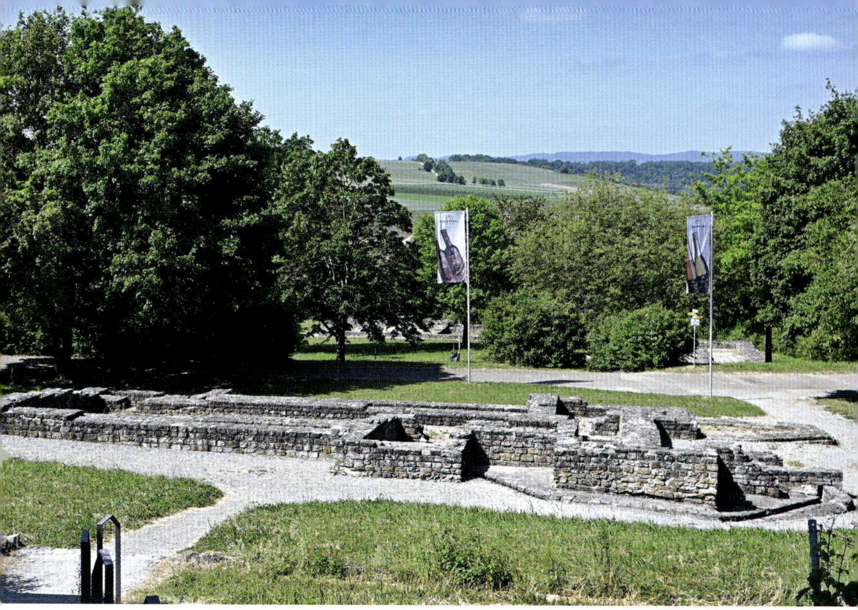

Die Ausgrabungsstätte Römerhof.

Wir starten die Tour an der Kreuzung in der Ortsmitte von **Schozach ❶** unterhalb der Kirche. An der Kreuzung finden wir einen Wegweiser des Sb3 Wanderweges, an dem wir uns in Richtung Talheim orientieren. (Straße nach Heilbronn). Nach 50 m biegen wir links ab und gehen auf dem Fußgängerweg an der Sturmfederhalle vorbei. Dahinter halten wir uns rechts und biegen sofort wieder links ab in die Robert-Edler-Straße. Sie führt uns wieder zur Durchgangsstraße, auf der wir bergab die Richtung fortsetzen.

Im Tal, am **Alten Bahnhöfle ❷**, das wir uns schon mal für den Rückweg vormerken, biegen wir rechts ab auf die ehemalige Bahntrasse entlang der Schozach und verlassen damit Sb3 wieder. Die Bottwartalbahn, die längste württembergische Schmalspurstrecke, verband von 1900 bis 1966 Marbach am Neckar mit der Industriestadt Heilbronn. Etwa 200 m nach einem eingezäunten Trafohaus nehmen wir den Weg nach links mit dem blauen Kreuz und überqueren das Flüsschen. An idyllischen Pferdeweiden vorbei führt uns der Feldweg hoch zu einem Pferdegestüt. Oben an der Straße der **Lauffener Landturm ❸**, der zur Altwürttembergischen Landbefestigung (siehe Tour 16) gehörte. Daneben das Gourmet Restaurant von Uwe Straub, das allerdings nur abends seine Köstlichkeiten anbietet. Wir setzen geradeaus die Richtung fort, nun vorübergehend auf dem Sb1-Wanderweg in Richtung Römischer Gutshof.

Nach 300 m weist uns der Wegweiser nach links, wo es zwischen den Feldern weitergeht. Am Ende der Obstplantage, kurz vor der Straße, geht es wieder nach rechts. Der Weg knickt leicht nach rechts, bevor er die Straße wieder mit herrlichen Ausblicken auf Lauffen und die Neckarschlinge überquert. An der Schutzhütte geht es geradeaus weiter zum **Römerhof ❹**, den imposanten Mauerresten eines umfangreichen römischen Gutshofes. Mehrere

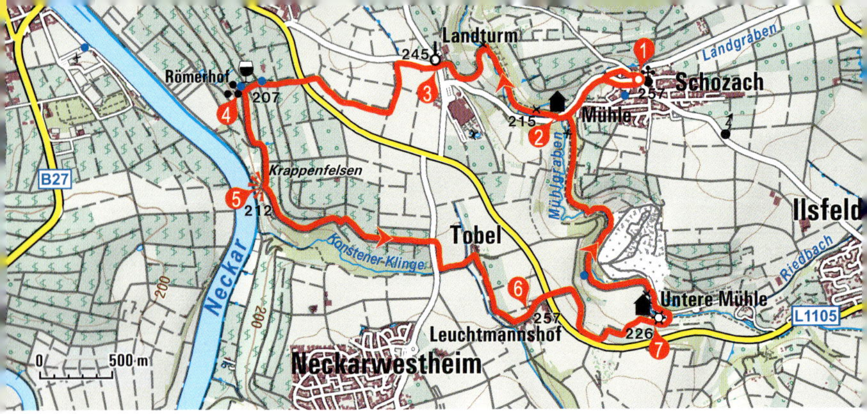

Tafeln erläutern detailliert den Gebäudekomplex der römischen Villa aus dem 2. Jh.

In der Mitte zwischen den beiden ehemaligen Gebäuden biegen wir links ab in Richtung Krappenfelsen. In der nächsten Linkskurve verlässt uns der Sb1 Wanderweg, der zum Neckar hinab führt. Wir bleiben auf der Höhe und können kurz danach den berühmten Ausblick vom **Krappenfelsen 5** auf den Neckar genießen. Am Ende des von Buschwerk gesäumten Weges biegen wir links ab und folgen sofort wieder rechts nun dem Sb8-Wanderweg. Wir überqueren eine Teerstraße und wenden uns unmittelbar dahinter nach rechts. Im Talgrund geht es wieder nach links in Richtung Schozach (N2 Wanderweg). Kurz vor einem Wohngebäude des Weilers Tobel biegen wir rechts ab und bleiben auf N2. An der Teerstraße angelangt, gehen wir links die Steigung hoch zum nächsten Weiler **Leuchtmannshof 6** und überque-

Weinausschank am Römischen Gutshof.

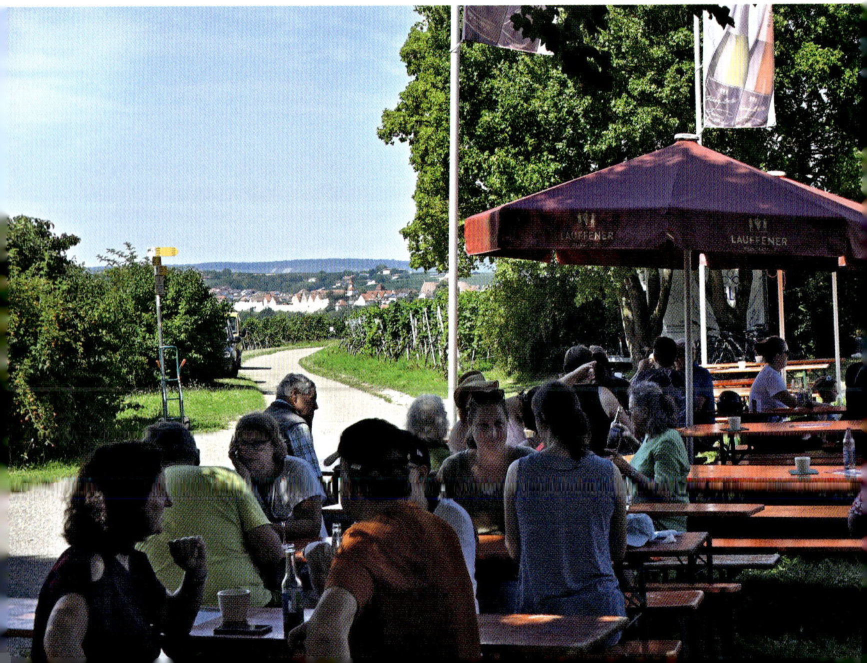

EINKEHR

Oettingers Mühlencafé: Im sympathischen familiären Mühlenbetrieb betreibt Frau Lena Öttinger ein kleines Café mit einigen Sitzbänken vor der Tür. Es gibt hausgebackene Kuchen und eine bunte Mischung von Hefegebäck. Der Johannisbeerkuchen mit Streuseln war sehr lecker. Genau richtig für die kleine Kaffeepause zwischendurch. Und wen es interessiert, der darf auch einen Blick zu den Mahlstühlen der Mühle werfen. Di.–Fr. 8–18 Uhr, Sa., So. 10–16 Uhr, Lohmühle 1, 74360 Ilsfeld, Tel. +49 7062 6979, oettinger-muehle.de.

Altes Bahnhöfle: Eine der beliebtesten Raststationen für Wanderer und Radler der Umgebung. An den Biertischen unter Schatten spendenden Bäumen gibt es kleine Gerichte wie Burger, Salate und Würste aller Art. Eine wahre Wonne ist der mächtige Schwabensalat, der mit geschmälzten Maultaschen garniert ist. Geöffnet bei schönem Wetter im Sommer tägl. ab 14, Sonn- und Feiertage ab 10.30 Uhr,

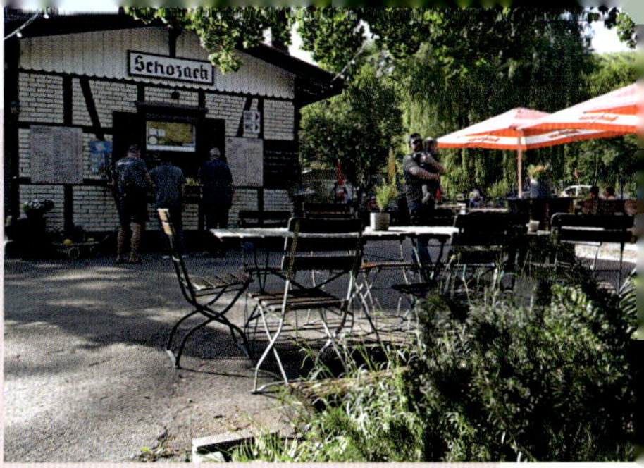

Altes Bahnhöfle.

Beim Bhf 1, 74360 Ilsfeld-Schozach, Tel. +49 7133 2291345, schozachbahnhoefle.de.

Rebstöckle: Wie in der gemütlichen Stube sitzt man im Schozacher Traditionslokal. Im Sommer stehen auf der Terrasse ein paar rustikale Holzbänke zur Verfügung. Viele klassische Fleischgerichte und diverse Salate stehen auf der Karte. Und wer bisher nicht weiß, was eine schwäbische Lasagne ist, kann es hier ausprobieren. Mi.–Sa. ab 16, Sonn- und Feiertage ab 12 Uhr, Dorfstraße 18, 74360 Ilsfeld-Schozach, Tel. +49 7133 7636.

ren dort die Straße. Wir wandern etwa 200 m abwärts und biegen an erster Möglichkeit rechts ab.

Wen der Autolärm nicht stört, kann auch direkt nach der Autostraße rechts abbiegen und das kurze Wegstück oben entlang laufen. Links von uns sehen wir die gewaltigen Ilsfelder Steinbruchbetriebe.

Wir erreichen wieder die Straße, gehen wenige Schritte daneben entlang und biegen an erster Möglichkeit links ab auf einen Grasweg. Der Weg schwingt nach rechts und stößt auf einen befestigten Weg, auf dem wir weitergehen. Unten im Tal lohnt eine Kaffeepause in der beliebten **Oettinger Mühle ❼** bei leckerem Kuchen und Hefegebäck.

Direkt hinter der Mühlenbrücke nehmen wir links den Fahrradweg für den Rückweg. Herrlich ist der kleine Abstecher kurz vor der Kuppe, der nach rechts zum Bachlauf hinunterführt und am Bach entlang verläuft. Dahinter kommen wir auf die vom Hinweg bekannte Bahntrasse und biegen am **Alten Bahnhöfle ❷** rechts ab zum Ausgangspunkt nach **Schozach ❶**.

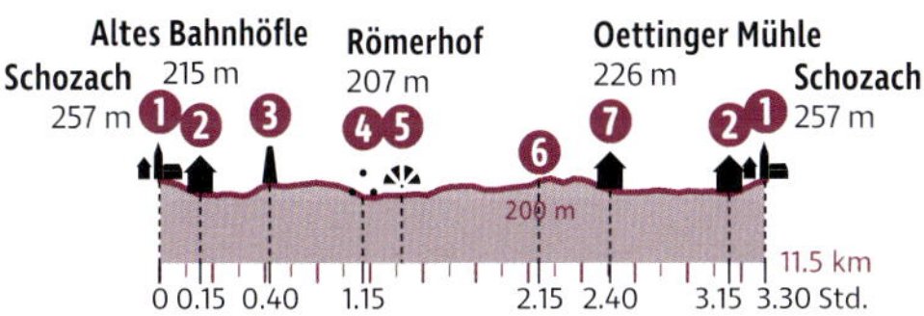

18 Von Besigheim nach Hessigheim

Zu den Hessigheimer Felsengärten

TOP | 4.30 Std. | 15,6 km | ↗300 m | ↘300 m

Zur schönsten Weinsicht 2016

Die schroffen, kühn aufragenden Muschelkalkfelsen mit ihren markanten Felstürmen über dem Neckar, volkstümlich auch »Schwäbische Dolomiten« genannt, sind ein einmaliges geologisches Naturschauspiel. Wir besichtigen sie erst aus der Ferne, von der gegenüberliegenden Neckarseite aus, und schließlich wandern wir mitten durch das Naturschutzgebiet mit seltenen Pflanzen- und Tierarten oberhalb der Felsen hindurch. Der Ausblick von oben, an der Schönsten Weinsicht 2016, über die Steillagen des Weinbaus am Neckar ist einzigartig. Genauso eindrucksvoll ist der Blick unterhalb der Felsen, von den Weinbergen des Wurmbergweges aus.

Ausgangspunkt: Bahnhof in 74354 Besigheim. Von Heilbronn aus mit Regionalbahn. Parkleitsystem in Besigheim beachten. Parkplätze in Bahnhofsnähe. Womo-Platz an der Felsengartenkellerei N 48.99577, E 9.18007.

Anforderungen: Nach dem Aufstieg in Besigheim, schattige Waldtour. Vorwiegend auf Weinbergwegen zurück. Der Abstieg nach der Salenkanzel ist etwas ruppig. Über Variante 2 geht es einfacher.

Information: Stadtinformation, Marktplatz 12, 74354 Besigheim, Tel. +49 7143 80780, besigheim.de. Tourist Information, Marktplatz 9, Bietigheim-Bissingen, Tel. +49 7143 80780, bietigheim-bissingen.de.

Tipp: Jedes Jahr im Juli feiert man in Hessigheim die »schräge Weinnacht« direkt in den berühmten Felsengärten. felsengartenkellerei.de.

Karte: Wanderkarte Bietigheim-Bissingen (LGL Blatt W217, 1:25.000). Bietigheim – Bissingen Beilstein, Blatt 52-543 (NaturNavi Verlag, 1:25.000).

Varianten: 1. Nach dem Besigheimer Hörnle folgen wir dem roten Punkt, der eine 180-Grad-Kehre beschreibt, und biegen links ab auf die Neckarbrücke. Der blaue Punkt führt uns hoch zu den beiden Vinotheken, wo wir auf den ursprünglichen Weg treffen. Die Variante ist rund 4 km kürzer.
2. Schreyerhof: Am Wegweiser Salenkanzel geht es geradeaus weiter. Kurz bevor wir auf die Kreisstraße stoßen, geht es nach links. An der Verzweigung müssen wir uns rechts halten und treffen wieder auf die Straße, gehen 200 m bis zum Landgasthaus Schreyerhof, wandern daran entlang und gelangen auf dem Fahrradweg hinunter nach Hessigheim.

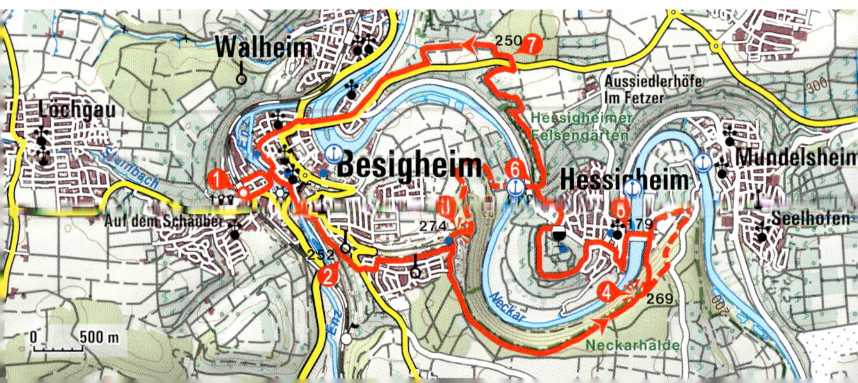

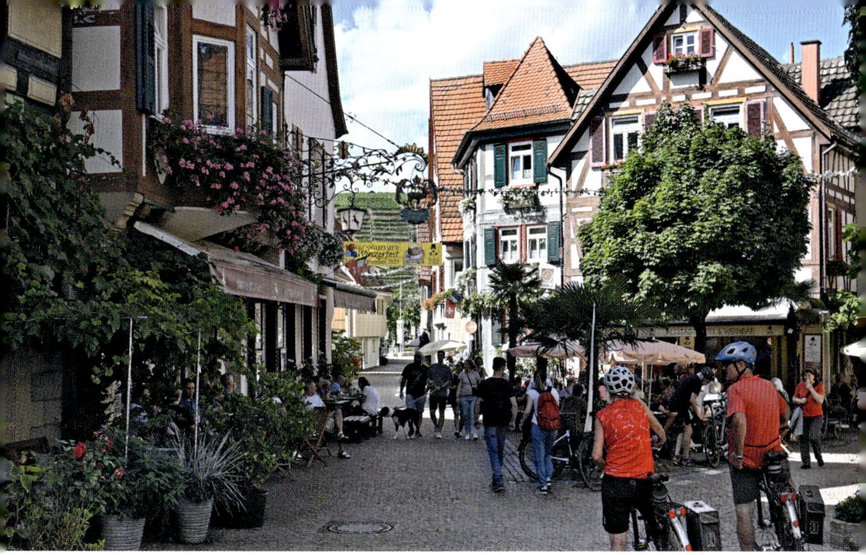

Die Besigheimer Altstadt.

Am Bahnhof in **Besigheim** ❶ starten wir und marschieren über die Steinbachstraße hinunter zum Neckar. Dort halten wir uns rechts und gehen nach 100 m zwischen den beiden Händen und anderen Kunstwerken vorbei über die Neckarbrücke. Wir halten uns links und gehen auf der Hauptstraße, bis rechts an der alten Stadtmauer die Stufen hochführen zum Rathaus (blaues Kreuz). Wir drehen eine Runde über den Marktplatz und wandern wieder zurück zur Stadtmauer zum Aussichtsweg Auf der Mauer.

Die Wanderzeichen lotsen uns längs der Mauer hoch bis zur Evangelischen Stadtkirche. Dort unterqueren wir den Durchgang am stadtprägenden Schochenturm und orientieren uns in der Turmstraße dahinter am Wanderweg roter Strich. Der Schochenturm ist Teil einer ehemaligen Stadtburg von 1220. Nach der Kurve verlassen wir die Turmstraße nach rechts, steigen ein paar Stufen hoch und durchschreiten auf der Straße Enzblick ein Wohngebiet. Am Ende steigen wir erneut die Treppen hoch und wandern längs eines Grüngürtels aus der Stadt. Schon bald gelangen wir zum mittelalterlichen **Wartturm** ❷. Ist die Fahne auf dem Turm gehisst, bedeutet es, dass auf der Lichtung davor ein Fest gefeiert wird.

Wir ziehen am Turm vorbei, treffen auf die Ingersheimer Straße, die wir überqueren und sofort links abbiegen in den Hartweg. Nach knapp 150 m verlassen wir nun die Wanderwege, die eine größere Schleife ziehen und biegen links ab. Am Ende der Straße steigen wir ein paar Stu-

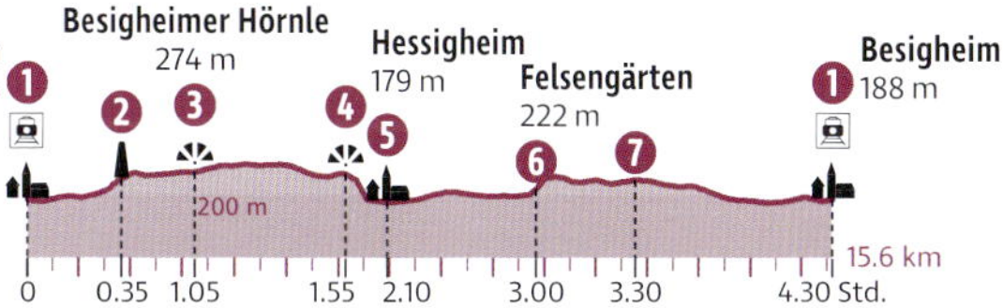

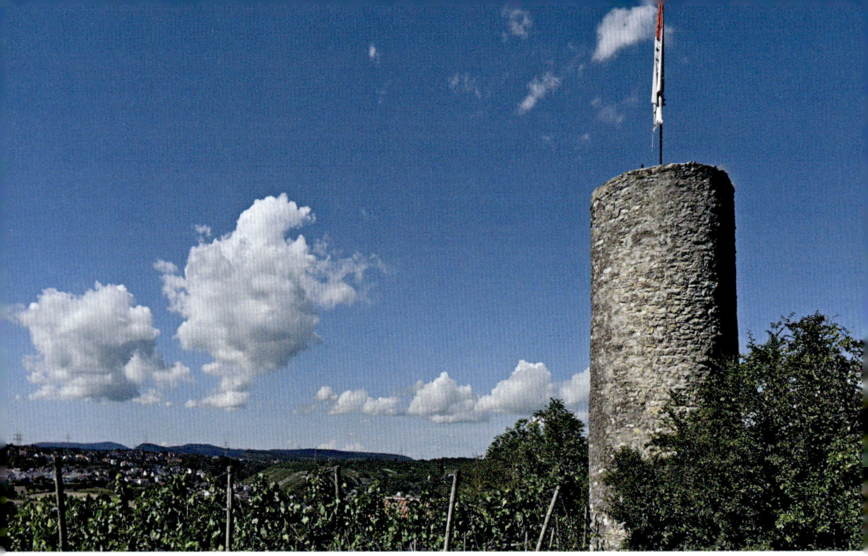

Der Wartturm mit gehisster Flagge.

fen hinab und biegen rechts ab. Auf wunderbarem grünem Weg geht es jetzt zwischen Obstbäumen und Freizeitgrundstücken auf einem herrlichen Panoramaweg weiter, bis wir auf ein Teersträßchen stoßen. Wir halten noch für etwa 100 m die Richtung bei und finden einen Durchschlupf zum versteckten Aussichtspunkt **Besigheimer Hörnle** ❸ unter einer Kiefer mit herrlichem Überblick. Achtung! Wer die Kurzversion (Variante 1) läuft, geht vor der Hecke nach rechts und folgt dem roten Punkt.

Ansonsten gehen wir wieder zurück zur Kreuzung und marschieren weiter bergauf. Wir passieren einige Freizeitgrundstücke und können den prächtigen Ausblick davor nur erahnen. Von links stößt der Wanderweg Rotes Kreuz hinzu, an dem wir uns bis Hessigheim orientieren können. Auf dem Neckarhaldenweg ziehen wir nun durch den prächtigen Laubwald mit gigantischen Buchen. Dort, wo der Forstweg nach rechts weiterführt, bleiben wir geradeaus auf dem immer schmäler werdenden Waldpfad hoch über der Steilflanke des Neckars, auch Hoher Felsen genannt. Nach einer geraumen Weile finden wir einen links abgehenden kurzen Stichweg zur **Salenkanzel** ❹, einem Aussichtspunkt über Hessigheim und die umrahmenden Weinberge. Kurz dahinter treffen wir auf eine Kreuzung und müssen uns entscheiden, ob wir links den ruppigen Treppenpfad hinunter nach Hessigheim (1 km) benutzen (bei Nässe keinesfalls), oder den gemütlicheren geradeaus führenden Waldpfad über den Schreyerhof (Variante 2).

Der steile Treppenpfad führt über viele Stufen und Wurzeln hinab bis zum Neckarufer, wo wir rechts abbiegen und über die Schleusenbrücke nach **Hessigheim** ❺ gelangen. Direkt nach der Schleuse nehmen wir links die Stufen und ziehen bis zum Platz mit den Infotafeln am Fluss entlang. Über Garten- und Hinterdorfstraße geht es hoch zum prächtigen Fachwerkhaus in der Besigheimer Straße. Ein paar Schritte weiter finden wir linker Hand Gässle's Stüble zum Einkehren. Ansonsten

biegen wir am Rathaus links ab und gehen hoch bis zur Hambachstraße. Dort finden wir den Wanderwegweiser der Felsengartenrunde, dem wir uns für den nächsten Wegabschnitt anvertrauen. In weitem Bogen führt sie uns durch die Weinberge hinauf zur Felsengartenkellerei. Kurz davor, die beiden Vinotheken von Siggi und dem Weingut Eisele. Am beliebten Ausflugslokal der Kellerei geht es hinauf zum Einstieg der berühmten Hessigheimer **Felsengärten** ❻.
Wir steigen rechts die Stufen hoch und folgen sorgfältig der Beschilderung durch das empfindliche Naturschutzgebiet. Bleiben Sie auf dem Weg – sowohl aus Gründen des Naturschutzes als auch für ihre Sicherheit. Wer es vorzieht, die berühmten Felsen von unten zu betrachten, geht einfach auf der Wurmbergstraße geradeaus weiter. Beide Wege treffen am Ende zusammen. Das blau-weiße Schild der Felsengartentour leitet uns weiter aussichtsreich über einige Kurven in den Weinbergen zur Landesstraße. Wir überqueren sie am **Buchholz-Wald** ❼, halten uns links und biegen nach 150 m wieder rechts ab.
Nach einer angenehmen Umgehung der Straße über die Felder stoßen wir erneut darauf und wandern nun auf dem Fahrradweg hinab nach Besigheim. Nachdem wir Kanal und Neckar überquert haben, halten wir uns an der Kreuzung links und ziehen geradeaus stadteinwärts bis zum gut erkennbaren Waldhornturm, ebenfalls von 1220. Dort biegen wir links ab und belohnen uns in einem der zahlreichen Restaurants der Kirchstraße. Diese hier aufzuführen, würde den Rahmen des Buches sprengen.
Auf bekanntem Weg geht es zurück zum Bahnhof von **Besigheim** ❶.

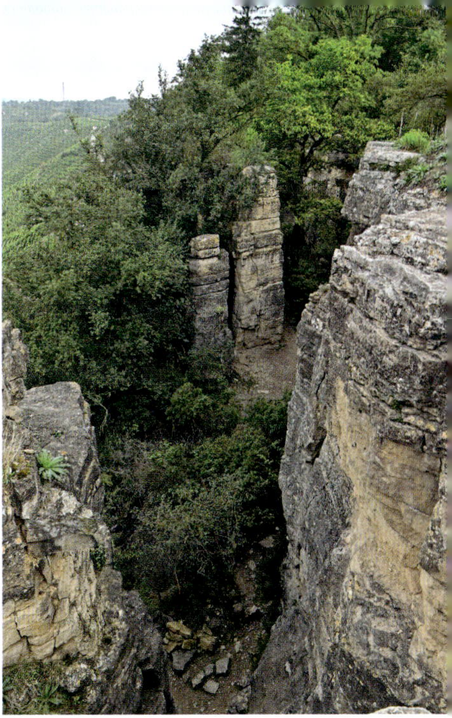

Oben: Hessigheimer Felsengärten.
Unten: Rathaus von Besigheim.

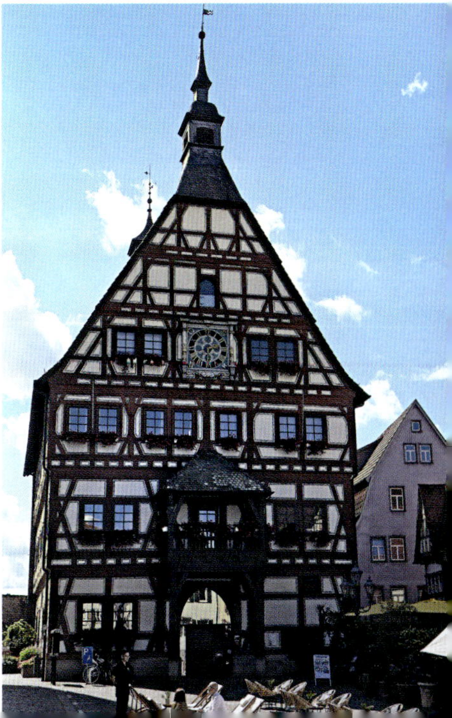

EINKEHR

Landgasthaus Schreyerhof: Als Haus der Württemberger Weine und Mitglied bei »Schmeck den Süden« kann man sich im Gasthof auf dem Neckarknie auf beste Qualität verlassen. Fast alle Produkte sind regional und stammen von Erzeugergemeinschaften und Landwirten der näheren Umgebung. Die bunte Karte bietet eine große Vielfalt an Gerichten, wobei auch die Vegetarier nicht vergessen werden. Mit Sauren Nierle und Linsentopf mit Alb-Leisa, einer alten Linsensorte der Schwäbischen Alb, zollt man auch der schwäbischen Küche Respekt. Der Ausblick von der Terrasse hinüber zum Käsberg, einem pittoresken Prallhang am Neckar, ist herrlich. Di.–Fr. 11.30–14.30 und ab 17 Uhr, Sa. und So. ab 11.30 Uhr, Schreyerhof 30, 74394 Hessigheim, Tel. +49 7143 5746, schreyerhof.de.

Gässle's Stüble: Rustikal und stilvoll sitzt man in den Räumen des alten Winzerhauses in der Mittelgasse. Mit Liebe und schönen Accessoires ausgestaltet, fühlt man sich bei Familie Burk sauwohl. Im Sommer sitzt man auf der Terrasse im Gässle neben dem hübschen alten Rathaus. Die kreative Speisekarte mit wenigen, dafür originellen Gerichten zeigt, dass man hier etwas Besonderes servieren möchte. Von Fleisch-, Fisch- über vegetarische Gerichte und einer »Schissl voll Salad« ist für jeden etwas dabei. Dazu trinkt man die Weine des Bruders aus dem Weingut Eisele (siehe unten). Mi. 12–16, Do. und Fr. ab 17, Sa. und So. ab 12 Uhr, Mittelgasse 1, 74394 Hessigheim, Tel. +49 7143 59901, gaessles-stueble.de.

Vinothek Weingut Eisele: An Biertischen, auf Palettensitzen oder auf Weinkisten sitzt man rustikal im kleinen Garten der Vinothek mit Blick auf die Felsengärten und lässt sich die nachhaltigen Bioweine des Weinguts munden. Fr. 16–18 Uhr, Sa. 10–12 und 13–15 Uhr, So. 13–17 Uhr bei schönem Wetter, Steinbeisweg 1, 74394 Hessigheim, Tel. +49 7143 272399, weingut-eisele.de.

Vinothek Siggi: Total unkompliziert sitzt man im Gras, auf dem Mäuerchen oder unter dem Kirschbaum bei Siggi und blickt wie beim Nachbarn Eisele auf die Felsengärten. Dazu gibt's handgelesene authentische Weine aus den Muschelkalkböden der Steillagen am Wurmberg, die natürlich ihren Preis haben. Unter Weinkennern sind Siggi's Weine ein Geheimtipp. Fr. 16–18.30 und Sa. 11–16 Uhr, Steinbeisweg 2, 74394 Hessigheim, Tel. +49 173 7054970, siggi-weine.de.

Felsengartenkellerei: Neben einer der modernsten Kellereien Deutschlands mit Blick auf Reben und Muschelkalkfelsen sitzt man gemütlich auf der Terrasse des Imbissbetriebes von Sabine und Helmut Langenecker. Auf der überschaubaren Speisekarte findet mit Fleisch, Flammkuchen, Maultaschen und Salaten jeder das Seine. Dazu gibt es diverse auserlesene Felsengartenweine. Für Wohnmobilisten geradezu ideal, der Stellplatz ist direkt gegenüber. Geöffnet von März–Okt., Fr.–So. von 11–18 Uhr. Am Felsengarten 1, 74394 Hessigheim, Tel. +49 171 2753008, felsengarten kellerei.de.

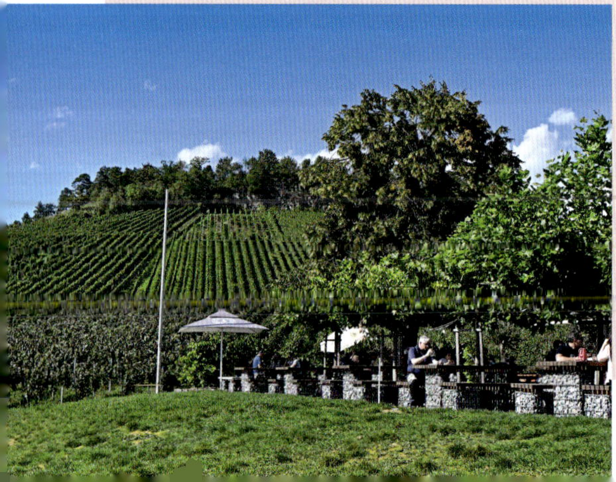

Die Terrasse der Felsengartenkellerei.

Am Neckarknie bei Hessigheim

Durch grüne wilde Neckarauen

19

2.45 Std. | 9,6 km | ↗175 m | ↘175 m

Auf urigen Pfaden

Fast unvorstellbar ist heute der Gedanke, dass wir hier durch ein Naturschutzgebiet wandern, das noch vor 50 Jahren als Deponie für Klärschlamm und andere Abfälle diente. Dank dieses Umdenkens dürfen wir heute ein naturbelassenes Feuchtbiotop begehen, das einzigartig am Neckar ist. Auch die tiefen Wunden des Muschelkalkabbaus sind zugewachsen und bieten eine prächtige Kulisse auf dem urigen Naturpfad und ein Refugium für manche seltene Tiere und Pflanzen, die sich hier wieder ausgebreitet haben. An offenen und bewirtschafteten Rebhängen vorbei geht es anschließend hoch zum Weinort Kleiningersheim, das wie auf einer Terrasse über dem Neckar thront. Über die Salenkanzel mit prächtigem Ausblick zum Neckarknie bei Mundelsheim wandern wir zurück nach Hessigheim.

Ausgangspunkt: Ecke Gartenstraße/Brückenstraße in 74394 Hessigheim. Bushaltestelle Hessigheim-Gartenstraße. Parkmöglichkeit am Wanderparkplatz in Richtung Mundelsheim, oder in der Verlängerung der Besigheimer Straße Richtung Neckar. Womo-Platz an der Felsengartenkellerei N 48.99577, E 9.18007.

Anforderungen: Die Wanderung kann bei hohem Wasserstand des Neckars nicht unternommen werden, da dann der ufernahe Pfad überschwemmt ist. Im Sommer ist es ratsam, Mückenschutz mitzunehmen. Lange Hose ist zu empfehlen.

Information: Gemeindeverwaltung, Besigheimer Str. 17, 74394 Hessigheim, Tel. +49 7143 81430, hessigheim.de. Tourist Information, Marktplatz 9, Bietigheim-Bissingen, Tel. +49 7143 80780, bietigheim-bissingen.de.

Karte: Wanderkarte Bietigheim-Bissingen (LGL Blatt W217, 1:25.000). Bietigheim – Bissingen Beilstein, Blatt 52-543 (NaturNavi Verlag, 1:25.000).

Wir beginnen die kurze Runde auf der Gartenstraße in **Hessigheim ❶** und wenden uns in Richtung Schleusenbrücke. Dahinter gehen wir links um die Kurve und finden gegenüber dem Gartencenter den Fahrradweg, auf dem wir nun bergauf marschieren bis zum **Landgasthof Schreyerhof ❷**, der gleich nach der Kurve auf der Anhöhe gut sichtbar ist.
Vor dem Gasthof verlassen wir die Wanderwege und gehen links bergab (Töpferei) mit herrlichem Blick auf die Weinterrassen des Mun-

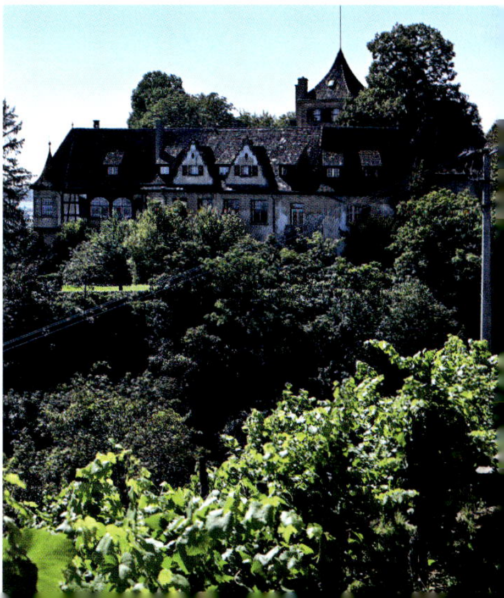

Schloss Kleiningersheim.

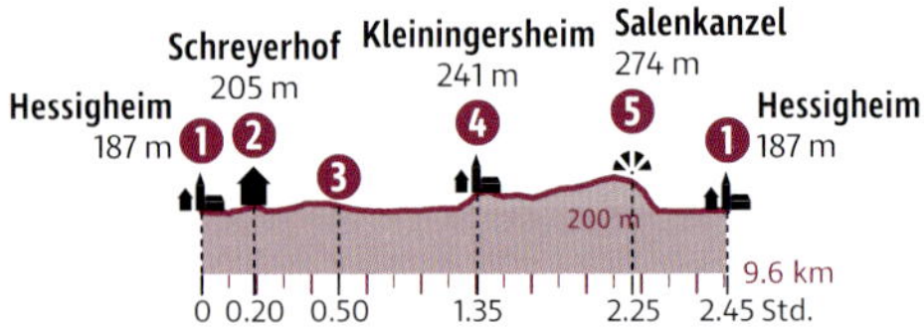

delsheimer Käsbergs. Wir folgen den Schildern des Wein- und Obst-Wanderweges Mundelsheim mit der Nummer 5 bis hinunter zum Neckar. Dort biegen wir entgegen der weiteren Beschilderung an einem Schafgehege am Zaun in spitzem Winkel rechts ab. Der anfangs etwas überwachsene Pfad direkt am Flussufer vermittelt einen Eindruck, wie es am Neckar früher mal aussah.

Bald verwandelt sich der Pfad zu einem gut begehbaren schmalen Weg einige Meter über dem Flussniveau. Nach 15 Minuten geht es an einem aufgelassenen Steinbruch an mächtigen Muschelkalkfelsen vorbei. Der eine oder andere Baumstamm muss überstiegen werden. Schließlich passieren wir einen von Algen überwucherten Altarm, dessen grüne Farbe fast wie ein Teppichboden aussieht. Bitte nicht betreten! Wir sind im **Naturschutzgebiet Unteres Tal/Haldenrain** ❸ (Rieslingwanderweg).

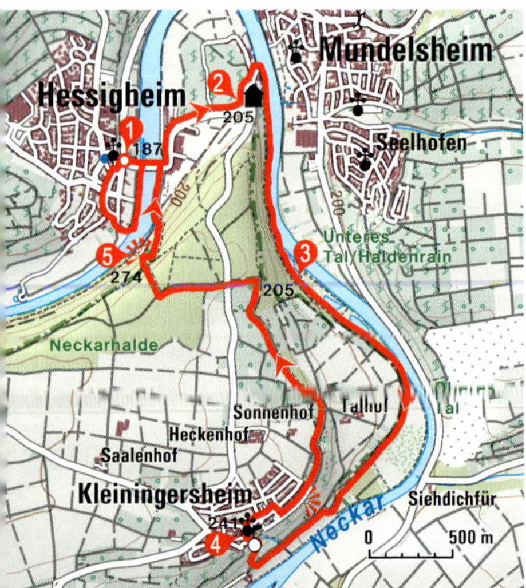

Schließlich verlassen wir den Wald und wandern auf dem Feldweg weiter. Dort, wo die Teerstraße beginnt, setzen wir unsere Runde geradeaus auf dem Grasweg fort. Sollte das Gras zu hoch sein, müssen wir notgedrungen rechts auf dem Sträßchen hinauf zum Ort marschieren. Der grüne Wiesenweg führt auf der Hochterrasse des Neckars unterhalb von Streuobstwiesen entlang. Wir sind inzwischen im Naturschutzgebiet Oberes Tal angelangt. Nachdem der Weg auf einen Teerweg stößt, lugt oben am Hang das Schlösschen Kleiningersheim hervor, auf das wir nun zusteuern (Wanderweg Schlossberg-Runde). Gegenüber der Schiffsanlegestelle werden wir über die Sehenswürdigkeiten von Klein- und Großingersheim informiert. Wenige Schritte danach treffen wir bei der Ruhebank unter einer Linde auf die Schlossbergtreppe, auf der wir nun 178 Stufen rechts hoch nach **Kleiningersheim** ❹ steigen. Leider ist das Schloss in Privatbesitz und kann nicht besichtigt werden. An der Alten Kelter biegen wir rechts ab in die Hauptstraße und treffen auf die Traditionsgaststätte Linde.

Direkt nach dem Gasthof biegen wir rechts ab in den Schönblick und gehen links um die Kurve. Der Weg macht seinem Namen alle Ehre, mit gigantischem Ausblick, der bei guter Sicht bis zum Fernsehturm nach Stuttgart reicht. Wir folgen weiter dem roten Punkt oder dem blauen N des Neckarweges und bleiben nach dem Rechtsknick des Weges auf dem geradeaus führenden Asphaltsträßchen, das bergab führt. Auch am Abzweig zur Schiffsanlegestelle behalten wir halb links die Richtung bei. Kurz darauf, am Gebäude des Angelsportvereins, verlassen wir die

Blick von der Salenkanzel auf Hessigheim.

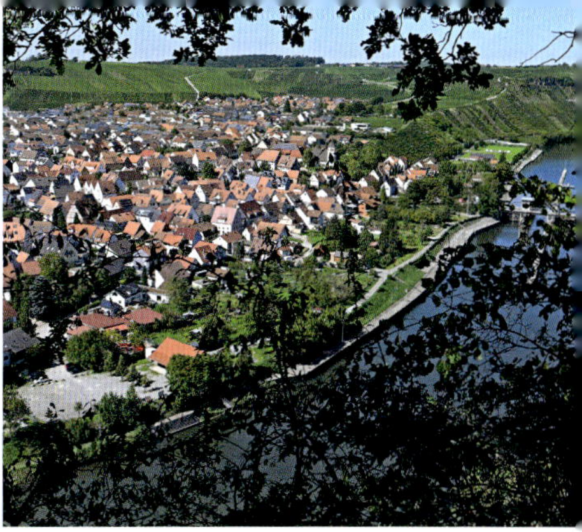

Kirchstraße nach links und wandern auf dem anfangs parallel verlaufenden Waldpfad weiter, der erst mal steil bergauf führt. Oben setzen wir am Rande des Gestrüpps die Richtung fort und verlängern auf einen breiten Wirtschaftsweg (Rieslingwanderweg).

Nach einer Reihe von versteckten Freizeitgärten gelangen wir an eine T-Kreuzung, an der wir uns rechts halten. Etwa nach 200 m biegen wir links ab und überqueren die Kreisstraße. Wer allerdings auf dem Rückweg im Landgasthaus Schreyerhof einkehren möchte, oder den ruppigen Abstieg zum Neckar am Hohen Felsen vermeiden möchte, geht hier geradeaus weiter auf dem Neckarweg. Alle Abzweigungen ignorierend halten wir im Wald auf dem breiten Forstweg die Richtung bei. Kurz nachdem der Weg leicht nach links abknickt, finden wir rechts im 90-Grad-Winkel einen gut ausgetretenen Pfad, dem wir nun folgen. Er führt uns direkt zur Aussichtsbank an der **Salenkanzel** ❺ mit herrlichem Blick über Hessigheim und die Felslandschaft des Käsberges im Neckarknie. Kurz vor der Bank biegen wir rechts ab. Dahinter führt am Linksabzweig der etwas steile Treppenweg hinunter nach Hessigheim (rotes Kreuz). Als Alternative bietet sich an, geradeaus dem Wegweiser zu folgen (Hessigheim 2,2 km, siehe auch Variante 2 von Tour 18). Unten angekommen gehen wir nach rechts zur Schleuse, überqueren den Neckar und gehen direkt dahinter die Stufen hinab zum Uferweg, der uns nun in Fließrichtung bis zum Dreschschuppen führt. Dahinter gehen wir rechts hoch, halten uns am Landschaftspflegebetrieb rechts und folgen kurz darauf der Felsengartentour nach links zum herrlichen Fachwerkrathaus. Wir ziehen daran vorbei in Richtung Kirche und passieren das alte Rathaus, wo sich links daneben das Gasthaus Gässle's Stüble befindet (siehe Tour 18). Kurz vor dem Anstieg zur Kirche beenden wir unsere Runde und gehen nach rechts zurück zur Gartenstraße von **Hessigheim** ❶.

EINKEHR

Landgasthaus Schreyerhof und Gässle's Stüble: Siehe Tour 18.

Gaststätte Linde: Ein schwäbisches Landgasthaus, wie man es leider nur noch selten findet. Bodenständige regionale Küche bringt Köchin Elfriede Löffler auf den Tisch. Hier gibt es noch die altschwäbischen Gerichte wie Saure Nierle, Saure Kutteln und Linsen mit Spätzle und Saitenwürstle. Natürlich fehlen auch nicht die Maultaschen in fünf Variationen und die Flädlessuppe. Eine Vielzahl von Fleischgerichten, aber auch vegetarische und selbst vegane Speisen findet man auf der Karte. Sehr preisgünstige Mittagsgerichte sind auch für Wanderer ein Tipp. Auf der schönen Außenterrasse mit Blick zum Neckar kann man sich wohlfühlen. Mi.–So. ab 11.30, Mo. ab 15 Uhr, Austraße 12, 74379 Ingersheim-Kleiningersheim, Tel. +49 7142 788024, gasthaus-linde.info.

20 Der Ebnisee und das Strümpfelbachtal

Zur Perle des Schwäbischen Waldes

TOP 3.45 Std. 11,8 km ↗310 m ↘310 m

Zauberhafte Klingen und Seen im Schwäbischen Wald

Nach einem Gang längs des einstigen römischen Grenzwalls treffen wir auf das Naturdenkmal Gallengrotte, eine tief eingeschnittene Klinge, in der sich infolge der hohen Luftfeuchte zahlreiche Moose und Farne an den überhängenden Felsen angesiedelt haben. Ein eindrucksvolles Naturschauspiel. Der Name stammt von der Schlacke der Glasverarbeitung. Die sogenannte Galle wurde früher hier in der Klamm entsorgt. Am idyllischen Ebnisee vorbei geht es zur nächsten tief eingeschnittenen Klinge. Über Stege und Brücklein führt der romantische Pfad durch das zauberhafte und ursprüngliche Strümpfelbachtal, eines der Highlights des Schwäbischen Waldes.

Ausgangspunkt: Parkplatz am Südufer des Ebnisees. Die Buslinien 263 von Schorndorf (im Sommer auch Waldbus 265) und 330 von Winnenden halten am Ebnisee.
Anforderungen: Vorwiegend schattige Rundtour auf angenehmen Waldwegen und -pfaden. Etwas anstrengend ist der Anstieg vom Strümpfelbachtal bis zum Hägerhof. Nach oder während starken Regenfällen ist es nicht empfehlenswert durch das Strümpfelbachtal zu wandern. Gutes Schuhwerk ist empfohlen. Auch Stöcke könnten nützlich sein.
Information: Gemeinde Kaisersbach, Dorfstraße 5, 73667 Kaisersbach, Tel. +49 7184 938380
Karte: Wanderkarte Murrhardt (LGL Blatt W219, 1:25.000). Backnang – Schwäbischer Wald, Blatt 54-542 (NaturNavi Verlag, 1:25.000).
Variante: Für die kleine Runde geht man kurz vor Rader's Waldschänke weiter am östlichen Seeufer entlang, Dauer insgesamt 2.15 Std.

In der düsteren Gallengrotte.

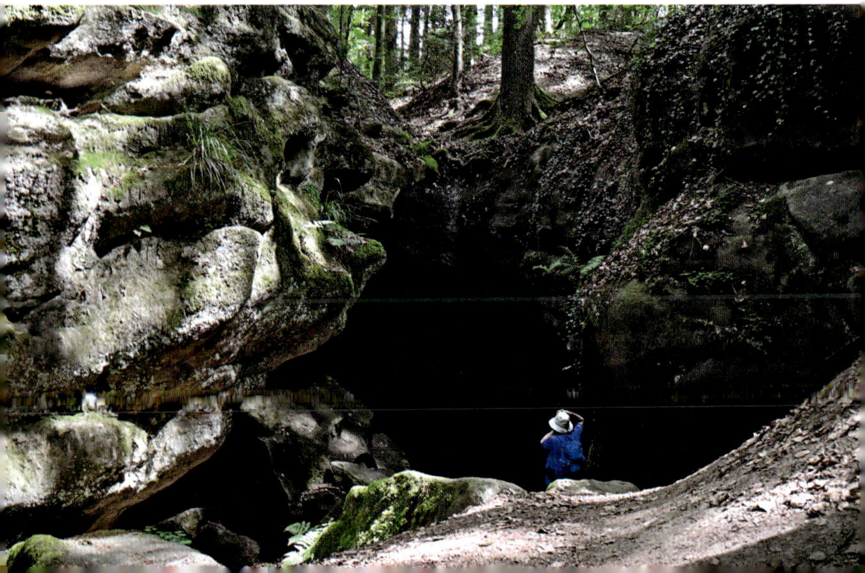

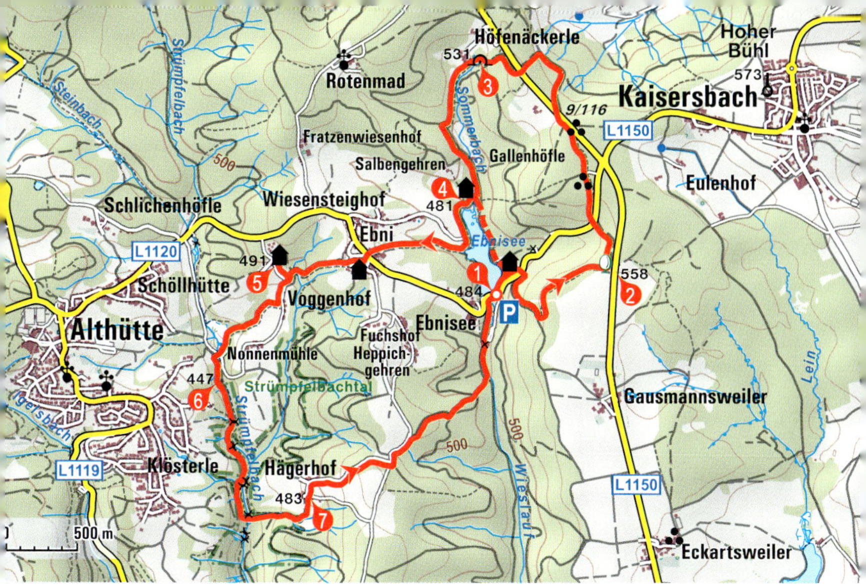

An Bushaltestelle und Parkplatz am südlichen Damm des **Ebnisees ❶** finden wir ein Wanderschild der Tour G, die den ersten Part unserer Runde beschreibt. Wir ziehen neben der Straße in Richtung Kaisersbach am Hotel Reich vorbei. Gegenüber dem Hotelparkplatz führt ein Weg in den Wald und in fast entgegengesetzter Richtung bergauf. Nach 10 Minuten, etwa in der Mitte einer längeren Geraden, verlassen wir den Forstweg nach links, wo ein von Bikern und Pferden zerfurchter Pfad weiter bergauf führt. Bald schlängelt er sich zauberhaft durch den dichten Mischwald.

Oben an der Straße gegenüber der mächtigen **Königseiche ❷** tauchen wir erneut nach kurzem Ausblick über die Hochebene Lange Äcker nach links auf dem Schlittenweg in den Wald ein. Mit Pferdeschlitten wurde hier noch im 18. Jh. Brennholz zum aufgestauten Ebnisee hinab transportiert. Der Wall links des Pfades dürfte noch vom hier verlaufenden Limes stammen. Nach Querung der Straße setzt sich der Pfad gegenüber fort und führt zu der Stelle, an der sich einst das römische Kleinkastell Ebnisee befand. Leider ist davon nichts mehr zu sehen. Dagegen finden wir vom Wachtposten 9/116 zumindest noch die Grundmauern vor. Dahinter halten wir uns links, tangieren die Straße und gehen wieder rechts in den Wald. Um nicht an der Straße entlang zu marschieren, müssen wir nun einen kleinen Schlenker in Kauf nehmen. Bei der Umgehung heißt es aufpassen: Kurz nach Beginn der Lichtung führt ein kaum erkennbarer Pfad links hinauf durch die Wiese und das anschließende Unterholz. Wir queren ein letztes Mal die Straße und wenden uns nach rechts in Richtung **Gallengrotte ❸**. Die Grot-

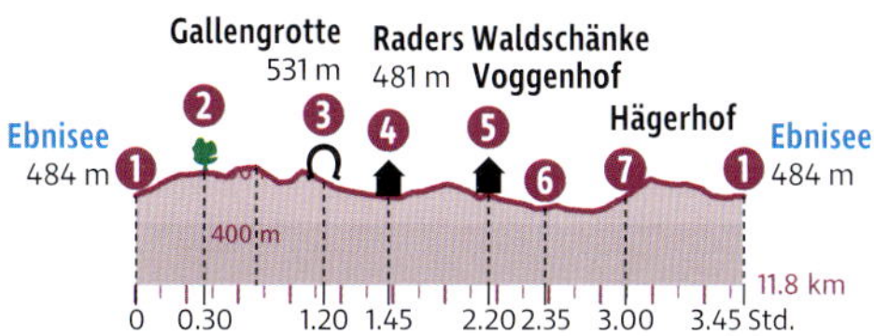

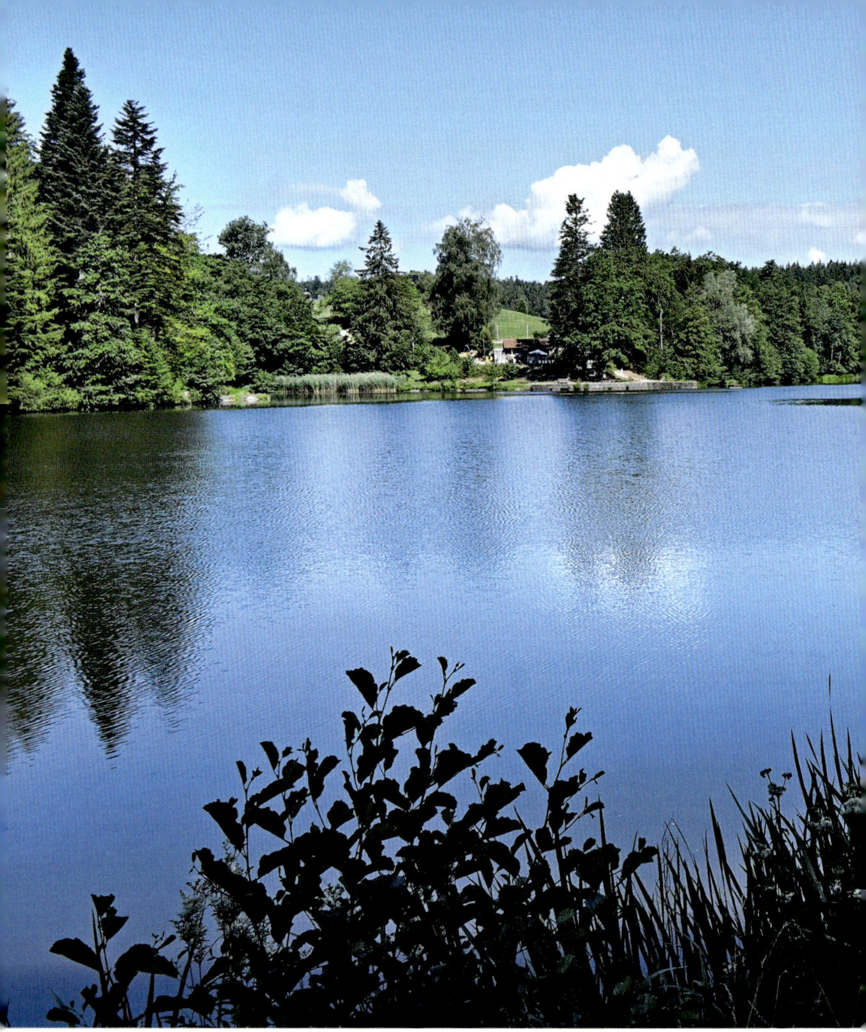

Der beschauliche Ebnisee.

te am Ende einer Klinge unter den bis zu 7 m hohen Felsen ist im Frühjahr, wenn das Wasser über die Felsen rieselt, besonders eindrucksvoll. Auf herrlichem Wurzelpfad längs des tief eingeschnittenen mäandernden Sommerbachs geht es jetzt munter talwärts. Auf dem befestigten Wirtschaftsweg biegen wir links ab in Richtung Ebnisee und passieren kurz darauf das Gallenhöfle. An erster Kreuzung dahinter biegen wir am nördlichen Seeufer rechts ab zu **Rader's Waldschänke** **4**, wo man unter den grünen Sonnenschirmen am Seeufer herrlich verweilen kann. Nun geht es auf idyllischem Weg am See entlang. Schon nach wenigen Metern passieren wir die nächste Einkehrmöglichkeit, den leicht erhöht gelegenen Biergarten Seeblick. Am nächsten Wegweiser nach dem Kiosk verlassen wir den See und gehen rechts hoch in Richtung Voggenhof.

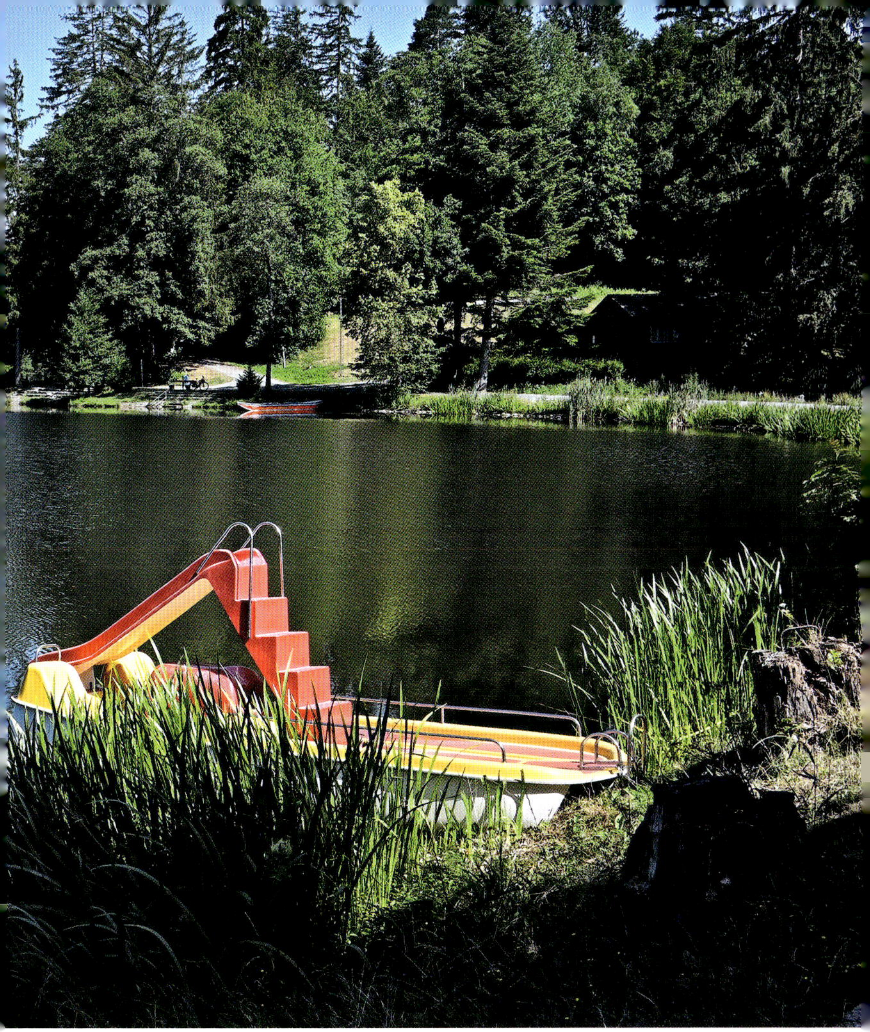

Wer nur die kurze Runde dreht, geht weiter am See, Tour G folgend, zum Ausgangspunkt zurück.
Bis zur Nonnenmühle zu Beginn des Strümpfelbachtals orientieren wir uns jetzt am Hauptwanderweg mit dem roten Kreuz. Im Dörfchen Ebni queren wir die Straße und halten uns nach 50 m rechts. Wir achten sorgfältig auf die Beschilderung, die im Zickzack weiterführt. Achtung! Kurz nach Waldeintritt ist die Anzeige etwas verwirrend. Wir biegen nicht links ab, sondern bleiben auf dem geradeaus führenden Pfad. Aus dem Tal emporkommend geht es an der Ruhebank nach links weiter.
Wer im gepflegten **Landgasthof Voggenhof** ❺ einkehren möchte, geht hier 200 m nach rechts.
Zurück an der Ruhebank geht es etwa 150 m durch den Weiler und nach einer großen Scheune am Wegweiser nach rechts auf den Grasweg

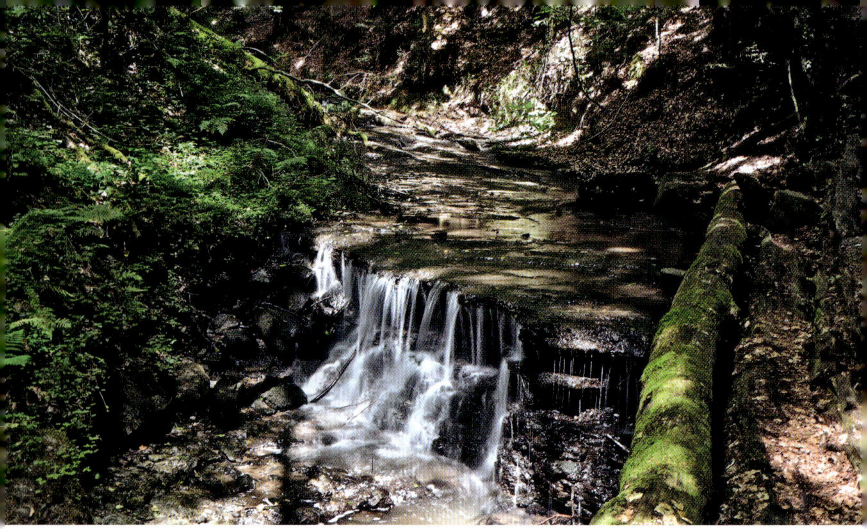

Im Strümpfelbachtal.

zum Strümpfelbachtal. Unten im Tal, bei den Gebäuden der Nonnenmühle, halten wir uns links, verlassen damit das rote Kreuz und orientieren uns nun am Weg B, der gleich wieder nach rechts von der Straße abgeht und an einer weiteren ehemaligen Mühle vorbeiführt. Ein Schild weist darauf hin, dass der folgende Weg nur mit festem Schuhwerk begangen werden soll. Dies ist zumindest nach vorausgegangenen Regenfällen auf jeden Fall sinnvoll, da wir zum Teil in direkter Ufernähe wandern.

Ein wahrlich traumhafter Pfad eröffnet sich nun vor uns durch das **Strümpfelbachtal ❻**. Das leise Plätschern des Bächleins auf dem schattigen Talweg erzeugt Endorphine pur. Interessant ist die Tafel zur Geschichte der Lambach-Pumpe, mit der bis ins Jahr 1960 Wasser aus dem Tal nach Althütte gepumpt würde. Auf knorrigem Naturholzbrücklein überqueren wir das Bächlein und schreiten auf einer ebenso konstruierten Holztreppe eine Engstelle. An der Bogenbrücke müssen wir uns leider von der Idylle verabschieden und biegen links ab in Richtung Ebnisee (Weg B). Nach mühsamem Aufstieg halten wir uns oben am **Hägerhof ❼** links. 100 m weiter, am historischen Wegweiser, gehen wir nach rechts. Nach Überschreiten des Höhenzuges stoßen wir auf ein anderes Sträßchen und biegen links ab.

Am Waldparkplatz verlassen wir die Straße nach rechts auf dem angenehmer zu wandernden Holzbuckelweg (Wanderwegsymbol mit Kinderwagen). Etwa 10 m vor der ersten T-Kreuzung gehen wir nach links auf einen überwachsenen Waldweg und schneiden damit mehrere Kehren des Weges ab.

Wer sich unsicher fühlt, geht an der Kreuzung nach links und folgt weiter dem beschilderten breiten Forstweg. Die Abkürzung führt durch ein Meer von Heidelbeeren zum darunter liegenden Forstweg. Diesen überqueren wir und folgen weiter dem leicht überwachsenen Waldweg, die Richtung beibehaltend.

Am Ende stoßen wir auf einen breiten Fahrweg im Tal und biegen links ab. An einem Baum finden wir wieder Wanderwegweiser, die uns zurück zum **Ebnisee ❶** leiten.

EINKEHR

Rader's Waldschänke: Da man auf der Tour quasi durch das Gelände der Waldschänke hindurchmarschiert, ist ein Stop fast obligatorisch. Am Schilfufer des Sees kann man die Seele baumeln lassen und im Imbiss der Familie Rader einen kleinen Snack oder auch nur ein Getränk zu sich nehmen. Unter bunten Sonnenschirmen sitzt man im knirschenden Kiesbett des Gartenlokals und kann das Treiben auf dem See beobachten. Beliebt ist die selbst gemachte Currysauce, für die manche Gäste von weit anreisen. Bei schönem Wetter von Pfingsten bis Oktober, tgl. ab 12 Uhr, außer Freitag, im Winter abweichende Öffnungszeiten, Klösterle 100, 73667 Kaisersbach, Tel. +49 7184 293692, biergarten-ebnisee.de.

Strohbeck's Restaurant: In herrlicher Aussichtslage auf der Anhöhe des Weilers Voggenhof liegt das gediegene Restaurant mit feiner schwäbischer Küche. Durch die Panoramafenster kann man direkt den eigenen Schottischen Hochlandrindern beim Weiden zuschauen. Angeboten werden regionale und saisonal ausgerichtete, kreative Speisen aller Art. Beliebt ist das am 1. Donnerstag im Monat angebotene Maultaschenbüffet. Dabei wird das schwäbische Lieblingsgericht in so vielen Variationen angeboten, dass man nicht weiß, wo man anfangen soll. Sei es mit Ei überbacken, als italienische Variante, mit klassischer Fleischfüllung, ja sogar mit Fischfüllung werden die »Herrgottsb'scheißerle« serviert. Mi.–Fr. 11.30–14.30 und ab 17 Uhr, Sa. und So. ab 11.30 Uhr, Voggenhof 5/1, 71566 Althütte, Tel. +49 7183 428020, strohbecks.de.

Gaja's Welt: Seit 2015 betreibt Claudia Bihlmaier mit Familie und ihrem Team das vegane Restaurant, das aus einer Gaststätte der Eltern hervorging. Die gemütliche Einkehrmöglichkeit bietet Plätze in der »Alten Stube«, die tatsächlich so aussieht, im Nebenzimmer mit mediterranem Flair oder im Garten auf der Wiese mit Blick auf die Obstbäume. Die leckeren veganen Speisen – zum Teil glutenfrei – mit Zutaten aus der Region sind stilvoll angerichtet und werden zu fairen Preisen angeboten. Sa. ab 17.30, So. 12–15 Uhr (für Gruppen ab 12 Personen auch außerhalb der Öffnungszeiten nach Anmeldung), Winnenderstraße 81, 73667 Kaisersbach-Ebni, Tel. +49 7184 601, gajas-welt.de.

Hotel Restaurant Himmelreich: Gemütlich ist es im sogenannten Almrestaurant, das mit viel Holz ausgestattet ist. Hier werden traditionelle Gerichte, aber auch internationale Spezialitäten angeboten. Wer es lieber rustikal möchte, lässt sich im Gourmetimbiss im Biergarten nieder. Mit Blick über den See gibt es Burger aller Art nebst Schnitzelbrötchen oder Pizzazungen. Mi.–Fr ab 17, Sa., So. und Feiertags ab 12 Uhr, Ebnisee 2, 73667 Kaisersbach, Tel. +49 7184 2938020, hotel-reich-ebnisee.de.

Rader's Waldschänke.

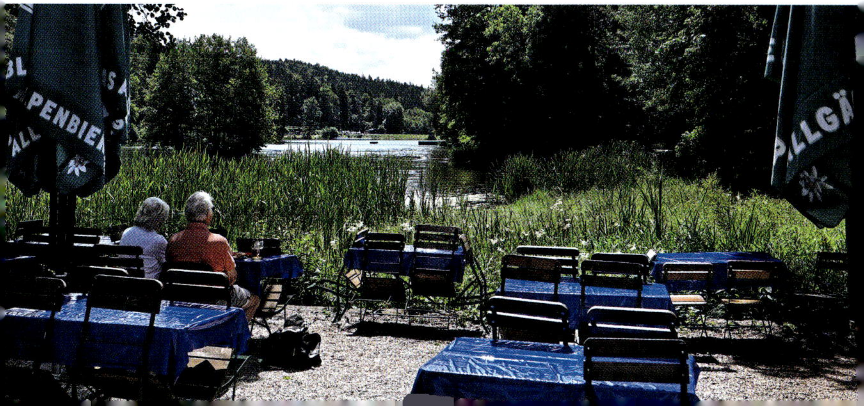

21 Der Mühlenwanderweg

Vom Tal der Finsteren Rot zur Schwarzen Rot

3.45 Std. | 12,9 km | ↗200 m | ↘200 m

Seen, Mühlen und ursprüngliche Täler

Mühlen hatten in vergangenen Jahrhunderten eine bedeutende wirtschaftliche Funktion. Im Schwäbischen Wald oft als Mahl- und Sägemühle sorgten sie sowohl für das lebensnotwendige Mehl als auch für das Zuschneiden von Holz, das zum Haus-, Möbelbau und für andere Zwecke genutzt wurde. Müller hatten daher ein großes Ansehen und brachten es mancherorts zu einigem Wohlstand. So errichteten sie oft imposante Wohn- und Wirtschaftshäuser wie etwa die Heinlesmühle oder die Menzlesmühle, die wir auf dieser Tour besuchen. Neben diesen kulturhistorischen Zeugen der Vergangenheit bieten malerisch in die Landschaft eingebettete Stauseen der Rot eine abwechslungsreiche Rundtour durch die üppig bewaldete Region.

Ausgangspunkt: Wanderparkplatz Täle an der K1892, 2 km südöstlich von Kaisersbach. Mehrmals werktags hält der Bus 251, der zwischen Welzheim und Rudersberg verkehrt. Von Mai bis Oktober verkehrt Samstags und an Sonn- und Feiertagen der Waldbus der Linie 265 ab Schorndorf in beiden Richtungen. Damit wäre der Einstieg auch bei Wegpunkt 4 nahe Hüttenbühl möglich.

Anforderungen: Waldreiche Rundtour auf meist bequemen Wegen mit geringem Asphaltanteil. Lediglich beim Abstieg zur Hägelesklinge läuft man auf schmalem Waldpfad.

Information: Gemeinde Alfdorf, Obere Schlossstraße 28, 73553 Alfdorf, Tel. +49 7172 3090, alfdorf.de oder Naturparkzentrum Murrhardt (siehe Tour 28).

Tipp: Alljährlich an Pfingstmontag findet der Deutsche Mühlentag statt. Viele ehemalige Mühlen sind dann zur Besichtigung geöffnet.

Karte: Wanderkarte Welzheim (LGL Blatt W220, 1:25.000). Backnang – Schwäbischer Wald, Blatt 54-542 (NaturNavi Verlag, 1:25.000).

Die schön restaurierte Heinlesmühle.

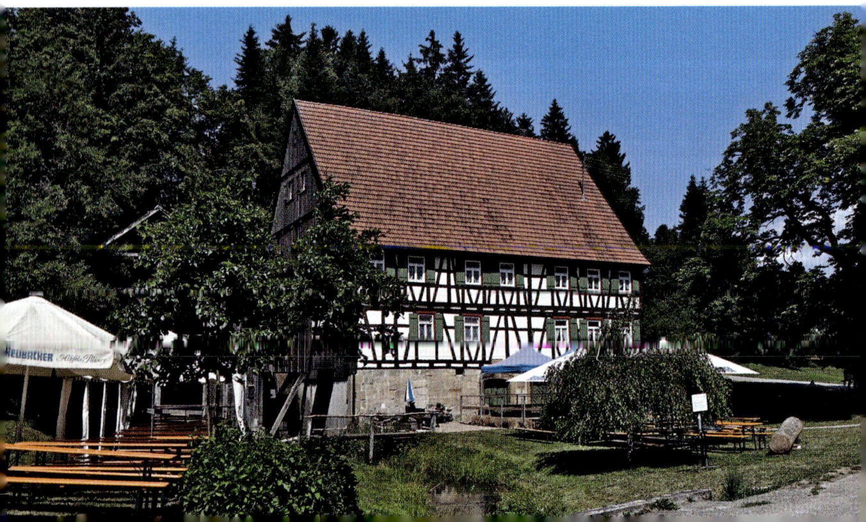

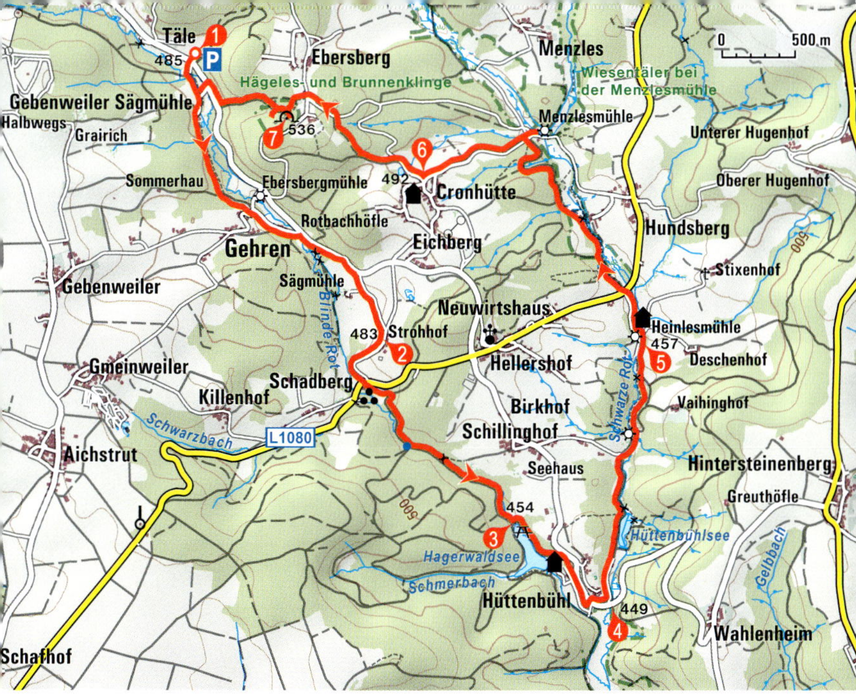

Wir starten am **Wanderparkplatz Täle** ❶ südöstlich von Kaisersbach und gehen auf der gegenüberliegenden Straßenseite in den Wald. Unmittelbar am hübschen Fachwerkhaus biegen wir links ab auf einen Pfad (blauer Strich). Dort wandern wir parallel zur Straße auf der linken Flanke des alten Hohlweges. In Nähe eines Hauses finden wir wieder Wanderzeichen und setzen die Richtung fort. Am breiten Forstweg angelangt, halten wir uns links, überqueren die Straße im Weiler Gehren und biegen am erloschenen Anwesen des Rotbachhöfle auf der Kreisstraße – der blaue Strich hat uns inzwischen nach rechts verlassen – rechts ab. Nun müssen wir knapp 500 m auf dem Fahrradweg an der Straße entlang marschieren. Von links stößt Tour A (Idyllische Straße) hinzu, der wir jetzt für den größten Teil unserer Route folgen. Wir queren die Straße (wegen besseren Übersichtlichkeit besser vor der Linkskurve) und wandern durch die Feldflur in Richtung des Weilers **Strohhof** ❷.

Nach einem Linksknick des Weges queren wir in Schadberg die Durchgangsstraße und ziehen auf dem Rottalweg weiter in Richtung Wald. Am Gsondheitsbrönnele gönnen wir uns einen Schluck des klaren

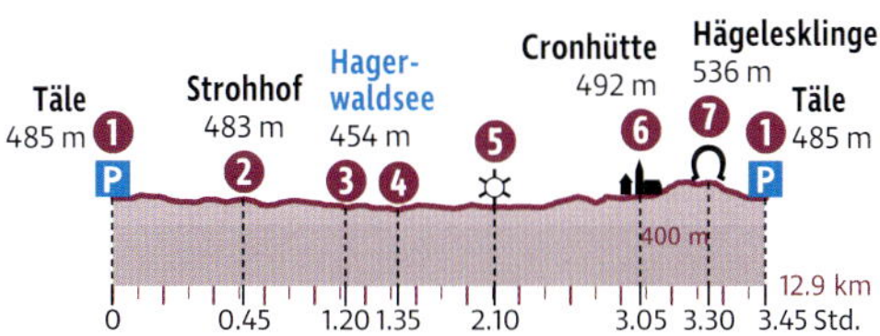

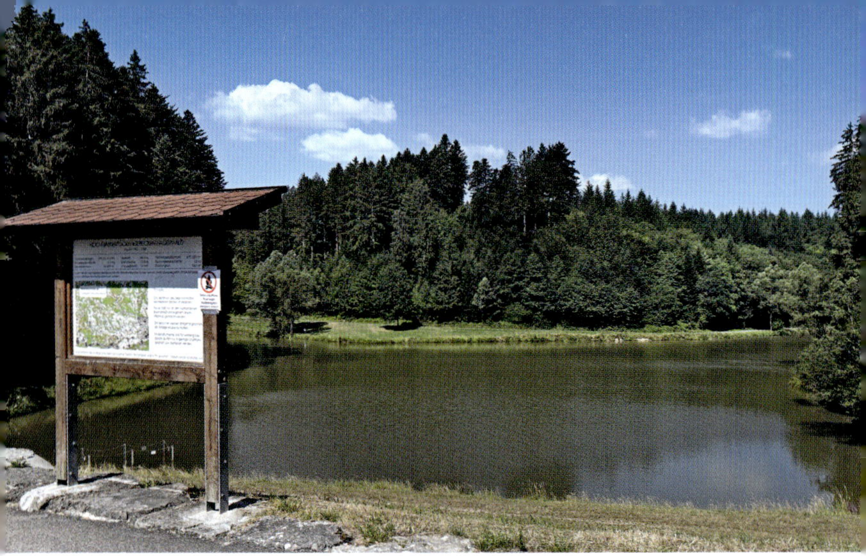

Am Hagerwaldsee.

Quellwassers. Im Schatten der Bäume wandern wir längs des Laufs der Finsteren Rot, deren Tal sich schließlich am oberen Ende des aufgestauten **Hagerwaldsee ❸** öffnet. Wir schlendern am linksseitigen Ufer entlang, steigen hoch zum Damm und die Stufen hinab zur Gaststätte Hagerwaldsee. Der Stausee wurde als Rückhaltebecken für das Leintal angelegt, das den südlichen Teil des Schwäbisch-Fränkischen Waldes durchzieht.

Nach dem Parkplatz biegen wir im Weiler Hüttenbühl an der Wandertafel links ab und orientieren uns nun am Symbol des **Mühlenwanderweges ❹**, der jenseits der Straße beginnt. Schon nach wenigen Minuten passieren wir das nächste Rückhaltebecken, den Hüttenbühlsee, an dessen Ende das liebliche Tal beginnt, dem wir nun für eine gute Weile folgen. Schon kurze Zeit darauf treffen wir auf die erste Mühle: die Hummelgautsche mit herrlichem Picknickplatz davor. Wie sie zu ihrem Namen kam, erläutert eine aufschlussreiche Tafel davor. Jetzt heißt es aufpassen: Wir gehen nicht rechts auf dem breiten Weg über den Bach, sondern links über die Wiese und dann auf schmalem Pfad am Waldsaum entlang. Bald erscheint das prächtige Fachwerkhaus der **Heinlesmühle ❺**. Eine der schönsten und traditionsreichsten Mühlen des Naturparks (siehe unten).

Wir biegen nach dem Gebäude links ab. Nach Querung einer Autostraße geht es nun hinab zum Schilfgürtel des Tales, den wir auf einem Bohlenweg durchwandern. Im Hintergrund erkennen wir die rötlich gestrichenen Holzgebäude der Hundsperger Sägemühle. Der Wiesenpfad dahinter ist deutlich zu sehen und setzt sich am Waldrand fort. Die Menzlesmühle ist schließlich die letzte in unserer Sammlung. An der Kreuzung davor wenden wir uns nach links auf Weg A nach **Cronhütte ❻**. Sehenswert sind die Holzschnitzereien am ersten Hof rechts. Sofern der Schnitzer zu Hause ist, sollte man unbedingt einen Blick hineinwerfen.

An der Verkehrsinsel in der Ortsmitte wandern wir rechts hinab zur Hägelesklinge und verlassen damit den Wanderweg Tour A. Wer sich einen Kaffee und einen hausgemachten Kuchen in der Holzofenbäckerei Weller und Munz gönnen möchte, geht nach links auf den Panoramaweg und biegt an erster Möglichkeit rechts ab (ca. 300 m). Nach dem Löschteich steuern wir links den Rotbachweg an und biegen nach Waldeintritt rechts ab. An der Kreuzung gehen wir auf dem Teersträßchen nach links, überqueren links vom Forsthaus Ebersberg die Straße und setzen die Richtung auf dem Grasweg fort. Am Waldrand ziehen wir links hinab zur tief eingeschnittenen **Hägelesklinge 7**. Die Felsblöcke aus Stubensandstein bilden ein eindrucksvolles Naturschauspiel mit Höhlen, Grotten und vielfältigen Formen. Ihr Name stammt von Johannes Hägele aus Ebersberg, der sich Mitte vorletztes Jahrhundert über Jahre aus Furcht vor einer Militärstrafe im verzweigten Höhlennetz versteckt hielt. Kurz bevor wir rechts abbiegen, können wir noch einen Abstecher zur Brunnenklinge machen, die nicht ganz so spektakulär, aber durchaus sehenswert ist.

Zurück im Tal an der Straße gehen wir nach rechts und legen die letzten Meter auf dem Fahrradweg zurück. Wer Lust hat, geht links über die Brücke und auf dem bekannten Waldtrail zurück zum **Waldparkplatz Täle 1**.

EINKEHR

Gaststätte Hagerwaldsee: Man sitzt gemütlich und rustikal in der Gaststätte oder auf der Terrasse des Gasthauses am Campingplatz. Traditionelle Gerichte von Kalb, Rind und Schwein, aber auch vegetarische Kost stehen auf dem Speiseplan. Da der Besitzer gleichzeitig Koch und Jäger ist, bietet er an manchen Tagen selbst erlegtes und zubereitetes Wild an. Mi.–So. ab 11 Uhr, Hagerwaldseestraße 31, 73553 Alfdorf, Tel. +49 7182 6810, hagerwaldsee.de.

Mühlenschenke Heinlesmühle: Der Ursprung der Mühle reicht bis ins 12. Jh. zurück. Das heutige stattliche Fachwerkgebäude stammt aus dem Beginn des 19. Jh. Sie war eine der bedeutendsten Mühlen der Region und diente zeitweise auch als Gaststätte, Schule und Schultheißerei. Auf den Biertischen davor werden im Sommer an Sonn- und Feiertagen von 11 bis 18 Uhr Getränke, einfache Speisen und auch Kuchen angeboten. Der Selbstbedienungsshop mit Getränken für durstige Wanderer ist im Frühjahr und Sommer immer geöffnet. Heinlesmühle 1, 73553 Alfdorf, Tel. +49 7972 6045, heinlesmuehle.de.

Holzofenbäckerei Weller und Munz in Cronhütte: Schon wenn man die Straße hochgeht, duftet es nach leckerem Brot aus dem Holzbackofen und erst recht, wenn man den kleinen Verkaufsraum betritt. Gewaltige Brotlaibe liegen auf den Holzregalen und warten auf Abholung. Viele Brote des Landwirts und der Bäckermeisterin erhalten alljährlich Auszeichnungen. Diverse frische Backwaren verführen zum Kaffeestopp, die man gegenüber auf der liebevoll gestalteten schattigen Pergola zu sich nehmen kann. Der hausgemachte Zwetschgenkuchen war ein Gedicht. Di., Do. und Fr., 8.30–18 Uhr, Im Feldle 3, 73667 Kaisersbach-Cronhütte, Tel. +49 7184 91010, holzofenbaeckerei-weller-munz.de.

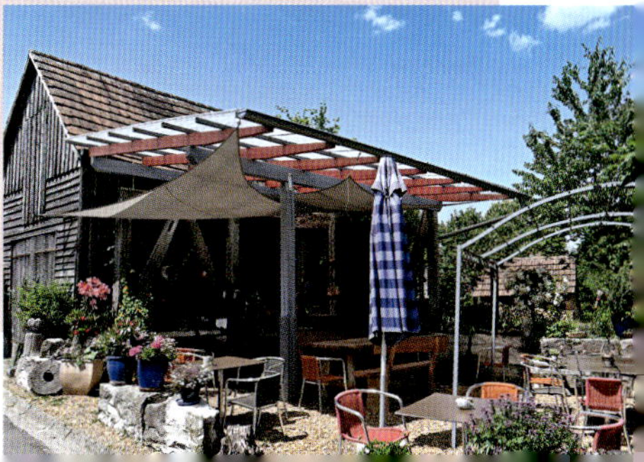

Bäckerei Weller und Munz.

22 Von Murrhardt nach Fornsbach

Zu einem idyllischen Waldsee

4.45 Std. | 14,9 km | ↗ 380 m | ↘ 350 m

Durch urige Wälder

Zu Beginn der Tour erleben wir Geologie zum Anfassen. Auf dem Wanderweg der Feenspuren durchstreifen wir das imposante Felsenmeer von Murrhardt. Und tatsächlich geht von den bemoosten Felsblöcken eine mystische Stimmung aus. Ein gewaltiger Hangabriss am Steilabhang des Riesberges führte zum Labyrinth aus kubikmetergroßen Steinblöcken. Deutlich ist die darüber gelegene, mehr als zehn Meter hohe Abrisskante zu sehen. Auf knorrigen Waldpfaden und -wegen ziehen wir weiter bis zum idyllischen Waldsee in Fornsbach, der zu allerlei Freizeitvergnügungen und zur Einkehr einlädt.

Ausgangspunkt: Bahnhof in 71540 Murrhardt. Kostenloser Parkplatz an der Hauptstraße, Ecke Gartenstraße. Womo-Platz Festhalle, N 49.97936, E 9.57467.
Endpunkt: Bahnhof in 71540 Fornsbach.
Anforderungen: Ausgedehnte und meist schattige Streckentour durch die hügelige Landschaft rechts der Murr. Außer im Felsenmeer gut begehbare Forst- und Feldwege. Wichtig sind gutes Schuhwerk und Badesachen.

Information: Naturpark Zentrum, Marktplatz 8, 71540 Murrhardt, Tel. +49 7192 213777, naturpark-sfw.de.
Karte: Wanderkarte Murrhardt (LGL Blatt W219, 1:25.000). Backnang – Schwäbischer Wald, Blatt 54-542 (NaturNavi Verlag, 1:25.000).
Variante: Eine Abkürzung ist bei der Umrundung des Hornberger Köpfle möglich. Am Wegweiser Hungerbühl folgt man dem Wanderweg F1 hinab nach Fornsbach und verkürzt die Strecke um rund 3 km.

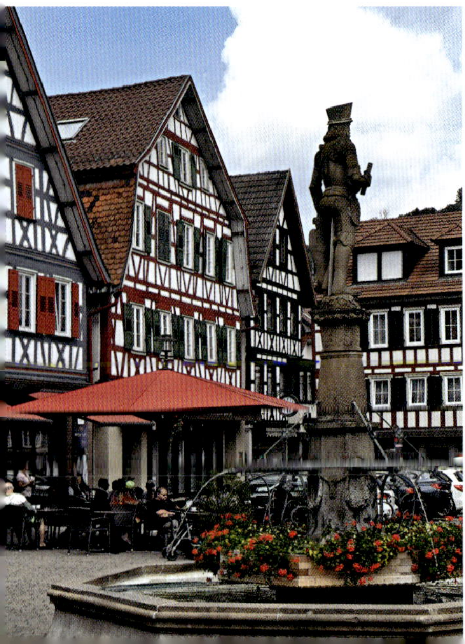

Am Bahnhof von **Murrhardt** ❶ finden wir eine Wandertafel zur Orientierung. Wir wandern größtenteils auf der Tour K (Idyllische Straße) mit dem grünen Vögelchen und steigen neben der Infotafel die Stufen hinab in Richtung Innenstadt. Wir queren die Murr und halten uns dahinter links und wieder rechts.
Am Marktplatz, der von Fachwerk umrahmt ist (einem der schönsten der Region), ziehen wir linker Hand des Rathauses vorbei durch die Fußgängerzone bis zum Oberen Tor, von dem allerdings nur noch der Name des Platzes zeugt. Wir wandern geradeaus weiter durch die Riesberg-

Marktplatz in Murrhardt.

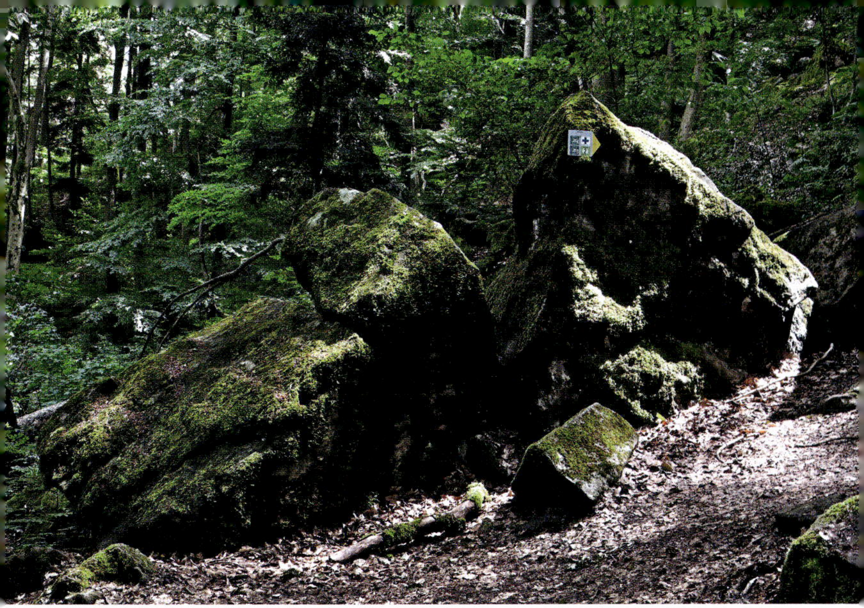

Felsenmeer von Murrhardt.

straße, bis wir kurz nach der Bebauungsgrenze rechts abgehend einen Treppenpfad in Richtung Römersee finden. Leider müssen wir auf der Straße wieder ein paar Schritte bergab marschieren, bevor es in der Kurve erneut nach rechts weitergeht. Eine Karte gibt einen Überblick über den Premium-Spazierwanderweg Felsenmeer. Wir wandern jedoch entgegen der vorgeschlagenen Laufrichtung direkt über Römersee zum Felsenmeer und gehen dafür an der rot-weißen Schranke vorbei.

Wer Lust hat, kann natürlich auch die Variante über den Riesbergturm drehen, die kurz vor der Tafel rechts den steilen Pfad hochführt.

Kurz nach der Linkskehre verlassen wir den breiten Forstweg und schreiten rechts den Pfad durch prächtigen Mischwald hinauf (Wegweiser Felsenmeer). Wir treffen auf den **Römersee ❷**, wo in den 20er-Jahren des letzten Jahrhunderts beliebte Römerfestspiele stattfanden. Dahinter steigen wir erneut steil rechts empor in Richtung Felsenmeer. Ein paar Minuten später betreten wir schon das mystische Areal der Steinblöcke aus Stubensandstein, die sich offensichtlich im Laufe der Jahrtausende von der oben sichtbaren Felswand des Riesberges gelöst haben und herunterpurzelten. Der Beschilderung folgend arbeiten wir uns durch das Steinlabyrinth nach oben vor.

Oben biegen wir nun entgegen der Wegweiser links ab und blicken nun aus anderer Perspektive auf die Steinbrocken des Felsenmeers. Bitte unbedingt den Sicherheitsabstand vor der Abbruchkante einhalten!

An der Gabelung danach nehmen wir den linken Zweig. Nach 100 m bei der nächsten Verzweigung folgen wir der Beschilderung nach links. Ein wahrlich traumhafter Waldpfad führt uns jetzt über den Kamm des Höhenzuges. Am sogenannten Grenzsteinweg finden wir alte Wege- oder Grenzsteine des Bauernwaldes (Pflugschar) und des Murrhardter Stadtwaldes (MS), die

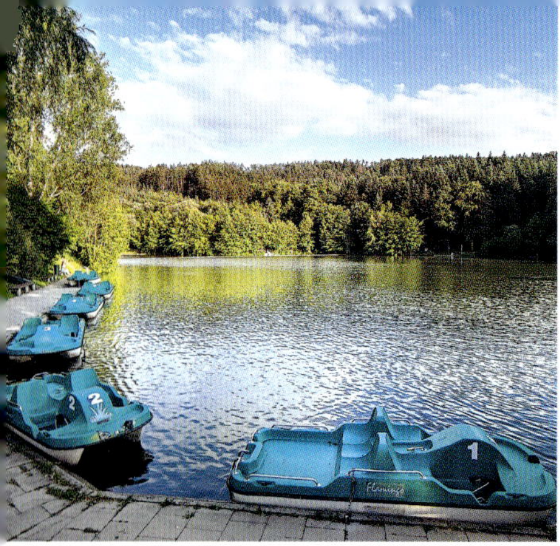

Am Waldsee.

den Pfad säumen. Am Waldaustritt erwartet uns die Schutzhütte des Flugmodellclubs, die wir als willkommene Raststation nutzen. Wir halten uns nach der Hütte rechts, gehen den asphaltierten Weg hinauf und biegen links ab zum Aussichtspunkt **Köchersberg ❸**.
Hier treffen wir wieder auf den K-Wanderweg und biegen vor dem Bildstock rechts ab. Am asphaltierten Wirtschaftsweg halten wir uns links und gehen auch an der nächsten Kreuzung nach links. Wer Interesse an römischen Wachttürmen hat, macht einen 200 m langen Abstecher nach rechts zum Wachtposten 9/104 am Waldrand. Zurück an der Straße biegen wir an der Scheune rechts ab und ziehen zum nächsten sturmzerzausten Wald, wo es wieder talwärts geht. Am Waldaustritt verstehen wir, warum man den Schwäbisch-Fränkischen Wald auch den kleinen Schwarzwald nennt. Ein idyllisches Tal mit verstreuten Einzelgehöften ähnelt sehr dem beliebten südwestdeutschen Mittelgebirge.
Unten im Tal schwenken wir nach links in die Durchgangsstraße ein (Fußgängerweg hinter der Leitplanke). Leider müssen wir ein Stück neben der Straße marschieren, was links vor dem großen Stall und der anschließenden Wiese etwas sicherer ist. Gegenüber der Bushaltestelle des Weilers **Klingen ❹** folgen wir dem Wanderschild rechts bergauf und ziehen an der Flanke des Tales entlang. Nach einer längeren Waldetappe verlassen wir in der Rechtskurve nach links den breiten Forstweg. Auf schmalem und anfangs steilem Pfad geht es wieder bergab. Wir queren die Straße und wandern durch das parkähnlich aufgelockerte Tal, wo wir nach dem **Göckelbach ❺** auf eine zweite Straße stoßen. Wir halten uns rechts und gehen etwa 50 m daneben entlang (am besten auf der Wiese) und biegen in Höhe des oberhalb sichtbaren, von grünen Hecken bewehrten Friedhofs, links ab. An dessen Ende geht es links am Waldsaum entlang sanft bergauf. Stets den Spuren im Gras folgend, treten wir am Ende der Streuobstwiese wieder in den Wald ein und umrun-

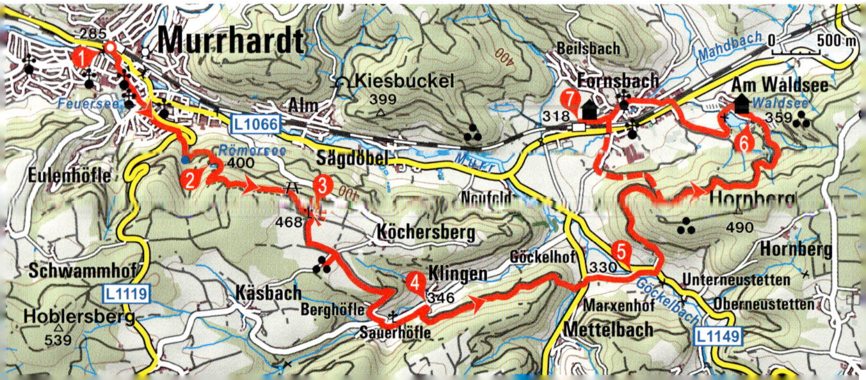

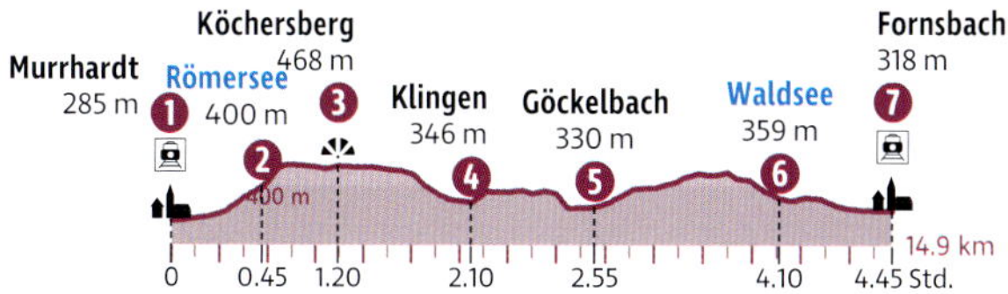

den entsprechend dem Wegweiser das Hornberger Köpfle in Richtung Waldsee. Wer dem idyllischen Weiher keinen Besuch abstatten möchte, kann am nächsten Wegweiser, am Standort Hungerbühl, scharf links abbiegen und auf F1 direkt nach Fornsbach zurückwandern, was die Strecke um einiges verkürzt.
Am nächsten Wegweiser, gegenüber dem Wegestein, gehen wir links hinab und gelangen durch einen Hohlweg zum beliebten **Waldsee** ❻. Vor dem Campingplatz halten wir uns links, umrunden den See oder verweilen bei leckerem Essen des Restaurants Culinarium der Familie Pfizenmaier.
Wir überqueren den Damm und wenden uns vor den Umkleidekabinen nach links. Nach wenigen Metern führt rechts hinter einer Absperrung für Radler ein Pfad hoch in Richtung Fornsbach. Oben, am Ende des Waldes, stoßen wir auf einen Wirtschaftsweg, auf dem wir rechts weiter marschieren. Unten im Tal an der Bundesstraße weist uns das Wanderzeichen nach links. Wir gehen aber geradeaus, überqueren die Straße und nehmen den ruhigeren Weg unter der Bahnlinie hindurch in das nette Örtchen. An der kleinen Parkanlage gehen wir links des Gewässers auf dem Fußgängerweg weiter. Am eingefassten Bach entlang folgen wir der Beschilderung durch das Dorf am Landgasthof Krone vorbei. Kaffee und Kuchen gibt es auch am Ortsende in der Dorfbackstube. Entweder nehmen wir den Bus zurück, der neben der Bäckerei hält, oder wir wandern rechts daran vorbei zum Bahnhof in **Fornsbach** ❼.

EINKEHR

Pfizenmaiers Kulinarium: Familie Pfizenmaier und ihr Team bieten eine klassische Karte mit Fleischgerichten aller Art von Schwein, Rind, Lamm oder Reh. Dazu gibt es auch ein paar vegetarische und ein veganes Gericht. Beliebt ist das Salatbuffet mit bunter und üppiger Auswahl. Nachmittags wartet ein reichliches Kuchenbuffet auf Süßmäuler. Man sitzt im schicken Ambiente des modernen Gebäudes oder auf der Außenterrasse, von der man dem Treiben auf dem See zuschauen kann. Von 12 bis 14 Uhr wird (außer sonntags) ein preisgünstiges Tagesessen angeboten. Mi.–So. ab 12 Uhr, Am Waldsee 9, 71540 Murrhardt-Fornsbach, Tel. +49 7192 936039, pfizenmaiers-kulinarium.de.

Kiosk Waldseelaube: Neben dem Minigolfplatz am Waldsee befindet sich der Kiosk, in dem im Sommer bei schönem Wetter Hamburger, Bratwurst und Pommes serviert werden. Öffnungszeiten erfährt man unter Tel. +49 7192 936039.

Landgasthof Krone: Einer der echten alten Landgasthöfe, die man leider nur noch selten findet. Die ehrliche schwäbische Hausmannskost wird vom Chef selbst zubereitet und ist allseits beliebt. Spätzle werden hier noch von Hand geschabt, wie bei der Großmutter. Man speist im gemütlichen Gastraum oder im Außenbereich auf der Terrasse neben dem Haus. Mi.–Sa. ab 17.30, So. ab 11.30 Uhr, Rathausplatz 3, 71540 Murrhardt-Fornsbach, Tel. +49 7192 5401, krone-fornsbach.de.

23 Von Murrhardt nach Siegelsberg

Auf dem Limeswanderweg

4.00 Std. | 12,0 km | ↗ 370 m | ↘ 370 m

Von einem Wachtturm zum anderen

Eine Wanderung für Liebhaber römischer Archäologie. Auf dieser Wanderung nördlich von Murrhardt besuchen wir nicht weniger als vier ehemalige Wachttürme. Wir queren auch den ehemaligen Grenzwall zwischen dem Römischen Reich und dem freien Germanien, der heute nur noch an wenigen Stellen sichtbar ist und mehr als 550 Kilometer lang war. Der Limes ist heute Teil des UNESCO Weltkulturerbes. An allen Wachttürmen gibt es informative Tafeln, die über den Verlauf der Grenzbefestigung und das Leben der römischen Legionäre informieren, die hier ihren Dienst taten.

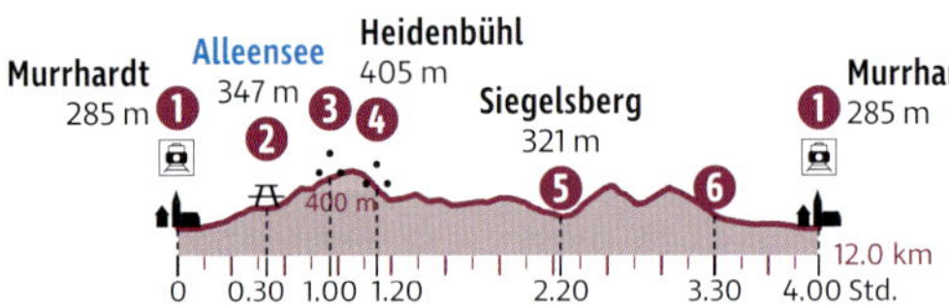

Ausgangspunkt: Bahnhof in 71540 Murrhardt. Kostenloser Parkplatz an der Hauptstraße, Ecke Gartenstraße. Womo-Platz Festhalle, N 49.97936, E 9.57467.
Anforderungen: Schattige Rundtour auf angenehmen Wegen mit knackigen Anstiegen zwischendurch. Wanderstöcke empfehlenswert.
Information: Naturpark Zentrum, Marktplatz 8, 71540 Murrhardt, Tel. +49 7192 213777, naturpark-sfw.de.
Karte: Wanderkarte Murrhardt (LGL Blatt W219, 1:25.000). Backnang – Schwäbischer Wald, Blatt 54-542 (NaturNavi Verlag, 1:25.000).

Siegelsberg – eingebettet zwischen bewaldeten Hügeln.

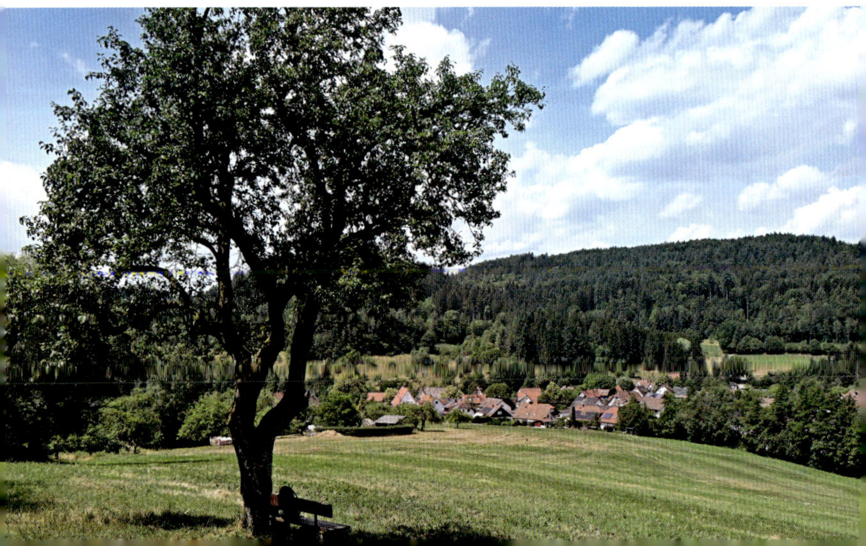

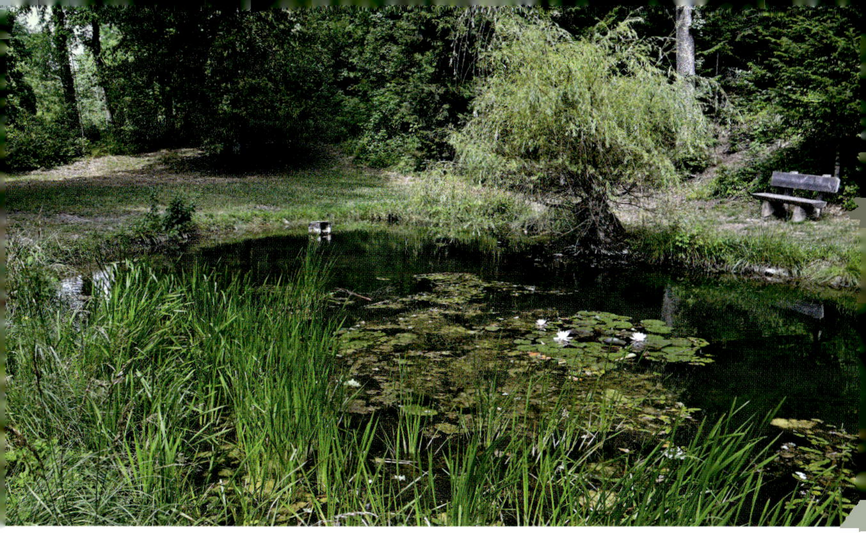

Der idyllische Waldpark am Alleensee.

Wir beginnen unsere Tour am Bahnhof von **Murrhardt ❶** und gehen von dort in östlicher Richtung an der Infotafel vorbei und hinab zur Durchgangsstraße. Dort verlängern wir knapp 100 m bis zur Murrbrücke, wo es rechts zur Innenstadt mit dem hübschen Marktplatz geht. Wir wandern stattdessen nach links in die Siegelsberger Straße, wechseln die Seite und gehen unter der Bahnlinie hindurch. Direkt dahinter biegen wir rechts ab und finden die ersten Wanderschilder.

Wir orientieren uns am Wanderweg 3 der Stadt Murrhardt, der mehrere Limeswachttürme verbindet. An erster Gabelung halten wir uns links und biegen nach 20 m rechts ab in den Linderstweg. Am Wanderparkplatz mit den Tafeln der Murrhardter Maler und Designer Nägele vorbei

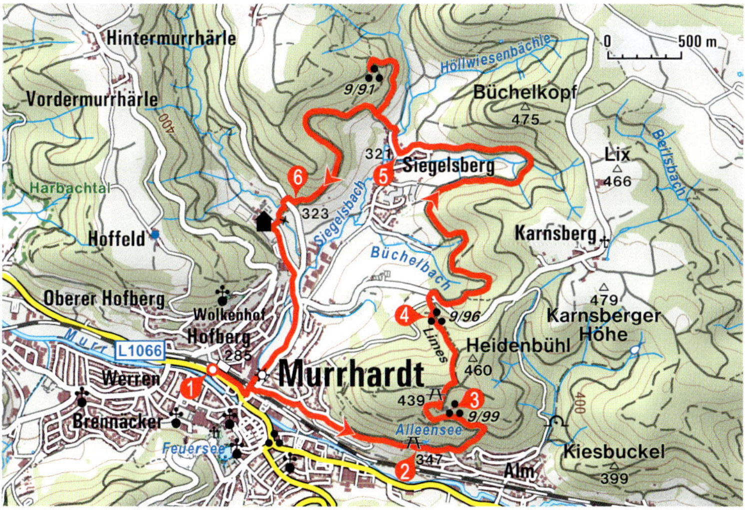

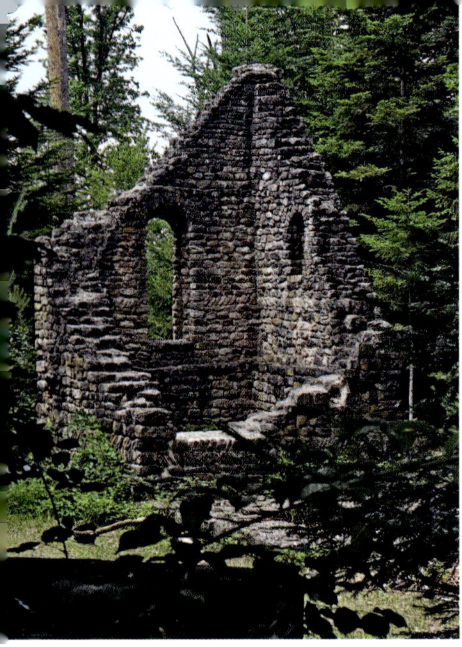

Limes Wachtturm Heidenbühl.

geht es hoch zum Wald. Seit 2022 gibt es den Malerweg, der 15 Stationen Murrhardter Künstler verbindet. Schon bald passieren wir einen idyllischen Waldpark am **Alleensee** ❷ mit Picknickmöglichkeiten und einem attraktiven Spielplatz und halten uns dahinter links.

Nach etwa 200 m biegen wir erneut scharf links ab und steigen nun steil bergauf. Nach einer kurzen Verschnaufpause geht es ein zweites Mal schweißtreibend zuletzt auf einem Pfad den Berg hinauf. Die Römer müssen ziemlich fit gewesen sein. Endlich oben angekommen erwartet uns die Lindersthütte mit Bänken zum Verschnaufen. Rechter Hand am Waldrand finden wir den ersten Sockel des Limes Wachtturms 9/99 **Teufelsmauer** ❸. Im Gegensatz zu anderen Türmen ist dieser mit einem Grundriss von 6,5 m ungewöhnlich groß.

Links an der Hütte vorbei, am hinkelsteingesäumten Weg, geht es weiter und wir finden wenige Meter dahinter den nächsten römischen Wachtturm 9/98 (Linderst-Ebene) rechts des Weges. Wegen der unmittelbaren Nähe der beiden Türme vermutet man, dass sich hier ein Grenzdurchgang zum freien Germanien befand.

An der nächsten Kreuzung biegen wir links ab auf einen leicht überwucherten Weg. Nach steilem Abstieg treffen wir auf zwei Turmreste. Den wiederaufgebauten Turm B 9/96, **Heidenbühl** ❹, daneben die Reste des abgebrannten Turms A. Gegenüber geht es nun auf genauso steilem Waldpfad, wie wir hochgekommen sind, wieder bergab. Unten an der Straße gehen wir nach links und sofort wieder rechts in Richtung Waldkindergarten.

Auf breitem Forstweg geht es jetzt eine geraume Weile sanft bergab, bis wir auf eine Kreuzung stoßen. Hier haben wir die Möglichkeit, nach links die Abkürzung nach **Siegelsberg** ❺ zu nehmen oder wir bleiben rechter Hand auf dem Rundwanderweg mit der schwarzen 3, der bald aussichtsreich am Waldsaum entlangführt und immer wieder malerische Blicke ins Tal freigibt.

Im verträumten Dörfchen biegen wir am Platz beim Brunnen unter den Linden rechts ab und halten uns am Ortsende nach einem prächtigen alten Hof links. Am Waldrand treffen wir auf einen Wegweiser und folgen nach rechts dem Limeswanderweg, der bis zum nächsten Wachtturm mehrmals den Limes quert. An der Gabelung halten wir uns links und treffen bald auf den bis zu 4 m hoch rekonstruierten Wachtturm 9/91 oben am Berg.

Zurück an der Kreuzung halten wir uns rechts. In Höhe einer Pferdekop-

EINKEHR

Restaurant Kouzina Taverna: Die Vereinsgaststätte des Vfr Murrhardt bietet auf ihrer Terrasse neben den Sportanlagen griechische Küche. Zünftige Fleischgerichte mit Tzaziki garniert, Grillplatten aller Art und diverse Salate werden in kreativer Art aufgetischt. Wer nur einen Imbiss möchte, greift zu einer der leckeren griechischen Vorspeisen. Di.-Sa. ab 17, So. ab 11.30 Uhr, Rudi-Gehring-Straße 21, 71540 Murrhardt, Tel. +49 7192 8450, vfr-murrhardt.de.

Hotel-Restaurant Sonne Post: Zu angemessenen Preisen speist man in den modernen Gasträumen oder auf der Terrasse des Restaurants. Die Speisekarte ist reichhaltig und bietet auch ein paar vegetarische Gerichte an. Auch Burger stehen auf dem Speiseplan, die hier mit Süßkartoffeln serviert werden. Von 11.45-14.30 gibt es eine preisgünstige Mittagskarte mit Gerichten zwischen 9 und 11 Euro. Mo.-Fr. & So. ab 11, Sa. ab 17 Uhr, Walterichsweg 1, 71540 Murrhardt, Tel. +49 7192 92420, hotel-sonnepost.de.

Café am Klosterhof: Im historischen Wirtschaftsgebäude des ehemaligen Klosters, an der Klostermauer, befinden sich die Räume des Cafés. Das täglich wechselnde Angebot an Kuchen und Torten lässt sich im Sommer am angenehmsten zwischen den historischen Gebäuden auf der Terrasse genießen. Mo.-Sa. 9-18, Sonn- und Feiertag 13.30-18 Uhr, Helfergasse 10, 71540 Murrhardt, Tel. +49 7192 3129, cafe-am-klosterhof.de.

pel knickt der Weg nach rechts ab und führt auf einer Schleife durch den Wald.

An der **Steinberger Straße** ❻ angekommen gehen wir 50 m bergauf und wandern links am Waldsaum entlang talwärts. Wer Lust zu kneippen hat, kann dies im glasklaren Wasser des Baches machen. Auf einer Holzbrücke queren wir den Dentelbach und halten uns dahinter rechts. Wer im Restaurant Kouzina Taverna einkehren möchte, biegt an der Straße rechts ab zu den Sportanlagen, ansonsten halten wir uns links. An der Trauzenbachhalle gehen wir schließlich nach rechts zurück in den Ort. Vorbei an der traditionellen Rümelinsmühle erreichen wir wieder das Zentrum von **Murrhardt** ❶.

Die schöne Rümelinsmühle.

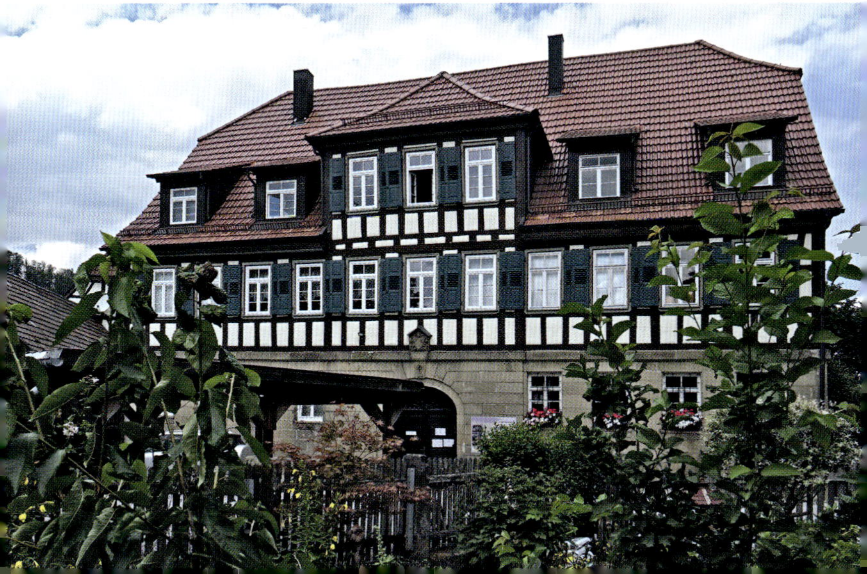

24 Auf dem Aspacher Panoramaweg
Aussichten am Rand des Schwäbischen Waldes

3.45 Std. | 12,9 km | ↗240 m | ↘240 m

Durch Wälder, Dörfer und Weinberge

Am Fuß des Schwäbischen Waldes liegen die vom Weinbau geprägten Ortsteile der Großgemeinde Aspach, die über den Panoramaweg miteinander verbunden sind. Nach Durchquerung der Allmersbacher Talaue geht es in das historisch bedeutsame und bestens dokumentierte Weindorf Rietenau. Einige Tafeln erzählen die Geschichten der alten Häuser und ihrer Bewohner. Auf einem Kulturlehrpfad wandern wir am naturnahen Jettenbach entlang und schließlich hoch zum Wengertschützenhäusle mit herrlichen Ausblicken und an manchen Tagen mit Ausschank. Die Krönung ist der Pfad der »Mystischen Augenblicke« ganz oben über den Weinbergen. Lassen Sie sich überraschen.

Ausgangspunkt: Ortsmitte von 71546 Kleinaspach. Parkmöglichkeit am östlichen Ortsrand auf dem Wohnmobilstellplatz Eselsweg, oder in entgegengesetzter Richtung vor der Hardtwaldhalle in der Rielingshäuser Straße. Womo-Platz Am Eselsweg, N 48.99170, E 9.36575.

Anforderungen: Rundtour durch die vielfältige Natur- und Kulturlandschaft. Auf den überall gut begehbaren Wald- und Feldwegen gibt es allerdings wenig Schatten.

Information: Gemeinde Aspach, Backnanger Straße 9, 71546 Aspach, Tel. +49 7191 21217

Karte: Wanderkarte Murrhardt (LGL Blatt W219, 1:25.000). Backnang – Schwäbischer Wald, Blatt 54-542 (NaturNavi Verlag, 1:25.000).

Tipp: Skulpturenpark Lapidarium. Am nördlichen Ortsrand lohnt sich ein Stopp am kleinen Park. Anlässlich eines Bildhauersymposiums entstanden sechs Kunstobjekte zum Thema »Stein-Zeit«.

Blick auf Röhrach mit dem Föhrenberg dahinter.

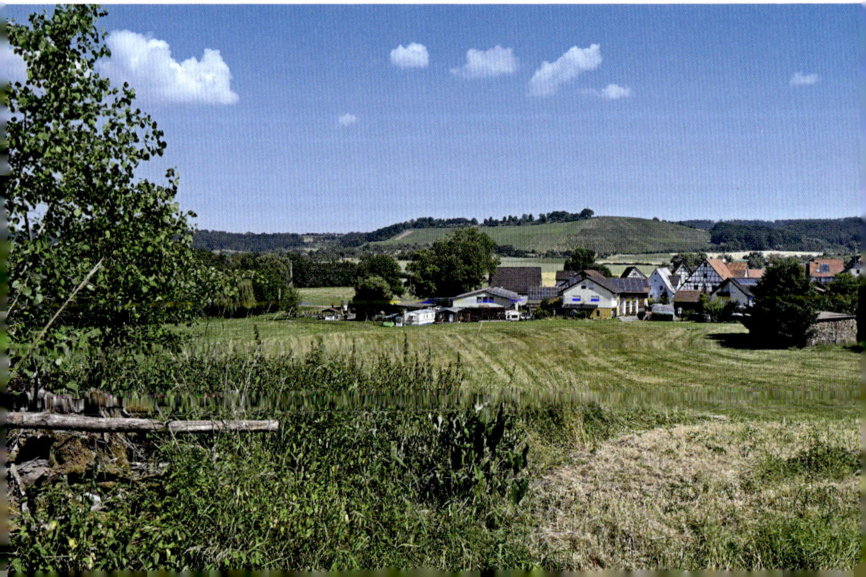

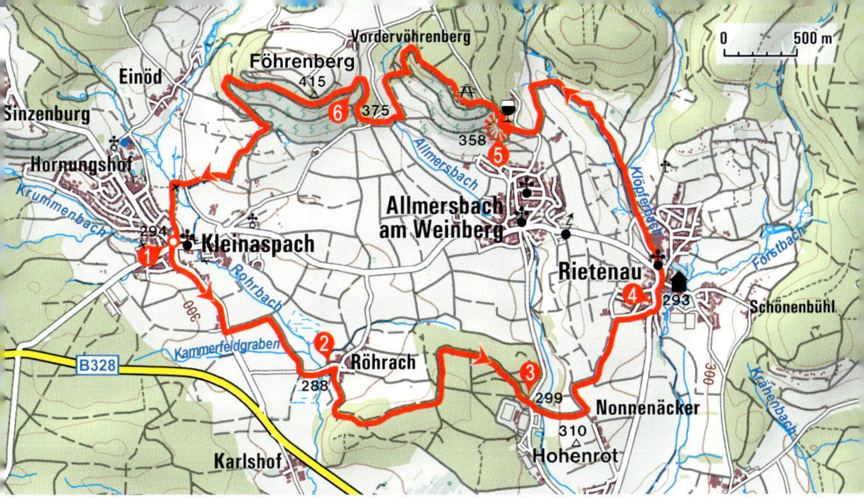

Von der Ortsmitte von **Kleinaspach** ❶ aus, an der Kreuzung von Allmersberger Straße mit Kirchberger Straße, wandern wir in südlicher Richtung aus dem Dorf in Richtung Backnang. Am Ortsende finden wir den Wegweiser des Panoramaweges, der uns nach links auf den Fahrradweg leitet. Das grün-weiße Vögelchen des Weges C ist identisch mit dem Panoramaweg, an dem wir uns vorerst bis Röhrach orientieren.

Gegenüber vom Winzerhof mit Weinautomat davor biegen wir links ab auf einen Wirtschaftsweg zwischen den Feldern. Von hier haben wir schon einen guten Überblick über unsere Runde, die an den beiden Höhenrücken linker Hand von uns entlang führt. Kurz vor der Brücke über den Rohrbach biegen wir rechts ab, ziehen auf dem Feldweg bis zur Teerstraße und biegen links ab.

Wir gelangen in das Dörfchen **Röhrach** ❷ und treffen unmittelbar auf die Besenwirtschaft Zur Grünfläche der Familie Seeger. Direkt dahinter biegen wir rechts ab und ziehen Richtung Wald. Wir verlassen damit den Panoramaweg, der bis Fautenhau auf Asphalt verläuft und für Wanderer nicht erste Wahl ist. Am Wald angekommen, biegen wir sofort links ab auf einen anfangs etwas überwucherten Waldweg.

An der Gabelung gehen wir nach links weiter durch den niedrig stämmigen Mischwald. Bald öffnet sich der Wald und gibt erneut wunderbare Ausblicke auf die Weinberge gegenüber frei. An der darauffolgenden T-Kreuzung gehen wir nach links und wandern an der nächsten Kreuzung geradeaus weiter. Der Weg schwenkt in großem Bogen nach rechts. Alle Abzweigungen ignorierend, halten wir die Richtung bei und treffen nach einer Schranke auf die Großaspacher Straße. Rechts von uns befinden sich die Anlagen des Sportparks **Fautenhau** ❸, die für Fußball und Musikevents genutzt

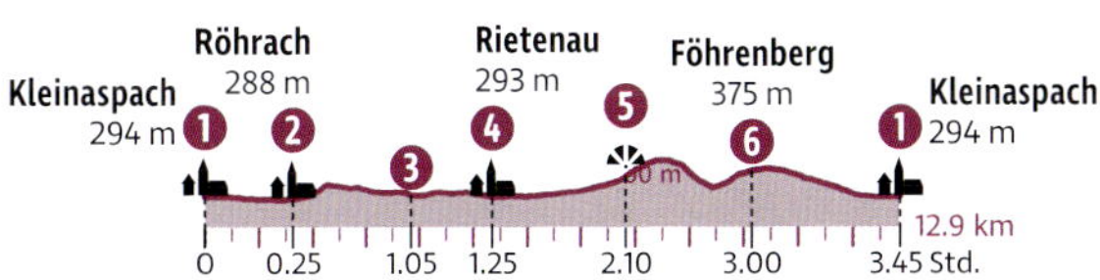

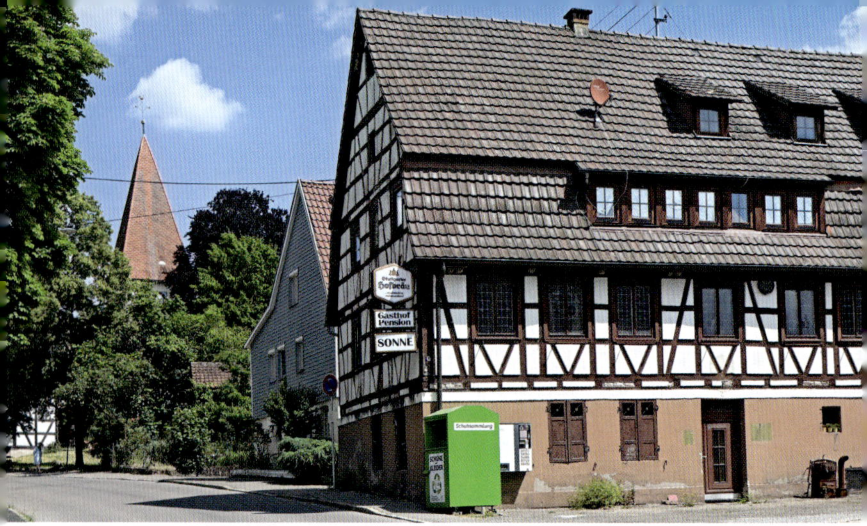

Der ehemalige Gasthof Sonne in Rietenau.

werden. Wir treffen wieder auf das Wegzeichen des Panoramaweges mit der grünen Welle, dem wir bis zum Höhenrücken gegenüber folgen. Dazu queren wir die Straße und die Talaue Allmersbach. Oben, etwa 100 m vor einem Gehöft, biegen wir ohne Markierung links ab und folgen dem Wirtschaftsweg, der bald nach rechts schwenkt und dann nach links in Richtung Rietenau führt. Wenn wir die Kirchturmspitze im Visier haben, sind wir auf dem richtigen Weg. Im Dorf gehen wir bei den ersten Häusern nach rechts, treffen auf die Durchgangsstraße von **Rietenau ❹** und biegen links ab. Wir passieren auf dem historischen Ortsrundgang das Alte Rathaus und den ehemaligen Gasthof Sonne mit erläuternden Tafeln zur Geschichte der Bauwerke. Gut 50 m nach der Bushaltestelle folgen wir am Pfarramt dem blauen Punkt nach rechts. Für kurze Zeit wandern wir auf dem Keuperlehrpfad, den sich geologisch Interessierte vormerken können.

An der Kreuzung nach dem Ortsausgang treffen wir erneut auf das Wegzeichen des Panoramaweges und folgen ihm nun bis zum Föhrenberg. Am Wegweiser geht es geradeaus über die Straße ins Jettenbachtal. An der Tafel, die uns über Löss informiert, halten wir uns links und wandern auf dem Wiesenweg am Bachlauf entlang. Den Schwenk des Weges nach links ignorieren wir und bleiben weiterhin auf derselben Bachseite. Erst am Schilfgürtel halten wir uns links und treffen wieder auf einen befestigten Weg.

Vor einem mit Hecken umfriedeten Rückhaltebecken weist uns der Wegweiser nach links über den Bach, um dann um fast 180 Grad zu wenden. Wir queren eine Straße und ziehen am Rande einer Streuobstwiese hoch zum **Wengertschützenhäusle ❺**. Bunte Panoramatafeln bieten uns Orientierung über die Fernsicht bis zur Schwäbischen Alb und zum Schwarzwald. Nachdem wir die herrliche Aussicht gründlich genossen haben, gehen wir am Eingang der Hütte vorbei bis zur Kreuzung und dann rechts zwischen Wald und Weinbergen den Grasweg hoch in Richtung Naturkino. Eine Tafel des Geopfades macht auf eine Mergelgrube rechts des Weges aufmerksam, aus der die Winzer früher das rötliche Gesteinsmaterial für ihre Weinberge abbauten. Ein steiler Schotterweg bringt uns noch eine Etage höher zum Waldsaum, wo wir auf einer Rastbank verschnaufen dürfen. Auf dem schattigen Pfad der »Mystischen Augenblicke« ein paar Meter im Innern des Waldes erfahren wir Wissenswertes über den Wald, die Bäume und ihre Nutzung, beäugt von seltsamen Wesen.

Am Ende der Panorama-Etappe, in der Rechtskurve, halten wir uns links. Ein mächtig überwucherter Waldpfad führt uns talwärts, wobei wir sorgfältig auf die Markierung achten. Auf dem Asphaltsträßchen angekommen, wenden wir uns zweimal nach rechts und wandern weiter an gut gepflegten Streuobstbeständen vorbei. An der Gabelung halten wir uns rechts, überqueren eine Straße und steigen die Anhöhe hoch. Wer Lust hat, macht nach links einen Abstecher zur historischen Kelter in 500 m Entfernung, oder benutzt den Weg als Abkürzung nach Kleinaspach. Ansonsten geht es rechts am Waldrand weiter bergauf. An der geologischen Tafel über den Föhrenberg biegen wir scharf links ab. Am nächsten Wegweiser haben wir die Möglichkeit, die steile Variante über den **Föhrenberg** ❻ zu nehmen oder einfach gemütlich geradeaus weiterzumarschieren. Wenn wir an der Verzweigung unterhalb der Wochenendhaussiedlung angekommen sind, halten wir uns links und gehen am Wegweiser gegenüber der Tafel über die Rebkrankheiten halb links weiter. Etwa 50 m dahinter biegen wir rechts ab und überqueren eine Kreuzung. Kurz danach, gegenüber einer Holzscheune, gehen wir rechts vom Weg auf dem Schotterweg weiter und können so noch etwas dem Asphalt entfliehen. Nach der Linkskurve ziehen wir geradeaus den Wiesenweg bergab. Im Tal wenden wir uns nach rechts, gehen hinunter bis zum Bachlauf, der gut am Talauenbewuchs erkennbar ist, und folgen nach Überquerung des Rohrbachs nach links der Beschilderung zum Ortszentrum von **Kleinaspach** ❶.

Naturkino hinter dem Wengertschützenhäusle.

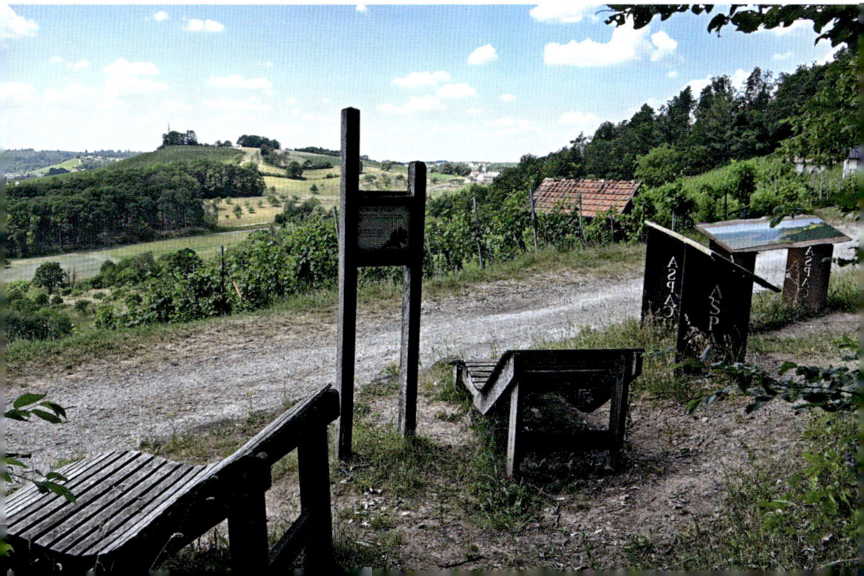

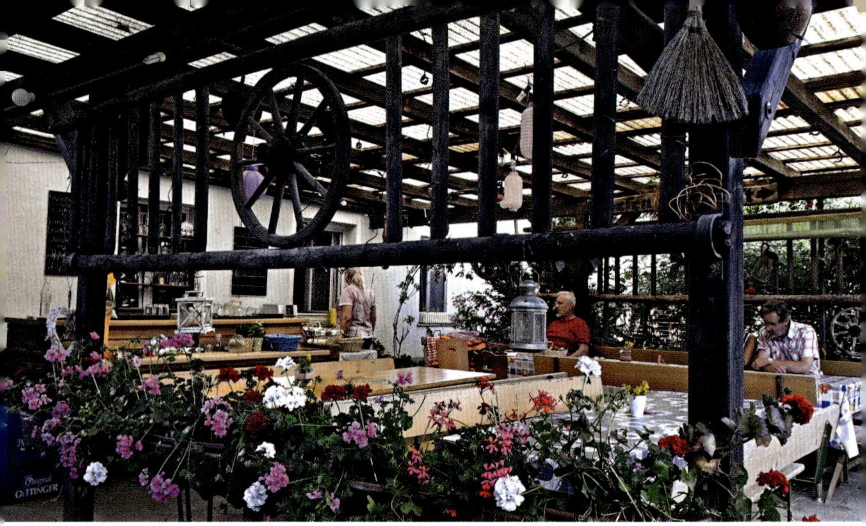

Besenstube Zur Grünfläche.

EINKEHR

Kelterbergstüble: Mit Blick auf die Weinberge sitzt man im modernen Ambiente oder davor auf der Terrasse der 2005 eröffneten Besenwirtschaft mit Winzerhof von Familie Holzwarth. Sohn Marco gewann gleich im ersten Jahr seines Einstiegs zwei Silbermedaillen. Zu den typischen Besengerichten gibt es hausgemachten Kartoffelsalat nach Omas Rezept und Di. und So. dazu hausgemachte Maultaschen. Hefezöpfe werden täglich von der Chefin des Hauses frisch gebacken. Tiere sind allerdings nicht willkommen. Zu Besenöffnungszeiten ab 11 Uhr, Kirchberger Straße 50, 71546 Aspach-Kleinaspach, Tel. +49 7148 922482, holzwarth-weine.de.

Besenstube Zur Grünfläche: Typische Besenwirtschaft mit schwäbischer Hausmannskost zu fairen Preisen. Ob drinnen oder im Hof unter der Pergola werden deftige Fleischgerichte serviert. Vegetarier müssen sich mit leckerem hausgemachtem Kartoffelsalat oder mit Bratkartoffeln satt essen. Der Wein stammt aus eigenem Anbau, Schnaps aus hauseigener Destillation. Mi.–So. ab 11.30 Uhr zu Besenöffnungszeiten, Familie Seeger, Röhrach 19, 71546 Aspach-Röhrach, Tel. +49 7191 920267, zur-gruenflaeche.de.

Rietenau, El Greco: Der Grieche am Sportplatz wirbt mit dem Prädikat, dass er »einer der Schönsten und Größten der Gemeinde Aspach« ist. In der Tat sitzt man am Rand des Spiel- und Sportplatzes wunderbar unter dem Dach der Sonnenschirme, mit Blick ins Grüne. Für die leckeren und großen griechischen Portionen Lamm-, Hähnchen-, Schwein- oder Rindfleisch gab es schon mehrere Auszeichnungen. Mit vegetarischen Gerichten oder griechischen fleischlosen Vorspeisen werden auch Rohköstler satt. Di.–Sa. ab 12, So. ab 11 Uhr, Brunnengässle 34, 71546 Aspach-Rietenau, Tel. +49 7191 2625, tsvelgreco.de.

Bäcker Baker: Der Name der Homepage bringt es auf den Punkt. Sollten sie an den beiden Öffnungstagen auf Wandertour sein, lohnt es sich wirklich beim jungen Bäckerpärchen ein leckeres Stückchen zum Kaffee auf dem kleinen Dorfplatz zu genießen. Die fluffigen Zimtschnecken schmecken traumhaft. Und wenn Sie noch Platz im Rucksack haben, nehmen Sie ein Brot aus selbst angesetztem Sauerteig und organisch biologischem Mehl mit. Do. und Fr. 14.30 bis 18.30 Uhr, Allmersbacher Straße 35, 71546 Aspach-Kleinaspach, Tel. +49 7148 9679481, eslohntsich.eu.

Vom historischen Beilstein zum Wunnenstein

Weinbergrunde zu historischen Plätzen

3.45 Std. | 12,3 km | ↗300 m | ↘300 m

Aussichtsberge am Bottwartal

Wie eine Postkartenidylle mutet der Anblick von Schloss und der darüber befindlichen, von Weinbergen umgebenen Burg Hohenbeilstein an. Tatsächlich ist das Untere Schloss nur eine im historischen Stil erbaute Villa eines Textilfabrikanten aus dem Beginn des letzten Jahrhunderts, die auf dem Grund eines ehemaligen Amtshauses der Burg erbaut wurde. Aus mehreren Blickwinkeln, ob aus der Ferne oder aus unmittelbarer Nähe, dürfen wir auf der Tour immer wieder Burg und Schloss oberhalb des Bottwartals in Augenschein nehmen. Demgegenüber blieb von Burg Wunnenstein, ebenfalls in staufischer Zeit errichtet, fast kein Stein mehr übrig. Nur noch die Mauerreste einer Kirche sind erhalten, die heute in einem Aussichtsturm integriert sind.

Ausgangspunkt: Hauptstraße in 71717 Beilstein am Schnittpunkt mit der Bahhofstraße. Daneben befindet sich die Bushaltestelle Beilstein Langhans und mehrere Parkplätze. Womo-Platz, Weingut Krohmer, N 49.03887, E 9.30541.
Anforderungen: Gemütliche Rundtour auf Wirtschafts- und Waldwegen. Da es viel durch Weinberge und Orte geht, ist die Tour etwas asphaltlastig mit wenig Schatten.
Information: Stadtverwaltung, Hauptstr. 19, 71717 Beilstein, Tel. +49 7062 2630, beilstein.de. Tourismusgemeinschaft Marbach Bottwartal, Marktstraße 23, 71672 Marbach am Neckar, Tel. +49 7144 102250, marbach-bottwartal.de.
Karte: Wanderkarte Murrhardt (LGL Blatt W219, 1:25.000). Bietigheim – Bissingen Beilstein, Blatt 52-543 (NaturNavi Verlag, 1:25.000).

Wir starten in der Ortsmitte von **Beilstein ❶**, nahe der Bushaltestelle Langhans, wo sich Hauptstraße und Bahnhofstraße kreuzen. In Letztere biegen wir ein und ziehen in Richtung des ehemaligen Bahnhofs, an den allerdings nur noch ein Schild erinnert. Hier finden wir das blau-weiße Wanderschild des Wein-Lese-Weges 5, an dem wir uns größtenteils orientieren.
Wir folgen weiter nach links der Bahnhofstraße, die bald in den Winzerhausener Weg übergeht. Am Weingut Krohmer, das zu Besenzeiten ab 11 Uhr geöffnet hat, gehen wir

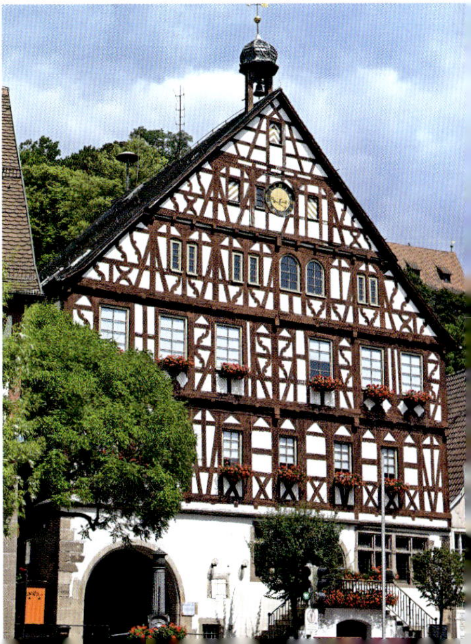

Rathaus von Beilstein.

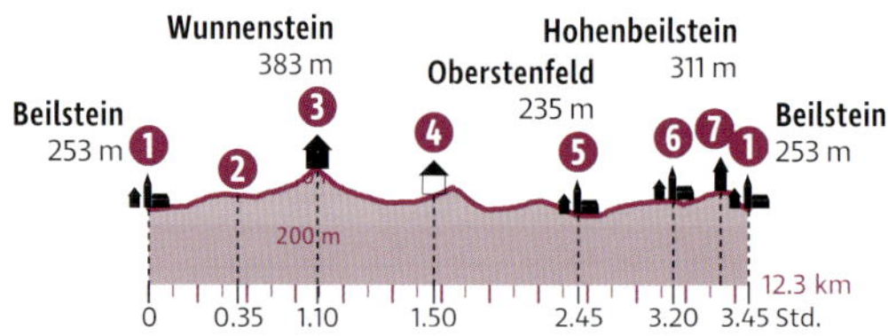

vorbei und marschieren geradeaus den Berg hinauf. Etwa in der Mitte des ansteigenden Weges, am Haus mit Jägerzaun, verlassen wir (ohne Wegzeichen) den asphaltierten Weg nach rechts auf einen Grasweg durch üppige Streuobstwiesen.

Wer allerdings lieber die Aussicht genießen möchte, folgt den Wanderwegweisern den steilen asphaltierten Teerweg weiter bergauf.

Der Anstieg auf unserer Variante ist eher moderat und zum Teil sogar schattig. An den Walnussbäumen halten wir uns links und treffen auf ein Teersträßchen, auf dem wir ebenfalls uns links orientieren.

An den Freizeitgrundstücken von **Frauenhölzle 2**, vor einem eingezäunten Garten, stoßen die beiden Routen zusammen und wir folgen wieder den Wanderwegweisern. Geradeaus betreten wir über die Wunnensteinstraße einen prächtigen Mischwald. An der ersten Kreuzung folgen wir dem halb links abknickenden, etwas überwachsenen Waldpfad (rotes Kreuz). Am ersten Waldaustritt bietet sich unterhalb der alten Weinkelter eine herrliche Picknickbank an zum Rasten.

Dann geht es weiter auf dem schattigen Pfad im Wald oder auf dem geteerten Wirtschaftsweg am Waldrand. Etwas Vorsicht ist auf dem Waldpfad geboten, da er auch gerne von Mountainbikern genutzt wird. An zwei Gabelungen im Wald halten

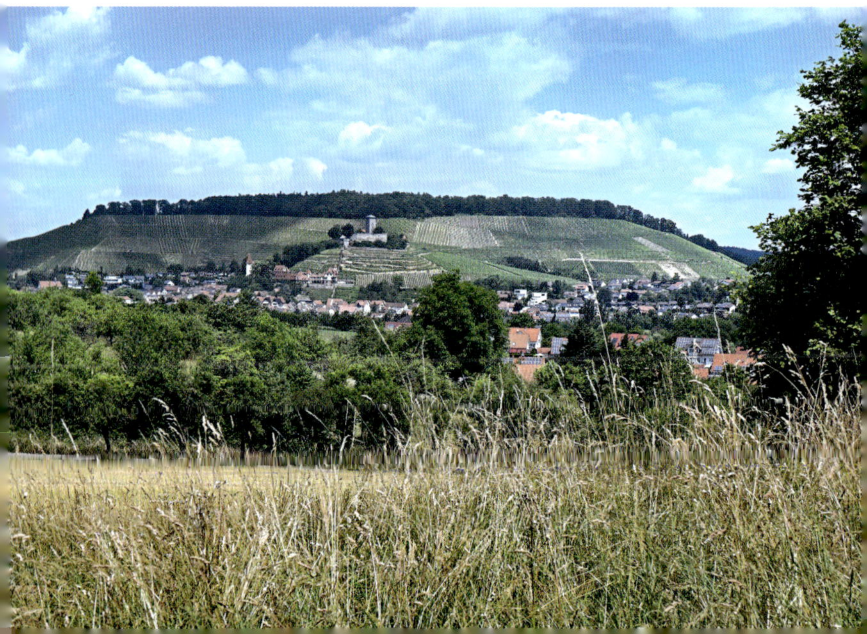

Beilstein mit dem Fohlenberg dahinter.

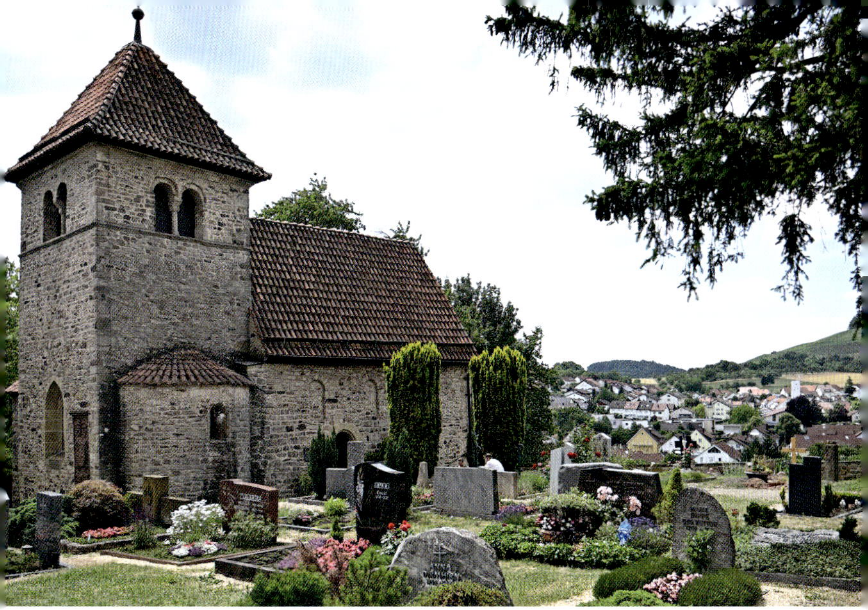

Die romanische Peterskirche.

wir uns rechts und nehmen an der nächsten Verzweigung den links steil bergauf führenden Pfad. Von dort führt eine Treppe hoch zum Turm auf dem **Wunnenstein ❸**, der allerdings nur sonntags und feiertags bestiegen werden kann. Hier oben versammelten sich an Ostern 1525 die Bauern des »Bottwartaler Haufens« und zogen anschließend durch das Neckar- und Enztal.

Der heutige Turm steht auf den Mauerresten der ehemaligen Michaelskirche.

Am Restaurant und der Bar Aussichtsreich Wunnenstein ziehen wir rechts vorbei und wandern den asphaltierten Zufahrtsweg bergab an der Wengertschutzhütte vorbei. Am Knick des Weges biegen wir links ab zur Taverne Gipshütte. Weiter geht es auf dem Wein-Lese-Weg mitten durch die Weinberge zu Tal. Viele informative Tafeln über den Weinbau begleiten uns auf dem Weg.

Nach der langen Geraden durch die Weinberge biegen wir links ab und betreten bei der halbrunden Sitz-

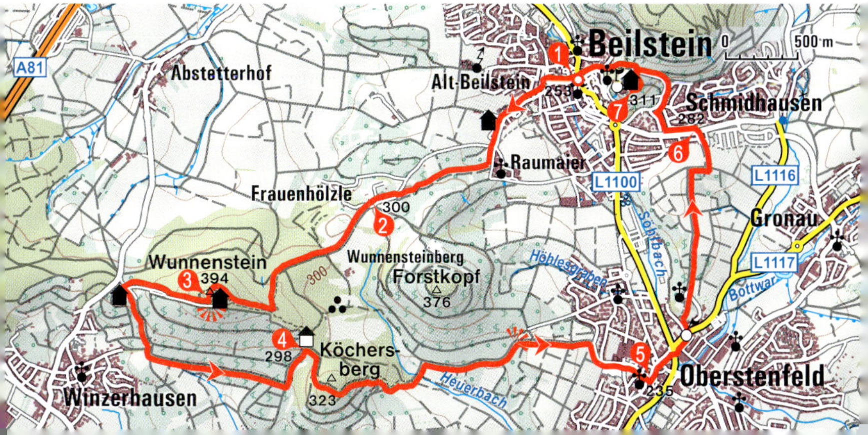

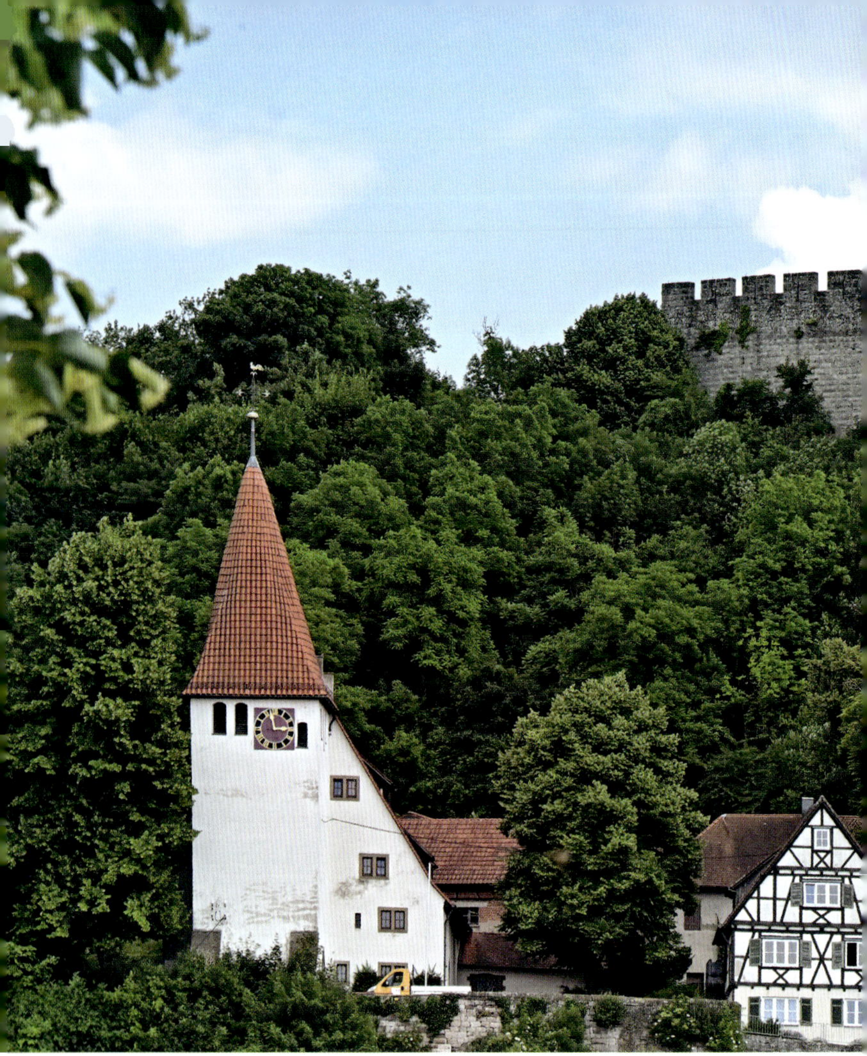

Burg Hohenbeilstein.

bank vor der **Wengertschützenhütte** ❹ auf dem Kochersbergweg den Wald. Nach gut 100 m verlassen wir wieder den beschilderten breiten Forstweg und folgen dem interessanteren rechts abgehenden Waldpfad, der sich nach wenigen Minuten verzweigt. Wir nehmen den linken Ast hinauf zum Kochersberg.

Nach dem ersten Hohlweg halten wir uns links und wandern nun durch ein Labyrinth aus Trichtern und Hohlformen, die vielleicht aus früherem Abbau stammen. Der schattige Waldpfad zieht sich bis knapp zur Stufenkante und verläuft dann parallel zum obersten Weinbergweg, aber ständig unter dem schattigen Blätterdach der Bäume. Am Ende des Pfades heißt es etwas aufpassen. Wir gehen aus dem Wald austretend auf dem Sträßchen halb

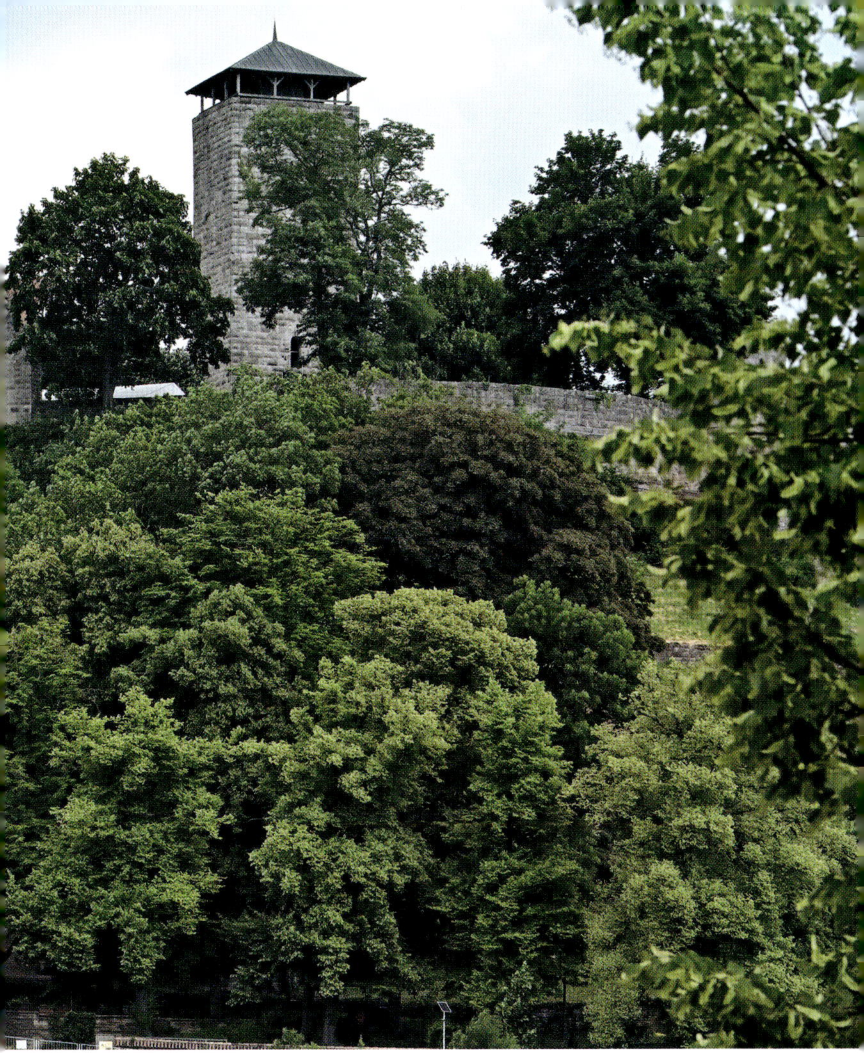

um die Kurve und dann links den Wiesenweg etwa 20 m hinab. Dort finden wir linker Hand den Einstieg zur Fortsetzung des Waldpfades. Kurz bevor der Weg auf die Lichtung führt, machen wir noch einmal einen Schlenker nach links und halten uns an der Gabelung rechts.

Wir verlassen endgültig den Wald, blicken gegenüber auf die Burg Lichtenberg und biegen links ab auf den Teerweg. An der nächsten Kreuzung finden wir wieder die Wegzeichen und halten uns rechts (Beilstein 5,6 km).

Oben auf der Kuppe bietet sich die Möglichkeit, eine Abkürzung zu gehen und links abbiegend direkt nach Beilstein zu wandern (1,9 km). Wir bleiben auf dem geradeaus führenden Weg und ziehen hinab nach **Oberstenfeld** ❺. Unten im Ort biegen wir am alten Fachwerkrathaus links ab. Gegenüber der Eisdiele sollte man unbedingt auf den prächtigen Fachwerkgiebel achten. Als Kaffeepause bietet sich Übeles Backhäusle an.

Wir queren die Kreuzung mit der Bundesstraße und biegen an erster Möglichkeit links ab in den Eselsweg. Nach ein paar Häusern führen rechts ein paar Stufen hoch auf einen Grasweg zur Peterskirche. Die älteste romanische Kirche der Region bietet im Innern (falls man die Möglichkeit zur Besichtigung hat) freigelegte originale mittelalterliche Fresken an.

Wir setzen an der Kirche vorbei den Weg geradeaus durch die Obstplantagen fort. Zwischen wogenden Weizenfeldern wandern wir mit herrlichem Blick auf die Burg Beilstein über die nächste Erhebung. Am Ende des Weges biegen wir erst rechts und an erster Möglichkeit wieder links ab. Am Feuerwehrhaus von **Schmidhausen** ❻ treffen wir auf die Durchgangsstraße und wenden uns nach links.

Wenige Meter nach der Bushaltestelle steigen wir rechts die Stufen hinauf und folgen den Wanderzeichen. Am Ende der Siedlungsstraße wandern wir rechts hoch, passieren das Tor zur Vinothek und ziehen in großem Bogen hoch zur **Burg Hohenbeilstein** ❼, die gegen Eintritt besichtigt werden kann. Die Stauferburg aus dem 12. Jh. wurde im Bauernkrieg 1525 zerstört und in Teilen ab 1898 wieder aufgebaut. In der Vorburg mit der Burgfalknerei finden regelmäßig Flugvorführungen statt.

Nach dem unteren Ausgangstor wandern wir nach links auf dem Fußgängerweg zurück nach **Beilstein** ❶.

EINKEHR

Aussichtsreich Wunnenstein: Man sitzt so, wie es der Name schon verrät. Der Blick vom Wunnenstein ist einfach atemberaubend. Und wenn man das noch im Sommer von der Strandliege mit dem Cocktail in der Hand genießen kann, ist das Glücksempfinden perfekt. Die Karte bietet eine bunte Mischung von allem, inklusive Flammkuchen. Der feine Ausblick schlägt sich in den Preisen nieder, die leicht gehobenes Niveau haben. Mo., Mi. und Do. ab 16 Uhr, Fr. ab 14, Sa. ab 12, So. ab 9 Uhr, Wunnensteinberg 3, 71723 Großbottwar, Tel. +49 7148 1626170, aussichtsreich-wunnenstein.eatbu.com.

Taverne Gipshütte: Griechische und Schwäbische Küche des mazedonischen Kochs, der die Fleischgerichte oft auch am Grill zubereitet. Man sitzt herrlich unter schattigen Bäumen direkt neben dem Wunnensteiner Weinbergen mit Blick ins Bottwartal. Ab April Mi.–So. ab 11.30 Uhr, im Winter eingeschränkte Öffnungszeiten, Stich 2, 71723 Großbottwar, Tel. +49 7148 166437. taverne-gipshuette.chayns.site.

Weinstube am Petersberg: Vor 30 Jahren eröffnete Familie Kurz den Besen, der sich seither großer Beliebtheit erfreut. Zu den mächtigen Portionen – es gibt auch kleine – der deftigen schwäbischen Gerichte wird natürlich eigener Wein serviert. Vor allem das Schweinehals-Steak mit dem hausgemachten Kartoffelsalat wird gerne bestellt. Ab 11.30 Uhr zu Besenöffnungszeiten, Eselsweg 17, 71720 Oberstenfeld, Tel. +49 7062 3409, weinstube-am-petersberg.de.

Mayer's Burgrestaurant Hohenbeilstein: Man sitzt gemütlich, ob im Wein- und Biergarten im Burghof, umgeben von alten Mauern, oder im schmucken Fachwerkgebäude, das mit traditionellen und modernen Elementen versehen ist. Das Restaurant von Besitzer und Küchenchef Thomas Mayer ist mit dem Prädikat »Haus der Baden Württemberger Weine« ausgezeichnet, was für erstklassige Küche

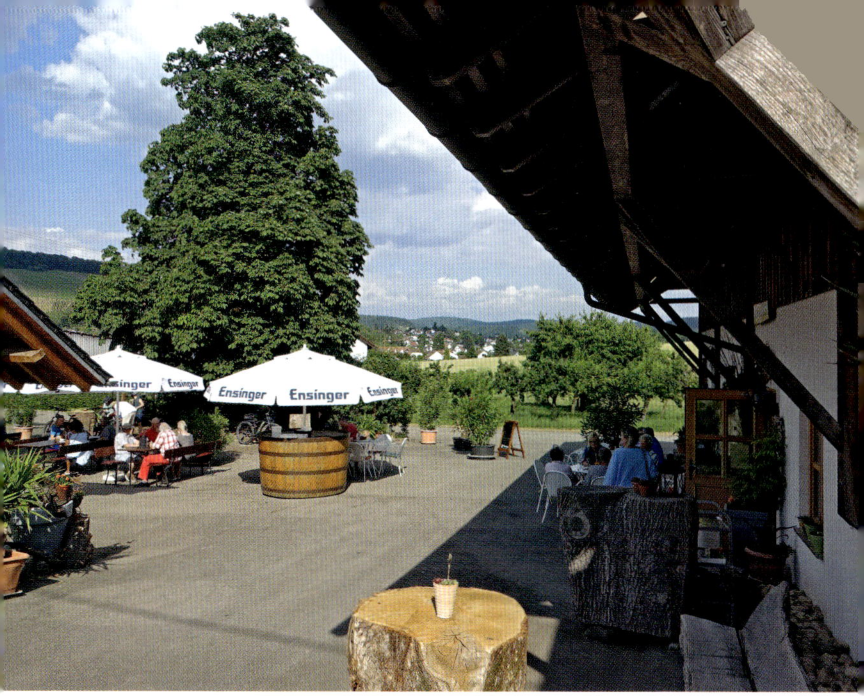

Terrasse der Weinstube zur Bütte.

und hervorragende badische und württembergische Weine verliehen wird. Für die Zubereitung der wenigen, aber hochwertigen Gerichte werden vorwiegend regionale und saisonale Produkte aus der Umgebung verwendet, wie der Schozachtaler Landgockel oder das Schwäbisch-Hällische Schwein. Mi.–Fr. ab 17.30 Uhr, Sa.,So. und Feiertag ab 11.30 Uhr, Langhans 1, 71717 Beilstein, Tel. +49 7062 6077, burg-beilstein.de, (für das Restaurant kein Burg-Eintritt nötig).

Weinstube zur Bütte: Dass man in einer alten Maschinenhalle sitzt, merkt man der gemütlichen Besenstube mit holzvertäfelter Decke kaum an. Im Sommer sitzt man im Hof, umgeben von Weinbergen, Obstbäumen und herrlichem Ausblick. Zu zivilen Preisen darf man bei Familie Krohmer in schwäbischen Gerichten schwelgen. Maultaschen, Linsen mit Spätzle und Saiten, oder man greift gleich zum Schwabenteller, da ist von allem etwas drin. Dazu werden kreative hauseigene Weine angeboten, die man nicht überall findet. Oder wo sonst gibt es einen Muskattrollinger Rosé? Ab 11.30 Uhr zu Besenöffnungszeiten, Winzerhausener Weg 22, 71717 Beilstein, Tel. +49 7062 3725, weingut-krohmer.de.

Gasthof Ochsen: Im holzgetäfelten Speiseraum fühlt man sich ein bisschen in die Vergangenheit zurückversetzt. Klassische Fleischgerichte schwäbischer Couleur werden im traditionsreichen Restaurant im historischen Zentrum von Beilstein angeboten. Wer sich nicht entscheiden kann, greift zum »Ochsen-Pfännle«, das neben drei verschiedenen Fleischsorten Spätzle, Schupfnudeln und Maultaschen enthält. Der Schwabenteller par excellence. Danach dürfte allerdings das Wandern schwerfallen. Eine kleine Auswahl vegetarischer Gerichte findet man ebenfalls auf der Karte. Fr. ab 17.30, Sa. und So. 11.30–14 Uhr und ab 17.30 Uhr, Hauptstraße 36, 71717 Beilstein, Tel. +49 7062 4507, ochsen-beilstein.de.

26 Waldreiche Runde um Großbottwar

Schattige Tour für heiße Sommertage

4.15 Std. | 13,8 km | ↗310 m | ↘310 m

Auf wald- und aussichtsreichen Weinbergwegen

An einem der prächtigsten Rathäuser der Region beginnt die Tour in der Mitte Großbottwars, das zum Teil noch von einer gut erhaltenen alten Stadtmauer umgeben ist. Diese passieren wir auf dem Weg zum begrünten Flusstal und wandern hinaus zu den Hügeln der wein- und waldreichen Landschaft. Nach einer ausgiebigen Runde im Haldenwald rund um den Grießberg gipfelt die Tour auf dem rundum mit Weinreben bestückten Harzberg mit weiten Blicken bis nach Stuttgart bei entsprechender Witterung. Durch die renommierte Reblage Harzberg, wo auf bunten Mergelböden beste Weine gedeihen, führt der Weg an einem der schönsten Weinberghäuschen der Region vorbei wieder hinab ins Tal der Bottwar.

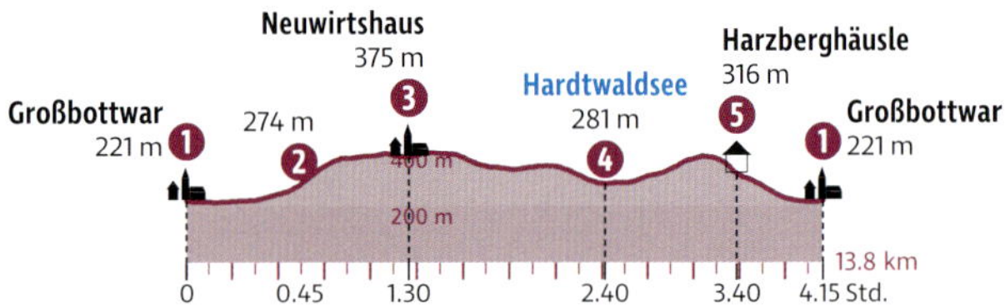

Ausgangspunkt: Bushaltestelle Rosenplatz an der Stadtmauer von Großbottwar. Großer kostenfreier Parkplatz vor der Wunnensteinhalle, In den Frauengärten. Womo-Platz, In den Frauengärten N 49.00431, E 9.28663.
Anforderungen: Ausgiebige Waldtour für heiße Sommertage. Asphaltierte Weinbergwege zu Beginn und am Ende.
Information: Bürgermeisteramt, Marktplatz 1, 71723 Großbottwar, Tel. +49 7148 310, grossbottwar.de, Tourismusgemeinschaft Marbach Bottwartal, Marktstraße 23, 71672 Marbach am Neckar, Tel. +49 7144 102250, marbach-bottwartal.de.
Karte: Wanderkarte Murrhardt (LGL Blatt W219, 1:25.000). Bietigheim – Bissingen Beilstein, Blatt 52-543 (NaturNavi Verlag, 1:25.000).

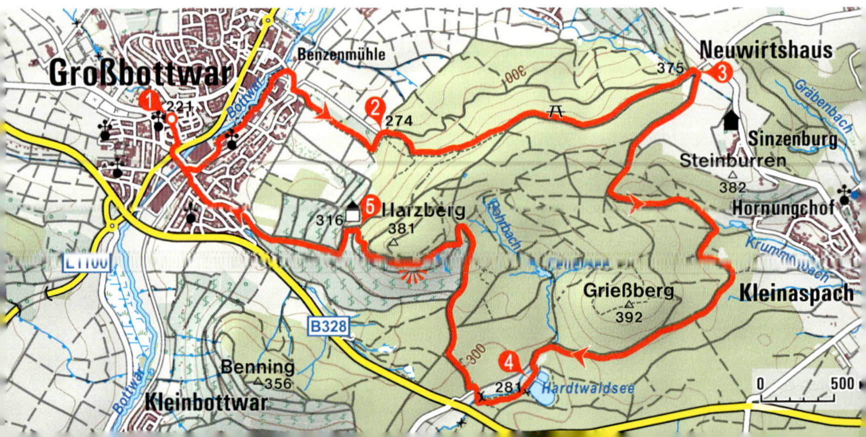

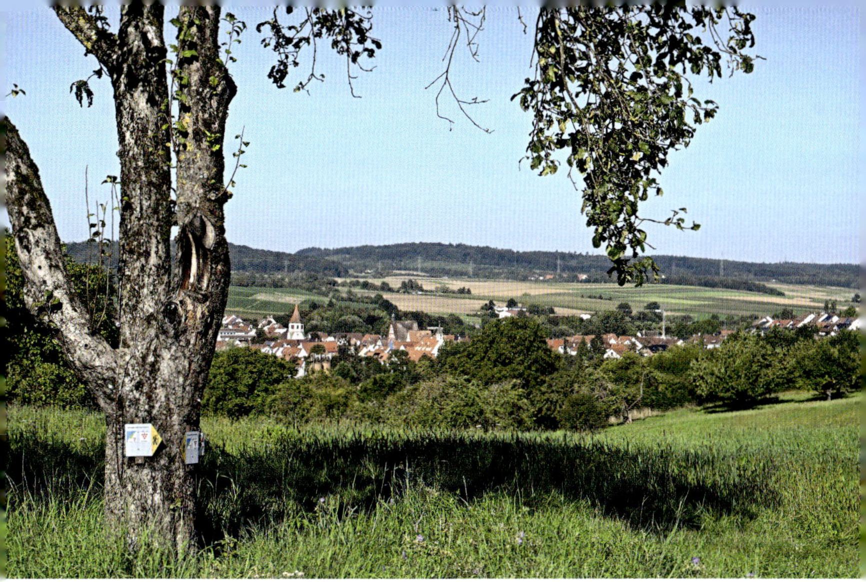

Rückblick auf Großbottwar.

Wir starten unsere Tour vor dem prächtigen Rathaus von **Großbottwar** ❶. Das einmalige Renaissance-Fachwerkgebäude stammt aus der Mitte des 16. Jh. Auffallend ist die herrliche Uhr in der Mitte der Front, die bei voller Stunde dem Großbottwarer Wappentier, dem Storch, ein Nicken entlockt. Auf der Schandbühne davor wurde noch 1809 ein Birnenräuber den Bürgern zum Spott angekettet.

Über die Hauptstraße ziehen wir geradeaus hinab bis zur Stadtmauer und biegen nach dem Tor, bei der Bushaltestelle, rechts ab in die Kleinbottwarer Straße. Diese überqueren wir nach links an der nächsten Kreuzung und gehen in der Bahnhofstraße weiter. Wir überqueren den namensgebenden Fluss Bottwar und biegen vor dem Ehrenmal links ab. Vor dem Raiffeisenmarkt gehen wir links hinab zum Fluss, biegen dort rechts ab und folgen seinem Lauf. Am Ende orientieren wir uns am Wanderzeichen roter Punkt und biegen rechts ab. Links von uns ragt die Burg Lichtenberg empor. Am Wegweiser, beim Zeichen des Landschaftsschutzgebietes, biegen wir links ab auf den Grasweg entlang der Hecke. Sollte der Grasweg nicht gemäht sein, müssen wir leider wieder zurück zum letzten Wegweiser und dem Teersträßchen hoch zum Wald folgen (roter Punkt). Auf dem Wiesenweg verlassen wir nun am nächsten Wegweiser die Wanderwege, die rechts hoch über die Felder führen, und gehen stattdessen geradeaus weiter.

Nun ist etwas Pfadfindergabe vonnöten. Etwa 50 m nach dem Ende des Privatgrundstücks führt vom Wiesenweg ein Trampelpfad links hinab zum Wald, wo wir einen gut ausgetretenen Pfad vorfinden, auf dem wir weitergehen. Nach einer kurzen Strecke am Waldrand treffen wir wieder auf Wanderwegweiser und folgen dem roten Punkt auf dem **Häldenweg** ❷ in Richtung Neuwirtshaus. Zehn Meter vor der Schranke gehen wir rechts hoch. Nach einem kurzen Anstieg geht es links auf gemächlich

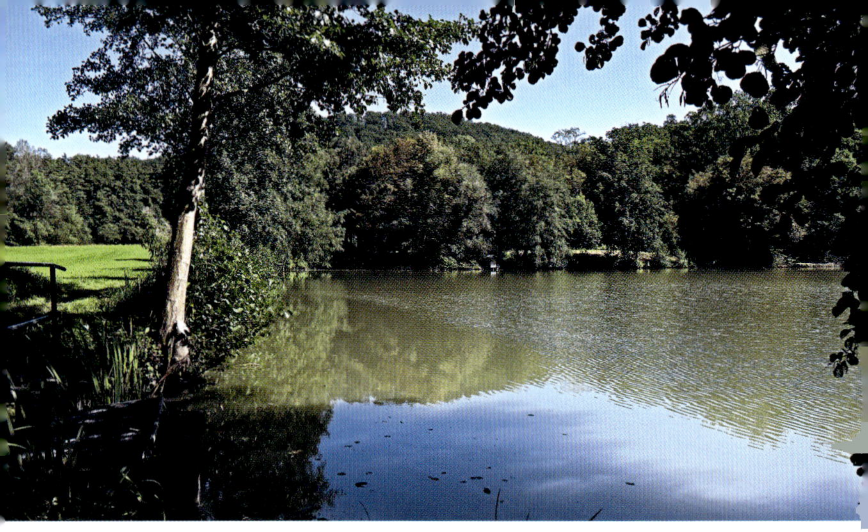

Hardtwaldsee.

ansteigendem Pfad weiter. Wir achten sorgfältig auf die Beschilderung und ziehen auf der Hangkante eines Hohlweges weiter bergauf. Dahinter auf dem breiten Forstweg verlassen wir den roten Punkt und lassen uns vom roten Kreuz geradeaus weiterleiten. An einer Picknickbank dürfen wir erst mal verschnaufen. Aber auch die nächste Sitzbank mit Aussicht etwa 10 Minuten später an einem abgeholzten Areal ist verlockend. Der Wald lichtet sich, gigantische Buchen streben dem Himmel entgegen. Am Ende, beim Anblick der Häuser von **Neuwirtshaus ❸**, biegen wir am Wegweiser in spitzem Winkel rechts ab und folgen dem Wanderweg 8 in Richtung Feuersee.

Wer in der Höhengaststätte Sinzenburg einkehren möchte, geht sofort wieder nach links auf den Verbindungsweg mit schwarzem V und folgt ihm bis zum kleinen Weiler. Wieder am Waldrand angelangt – von links stößt die Variante von Sinzenburg dazu –, gehen wir geradeaus weiter und treten erneut in den Wald ein. An der großen Kreuzung bei einer gigantischen, solitär stehenden Tanne folgen wir weiter der blau-weißen 8 und nehmen den ersten links abgehenden Weg. Am ersten Abzweig halten wir uns rechts, stoßen auf das Griesbergsträßchen und setzen dort halb links die Richtung fort. Wir treffen auf eine asphaltierte Straße und halten uns auch hier links.

Kurz nach der Schranke dürfen wir die Straße wieder nach links verlassen, queren das Tal und biegen sofort vor dem Waldeintritt rechts ab auf einen Grasweg entlang des **Hardtwaldsees ❹**. Wir setzen fort über die beiden Brücken und biegen sofort nach der Holzbrücke rechts ab auf den schmalen Waldpfad längs der Mäander des Baches.

An der nächsten Holzbrücke überqueren wir nach rechts den Bach, stoßen wieder auf die Straße (Rohrtälesweg) und biegen links ab in Richtung Großbottwar. Kurz vor dem Ende des Parkplatzes wenden wir uns nach rechts und folgen dem roten Kreuz. Wer Lust hat, dreht noch eine Runde auf dem Walderlebnispfad (Hardypfad), dessen Schilder dazu animieren.

Durch jungen Buchenwald wandern wir bis zu einem Teersträßchen und biegen rechts ab. Wir ignorieren den ersten Abzweig nach Großbottwar, da er zu nah an der Bundesstraße entlang führt und wandern stattdessen dem roten Kreuz folgend weiter bergauf in Richtung Harzberg. Oben treten wir kurz in den Wald ein und wenden an der Picknickbank um fast 180 Grad, bevor es auf der Oberkante der Rebflur, auf dem aussichtsreichen Weinbergweg am Harzberg, weitergeht. Bei klarem Himmel ist sogar der Fernsehturm in Stuttgart zu erkennen. An einer Sitz-/Liegebank in der Kurve können wir noch mal das Panorama auskosten. 20 m dahinter, leicht zu übersehen, gehen wir in spitzem Winkel links einen steilen unbefestigten Weg bergab, nach rechts weiter und noch mal kurz in den Wald. Unten an den Treppenstufen halten wir uns rechts und finden die nächste Raststation am **Harzberghäusle ❺**, einem der schönsten Weinberghäuschen dieser Art in der Region. Wir biegen hinter der Hütte links ab, gehen auf dem V-Weg dahinter nach links und bei nächster Möglichkeit rechts hinab nach **Großbottwar ❶**.

EINKEHR

Höhengaststätte Sinzenburg: In vierter Generation betreibt Familie Unkauf das Lokal mit Biergarten im kleinen Weiler auf der Höhe. Neben traditionellen Fleisch- und Wildgerichten sind auch ein paar vegetarische Gerichte auf der Speisekarte. Gelegentlich stehen – ungewöhnlich für die Region – norddeutsche Gerichte, wie Grünkohl mit Pinkel oder Labskaus, auf dem Speiseplan. Fr. ab 17, Sa. und So. ab 11 Uhr, Sinzenburg 17, 71546 Aspach, Tel. +49 7148 8950, sinzenburg.de.

La Piazetta: Direkt am Marktplatz vor der Fassade des prächtigen Fachwerkrathauses fühlt man sich am heimeligen Marktplatz geborgen an den Tischen gegenüber dem Brunnen. Der italienische Familienbetrieb bietet die klassische Palette heimischer Kost, wobei man sich mit ausgefallenen Arten wie Pizza Bufalina mit Büffelmozarella oder Pizza Giorgio etwas von den Kollegen abhebt. Mi., Fr., So. 11.30–14 und ab 17.30 Uhr, Sa. ab 17.30 Uhr, Marktplatz 2, 71723 Großbottwar, Tel. +49 7148 1251, piazzetta.de.

Alte Schmiede: Von außen wirkt das nüchterne Gebäude eher unwirtlich. Tritt man ein, findet man eine gemütliche Wirtsstube, deren Gastraum mit alten Eichenbalken in Art einer alten Scheune unterteilt ist. Eine Feuerstelle in der Mitte soll an die alte Schmiede erinnern. »Schwäbische Gaumenfreuden« werden im gemütlichen Lokal – im Sommer auch auf der Terrasse vor dem Haus – serviert, die auch einige vegetarische Gerichte beinhalten. Beliebt sind auch die traditionellen schwäbischen Vesperteller. Von Montag bis Freitag werden preisgünstige Mittagsgerichte angeboten, was für Wanderer interessant sein könnte. Mo.–Sa. 11.30–14 und ab 17 Uhr, So. und Feiertage ab 11.30 Uhr, Winzerhäuser Straße 2, 71723 Großbottwar, Tel. +49 7148 9689077, alte-schmiede-grossbottwar.de.

Fischerstüble: Statt gegrillter Forellen, was man in einem Lokal mit diesem Namen erwarten würde, werden deftige schwäbische Fleischwaren mit hausgemachtem Kartoffelsalat serviert. Aber auch Flammkuchen und selbst hergestelltes Sauerkraut nach altem Familienrezept der Familie Lorenz wird gerne geordert. Auf den Holzbänken unter der Weinlaube mit Blick auf die Burg Lichtenberg kann man dazu selbst gekelterten biologisch ausgebauten Wein verkosten. Und wenn man Glück hat, gibt es sogar Livemusik dazu. Ab 11 Uhr zu Besenöffnungszeiten, Oberstenfelder Straße 90, 71723 Großbottwar, Tel. +49 7148 1326, fischerstueble-lorenz.de.

27 Durch die Wälder um Wüstenrot

Von der Pfaffenklinge zur Bodenbachschlucht

4.15 Std. | 13,0 km | ↗400 m | ↘400 m

Der Silberrausch im Schwäbischen Wald

Im Jahr 1772 brach rund um Wüstenrot das Silberfieber aus. Erzproben aus der Nähe von Wüstenrot versprachen laut einem sächsischen Bergrat wertvolle Gewinne. Der selbst ernannte Experte war zufällig zu Besuch beim weit bekannten Theologen Christoph Oetinger aus Wüstenrot, der sofort ein großer Fürsprecher des Erzabbaus wurde. Stollen um Stollen wurden gegraben. Bürger und Beamte aus Wüstenrot bis hin nach Stuttgart erwarben Anteile und erhofften sich gute Gewinne aus dem Abbau von Silber, Kupfer, Blei und Gold. Doch die ersehnten Edelmetalle blieben aus. Anstelle großer Ausbeute häuften sich Schulden und finanzielle Verluste. Bergrat Riedel aus Sachsen wurde nach zwei Jahren als Betrüger eingekerkert und der Abbau schließlich eingestellt. Die Namen der Stollen »Unverhofftes Glück« oder »Soldatenglück« in der Pfaffenklinge wurden der Nachwelt überliefert und ein Wanderweg erinnert an den großen Hype vor 250 Jahren.

Ausgangspunkt: Wanderparkplatz Pfaffenklinge in der Schönblickstraße nordwestlich von 71543 Wüstenrot, alternativ im Ortszentrum an der Jahnstraße. Wüstenrot ist von Heilbronn mit der S4 nach Willsbach und von dort mit Bus 635 zu erreichen. Haltestelle Fa. Zügel in der Hauptstraße.

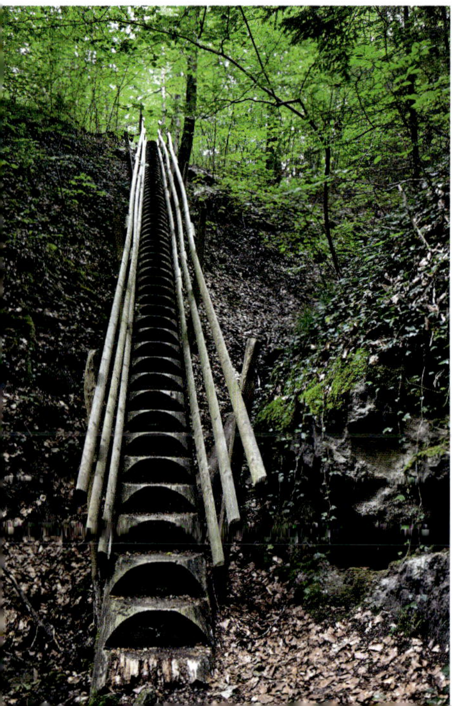

Anforderungen: Ideale Tour für heiße Sommertage. Schattige Waldrunde auf Forstwegen und -pfaden. Der Gang durch die Bodenbachschlucht am Ende erfordert allerdings etwas Aufmerksamkeit.

Information: Gemeinde Wüstenrot, Eichwaldstraße 19, 71543 Wüstenrot, Tel. +49 7945 91990, gemeinde-wuestenrot.de.

Karte: Wanderkarte Heilbronn (LGL Blatt W218, 1:25.000). Löwenstein/Waldenburger Berge, Blatt 54-544 (Natur-Navi Verlag, 1:25.000).

Variante: Zwischen den Wegpunkten 4 und 5 bietet sich eine Alternative an, falls man in Neulautern nicht einkehren möchte. Wir überqueren die Straße und halten uns nach der Bachüberquerung rechts. An den Verzweigungen bleiben wir auf dem rechten Ast und erreichen nach einer Linkskehre den Wanderwegweiser an der Ruhebank, wo es nach links weiter geht.

Himmelsleiter bei der Pfaffenklinge.

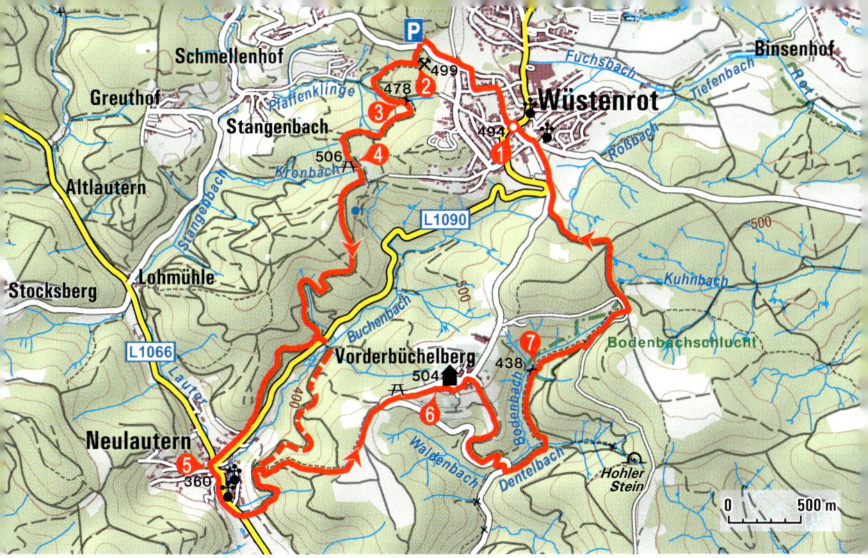

Vom Wanderparkplatz Pfaffenklinge am Silberstollen nordwestlich von **Wüstenrot** ❶ aus steigen wir hinab zu den ehemaligen Abbaugebieten im **Silberstollen** ❷. Ein Schild erläutert, wie es in der zweiten Hälfte des 18. Jh. zum schwäbischen »Silberrausch« kam.

Wir folgen vorerst bis zum Picknickplatz bei den Mammutbäumen dem Wanderweg WT4. Gleich nach den ersten Stufen finden wir rechter Hand die ersten Spuren der damaligen Schürfer. Vom Abstecher Silberstollen (Soldatenglück) gehen wir wieder zurück und queren der Beschilderung folgend die Talmulde. Unser nächstes Ziel ist die Himmelsleiter, auf die das Schild am Teersträßchen hinweist. Nach 100 m geht es rechts hinab in die **Pfaffenklinge** ❸ und die berühmten aus einem Baum geschnitzten Holzstufen der Himmelsleiter wieder empor. Nachdem wir die erste Kreislaufertüchtigung hinter uns haben, geht es fast ebenerdig auf angenehmem Waldweg weiter. An der Kreuzung nach links auf den Wellingtonienweg. Der reine Tannenwald wandelt sich mehr und mehr zu einem aufgelockerten Buchen-Tannen-Mischwald.

Bald erreichen wir den **Wellingtonienplatz** ❹, dessen religiöse Skulptur umgeben ist von gigantischen Mammutbäumen, unter denen wir die erste Pause einlegen dürfen. Da König Wilhelm im Jahre 1865 zu viele Samen der Bäume in Amerika eingekauft hatte, verkaufte er sie an Gemeinden und Privatleute. Heute erreichen die Wellingtonien eine Höhe bis zu 50 m. Noch gewaltigere Baumriesen finden wir 100 m weiter am nächsten Picknickplatz. Wer seinen Füßen etwas Gutes tun möchte,

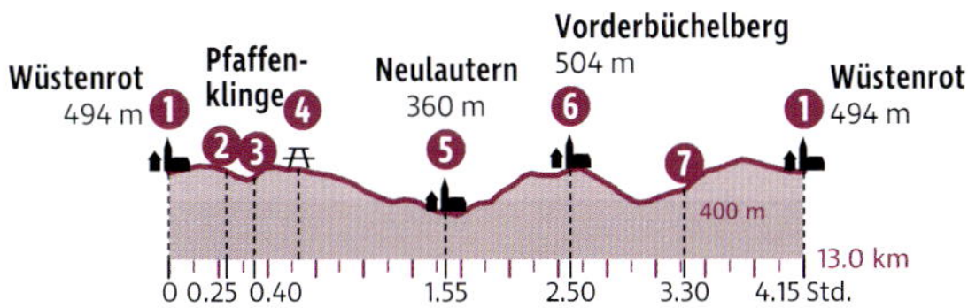

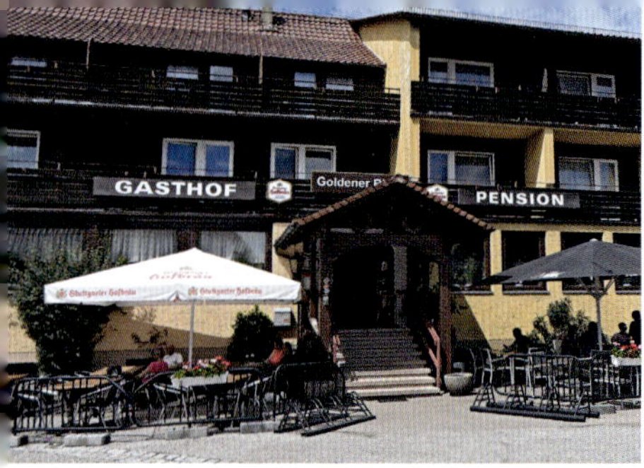

Gasthof Zum Goldenen Ritter.

darf gegenüber in der Wassertretanlage ein Kneippbad nehmen.

An der nächsten Verzweigung halten wir uns links und verlassen damit die beschilderten Wanderwege. Wir ignorieren einen links abgehenden Weg und ziehen auf dem Armenschlagweg weiter. Rechts in der Kurve, von Sträuchern versteckt, der leider versiegte Armenschlagbrunnen (Stand Sommer 2023). Wir wandern direkt gegenüber den steilen Weg auf der Talschulter einer weiteren Klinge bergab. Der Pfad tangiert die Straße und nimmt noch mal etwas Höhe auf.

Wer in Neulautern nicht einkehren möchte, folgt hier der oben beschriebenen Variante.

Wir stoßen wieder auf die Straße und wandern Richtung Ortsmitte von **Neulautern ❺**. Dort biegen wir in der Ortsmitte links ab und treffen nach 150 m auf die Gaststätte Spatzennest, die allerdings nur noch eingeschränkte Öffnungszeiten bietet. Wir setzen die Richtung fort und verlassen vor dem Ortsschild die Straße links hoch auf einen geschotterten Weg. Dort, wo der Weg nach rechts abknickt, ziehen wir geradeaus über den Wiesenpfad zum Waldrand hoch und halten uns am Forstweg links. An einer Kreuzung treffen wir wieder auf einen Wanderwegweiser neben einer Ruhebank und folgen nun dem roten Kreuz nach Vorderbüchelberg. (auch Idyllische Straße Weg M). Sofort 20 m dahinter wenden wir uns nach rechts auf das Verlobungsweg-le. Warum man sich zur Verlobung den zuweilen heftigen Pfad antun muss, blieb dem Autor verschlossen, aber vielleicht dient es als erste Prüfung vor der Hochzeit.

Oben am Forstweg geht es links und nach ein paar Schritten noch mal hoch zum Endspurt. Auf der Hochebene angekommen, wandern wir links am Waldsaum weiter. Am Wanderparkplatz verlängern wir geradeaus auf die Autostraße, die uns an einem schattigen Rastplatz vorbei zum Erholungsort **Vorderbüchelberg ❻** bringt.

Wir halten uns gleich am Ortseingang rechts und treffen auf den Gasthof Siller. Auf der Brunnenstraße überqueren wir die Durchgangsstraße und treffen auf den Gasthof Zum Goldenen Ritter mit ähnlichem Ambiente.

Am Ortsende gehen wir rechts die Hohlgasse hinab und ziehen in der Rechtskurve des geteerten Weges geradeaus weiter . Der teils überwucherte Weg verengt sich zum Pfad, ist aber noch deutlich erkennbar und führt in weitem Linksbogen und am Ende in spitzem Winkel nach rechts hinab zur Straße. Dort biegen wir links ab und verlassen die Autostraße in der Kurve nach links zu den Schluchten. Etwa 100 m nach dem Parkplatz geht es nach links zur Bodenbachschlucht. Der Rückweg wäre auch über die Tobelschlucht möglich. Dann sollte man kurz vor dem Hohlen Stein links abbiegen. Wir bevorzugen den etwas kürzeren Weg durch die tief eingeschnittene **Bodenbachschlucht ❼**. Am Ende des schmalen Pfades an der Talflanke treffen wir kurz auf einen

Wirtschaftsweg und gehen ein zweites Mal hinab in Richtung Seewiese. Lassen Sie sich nicht verführen, auf dem Weg weiterzugehen, der letzte Teil der Schlucht ist der spektakulärste mit Höhlen und gigantischen abgerutschten Felsblöcken. Wieder oben angekommen, biegen wir links ab. Am Parkplatz folgen wir geradeaus dem Steinbergweg (roter Strich). An der Kreuzung bleiben wir links haltend weiter auf dem Steinbergweg, treffen auf die Kreisstraße und marschieren in Richtung Wüstenrot. Direkt nach der Kurve können wir die Straße wieder nach rechts verlassen. Nach Überschreiten der Kuppe wandern wir am Friedhof vorbei und halten uns halb links in Richtung Ortsmitte. An der Kreuzung mit der Hauptstraße gehen wir nach links und sofort wieder am Reisebüro nach rechts. 20 m dahinter noch mal rechts auf dem Fußweg durch die Senke. Am Rechtsabzweig des Pfades durch die Wiese ziehen wir geradeaus weiter durch einen heckengesäumten Weg. Nach den Treppenstufen wenden wir uns nach links, nehmen die erste Straße nach rechts, die uns zur Kretschmerstraße bringt. Dort halten wir uns links und erreichen nach 300 m wieder den Wanderparkplatz **Silberstollen ❶**.

EINKEHR

Gaststätte Spatzennest: Die auch bei Wanderern beliebte Landgaststätte bietet schwäbische Küche zu zivilen Preisen. Neben üblichen Fleischgerichten werden reichhaltige Salate und Vegetarisches angeboten. Für Fleischliebhaber gibt es viermal im Jahr ein »Schlachtfest« mit deftigen Schlachtplatten und anderem. Weniger hungrige Senioren dürfen zur 2 € billigeren Seniorenportion greifen. Der Biergarten ist zwar zur Straße hingewandt, was aber bei geringem Verkehr gut erträglich ist. Auch hier ist der Personalmangel das große Problem, wie ein Hinweisschild im Sommer 2023 erläutert. Mi.–Fr. ab 17, So. und Feiertag ab 11.30 Uhr, Sulzbacher Straße 16, 71543 Wüstenrot-Neulautern, Tel. +49 7194 8213, spatzennestneulautern.de.

Gasthof Siller: »I gang zom Siller, do isch schtiller«, heißt es auf dem Schild des Restaurants. Tatsächlich liegt die Rodungsinsel von Vorderbüchelberg in idyllischer Lage. Auf der Terrasse mit Panoramablick lässt es sich vorzüglich speisen. Im Inneren des Gasthofs sieht es eher rustikal aus, genauso wie man es in einem schwäbischen Landgasthof erwartet. Neben den üblichen Fleischgerichten steht in der waldreichen Umgebung natürlich auch Wild auf dem Speiseplan. Und wem es gut gefällt, der kann sich auch ein Zimmer mieten und vom reichhaltigen Wellnessprogramm partizipieren. Di.–Sa., 11.30–14 und ab 17 Uhr, So. und Feiertag ab 11 Uhr. Brunnenstraße 9, 71579 Spiegelberg – Vorderbüchelberg, Tel. +49 7194 298, gasthof-siller.de.

Gasthof Zum Goldenen Ritter: Nur wenige Schritte entfernt vom Gasthof Siller trifft man im kleinen Erholungsdorf auf das nächste Restaurant. Die Fleischgerichte der Familie Ritter – sie heißt tatsächlich so, wie es auf dem Gasthaus-Schild steht, sind aber nicht mit dem Autor verwandt oder verschwägert – stammen aus eigener Landwirtschaft und hofeigener Schlachtung nach traditioneller Art. Wer zu wenig Proviant im Rucksack hat, kann sich auch mit hausgemachten Würsten aller Art versorgen. Man sitzt gemütlich im Gastraum, der mit alten landwirtschaftlichen Gerätschaften dekoriert ist. Auch im Außenbereich, vor dem Haus, lässt es sich gut verweilen. Genauso wie oben werden im Goldenen Ritter Zimmer zu sehr zivilen Preisen angeboten. Mo. und Fr. ab 17 Uhr, Sa. 11.30–14 und ab 17 Uhr, So. ab 11.30 Uhr. Schulstraße 5, 71579 Spiegelberg-Vorderbüchelberg, Tel. +49 7194 371, zum-goldenen-ritter.de.

28 Zum Dachsipfad am Finsterroter See
Ein NaturErlebnisPfad nicht nur für Kinder

3.30 Std. | 11,6 km | ↗ 240 m | ↘ 240 m

Rund um einen mittelalterlichen Mühlensee

Gleich zu Beginn trifft man auf dieser Rundtour auf einen der beliebtesten Tracks für Kinder im Schwäbisch-Fränkischen Wald, den Dachsi NaturErlebnis-Pfad. In ständigem Auf und Ab verläuft ein wurzeliger und knorriger Pfad durch den Wald, der an den See angrenzt. Informative und zuweilen lustige Tafeln informieren Kinder und Erwachsene über das Tier- und Pflanzenleben rund um den See. Animierende Installationen warten darauf, von jungen und alten Entdeckern betätigt zu werden. Am Ende unserer Tour, die bis hinauf zur staufischen Burg Maienfels führt, stoßen wir im idyllischen Tal des Dachsbaches auf der anderen Uferseite erneut auf den Themenweg. Auf der einladenden Seeterrasse oder im traditionsreichen Gasthaus Waldhorn in Finsterrot kann man die Tour genüsslich ausklingen lassen.

Ausgangspunkt: Ortsmitte von Finsterrot, gegenüber der Gaststätte Zum Waldhorn. Parkplatz Finsterroter See am östlichen Ortseingang von Finsterrot. Bushaltestelle von Bus 635 aus Wüstenrot bzw. Willsbach an der B39. Womo-Platz Camping Maienfels, N. 49.11733, E 9.50842.
Anforderungen: Nach schattigen Waldwegen und -pfaden der ersten Hälfte wandern wir für einige Zeit auf Asphalt durch ein paar Dörfer.
Information: Naturparkzentrum Marktplatz 8, 71540 Murrhardt, Tel. +49 7192 9789000, naturpark-sfw.de, oder Gemeinde Wüstenrot (siehe Tour 27).
Karte: Wanderkarte Heilbronn (LGL Blatt W218, 1:25.000). Löwenstein/Waldenburger Berge, Blatt 54-544 (NaturNavi Verlag, 1:25.000).

Am idyllischen Finsterroter See.

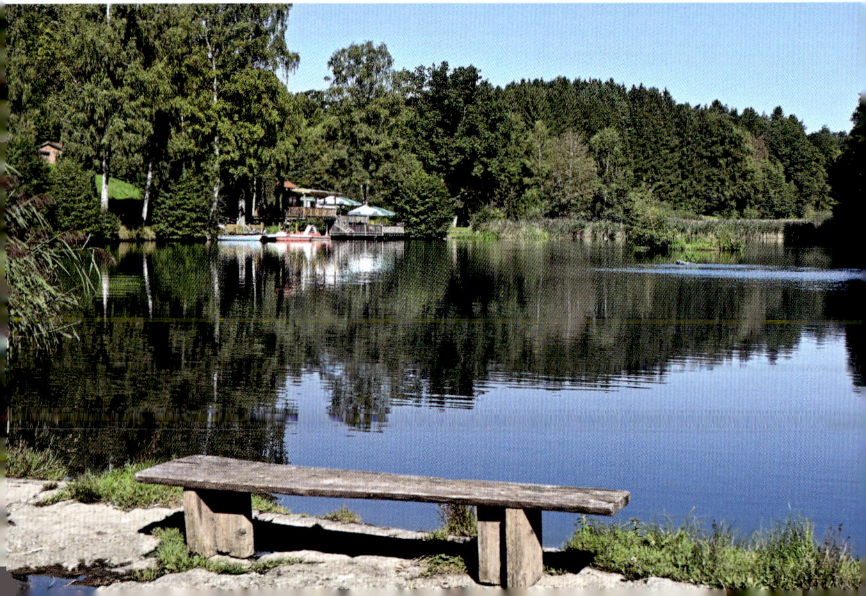

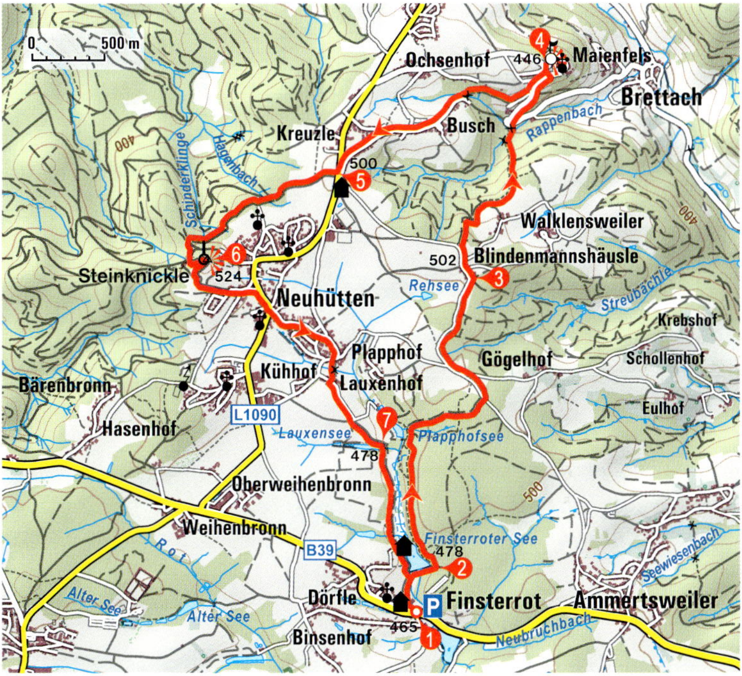

In **Finsterrot** ❶ gehen wir gegenüber der Gaststätte Waldhorn die Seestraße hoch. Der Finsterroter See, der den Dachsbach aufstaut, wurde im 16. Jh. als Wasserspeicher für eine unterhalb betriebene Mühle angelegt. Am See angelangt, wenden wir uns nach rechts und wandern über den Damm. Direkt dahinter biegen wir links ab und folgen nun dem schwarz-weißen Symbol des **Dachsipfades** ❷, auf dem zahlreiche Tafeln über Phänomene der Natur informieren. Ab jetzt heißt es bis zum Ende des Naturlehrpfades die Füße zu heben. Über viele Wurzeln schlängelt sich der Pfad längs des Sees und darüber hinaus. Interessant und ganz aktuell ist Station 4, wo neue Baumarten für die Zukunft unserer Wälder unter dem Aspekt des Klimawandels vorgestellt werden. Beispiele sind etwa der Tulpenbaum oder die Libanonzeder.

Sobald wir am nächsten See angelangt sind, treffen wir zur Rechten auf einen kleinen Tümpel. Hier verlassen wir den Dachsipfad nach rechts und wandern am Schild über die Kaulquappe vorbei den Hang hinauf. Ständig die Richtung beibehaltend, treffen wir auf ein Teersträß-

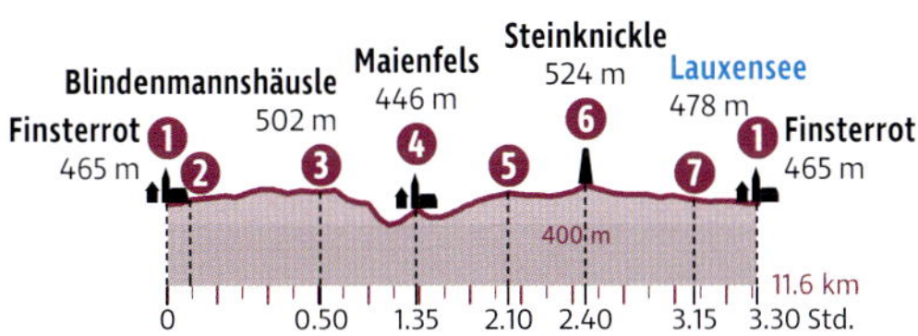

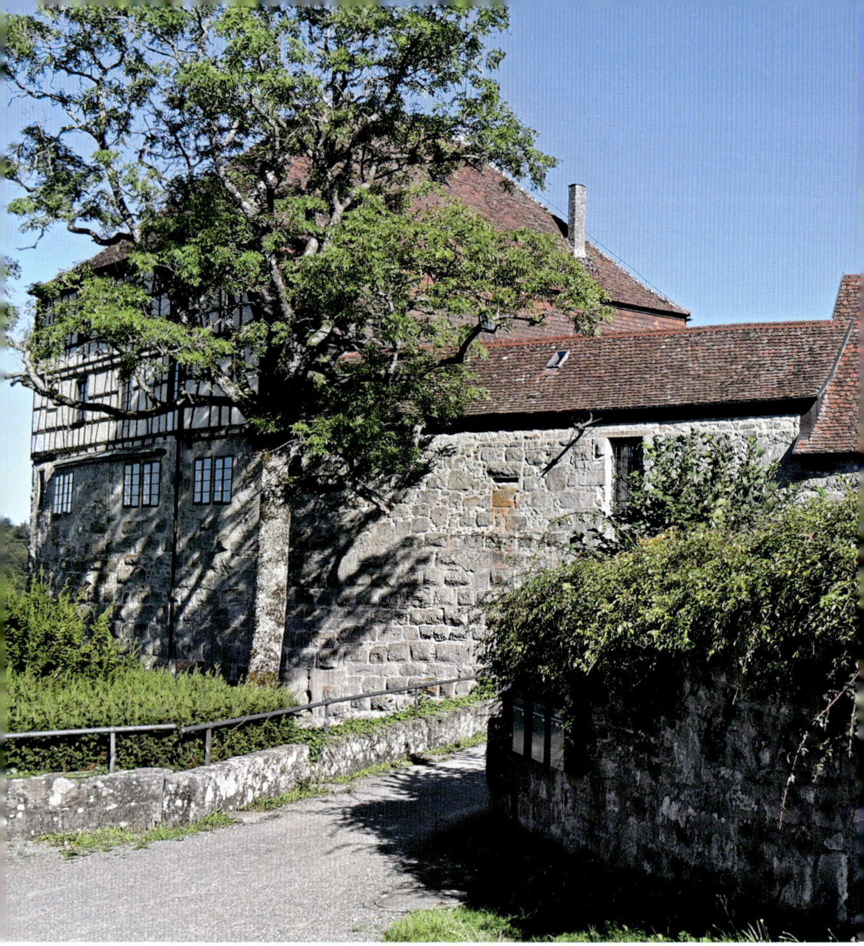

Burg Maienfels.

chen und biegen links ab. In einiger Entfernung ist gegenüber schon der Steinknickleturm sichtbar, an dem wir später vorbei kommen. An der Verzweigung gehen wir nach rechts und folgen dem historischen Wegweiser nach Kreuzle.

Im Weiler **Blindenmannshäusle** ❸ finden wir wieder einen Wanderwegweiser, folgen ein paar Schritte nach links durch die Siedlung in Richtung Neuhütten (Wanderweg 2). Am Ende des Dorfes ignorieren wir allerdings den Abzweig nach links und gehen geradeaus weiter.

Kurz dahinter in der Linkskurve vor der Ruhebank verlassen wir nun die asphaltierte Straße nach rechts auf den Waldweg, halten uns sofort links und wandern auf dem Bikerweg abwärts.

An den aufgehäuften Steinblöcken gehen wir rechts vorbei und biegen kurz aus dem Wald austretend vor der Wiese links ab. An der Scheune am Waldrand, die wir rechts liegen lassen, halten wir uns weiter geradeaus auf dem schmalen Waldpfad. An einer Verzweigung der Pfade bleiben wir auf dem linken Ast und biegen

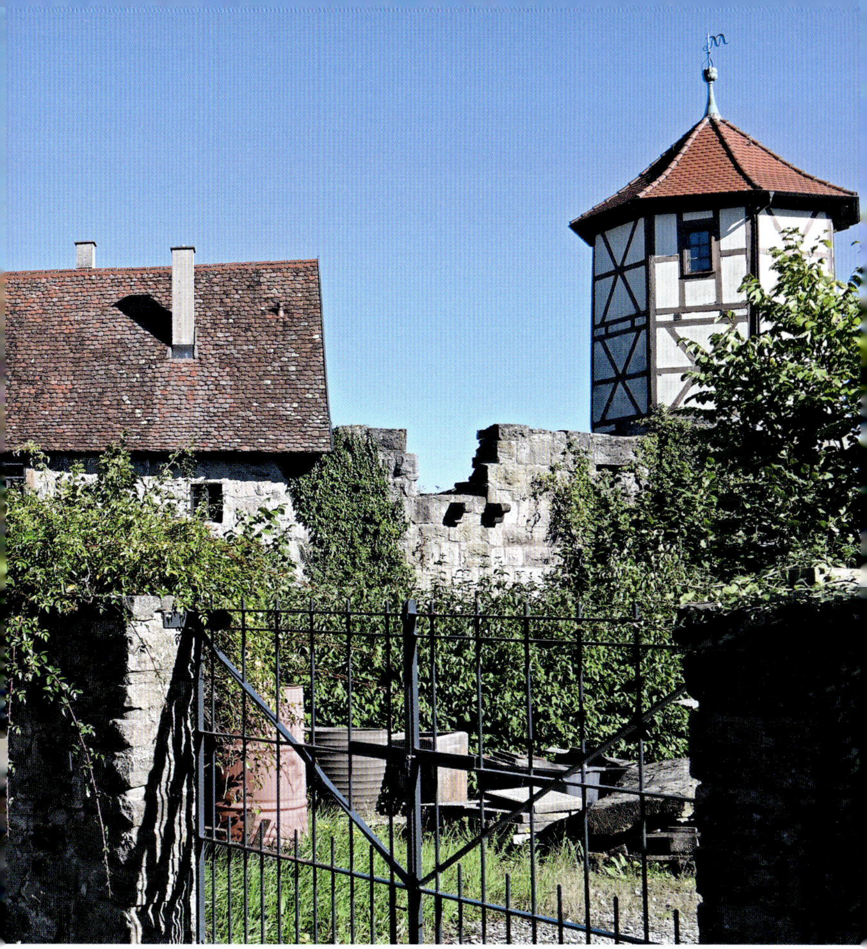

kurz darauf beim nächsten Bikerzeichen nicht rechts ab, sondern gehen geradeaus steil bergab. Der Pfad führt an einem mitten im Weg liegenden Felsklotz vorbei. Wir treffen wieder auf eine Gabelung und halten uns links, nun wieder dem Fahrradzeichen folgend.

Unten im Tal am rauschenden Bach, bei der fast echt wirkenden Bärenfamilie aus Holz, finden wir wieder Wanderwegzeichen und biegen rechts ab. Wir stoßen auf eine Straße, wandern links hoch und gleich rechts um die nächste Haarnadelkurve. Kurz nach dem Ortsschild von Maienfels geht es auf Wanderweg 2 nach links in Richtung Neuhütten. Zuvor machen wir aber einen Abstecher nach **Maienfels 4** mit seiner über dem Dorf thronenden Burg. Wir gehen noch 100 m weiter und folgen an nächster Kreuzung dem Wanderweg R über einen Pfad geradeaus hoch zur Burg.

Die Burg aus dem 13. Jh. war viele Jahrhunderte eine Ganerbenburg, in der zeitweise bis zu 6 Familien verschiedener Adelsgeschlechter wohnten. Erst im 18. Jh. ging es allmählich

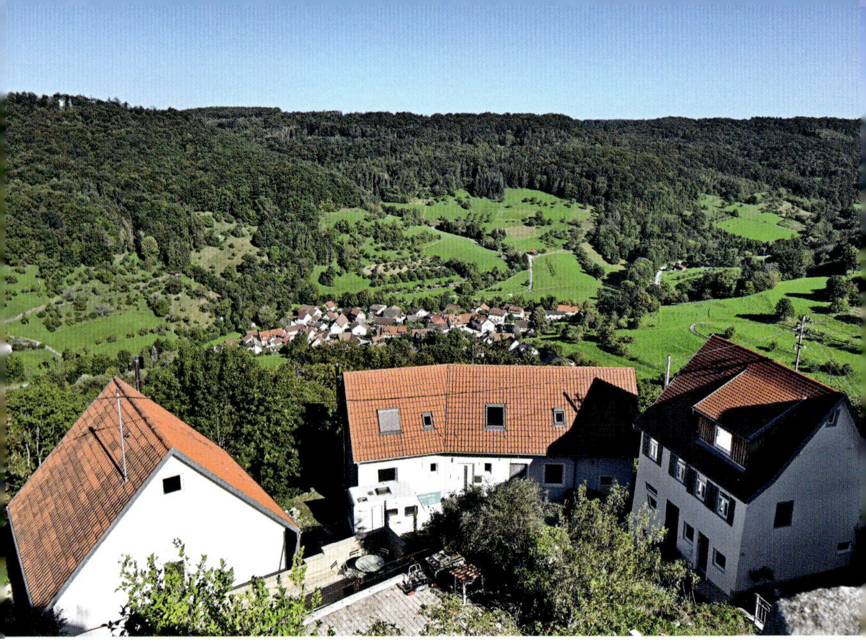

Ausblick von der Burg Maienfels.

durch Erbfolgen an die Herren von Gemmingen über, in deren Besitz es bis heute ist. Das Burggelände kann bei geöffnetem Tor zur Besichtigung betreten werden.

Zurück am Ortsschild biegen wir nun rechts ab und wandern an einem stattlichen Landhaus vorbei. Am Ende der Sackgasse gehen wir in spitzem Winkel nach rechts und sofort wieder bei einer Ruhebank nach links. Ein Naturpfad führt uns in den Wald, wo wir an Fischteichen vorbei ein Tal durchqueren und über ein paar Kehren wieder hoch zu den ersten Gebäuden des Dorfes Busch gelangen. Wir halten uns rechts und durchqueren der Länge nach das Dorf.

Am nächsten Wegweiser gehen wir geradeaus weiter. An der Verzweigung danach halten wir uns links und folgen der Richtung mehrerer Wanderwege. Wir orientieren uns bis Neuhütten am grün-weißen Vogel des Wanderweges R der Idyllischen Straße. Eine Möglichkeit zu picknicken bietet sich unter einer Kastanie an. Am Ortsende von **Kreuzle 5** – die beiden Dörfer sind fast zusammengewachsen – überqueren wir nach rechts die Durchgangsstraße und wandern auf dem geschotterten Weg weiter.

Wer im Vereinshaus VfB (es ist nicht das Vereinshaus des VfB Stuttgart!) einkehren möchte, geht an dieser Stelle auf dem Radweg circa 200 m weiter zum Sportgelände linker Hand der Straße.

Wir durchqueren das Wäldchen und überschreiten eine tief eingeschnittene Klamm. Vor einer Ruhebank wenden wir uns nach rechts und folgen weiter der Beschilderung auf dem herrlichen Waldpfad rund um den Ort. Nach einer Wegkehre steigen wir links die Stufen hoch zum Aussichtsturm **Steinknickle 6**.

Der 1956 erbaute Turm kann nur an bestimmten Sonntagen im Jahr bestiegen werden. Wann dies der Fall ist, erfährt man beim Schwäbischen Albverein unter dem Stichwort Steinknickleturm.

Am Turm vorbei halten wir uns rechts und gehen längs des Picknick- und Spielplatzes auf dem Feldweg in südwestlicher Richtung weiter. An der Schranke halten wir uns links und ziehen hinab in den Ort.

Am nächsten Wegweiser verlassen wir nun die bisherigen Wanderwege und folgen dem blauen Strich geradeaus weiter in Richtung Finsterroter See. An der Durchgangsstraße biegen wir rechts ab und wandern kurz darauf im Rechtsknick der Straße geradeaus weiter.

Am Ende des langen Marsches durch das Dorf gehen wir geradeaus über die Brücke und auf dem Wiesenpfad zu den Häusern von Lauxenhof. Wir halten uns links und wandern wieder inmitten grüner Natur weiter. Wir passieren eines der zahlreichen Rückhaltebecken der Region und biegen hinter dem Damm des **Lauxensees** ❼ rechts ab in das malerische Finsterrotertal. Damit sind wir wieder auf dem Dachsipfad, der uns zurück bis Finsterrot begleitet. Am einladenden Kiosk mit der Terrasse über dem See wandern wir geradeaus vorbei und erreichen unseren Ausgangspunkt in **Finsterrot** ❶.

EINKEHR

VfB Vereinsgaststätte Neuhütten: Hinter dem nüchternen Namen und Gebäude verbirgt sich ein grundsolides Speiselokal mit vorzüglichem Essen. Aber Vorsicht, die Portionen sind riesig. Man speist angenehm auf der Terrasse mit Blick ins Grüne und kann unter Umständen dabei noch den Fußballern des VfB Neuhütten zuschauen. Mi.–Fr. ab 17.30, Sa. und So. ab 10 Uhr, Öhringer Straße 82, 71543 Wüstenrot, Tel. +49 7945 9438433.

Seeterrasse Finsterroter See: Eine Idylle wie im Bilderbuch. Auch wenn das Angebot der Speisen beschränkt ist auf Currywurst, Rote Wurst, Pizza und Wurstsalat, kann man das gut verschmerzen, da die Lage einmalig ist. Außerdem gibt es oft unterschiedliche Tagesessen. Auf federnden Holzdielen sitzt man auf der Terrasse direkt am dunklen, von Wald umrahmten See, während die Kleinen sich im Tretboot vergnügen. Sa., So., Feiertag ab 11 Uhr, Pfingst- und Sommerferien täglich ab 11 Uhr, Seestraße, 71543 Wüstenrot – Finsterrot, Tel. +49 7945 9423947.

Gasthaus Waldhorn Finsterrot: In fünfter Generation betreibt Familie Weber das traditionsreiche Gasthaus im herrlichen alten Fachwerkhaus. Erbaut 1697 als Zollhaus für Hohenlohe Öhringen, wurde es später von den Vorfahren der heutigen Besitzer als Gasthaus umgebaut. Und so wie es von außen aussieht, fühlt man sich auch im Inneren. Genau wie man sich ein altes fränkisch-hohenlohisches Landgasthaus vorstellt. Eichenbalken verzieren Decken und holzvertäfelte Wände über einem alten Kachelofen. Schmiedeeiserne Hängelampen mit lederbezogenen Leuchten baumeln über den traditionellen Holztischen. Das ist wahre Gemütlichkeit. Serviert werden neben saisonalen Gerichten manchmal Wild, schwäbische Klassiker wie Zwiebelrostbraten, geschmelzte Maultaschen und natürlich Kässpätzle. Do.–Mo. 12–14 und ab 17 Uhr, So. durchgehend geöffnet. Alte Straße 7, 71543 Wüstenrot-Finsterrot, Tel. +49 7945 2285, waldhorn-finsterrot.de.

Seeterrasse Finsterroter See.

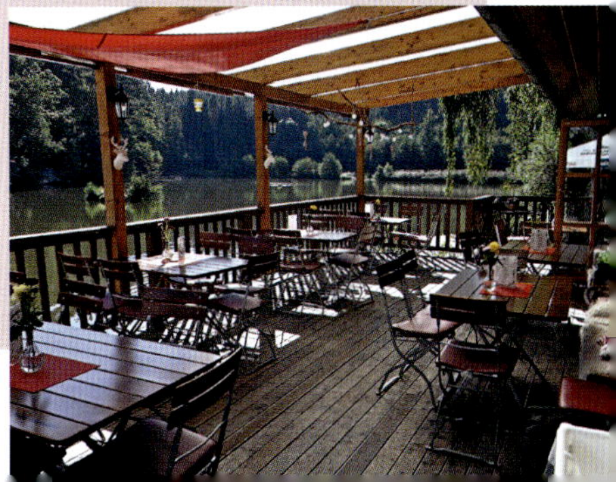

29 Fuxi-Naturerlebnis-Pfad bei Mönchsberg

Im Tal der Rot

TOP | 3.30 Std. | 11,4 km | ↗ 200 m | ↘ 200 m

Wandergenuss – nicht nur für Kinder

Der Fuxi Naturerlebnis-Pfad ist zwar für Kinder konzipiert, doch auch Erwachsene finden Spaß an den vielen Tafeln und Installationen. Wir wandern hinab ins Tal der Rot, wo früher die Mühlen und Sägewerke stampften und hämmerten. Nur eines davon ist noch aktiv und zeugt vom Holzreichtum der waldreichen Umgebung. Am Schluss treffen wir auch hier auf die Überbleibsel unserer römischen Vorfahren mit den Resten zweier römischer Wachttürme und wandern eine Weile fast parallel zum Limes. Durch die verwunschene Olgaschlucht mit interessanten Felsformationen geht es zurück nach Mönchsberg. Die Schlucht verdankt ihren Namen einem Förster, der 1868 eine Inschrift »Gott erhalte Olga!« anbrachte, um den Geburtstag der Württembergischen Königin zu ehren.

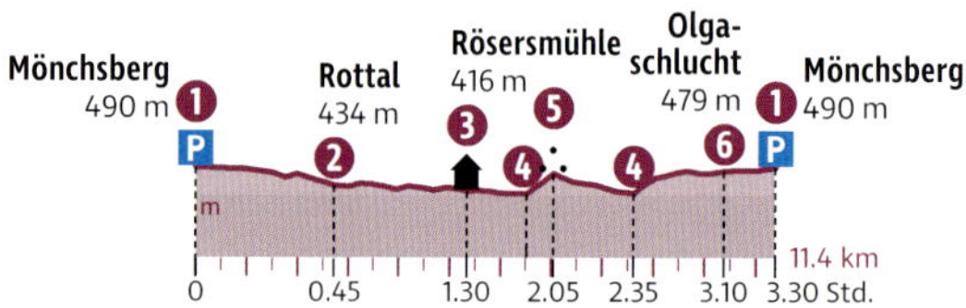

Ausgangspunkt: Parkplatz P2 an der Landstraße nach 74535 Mönchsberg.
Anforderungen: Schattige Rundwanderung auf gut begehbaren Waldwegen und -pfaden durch das Tal der Rot und den Mönchswald. Womo-Platz Mönchsberg, 49.06218, E 9.56521.

Information: Rathaus, Hauptstraße 1, 74535 Mainhardt, Tel. +49 7903 91500, mainhardt.de.
Karte: Wanderkarte Murrhardt (LGL Blatt W219, 1:25.000). Löwenstein/Waldenburger Berge, Blatt 54-544 (NaturNavi Verlag, 1:25.000).

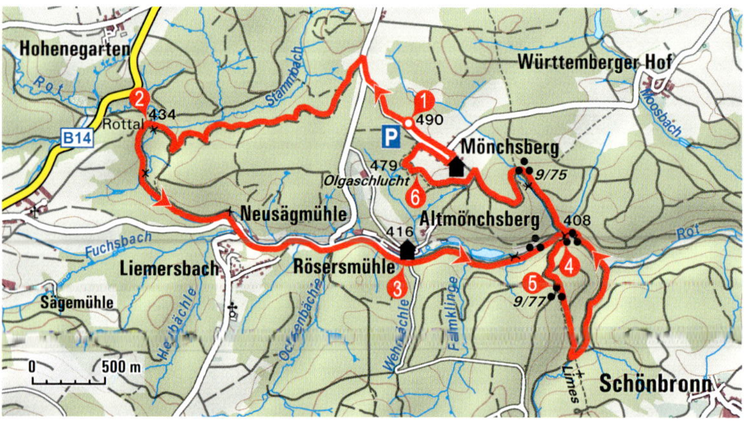

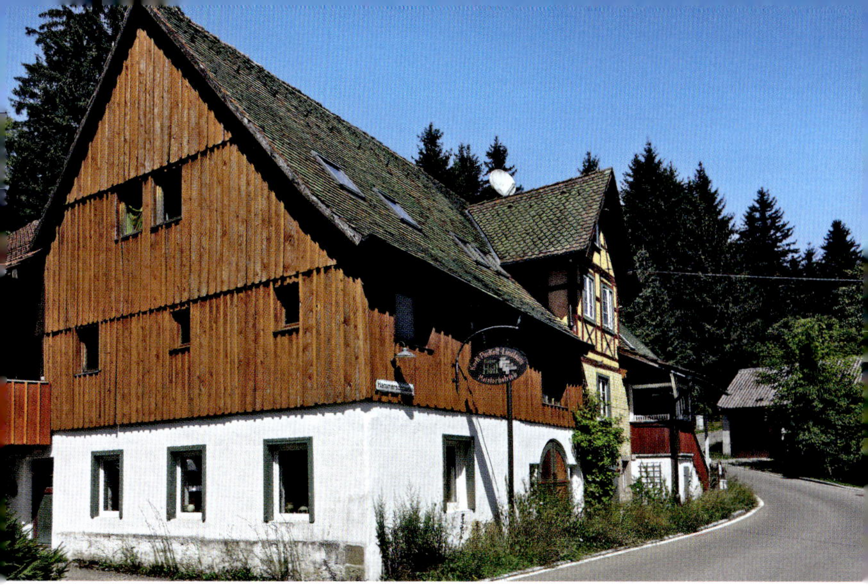

An der Hammerschmiede.

Wir starten am **Parkplatz** kurz vor **Mönchsberg** ❶ und wandern auf dem Waldweg parallel zur Zufahrtsstraße entgegen der vorgeschlagenen Richtung von Mönchsberg weg. Damit folgen wir dem Fuchsi-Pfad mit der Nummer 2. Nach dem nächsten Parkplatz überqueren wir die Straße, gehen ein paar Schritte auf dem Fahrradweg weiter und biegen links ab in den Wald. An der Verzweigung bei der ersten Fuxifigur, die zum Fotografieren animiert, halten wir uns links.

Nun geht es auf breitem Forstweg durch dichten Nadelwald stetig bergab. Informative Tafeln über Pilze und blütenlose Pflanzen lockern den etwas eintönigen Waldweg auf. Wir ignorieren abzweigende Wege, bis wir an eine T-Kreuzung gelangen, wo es nach rechts weitergeht. Links in etwa 50 m Entfernung erfährt man Interessantes über den Aufbau des Bodens mit einem kleinen Experiment. Mit einer Gießkanne, die mit Quellwasser daneben gefüllt wird, darf man raten, ob das Wasser schneller im bepflanzten oder im unbepflanzten Topf versickert.

Wir gehen zurück zur Kreuzung und dürfen ein paar Schritte weiter an einer wackeligen Holzbrücke, die

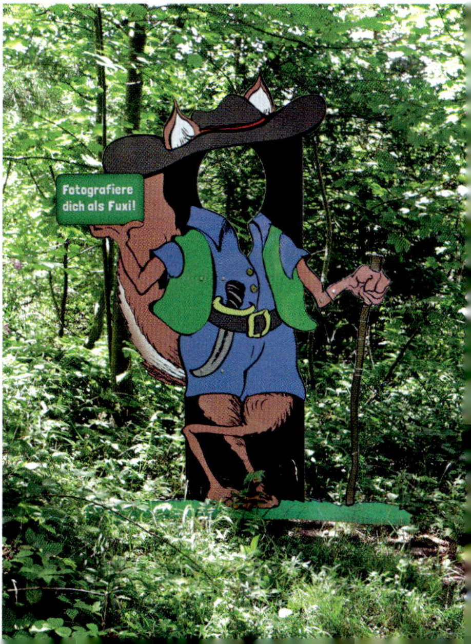

Hier können ganz spezielle Erinnerungsfotos geschossen werden.

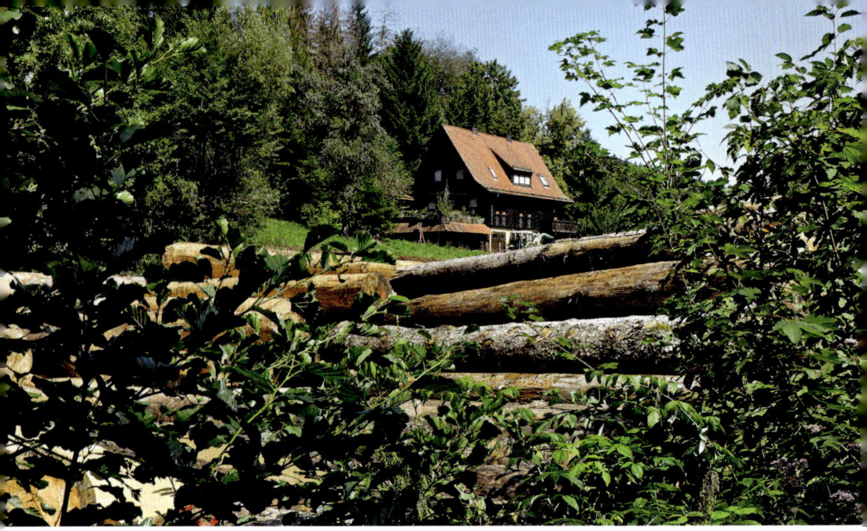

Am Sägewerk Wieland.

ins Gestrüpp führt, unseren Gleichgewichtssinn testen. Mit Pech fällt man in die Brennnesseln darunter. Auf einer Brücke geht es über den Stammbach und dahinter nach links ins idyllische **Rottal ❷** in Richtung Rösnersmühle.

Kurz darauf lädt eine Sitzbank am plätschernden Bachlauf ein zum Innehalten und Lauschen. Wer Lust hat, kann im knöcheltiefen Wasser des Bächleins kneippen.

An der Hammerschmiede – ein paar Schritte nach links sind lohnenswert – beginnt nun ein Flussabschnitt mit mehreren Mühlen, deren Ursprünge zum Teil bis ins Mittelalter zurückreichen. Mitte des 19. Jh. erreichte die Zahl der Mühlen ihren Höchststand. Mit zunehmender Elektrifizierung verloren sie jedoch an Bedeutung. Die Hammerschmiede wurde um 1930 aufgegeben.

Auch das große Säge- und Hobelwerk Wieland, an dem wir anschließend entlangwandern, geht aus einer alten Sägemühle an der Rot hervor. Dahinter treffen wir auf die **Rösersmühle ❸**, von der nur noch die verschindelte Gaststätte Zur Einkehr zeugt. Eine urige Location, die man sich nicht entgehen lassen sollte. Nach einer Stärkung in der Gaststätte geht es weiter am schattigen Flussufer entlang. Links des Weges mehrere aufgestaute Fischteiche. Ein Zugang ist links nach der Brücke über den Fluss möglich.

Nach dem Grillplatz an der Stelle der ehemaligen **Hankertsmühle ❹**, gehen wir rechts über die Brücke und drehen noch eine Schleife zum Limes. Wer diese weglassen möchte, geht einfach geradeaus weiter. Ansonsten geht es einen kurzen, aber knackigen Anstieg empor. An der Kreuzung gehen wir scharf nach links und folgen dem Limesweg mit dem schwarzen Turm weiter bergauf. Ein Schild weist uns schließlich nach rechts zum **Wachtturm WP 9/77 ❺**. Wir gehen zurück zum Weg und gegenüber auf dem Limes-Wanderpfad weiter, dessen Verlauf hier unmittelbar dem Limes entspricht. An der großen Kreuzung wenden wir uns nach links und wandern linker Hand des Schöntaler Bachs zurück (ohne Markierung). Je weiter wir nach unten kommen, desto tiefer hat sich das Gewässer ein Bett gehobelt, was je nach Wasserführung, vor allem im Frühjahr, zu imposanten Wasserfällen führt. An der Mündung in die Rot biegen wir links ab in die Talstraße, auf der wir nun ein Stück flussaufwärts gehen. Wir erreichen wieder den Grillplatz und gehen rechts hoch, nun am Kümmelsbach entlang, einem weiteren Zufluss zur Rot. Links von uns verlief einst der römische Grenzwall.

Am Brücklein nach der geologischen Infotafel können wir nach links den Weg abkürzen, verpassen dann allerdings den nächsten römischen Wachtturm WP 9/75 der oben rechts in der Kehre des Weges liegt. Man muss allerdings dafür einen knackigen kurzen Hang hochkraxeln. Zu guter Letzt drehen wir noch eine Runde durch die **Olgaschlucht ❻** und gehen dafür in Sichtweite von Mönchsberg am Waldrand nach links. Kurz vor Waldeintritt drehen wir ab nach rechts und finden nach fünf Minuten die tief in den Keupersandstein eingeschnittene Schlucht. Zurück an der Straße gehen wir entweder links zum **Parkplatz** oder rechts zur Einkehr im Forsthaus **Mönchsberg ❶**.

EINKEHR

Biergarten Zum Forsthaus: Im Hinterhof des verschindelten alten Forsthauses verbirgt sich eine weithin beliebte Einkehrmöglichkeit. An rustikalen Holzbänken und -tischen werden einfache Gerichte zu kleinem Preis angeboten. Und wer noch nie einen Blooz gegessen hat, sollte es hier im gemütlichen Garten tun. Dabei handelt es sich um eine Art Hohenlohischen Flammkuchen, der mit unterschiedlichen Zutaten belegt ist. Ob traditionell mit Speck und Zwiebeln oder mit Gorgonzola-Spinat-Auflage. Die Kreativität kennt hier keine Grenzen. Sehr beliebt ist das Schnitzel mit hausgemachtem Kartoffelsalat, das auch dem Autor sehr gemundet hat. Fr. ab 17, Sa. ab 12, So. ab 10 Uhr, Mönchsberg 5, 74535 Mainhardt-Mönchsberg, Tel. +49 7903 9439049, biergarten-moenchsberg.de.

Waldcafé Zur Einkehr in der Rösersmühle: Schon unterwegs weisen die Schilder mit dem frisch gezapften Bier und dem Cappuccino auf das rustikale Café hin. Im urigen verschindelten Fachwerkgebäude wird eine deftige Küche angeboten, die aber auch vegetarische und vegane Gerichte beinhaltet. Die Zutaten werden von regionalen Kleinerzeugern bezogen. Wer nur die Kaffeepause auf der kleinen Terrasse vor dem Haus verbringen möchte, kann sich dazu leckeren hausgemachten Kuchen bestellen. Fr. ab 14, Sa. ab 13, So. ab 11 Uhr, im Winter abweichende Zeiten, Rösersmühle 6, 74535 Mainhardt, Tel. +49 7903 9429393, waldcafe-einkehr.de.

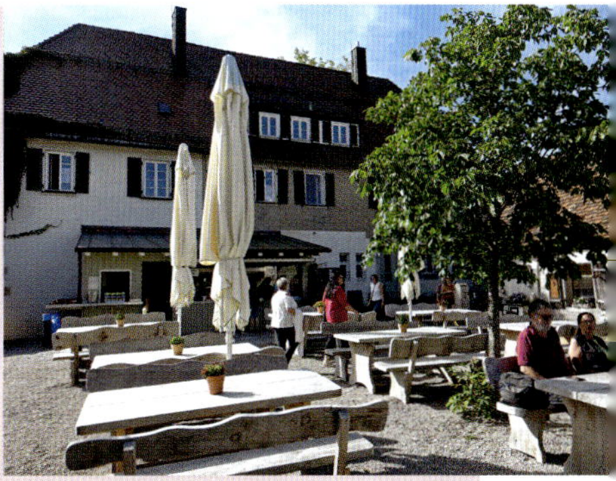

Biergarten Zum Forsthaus.

Waldcafé Zur Einkehr.

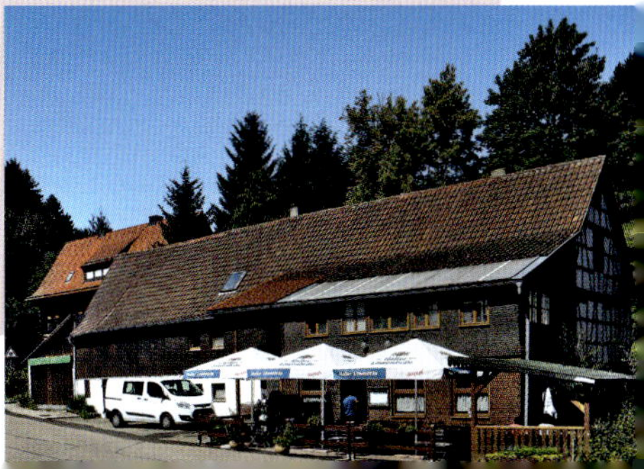

30 Von Pfedelbach zum Buchhorner See

Zur Almhütte Weißlensberg

3.15 Std. | 10,9 km | ↗220 m | ↘220 m

Das Pfedelbacher Wasserschloss

Eingebettet zwischen den Waldenburger Bergen und dem Mainhardter Wald, am südlichen Rand der Hohenloher Ebene, liegt der Weinort Pfedelbach. Weil es dem Grafen Eberhard von Waldenburg oben zu kühl war, baute er ab 1568 das Wasserschloss in Pfedelbach. Durch seinen frühen Tod bei der »Waldenburger Fastnacht« im Jahr 1570 konnte er aber seinen Wintersitz nicht mehr auskosten. Mehrere Fürsten kamen damals bei einem Brand während einer Fastnachtsfeier in Waldenburg ums Leben. Vom prächtigen Schloss in der Ortsmitte führt unsere Tour durch Wald und Weinberge zum Gehöft Weißlensberg, das malerisch auf einer Terrasse über der Hohenloher Ebene liegt. Dort, in der Almhütte Weißlensberg, fühlt man sich neben bimmelnden Kuhglocken tatsächlich wie im Allgäu.

Ausgangspunkt: Ortsmitte am Schloss in Pfedelbach. Parken an den Sportanlagen in der Öhringer Straße. Bus 38 und 40 aus Öhringen, Ausstieg Pfedelbach Schloss. Womo-Platz Heicamp Öhringen, N 49.19213, E 9.48001.

Anforderungen: Die Tour verläuft größtenteils auf schattigen Waldwegen mit geringen Steigungen. Lediglich zwischen Buchhorn und Weißlensberg folgen wir auf 400 m einem schmalen Waldpfad, für den es aber auch eine gemütliche Variante gibt.

Information: Tourist Information Marktplatz 15, 74613 Öhringen, Tel. +49 7941 680, oehringen.de. Rathaus, Hauptstraße 17, 74629 Pfedelbach, Tel. +49 7941 60810, pfedelbach.de.

Tipp: Weinbaumuseum Pfedelbach. Ein einmaliges Museum mit Gegenständen des Weinbaus befindet sich im Fürstenkeller gegenüber dem Schloss.

Wasserschloss in Pfedelbach.

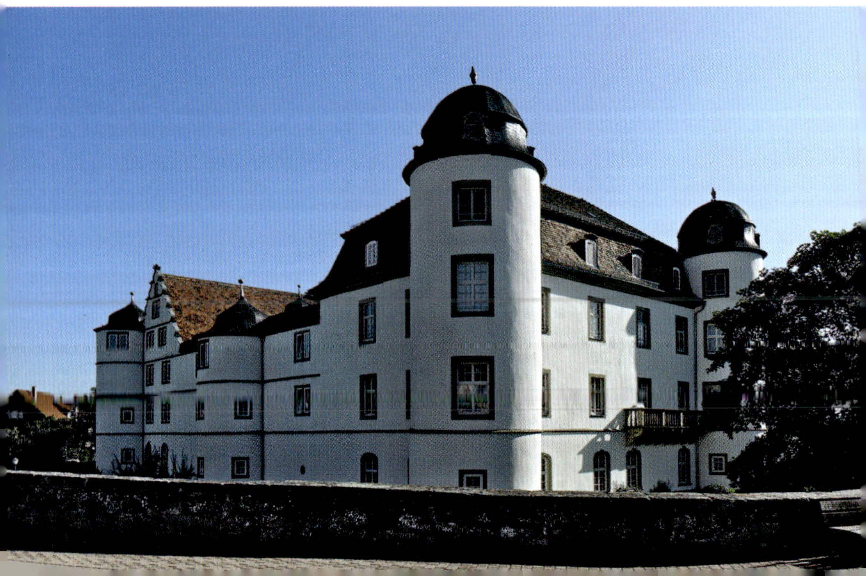

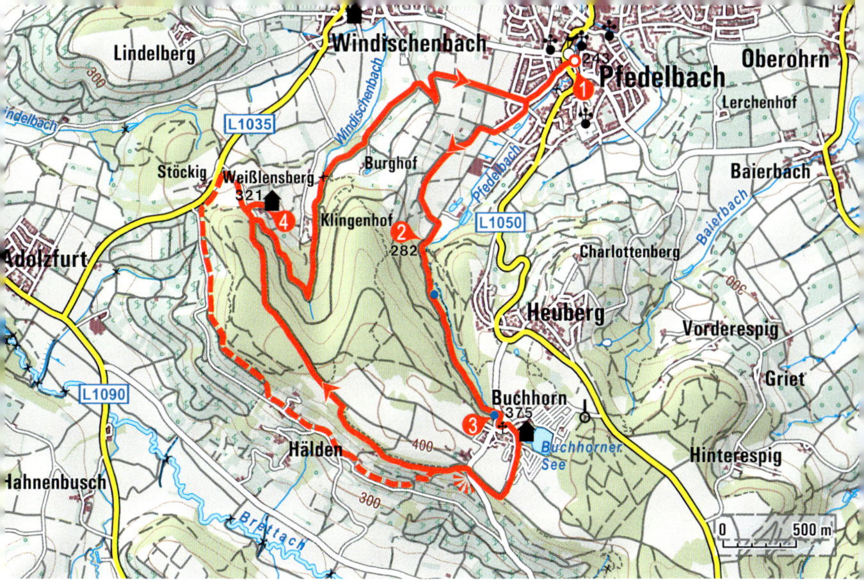

Besonders das drittgrößte Fass Süddeutschlands aus dem 18. Jahrhundert mit einem Volumen von 64.664 Litern ist sehenswert. Ein Termin muss vorab im Rathaus getroffen werden, Tel. +49 7941 608111.

Karte: Wanderkarte Heilbronn (LGL Blatt W218, 1:25.000). Löwenstein/Waldenburger Berge, Blatt 54-544 (NaturNavi Verlag, 1:25.000).

Variante: An der Verzweigung nach der Geddelsbacher Straße folgen wir geradeaus dem Württembergischen Weinwanderweg bergab. Am ersten querenden Sträßchen biegen wir rechts ab und stoßen im Weiler Hälden auf den Wanderweg blaues Kreuz. Ihm folgen wir durch die Weinberge bis zur Landstraße, überqueren diese erst nach links, dann nach rechts und folgen der Beschilderung in Richtung Weißlensberg (Weg 1 der Destillatwege).

Nachdem wir den historischen Ortskern von **Pfedelbach** ❶ ausgiebig besichtigt haben, gehen wir gegenüber dem Schloss quer zur Hauptstraße am Gasthof Sonne und einem auffälligen Fachwerkgebäude vorbei die Kaiserstraße hoch.

Wir halten uns an der Verzweigung links und folgen dem Zeichen des Fahrradweges. Dort, wo er nach rechts weist, gehen wir allerdings geradeaus weiter. An diese Stelle werden wir später zurückkehren.

An der Kreuzung am Siedlungsende folgen wir nicht geradeaus den Wanderwegen, sondern biegen rechts ab auf einen Weg, der sofort wieder links abknickend etwas oberhalb durch eine grüne Wiesenlandschaft führt. Beim Schild zum Thema Streuobstwiesen verlassen wir die geteerte Straße und gehen geradeaus auf

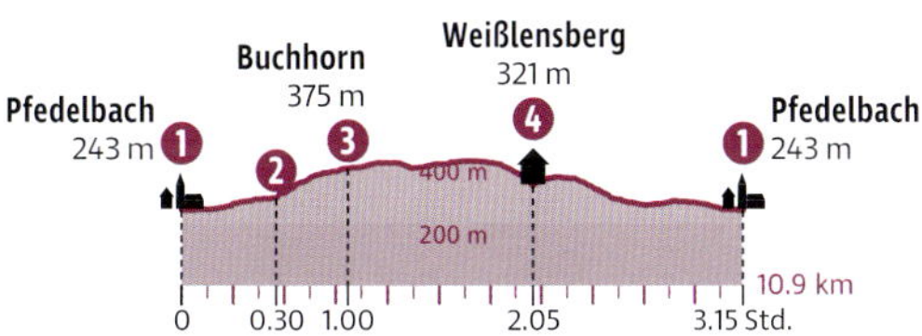

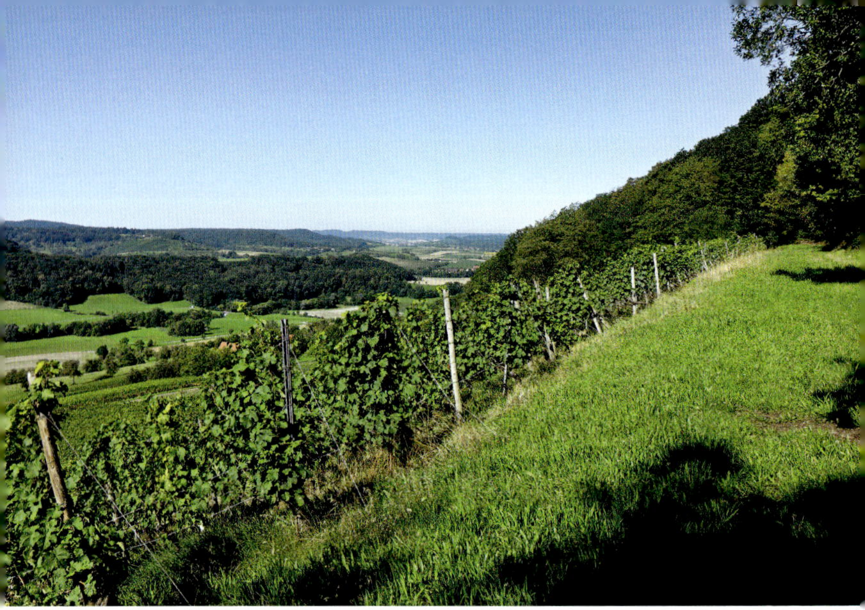

Ausblick zum Brettachtal.

dem unbefestigten Wirtschaftsweg weiter. An der Gehölzgruppe, wo der Weg rechts nach oben schwenkt, gehen wir links mit schönem Ausblick entlang der Bäume wieder hinunter zum ursprünglich verlassenen Talweg und biegen rechts ab.

Am Waldrand, an der **Lohklinge** ❷, halten wir uns rechts und folgen den Wanderzeichen grünes N und roter Strich nun für eine geraume Weile bergauf. Wer das Abenteuer liebt, folgt links dem Pfad direkt am Pfedelbach. Er sollte nach etwa 700 m wieder zum hier beschriebenen Weg führen. Der Autor hat den Weg allerdings nicht geprüft.

Am Ende des Waldes, an der alten Scheune von **Buchhorn** ❸, gehen wir nach rechts und 100 m nach kurzem Anstieg gegenüber dem Haus Sonnenblick wieder links hinab (entgegen den Wanderzeichen). In der Kurve, wo sich am Hof gegenüber ein Eisautomat befindet, biegen wir rechts ab zum Campingplatz. Dort gehen wir am ehemaligen Gasthof rechts hoch hinter dem Imbisspavillon des Campingplatzes vorbei, in dem bei schönem Wetter Getränke und kleine Imbisse serviert werden. Nachdem wir die Kuppe überschritten haben, stoßen wir auf ein Sträßchen und setzen die Richtung fort, wobei wir uns rechts halten. Nach wenigen Metern lädt eine Aussichtsbank am Startplatz für Gleitschirmflieger dazu ein, den Blick über Geddelsbach und das Tal der Brettach schweifen zu lassen.

Wir queren die Straße, halten uns links und folgen kurz den Wanderwegen, die links bergab weisen. Schon nach 50 m verlassen wir aber den ausgeschilderten Weg und orientieren uns an der Verzweigung rechts. Da unser Weg auf etwa 400 m Länge nun auf etwas wildem urigem Waldpfad verläuft, was nicht jedermanns Sache ist, könnte man hier geradeaus der oben beschriebenen Variante folgen, die auf weiten Teilen auf asphaltierten Weinbergwegen verläuft. Der herrliche Panoramaweg führt oberhalb der Weinberge auf einem Wiesenweg am Waldrand entlang. Wir tauchen in den Wald ein und wandern auf einem schmalen, üppig begrünten Waldpfad weiter. Dabei überqueren wir ein Teersträßchen und setzen die Richtung fort. Oben, am Waldrand, gehen wir ein paar Meter über die Wiese und setzen unsere Tour nach links auf dem befestigten Weg fort.

Nach einer längeren Waldetappe durch die »Rote Steige«, genannt wegen seiner bunten Mergelböden, folgen wir an der ersten Gabelung dem rechts bergab führenden Weg. Am Waldausgang liegt vor uns die **Almhütte Weißlensberg ❹** mit ihrer traumhaften Terrasse und dem weiten Ausblick über Öhringen und dem Hohenloher Land.

Wir biegen oberhalb davon an der Gabelung scharf rechts ab und nehmen an der Verzweigung am Schild Rote Steige den links abgehenden Weg. Auf diesem umrunden wir eine tief eingeschnittene Klamm, an deren Ende ein kleiner Fischteich aufgestaut ist, der leider nicht zugänglich ist. Von unten blickt man noch einmal hoch zur idyllischen Alm. Wir wandern auf der Teerstraße weiter und halten uns an der nächsten Verzweigung, am Steinblock mit der Aufschrift Burghof, links. Wir sind auf dem Destillatweg 2 angelangt, der sich mit informativen Tafeln dem Thema Himbeergeist widmet. Drei solcher Wege gibt es rund um Pfedelbach.

Wer in Windischenbach in der Weinstube einkehren möchte, geht an der nächsten Kreuzung bei der kleinen Holzscheune nach links.

Ansonsten geht es an dieser Stelle rechts hoch und oben auf der Kuppe an der Kreuzung scharf nach links. Dem Fahrradweg folgend, biegen wir rechts ab und wandern zurück nach **Pfedelbach ❶**.

Hohenloher Ebene.

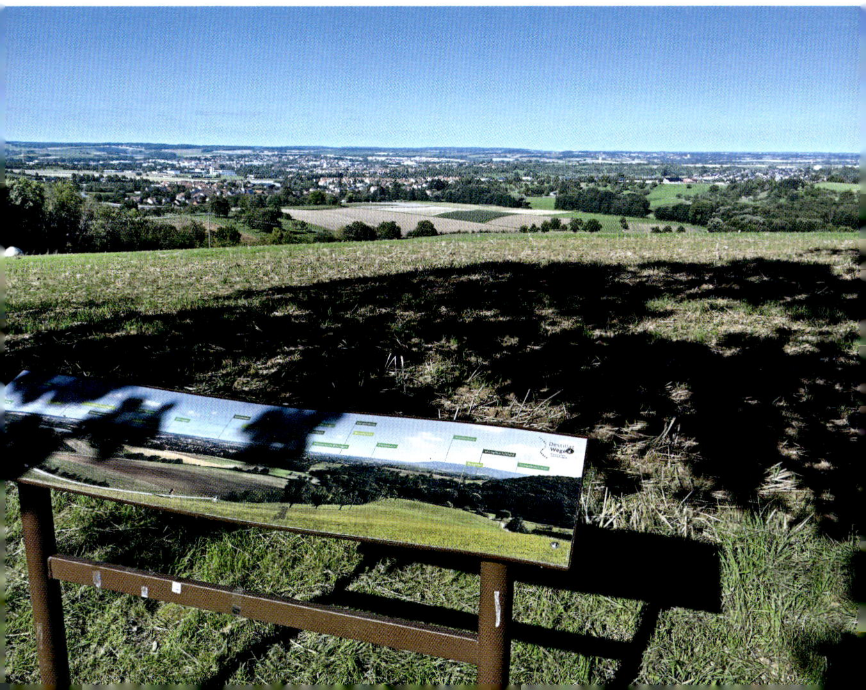

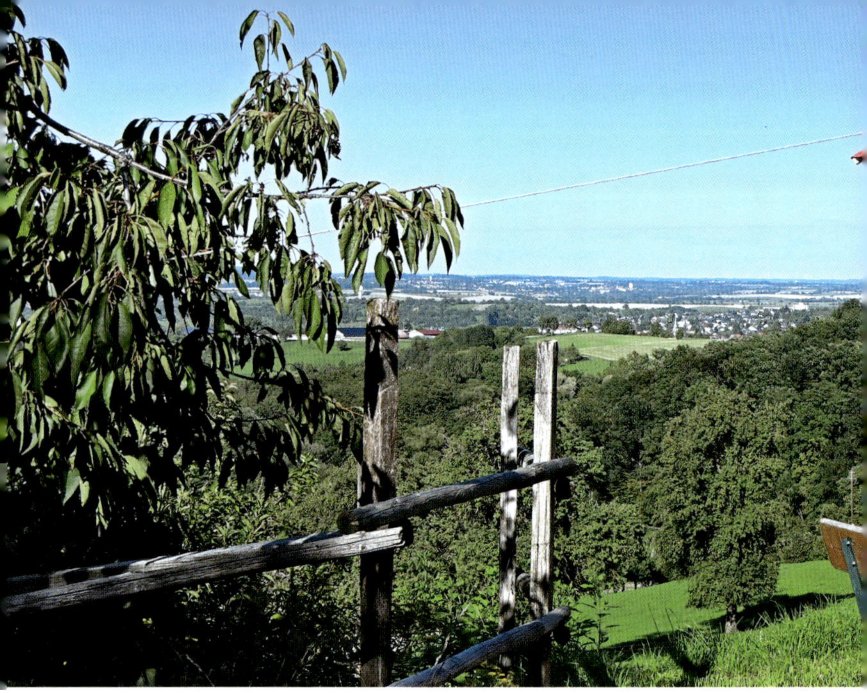

Almhütte Weißlensberg.

EINKEHR

Gasthof Seeklause: Auf dem Gelände des Campingplatzes Seewiese bietet das Restaurant im Speiseraum oder auf der Terrasse eine bunt gemischte Speisekarte mit allerlei Fleisch- und veganen Gerichten. Viele davon werden auch preisreduziert als kleine Portion serviert. Freitags ist Pizza-Tag. Alle Pizzas werden zum selben Preis angeboten. Von 11.30 bis 14 Uhr gibt es eine preisgünstige Mittagskarte. Mi. ab 17, Do. und Fr. 10–14.30 und ab 17 Uhr, Sa. und So. ab 17 Uhr, Am Wasserturm 30, 74629 Pfedelbach-Buchhorn, Tel. +49 7941 960717, seeklause-leng.de.

Winzerstube Lösch: Der freundliche Familienbetrieb mit dem aufmerksamen Service ist weit über den Ort hinaus beliebt. Zu den im Netz angegebenen Besenzeiten werden hier hervorragende Fleisch- und vegetarische Gerichte aufgetischt, deren Zutaten aus regionalen Betrieben der Umgebung stammen. Dazu gibt es selbst ausgebaute Obstsäfte, eigenen Wein und edle, selbst gebrannte Schnäpse. Der Chardonnay von Sohn Tobias Lösch war ein wahrer Gaumenschmeichler. Man sitzt in der gemütlichen Winzerstube, oder unter der weinbehangenen Pergola im Innenhof. Beliebt ist auch ein origineller Tisch im Weinfass. Zu Besenzeiten ab 11 Uhr, Adolzfurter Straße 33, 74629 Windischenbach, Tel. +49 7941 602364, weinstube-hohenlohe.de.

Almhütte Weißlensberg: Beim Gebimmel der Kuhglocken und dem fantastischen Ausblick wähnt man sich fast im Allgäu. Deswegen ist der Name des Gasthauses in der Tat gerechtfertigt. In 5. Generation betreibt Familie Weiß – heute nur noch im Nebenerwerb – Landwirtschaft auf dem Gehöft Weißlensberg. Im Jahr 2021 wurde die attraktive Almhütte mit der traumhaften Terrasse eröffnet. Man sitzt auf den rustikalen Holzbänken oder an Biertischen auf der Wiese, die direkt neben der Kuhweide aufgestellt sind. In Selbstbedienung werden kleine,

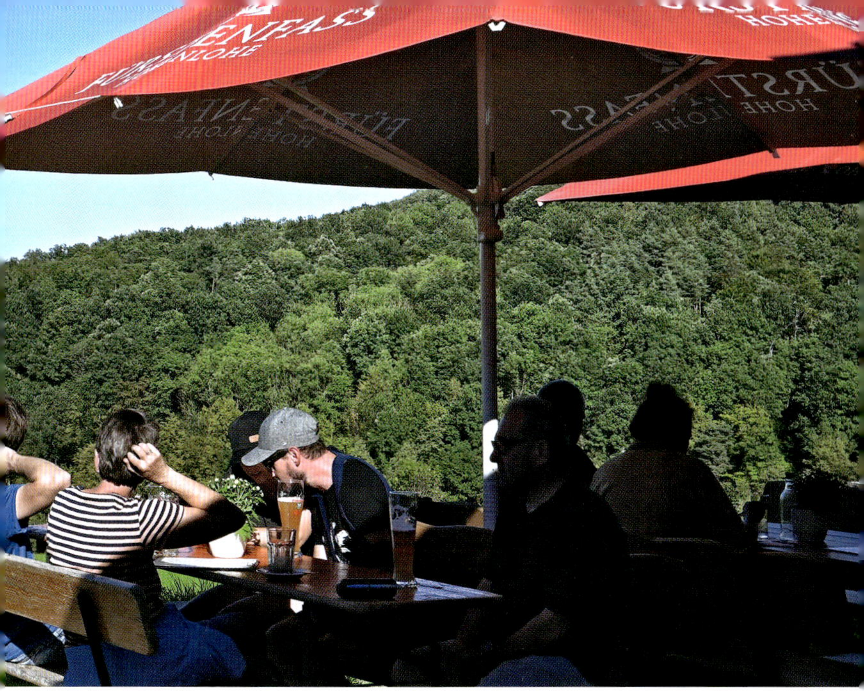

preisgünstige Gerichte angeboten. Beliebt sind herrliche Salatteller, natürlich auch Käsespätzle oder der Weißlensbörger, der hier ausnahmsweise im Laugenbrötchen serviert wird. Do. und Fr. ab 17, Sa. und So. ab 11 Uhr, Weißlensberg 4, 74629 Pfedelbach, Tel. +49 7946 944496, weisslensberg.de.

Gasthaus Sonne: Gegenüber dem Schloss, im ehemaligen Witwensitz der Fürstin zu Hohenlohe-Bartenstein, speist man wie zur Zeit der Fürstin, die bis zu ihrem Tod im Jahr 1751 darin wohnte. Im original erhaltenen Ambiente serviert das Team um den international erfahrenen Koch »Altdeutsche Küche«, wie sie vielleicht die Fürstin auch schon genossen hat. Auf knarrenden Dielen sitzt man unter antiken Kronleuchtern, unter Stuckdecken und vor barocken Landschaftstapeten und lässt es sich gut gehen. Für den kleinen Imbiss kann man sich auch auf der Terrasse niederlassen. Neben den traditionellen Fleisch-, Geflügel- und Fischgerichten bereichern auch mehrere vegetarische Mahlzeiten den Speiseplan. Mo. bis Do. ab 17, Fr. und Sa. ab 14, So. ab 11 Uhr, Hauptstraße 38, 64629 Pfedelbach, Tel. +49 7941 9693997, www.sonne-pfedelbach.de.

Hotel-Restaurant Bürgerstüble: Exzellente gut bürgerliche Küche wird im Garten auf der Terrasse unter jungen Laubbäumen oder im modernen Ambiente des Lokals serviert. Mitinhaber und Küchenmeister Dieter Schultheiss sammelte auch im nahen Ausland Erfahrungen, bevor er sich 2013 in Pfedelbach niederließ. Neben diversen fleischlosen Gerichten stehen typisch schwäbische Gerichte mit Pfiff auf der Karte, wie etwa die Schweinemedaillons vom Baden-Württemberger Landschwein in Mango-Currysauce. Gemäß dem Motto des Restaurants, das lautet »Regionale Gerichte mit kulinarischen Ausflügen rund um den Globus«. Mo.–Fr. 11.30–14.30 und ab 17.30 Uhr, Sa. ab 17, So. ab 11 Uhr, Öhringer Straße 1, 74629 Pfedelbach, Tel. +49 7941 7022, buergerstueble-pfedelbach.de.

31 Zum Limes bei Untersteinbach

Auf den Spuren der Römer

4.15 Std. | 13,5 km | ↗340 m | ↘340 m

Vom Steinbacher Tal zum Mainhardter Wald

Zwischen den Waldenburger Bergen und dem Mainhardter Wald hat sich die Ohrn ein zauberhaftes Tal geschaffen, dessen Hänge mit Wald und Weinbergen im Wechsel gestaltet sind. Vom Freibad aus wandern wir durch die Kalksklinge hoch auf die Steinbacher Ebene zum verträumten Gleichener See mitten im Wald. Dort treffen wir auf den Limeswanderweg, der fast parallel zum einstigen Grenzwall der Römer verläuft. Am Limesblick von Pfedelbach dürfen wir uns wie ein alter Römer fühlen und weit in die Hohenloher Ebene blicken. Zurück im Tal drehen wir noch einen Schlenker über den Ranzenberg auf der gegenüberliegenden Talseite, wo uns ebenfalls ein prächtiger Ausblick erwartet, an Sonntagen vielleicht sogar mit Ausschank.

Ausgangspunkt: Parkplatz am Freibad Untersteinbach am Freibadweg. Bus 38 (Samstags 89) aus Öhringen, Haltestelle Untersteinbach Schule. Womo-Platz Campingplatz N 49.14031, E 9.56752.
Anforderungen: Bis auf den steilen Anstieg zum Ranzenberg größtenteils schattig. Wir wandern meist auf gut begehbaren Wald- und Weinbergwegen, außer dem kurzen Pfad hinab zur Kalksklinge.
Information: Tourist Information Marktplatz 15, 74613 Öhringen, Tel. +49 7941 680, oehringen.de.
Karte: Wanderkarte Heilbronn (LGL Blatt W218, 1:25.000). Löwenstein/Waldenburger Berge, Blatt 54-544 (Natur-Navi Verlag, 1:25.000).
Variante: Am Wegweiser Herhag, kurz nach dem Limesblick führt der Rote Punkt auf kürzerem Weg zurück nach Untersteinbach. Man erspart sich dadurch etwa 3,5 km und den anstrengenden Aufstieg zum Ranzenberg. Info im Rathaus Pfedelbach, Tel. +49 7941 60810.

Am Limesblick von Pfedelbach.

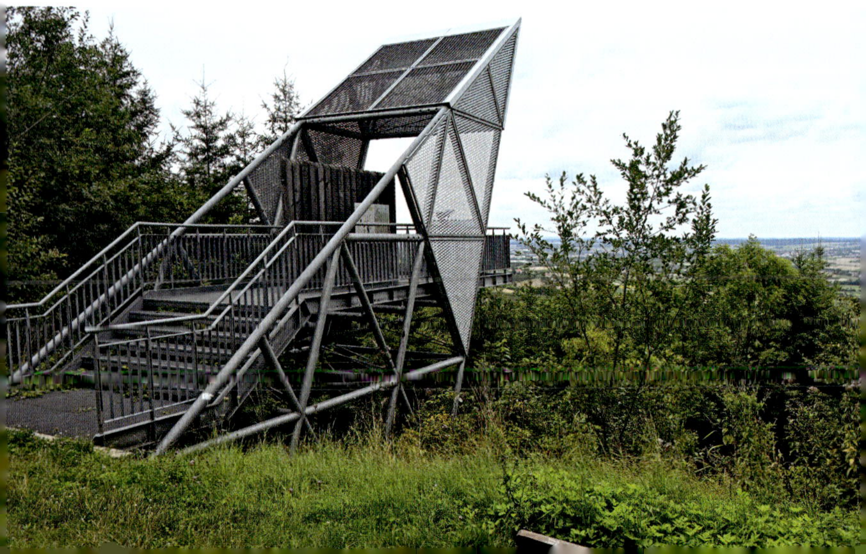

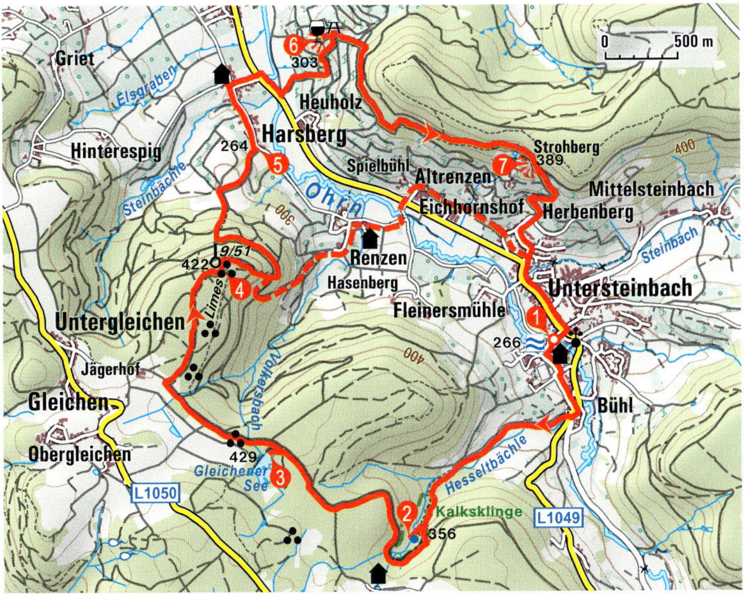

Am Parkplatz vor dem Freibad von **Untersteinbach** ❶ finden wir einen Wanderwegweiser. Wir orientieren uns fürs Erste am Wanderweg 5 in Richtung Untergleichen. Am Biergarten Steinbacher Tal vorbei gehen wir Richtung Campingplatz und biegen davor links ab. Nach dem Fußballplatz vollziehen wir einen Rechts-Links-Schwenk und wandern zwischen der Bebauung und dem Feldrand entlang, bis wir auf die Durchgangsstraße stoßen. Dort biegen wir rechts ab und halten uns sofort wieder rechts in Richtung Kalksbrunnen.

Auf asphaltiertem Wirtschaftsweg wandern wir nun das grüne Seitental des Hesseltbächle hinauf. Kurz bevor wir in den Wald eintauchen, halten wir uns entsprechend dem Wegweiser Am Hesseltbächle an Wanderweg 4 links und wandern auf dem Wiesenweg in Richtung Kalksbrunnen. Wer den kleinen Umweg über die Kalksklinge nicht machen möchte, folgt einfach weiter dem Weg mit der Nummer 5.

Wir überqueren das munter plätschernde Bächlein und müssen bald an einem umgestürzten Baum nach links bergan ausweichen. Der beschilderte Waldpfad führt uns etwas höher und weiter weg vom Bachufer, wo wir jetzt in der enger werdenden Klinge die Richtung fortsetzen.

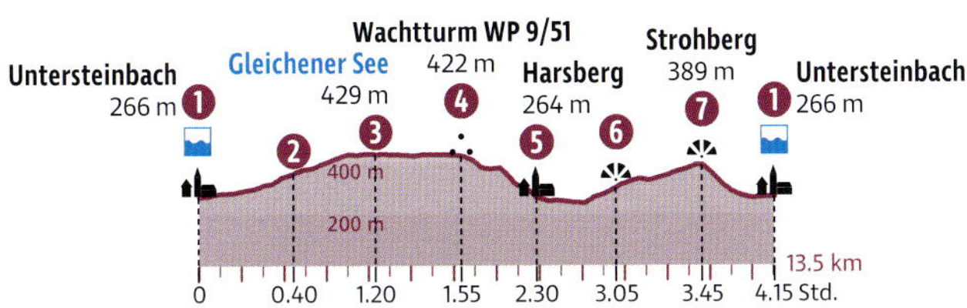

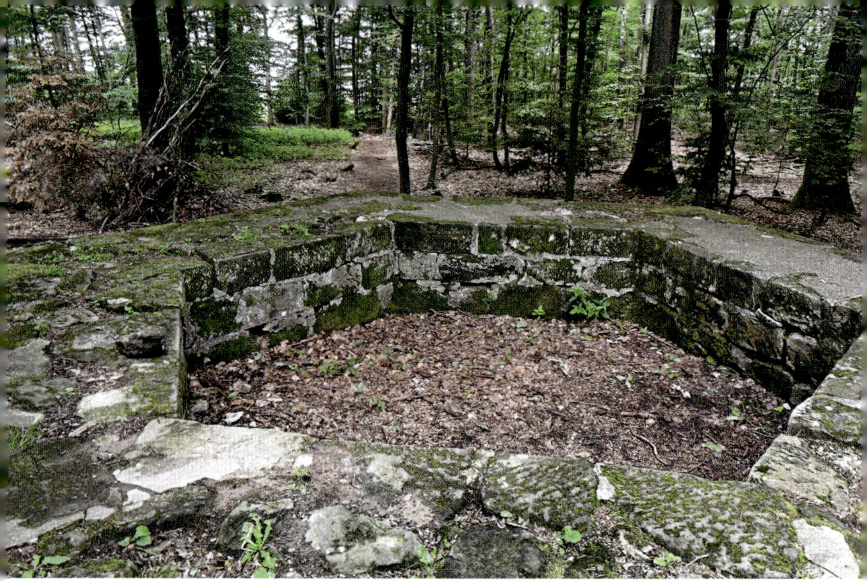

Die Grundmauern des Wachtturms WP 9/51.

An nächster Verzweigung merken wir uns den Weg 4 nach links vor, machen aber zuerst den Abstecher hinunter zur **Kalksklinge ❷**. Im Talgrund finden wir eine abgerutschte Scholle des porösen Kalkgesteins. Daneben der Kalksbrunnen, dessen Wasser auf langem Weg viel gelösten Kalk aufgenommen hat, der sich als Kalktuffstein daneben wieder ablagert.

Nachdem wir die Schlucht verlassen haben, stoßen wir auf einen breiten Wirtschaftsweg und folgen ihm nach rechts. An der T-Kreuzung angekommen, biegen wir rechts ab. Wer zur Einkehr ins Forellenparadies möchte, geht nach links. Wir befinden uns nun auf dem Limes-Wanderweg HW6, dem wir für eine geraume Weile folgen. Gut 300 m nach einer Kreuzung führt ein Weg nach links zum idyllisch im Wald versteckten **Gleichener See ❸**, durch den einst der römische Grenzwall verlief. Wieder auf dem Weg bewacht uns kurz darauf ein lustiger Römer mit rotem Besen auf dem Helm.

Nachdem wir den Wald verlassen haben und die Weidelandschaft sich vor uns öffnet, biegen wir an der Kreuzung rechts ab und folgen dem schwarzen Wachtturm des Limes-Wanderweges. Der römische Grenzwall befindet sich etwa 50 bis 100 m rechter Hand des Weges und ist zum Teil an Bodenerhebungen noch erkennbar. Kurz darauf, bei den nächsten beiden römischen Besensoldaten, erreichen wir den **Wachtturm WP 9/51 ❹** links des Weges.

Der sechseckige Grundriss ist einzigartig in dieser Form, was dafür spricht, dass dieser Limesturm eine besondere Bedeutung hatte. Man nimmt an, dass er bis zu 10 m hoch war und damit einen weiten Ausblick in die Hohenloher Ebene bot. Wir gehen rechts am Turm vorbei und treffen am Ende des Pfades auf den Limesblick, wo man sich auf weiteren informativen Tafeln ein Bild von römischer Ingenieursbaukunst machen kann. Von oben könnte der Ausblick ähnlich sein wie einst vom Wachtturm.

Wir gehen nach rechts weiter und verlassen den breiten Forstweg etwa 200 m danach an der nächsten Kreuzung nach links, wo ein Pfad steil bergab führt.
Achtung an der Unterkante des Pfades, am Wegweiser Heerhag! Wer eine Abkürzung gehen möchte, folgt hier nach rechts dem roten Punkt in Richtung Untersteinbach.
Ansonsten geht es auf der Fürstenstraße nach links weiter. Nach 300 m verlassen wir den breiten Waldweg auf einen Pfad, der rechts vom Weg abgeht. Nach den letzten fast zugewachsenen Metern halten wir mit weiter Aussicht halb links die Richtung bei und biegen an erster Möglichkeit rechts ab. Am Ende des gepflasterten Weges geht es vor der alten Scheune in **Harsberg ❺** nach links. Am Wegweiser biegen wir rechts ab in den Rieslingweg (Wanderweg 1). Wer in der Gaststätte Zum Löwen einkehren möchte, geht hier noch 50 m weiter. Ein Abstecher, der sich auch wegen der historischen Arrestzelle gegenüber dem Gasthaus lohnt.

An der Straße wenden wir uns nach rechts und wandern auf dem Grünstreifen unterhalb der Apfelplantage bis zur Brücke. Dahinter queren wir die Straße, folgen nun nicht den Wanderzeichen, sondern gehen auf unmarkiertem Weg nach links und sofort wieder rechts. Unser nächstes Ziel ist die gut sichtbare Aussichtsplattform oben in den Weinbergen. An der Verzweigung halten wir uns rechts. Dort, wo der Weg rechts abknickt, gehen wir geradeaus auf dem Grasweg zwischen Weinberg und dem überwucherten Bachlauf weiter. Am ersten Wirtschaftsweg biegen wir links ab und gehen nach der Kurve, beim Weinberghäuschen in spitzem Winkel rechts hoch. Oben links erreichen wir den modern gestalteten Aussichtspavillon auf dem **Ranzenberg ❻**, wo es an manchen Wochenenden sogar einen Ausschank gibt.
Wir gehen zurück, folgen kurz Wanderweg 1, gehen aber dann hoch bis zum Waldrand und biegen erst dort rechts ab. Damit sind wir auf dem Philosophenweg, auf dem allerlei

Blick vom Aussichtspavillon auf dem Ranzenberg.

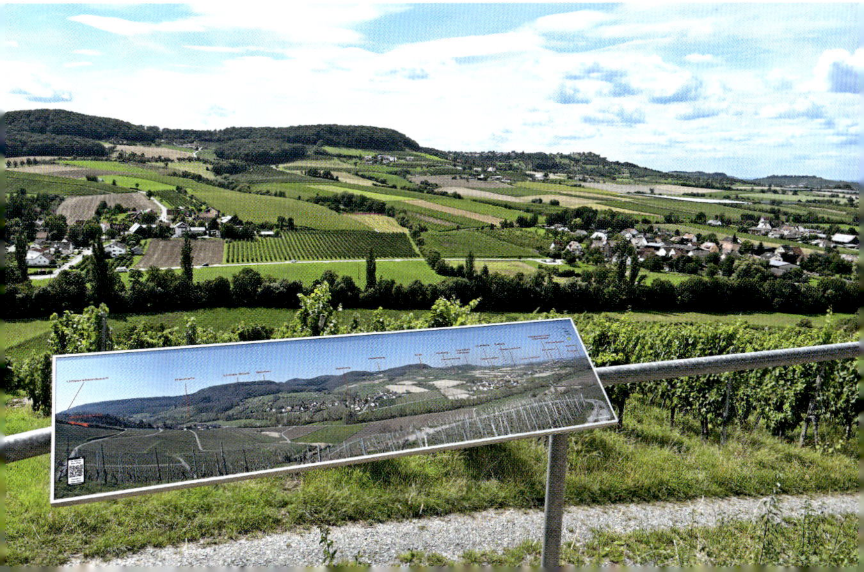

Weinweisheiten von Martin Luther und anderen Geistesgrößen zu lesen sind. Wir bleiben nach der Aussichtsliege weiterhin oben am Waldrand und drehen dem roten Kreuz folgend noch einmal eine Runde durch den Wald. Nach der Rechtskurve verlassen wir den Waldweg und folgen einem urigen links abgehenden Hohlweg bergauf. Er stößt auf einen Forstweg, auf dem wir uns rechts halten. Nach dem Gehöft Strohberg ❼ verlassen wir nun den Waldsaumweg und wandern nach rechts talwärts (roter Strich).

Im Wohngebiet biegen wir links ab in die Haldenstraße und gehen nach der Seniorenpension rechts hinab zur Ortsmitte von **Untersteinbach** ❶.

EINKEHR

Forellenparadies Weinberger: Folgt man zwischen Wegpunkt 3 und 4 dem Limesweg nach links und geht am Abzweig nach links (rotes Kreuz), kommt man nach 700 m nach Frohnfalls zur originellen Einkehr im Forellenparadies. Seit 35 Jahren betreibt Familie Weinberger die Einkehr an den beiden Fischteichen. Man sitzt auf rustikalen Holzbänken und Tischen und bei schlechtem Wetter in der Blockhütte. Hier gibt es frische Forellen, die auch selbst geangelt werden können. Eine Angel kann man sich vor Ort ausleihen. Dazu schmeckt am besten der selbst gemachte Kartoffelsalat nach Omas Rezept. Ferner gibt es regionale Wurst-, Wild- und Fleischspezialitäten von Metzgermeister Jannik Weinberger. Kinder lieben den Weinburger und dürfen sich vor oder nach dem Essen auf dem römischen Abenteuerspielplatz vergnügen. Sa., So. und feiertags von 8–18 Uhr, 74535 Frohnfalls, Tel. +49 7903 464, forellenparadies.com.

Weingut Ungerer: Leckere Besengerichte, zubereitet aus regionalen Produkten, werden am Dorfrand mit Blick auf Weinberge und Wald serviert, zu Besenöffnungszeiten tgl. ab 11 Uhr, Harsberger Straße 15, 74629 Pfedelbach-Renzen, Tel. +49 7949 940690, weingut-ungerer.de.

Dreher, Gaststätte zum Löwen: Gemütlich sitzt man auf den rustikalen Holzbänken unter der Pergola des traditionsreichen Landgasthauses. Seit über 100 Jahren bewirten Familie Dreher und Albrecht die Gaststätte mit eigener Brennerei – unter dem ehemaligen Gefängnis gegenüber – und Weinbau. Neben gut bürgerlicher Küche mit schwäbischem Einschlag steht auch Wild aus heimischer Jagd auf dem Speiseplan. Zum Dessert wird hausgemachtes Eis serviert. Geschätzt wird die große Herzlichkeit der Betreiberfamilien. Eine herzliche Dorfgaststätte, wie man sie nur noch selten findet. Di.–Fr. ab 17, Sa., So. und feiertags ab 11.30, Kernerweg 40, 74629 Pfedelbach-Harsberg, Tel. +49 7949 596, gasthaus-dreher.de.

Ausschank am Ranzenberg: An vielen Wochenenden gibt es am Pavillon auf dem Ranzenberg einen Ausschank, der dann samstags ab 16 Uhr und sonn- und feiertags ab 11 Uhr geöffnet hat.

Gasthof Adler Untersteinbach: Ein griechischer Wirt hat sich im einstigen Landgasthof niedergelassen und serviert Spezialitäten seiner Heimat wie Lamm, Calamari oder Gyros und diverse sommerliche Salate. Neben dem rustikalen Innenraum kann auch auf der Terrasse vor dem Haus gespeist werden. Mo.–Do. ab 17 Uhr, Fr.–So. von 11.30–14.30 und ab 17 Uhr, Mainhardter Straße 1, 74629 Pfedelbach–Untersteinbach, Tel. +49 7949 2368.

Biergarten Steinbacher Tal: Wie wärs mit einem Freibadburger nach der Wanderung. Dies und andere Kleinigkeiten kann man im grünen Biergarten vor dem Freibad verzehren. Im Sommerhalbjahr (ab 1.5.) bei gutem Wetter, tgl. ab 12 Uhr, Freibadweg 15, 74629 Pfedelbach – Untersteinbach, Tel. +49 7949 940016.

Von Löwenstein zum Breitenauer See

Weinberg- und Seentour

3.30 Std. | 10,3 km | ↗ 280 m | ↘ 280 m

TOP

Aussichtsreiche Rundtour

Wie auf einer Terrasse liegt der Ort Löwenstein malerisch auf einer Keuper-Schichtstufe am Rand des Schwäbisch-Fränkischen Waldes. Die Aussichten rund um den mit einer Burg gekrönten Ort zählen zu den schönsten der ganzen Region. Nicht umsonst schnüren viele Wanderer an Wochenenden ihre Schuhe und wandern rund um den Ort und den von oben schimmernden Breitenauer See. Sonntags trifft man viele von ihnen wieder am Wengertshäusle, dem attraktivsten Weinstand der näheren Umgebung. Einkehrmöglichkeiten gibt es hier zur Genüge. Nur gut, dass die Scharen von Motorradfahrern unter sich bleiben und außer am Kiosk an der Löwensteiner Platte, dem beliebtesten Treffpunkt der Biker in Süddeutschland, an dem wir vorbeiziehen, kein Lärm mehr zu hören ist. In einiger Entfernung davon verlieren sich die Geräusche wieder und man genießt die einzigartige Landschaft.

Ausgangspunkt: Rathausplatz Löwenstein. Parkmöglichkeiten am Parkplatz Stutz in der Maybachstraße. Von Heilbronn mit der S4 bis Wilsbach, von dort mit Bus 635 nach Löwenstein.
Anforderungen: Weinbergstour auf gut begehbaren Wegen.
Information: Tourist Information, Maybachstraße 32, 74245 Löwenstein, Tel. +49 7130 2223, loewenstein.de.

Tipp: Der Turm der Burg kann im Sommer sonntags zwischen 11 und 17 Uhr bestiegen werden. Auch der Burgkiosk ist dann geöffnet. Am letzten Samstag in den Sommermonaten gibt es spannende Stadtführungen.
Karte: Wanderkarte Heilbronn (LGL Blatt W218, 1:25.000). Löwenstein/Waldenburger Berge, Blatt 54-544 (NaturNavi Verlag, 1:25.000).

Prächtige Aussichten sind garantiert!

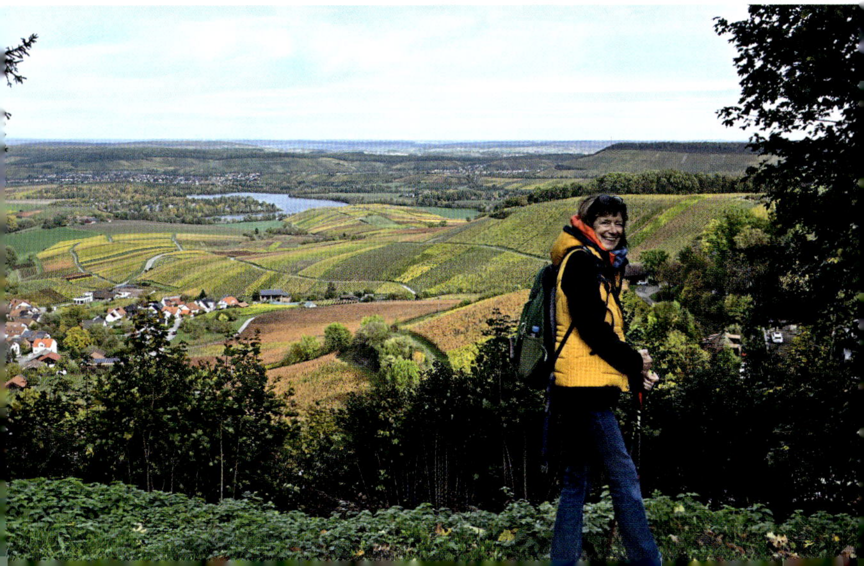

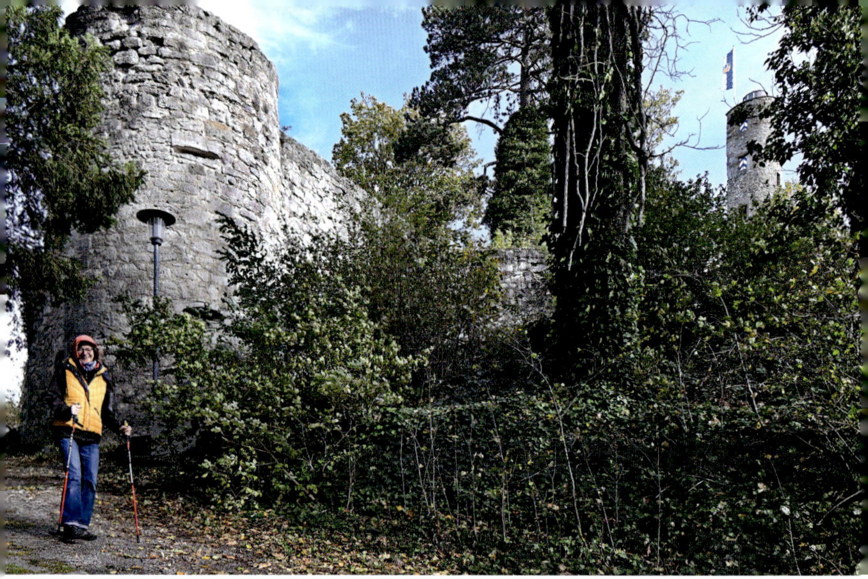

Burg Löwenstein.

Wir beginnen unsere Weinbergtour am Rathausplatz von **Löwenstein ❶** an der Mini-Touristinfo, die eher an eine Telefonzelle erinnert. Wenige Meter dahinter, an der Kreuzung beim Kelterplatz, finden wir einen ausführlichen Wanderwegweiser. Wir orientieren uns vorerst am orange-grünfarbenen Symbol des WT11 und halten uns rechts in Richtung Burg Löwenstein. Am Kindergarten mit den bunten Fenstern steigen wir die Stufen hoch zur Kirche. Dort wenden wir uns um 180 Grad und gehen weiter rechts die Treppen bergauf. Nach wenigen Schritten sind wir oben bei der **Burg Löwenstein ❷**, erbaut im 11. Jh. durch die Grafen von Calw, und betreten durch das äußere Tor das Burggelände.

Nach der Besichtigung des Burgareals geht es links daran vorbei. Wir passieren einen Kräutergarten, umrunden zur Hälfte die Burg und gehen links den Wanderweg hinauf, weiter den Wanderzeichen folgend. Der herrliche Kammweg unter dem Laubdach von Buchen führt uns zu einem Aussichtsplateau mit Picknickmöglichkeiten. An der Verzweigung vor einem Grundstück gehen wir links auf dem asphaltierten Weg weiter, der uns zur **Löwensteiner Platte ❸** bringt. Der Ausflugskiosk ist jedes Wochenende umlagert von zahlreichen Motorradfahrern aus ganz Süddeutschland. Vor der Hütte biegen wir links ab, weiter auf dem WT11 Wanderweg. Etwas unterhalb können wir schon unseren weite-

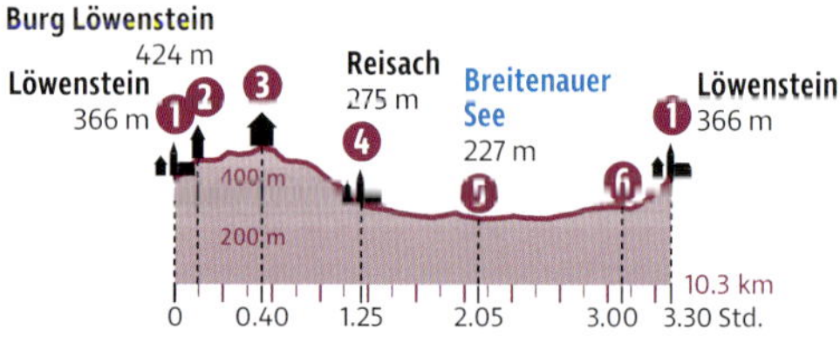

ren Weg überblicken, der links um die Kurve führt. Nicht weit von der Linkskurve des Weges entfernt, ist rechts im Unterholz die Lumpenlochhöhle, in der sich die Bewohner Löwensteins während und nach der Bombardierung des Ortes im April 1945 versteckt hielten. Der Zugang zur Höhle ist inzwischen verschlossen.

Unten, am Waldaustritt an den Weinbergen gehen wir geradeaus weiter. Etwa 100 m nach Beginn des Asphaltweges, an einer privaten Blockhütte, verlassen wir nun für eine Weile WT11 und wandern leicht rechts versetzt parallel zur geteerten Straße auf dem geschotterten Weg im Wald weiter. Am Ende des Weinbergs gehen wir links den Grasweg bergab, queren einen geschotterten Weg und biegen an nächster Möglichkeit an der Waldecke rechts ab. Damit befinden wir uns auf dem historischen Totenweg, auf dem früher die Verstorbenen aus Reisach, das keinen eigenen Friedhof besaß, über den Wolfertsberg nach Löwenstein gebracht wurden. Eine Infotafel 50 m links vom Abbiegepunkt erläutert dies. Wir folgen nun dem WT5

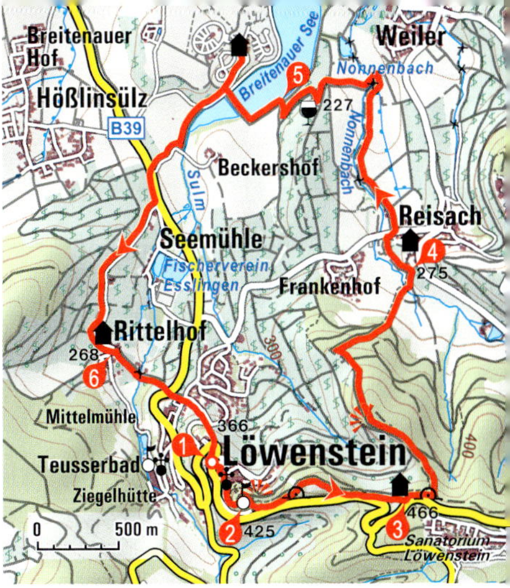

Wanderweg und vorübergehend auch dem Württembergischen Weinwanderweg mit der roten Weindolde. Nach Querung eines Forstweges wandern wir geradeaus weiter den Hang hinab, treffen auf eine Weidefläche und setzen geradeaus über die Wiese – ein Trampelpfad ist gut erkennbar – die Richtung fort. Wir durchschreiten die Talaue und den Bach und gehen auf der anderen Seite wieder bergauf.

Dort wo der Pfad auf den Zufahrtsweg nach **Reisach** ❹ stößt, gehen

Spätherbst im Weinberg.

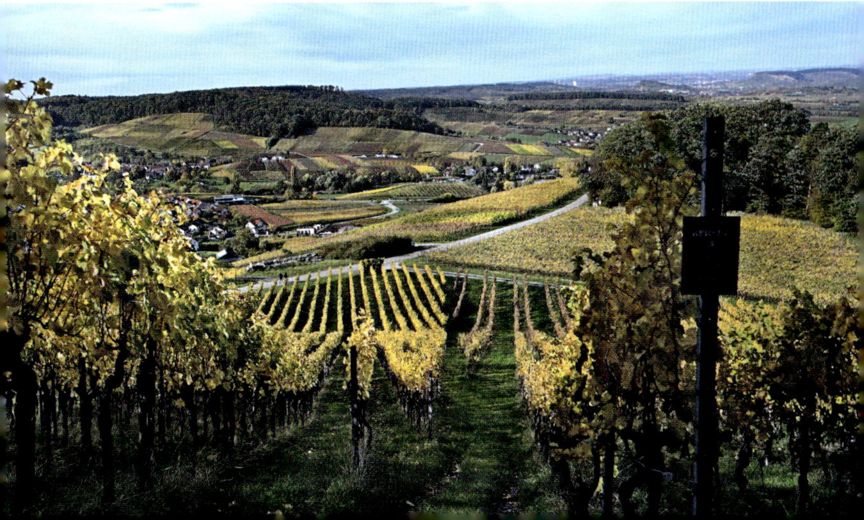

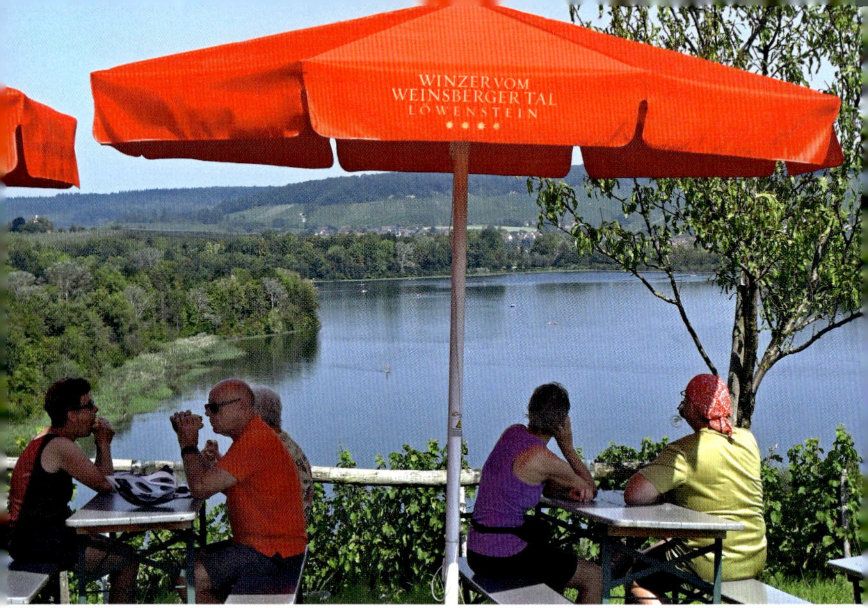

Blick vom Wengertshäusle zum Breitenauer See.

wir nicht hinauf in den Ort, sondern verlassen hier den beschilderten Wanderweg nach links auf einen Grasweg oberhalb des Baches. Wer in Reisach einkehren möchte, folgt einfach weiter der WT5-Markierung, die nach einem Linksknick wieder auf unseren Weg stößt.
An Kleingärten und Obstbäumen vorbei geleitet uns der unmarkierte Wiesenweg bis zur Straße. Dort biegen wir um 180 Grad nach links ab gehen 50 m an der Autostraße entlang und wenden uns in entgegengesetzter Richtung wieder auf Reisach zu.
An der Pferdekoppel biegen wir auf dem asphaltierten Wirtschaftsweg links ab, nun dem Wanderweg WT22 folgend. Hinter der Biogasanlage verlassen wir den Talweg nach rechts und wandern rechts direkt am Bachufer weiter. Der Weg stößt auf einen Teerweg, auf dem wir uns links halten. Wer in Weiler einkehren möchte, geht hier nach rechts. Nach der Kuppe erreichen wir eine Kreuzung.
Sonntags ist es fast Pflicht, im Wengertshäusle Rast zu machen. Von vielen Weinständen im Heilbronner Land, ist dieser einer der schönsten, mit einmaligem Ausblick auf den See und die umrahmenden Weinberge (siehe Titelbild). Dazu nehmen wir an der Kreuzung den mittleren der links abgehenden Wege.
Andernfalls folgen wir direkt dem WT11 in Richtung Löwenstein und nehmen den halb links verlaufenden Weg. Vom Weinstand aus gehen wir zurück auf den darunter befindlichen Weg und halten uns links. An nächster Möglichkeit gehen wir nach rechts hinab zum Ufer des **Breitenauer Sees 5**, biegen dort links ab und gehen nach 100 m rechts über den Damm. Am Ende des Damms wenden wir uns nach links. Wer beim Griechen einkehren möchte, geht nach rechts. An der Gabelung verlassen wir die Zufahrtsstraße zum See nach links und wandern auf dem Schotterweg (WT11) weiter in Richtung Löwenstein. Wenige Meter

vor der B39 ziehen wir links auf dem Fahrradweg weiter an der Straße entlang und überqueren diese vor der Bushaltestelle in Richtung Rittelhof. Oben an der Gabelung nach der Kuppe verlassen wir nun WT11 und folgen dem links bergab führenden Weg. Wir durchqueren den Weiler **Rittelhof** ❻ und gehen an der Kreuzung beim nächsten Wegweiser geradeaus weiter. Wanderweg WT5 weist uns zuletzt die Richtung. Nachdem wir die Talsenke der Sulm durchquert haben, geht es geradeaus mit herrlicher Aussicht auf die Weinberge unter der B39 durch und die Anhöhe hinauf. Zuletzt auf Trepppenstufen erreichen wir wieder den beliebten Ausflugsort **Löwenstein** ❶, der wie auf einer Terrasse über dem See und den Weinbergen liegt.

EINKEHR

Weinausschank Zum Seeblick: Rustikal geht es im Besen der Winzerfamilie Schmidt zu. Und so wie die Gaststube des Holzhauses ist auch das Essen. Klassische Besengerichte zu moderaten Preisen. Dazu gibt's von der Terrasse einen unschlagbaren Ausblick zu den Weinbergen und zum Breitenauer See. Zu Besenöffnungszeiten ab 11 Uhr, Lichtensteiner Straße 16, 74245 Löwenstein-Reisach, Tel. +49 7130 8885.

Wengertshäusle am Breitenauer See: Sonntags bei schönem Wetter sind die Plätze am Wengertshäusle rar. Aber zur Not setzt man sich einfach ins Gras zwischen die Reben und genießt von dort seinen Wein mit dem herrlichen Ausblick (siehe Titelbild). Betrieben von mehreren Winzern des Weinsberger Tals, wird neben den Getränken immer ein kleiner Snack, in Form einer Bratwurst, Käsewürfeln oder Ähnlichem, mit angeboten. 1.4.–1.11. an Sonn- und Feiertagen von 11–18 Uhr, Winzer vom Weinsberger Tal, Reisacher Str. 5, 74245 Löwenstein, Tel. +49 7130 461200, weinsbergertal-winzer.de.

Seerestaurant Der Grieche: Im modernen gestalteten Ambiente genießt man authentische griechische mediterrane Küche. Für Wanderer, die nur eine Kleinigkeit auf dem Weg bevorzugen, bietet sich eine Vielfalt griechischer Vorspeisen an, die es auch als komplette Vorspeisenplatte gibt. Auf der Außenterrasse sitzt man unter schattigen Bäumen und darf dabei dem Grillmeister bei der Arbeit zuschauen. Di.–Fr. 11.30–14.30 und ab 16.30 Uhr Sa. und So. ab 11.30 Uhr, Breitenauer See 2, 74245 Löwenstein, Tel. +49 7130 4030025, seerestaurant-dergrieche.de.

Vinorant Karl: Wer Lust auf vorzügliche Wildgerichte hat, ist in diesem Besen genau richtig. Aber auch die schwäbischen Klassiker wie Zwiebelrostbraten oder Maultaschen findet man auf der Karte. Dazu trinkt man im modern gestalteten Ambiente des Gastraums hauseigene mehrfach ausgezeichnete Weine der Familie Koppenhöfer, die seit 1868 in fünfter Generation Weinbau betreibt. Do. und Fr. ab 17, Sa. und So. ab 11.30 zu Besenöffnungszeiten, Sulmstraße 39, 74245 Löwenstein, Tel. +49 7130 4053480, vinorant-karl.de.

Landhaus Hohly: Der Ausblick durch die riesigen Panoramafenster auf die eigenen Weinberge und den See ist einfach umwerfend. Gäbe es nicht die Klassiker wie Zwiebelrostbraten oder die hausgemachten Maultaschen, würde man eher meinen, man sitzt in einem elsässischen Restaurant. Die Karte von Küchenchef David mit wenigen raffiniert gestalteten Gerichten ist eher gehobene Klasse. Auch auserlesene vegetarische und vegane Gerichte werden angeboten. Nach dem Essen besteht die Gelegenheit, Kunstwerke des expressionistischen Künstlers Richard Hohly zu bestaunen, der hier im Haus das Licht der Welt erblickte. Mi.–So. 11.30–14.30 und ab 17 Uhr, Friedhofweg 5, 74245 Löwenstein, Tel. +49 7130 1313, landhaus-hohly.de.

33 Von Waldenburg zum Neumühlsee

Rundtour um den Balkon Hohenlohes

4.00 Std. | 14,1 km | ↗ 200 m | ↘ 200 m

Auf den südlichen Ausläufern des Odenwaldes

Schon auf der ersten Schleife um den Theresienberg dürfen wir die prächtige Aussichtslage über die Waldenburger Berge und hinab zur Hohenloher Ebene genießen, die später in Waldenburg noch getoppt wird. Nach einem Gang durch das wildromantische Tal der Bibers landen wir am idyllischen Neumühlsee und wandern über den Friedrichsberg zurück zur Stadt auf dem 500 m hohen Bergsporn. Dort erfahren wir auf einer kurzweiligen Zeitreise der »Historischen Wege von Waldenburg« auf 11 Schautafeln eine Menge über das Leben der Bewohner und die aufregende Stadtgeschichte des einzigartigen Städtchens. Eine Einkehr mit Aussicht hinab in die Hohenloher Ebene ist hier fast Pflicht, so schön ist der Blick von den Terrassen der Lokale.

Ausgangspunkt: Waldenburg Friedhof im westlichen Ortsteil. Parkmöglichkeit am Friedhof, oder bei den Sportanlagen der Albert-Schweitzer-Straße. Hier befindet sich auch die Bushaltestelle-Wasserturm von Bus 33, der von Waldenburg Bahnhof hierher fährt. Womo-Platz Albert-Schweitzer-Str. N 49.18325, E 9.62635.

Anforderungen: Abwechslungsreiche, größtenteils schattige Rundtour mit verschiedenen Wegarten. Vom Balkon Hohenlohes hinab ins Tal der Bibers und wieder zurück. Badesachen nicht vergessen.

Information: Stadtverwaltung Waldenburg, Hauptstraße 13, 74638 Waldenburg, Tel. +49 7942 1080. waldenburg-hohenlohe.de. Hier bekommt man auch einen informativen Flyer zum historischen Rundgang.

Karte: Wanderkarte Heilbronn (LGL Blatt W218, 1:25.000). Löwenstein/Waldenburger Berge, Blatt 54-544 (NaturNavi Verlag, 1:25.000).

Variante: Wer die Runde um den Theresienberg zu Beginn auslassen möchte, erspart sich etwa 3,5 km.

Die malerische Silhouette von Waldenburg.

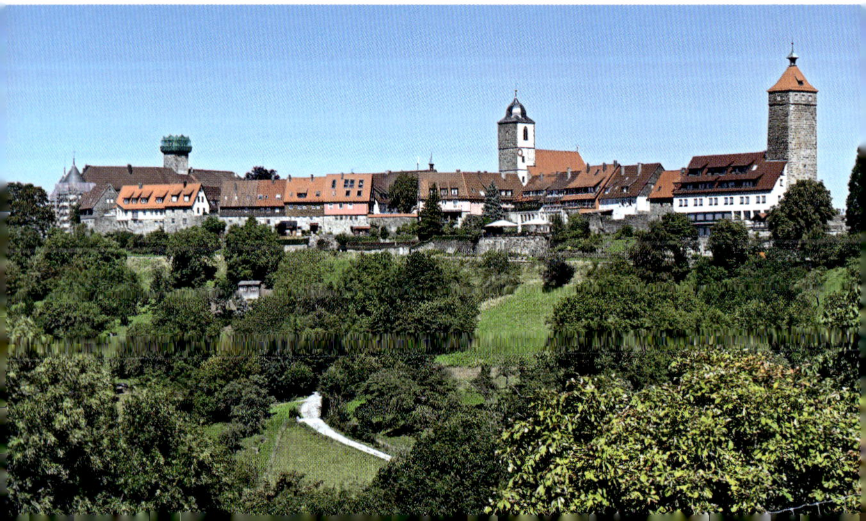

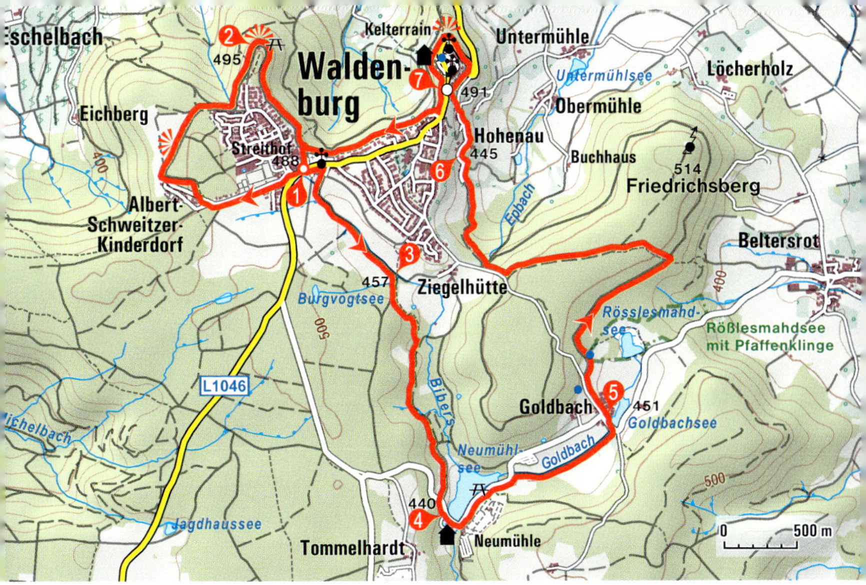

Vom Parkplatz am **Friedhof** bzw. der Bushaltestelle **Waldenburg** ❶ Friedhof orientieren wir uns in westlicher Richtung, biegen an der farbigen Kunstinstallation rechts ab und folgen dem roten Strich des Schwäbischen Albvereins in Richtung Albert-Schweitzer-Kinderdorf. Links von den Sportanlagen wandern wir durch die Allee ortsauswärts. Am Wegedreieck vor den Geräten eines Fitnessparcours halten wir uns rechts und drehen sofort wieder rechts ab auf einen Waldpfad. An der T-Kreuzung am Ende des Pfades gehen wir nach links und auf dem Forstweg weiter.

An einer großen Lichtung stoßen wir auf ein Teersträßchen, auf dem wir rechts am Waldsaum weitergehen. Am Ende der Freifläche bleiben wir rechts auf der Straße. Ein Wanderschild mit der Nummer 2 zum Theresienberg zeigt unser nächstes Ziel. Kurz dahinter gehen wir nach links auf den Otto-Borst-Höhenrandweg, der zwischen den Baumwipfeln hindurch Weitblicke bis zum Katzenbuckel im Odenwald bietet. Parallel zum Waldsaum, 20 m im Innern des Waldes, gibt es interessante naturwissenschaftliche Erläuterungen neben allerlei kreativen Installationen. Dort, wo der Weg nach rechts abknickt, finden wir die **Theresienberghütte** ❷ des Schwäbischen Albvereins, die allerdings nur für Mitglieder zugänglich ist. Gegenüber dürfen wir auf einer Aussichtsplattform weite Ausblicke auf die Hohenloher Ebene genießen.

Wir folgen auf dem Panoramaweg der Umrundung des Theresienberges und werden dabei mit Tafeln zur Geschichte der Stadt Waldenburg

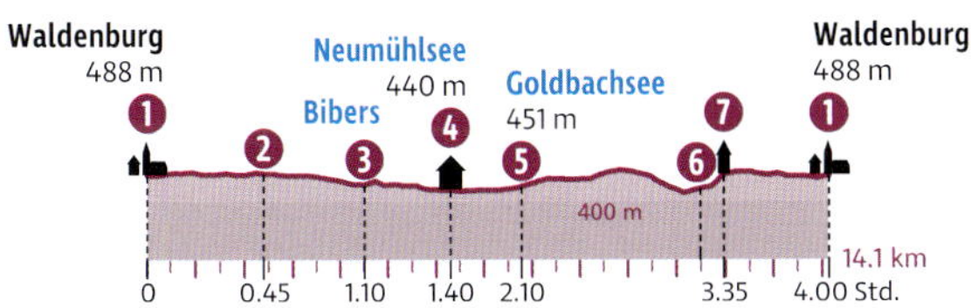

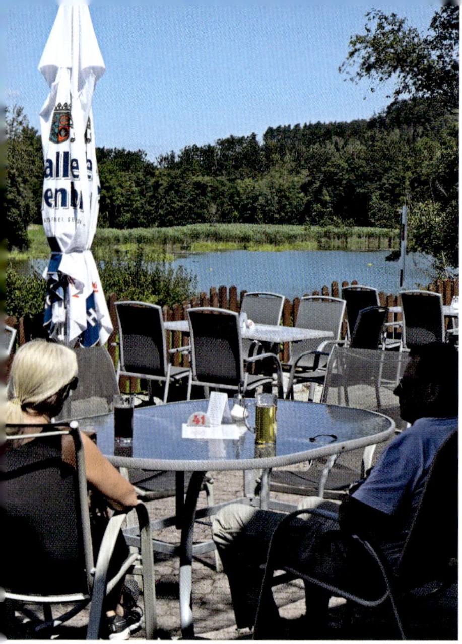

Landgasthof am Neumühlsee.

informiert. An der Mosaik-Sitzbank verlassen wir den Panoramaweg – den Rest des Weges machen wir zum Schluss – und folgen vorerst Wanderweg 2 in Richtung Neumühlsee nach rechts. An der Friedhofsecke biegen wir links ab in Richtung Kapelle, queren 20 m dahinter die Straße und folgen Wanderweg 5 in die Feldflur hinab ins idyllische **Tal der Bibers ❸**. Am Wegweiser beim Waldrand verlassen wir das Teersträßchen nach rechts und nehmen am nächsten Richtungszeiger den links abgehenden Waldpfad. (Weg 5). Der Pfad verlangt etwas Orientierungssinn, ist aber durchgehend begehbar und auch spärlich beschildert. Wer unsicher ist und kein GPS zur Verfügung hat, kann auch geradeaus auf dem Forstweg weitergehen. Am Ende noch 500 m auf der Kreisstraße und man erreicht den Neumühlsee. Der Waldsaumweg um die Lichtung geht über in einen idyllischen Pfad, auf dem wir sorgfältig auf die – oft sehr hoch am Baum angebrachte – Beschilderung achten. Achtung, leicht zu übersehen: Etwa 150 m nach dem Teich im Talgrund vollzieht der Weg einen Links-Rechts-Knick. Dahinter ist der Pfad bzw. Weg wieder eindeutig zu erkennen und führt durch aufgelockerten Mischwald.

Wir stoßen auf die Straße, halten uns links und wandern über die Dammkrone hinüber zum **Landgasthof am Neumühlsee ❹**, wo die Seeterrasse zur Rast einlädt. Danach ziehen wir weiter am Uferweg entlang. Nach der Linkskurve verlassen wir die Straße nach rechts auf den Alleenweg (Wanderweg 6) und wandern am begrünten Bach entlang. Am Ende der Allee, bei einem Gehöft, biegen wir oben an der Straße links ab und folgen weiterhin Weg 6. Hinter der Gehölzgruppe versteckt sich der **Goldbachsee ❺**.

Nun müssen wir kurz mit einer wenig befahrenen Straße vorliebnehmen und wandern etwa 400 m auf dem Seitenstreifen sanft bergauf. An erster Möglichkeit verlassen wir die Straße nach rechts, weiterhin der gelben 6 folgend, auf den geschotterten Weg. Rechts von uns befindet sich der unter Naturschutz stehende Rösslesmahdsee mit breitem Schilfgürtel. Nach etwa 1 km folgen wir einem Pfad nach links mit dem Wanderwegzeichen roter Punkt. Anfangs geht es steil bergauf über den Friedrichsberg, bis wir wieder auf die zuvor verlassene Teerstraße stoßen und dort rechts abbiegen.

Wir erreichen das landwirtschaftlich geprägte **Hohenau ❻**. Dort führt nach dem letzten Haus, kurz bevor die Straße sich teilt – schwer zu erkennen – links die historische Brunnenstaffel hoch nach **Waldenburg ❼**. Eine Infotafel am Anfang informiert über diesen mühseligen Weg, auf dem früher die Frauen das Wasser von Hohenau hoch nach Waldenburg transportierten. Oben treffen wir auf die Stadtmauer am Bärengraben und gehen nach rechts weiter. Bei Tafel 7 müssen wir uns entscheiden, ob wir außen um den Ort und das Schloss gehen oder durch das Schaftürle hinauf in die Stadt. Auf dem Rundgang um das Schloss erfährt man auf zwei Tafeln Informationen zum Schloss und zu den (ehemaligen) Bewohnern.

Im anderen Fall treffen wir an der Kirche auf Tafel 1 mit der Stadtgeschichte. Dort halten wir uns rechts und gehen zum Schloss. Linker Hand das Restaurant Alte Bastei, in dem ungarische Spezialitäten angeboten werden. Das Schloss der Dynastie Hohenlohe Waldenburg, hervorgegangen aus einer Burg des 13. Jh., bildete zusammen mit der Stadtmauer eine komplette Wehranlage, die den gesamten Ort einschloss. Wir gehen neben dem Restaurant die paar Stufen hinab zur alten Bastei – hier wird der Ausdruck Balkon Hohenlohes deutlich – und zum Höhenrandweg und ziehen links um den Ort. Am Mainzer Tor steigen wir die Stufen wieder hoch und treffen auf den Marktplatz. Dort gehen wir rechts, am Lachnersturm vorbei, und biegen 100 m nach dem Nachtwächterturm rechts ab, wieder zum Panoramaweg (Zugang zwischen dem modernen Gebäude und dem Bergstüble). Mit prächtiger Aussicht erreichen wir den Ausgangspunkt am **Friedhof von Waldenburg ❶**.

EINKEHR

Landgasthof am Neumühlsee: Mit Blick auf das begrünte, schilfumrandete Seeufer sitzt man auf der herrlichen Seeterrasse und darf es sich gut gehen lassen. Neben den klassischen Fleischgerichten der gut bürgerlichen Küche gibt es diverse Salatteller und die obligatorischen Kässpätzle als vegetarische Kost. Aber auch mit einer Tasse Kaffee und einem Stück Kuchen kann man die zauberhafte Ruhe am See genießen. Do., Sa., So. ab 12 Uhr, Fr. ab 17 Uhr, Neumühle 3, 74638 Waldenburg, Tel. +49 7942 8533.

Bäckerei und Café Kirchersbäck: Das Café mit Ausblick heißt der Werbeslogan des Hauses. In der Tat sitzt man innen wie außen herrlich mit Blick auf die Waldenburger Berge und die Hohenloher Ebene und genießt süße Leckereien der Bäckerei. Tgl. 7–18.30 Uhr, Hauptstraße 24, 74638 Waldenburg, Tel. +49 7942 8264, kirchersbaeck.de.

Alte Bastei: Ob von der Terrasse, oder hinter den großen Panoramafenstern, der Ausblick vom Restaurant ist genauso wie das Essen eine Pracht. Wer ausnahmsweise mal auf die schwäbische Küche verzichtet, darf sich hier mit ungarischen Spezialitäten verwöhnen lassen. Der Klassiker ist das Szegediner Gulasch und natürlich die Ungarische Gulaschsuppe. Originell sind die ungarischen Langos. Die frittierten Kartoffelteig-Hefefladen bekommt man hierzulande nicht alle Tage. Mi.–Fr., 12–14 und ab 18 Uhr, Sa. u. So. ab 12 Uhr, Hauptstraße 4, 74638 Waldenburg, Tel. +49 7942 6729943.

Restaurant Bergfried: Der Dritte im Bunde der Aussichtslokale mit prächtiger Freiterrasse wartet mit gediegener Speisekarte auf. Im nüchternen Speiseraum hinter den großen Panoramafenstern werden feinste regionale und österreichische Spezialitäten angeboten. Auch frische Wildgerichte aus regionaler Jagd bereichern den Speiseplan. Bei passender Tages- und Jahreszeit kann man dabei noch den Sonnenuntergang in der Hohenloher Ebene beobachten. Mo., Di., Do. ab 17 Uhr, Fr.–So., 11–14 und ab 17 Uhr, Hauptstr. 30, 74638 Waldenburg, Tel. +49 7942 91400, hotel-bergfried.com.

34 Von Neuenstein nach Öhringen

Am Rand der Waldenburger Berge

4.45 Std. | 15,4 km | ↗300 m | ↘360 m

Durch Wälder, Felder und Weinberge zum Limesblick

Nachdem man zum Teil auf einem alten mittelalterlichen Plattenweg erstmal die Höhe erklommen hat, geht es gemütlich, erst durch Wald, später durch Weinberge und Felder, vorwiegend bergab nach Öhrigen. Dabei genießen wir herrliche Ausblicke hinüber zur weithin sichtbaren Silhouette der Festung und Bergstadt Waldenburg wie auch in die Hohenloher Ebene. Am Limesblick, einem von drei solcher Bauwerke am ehemaligen Limes, erfahren wir einiges über den römischen Grenzwall und genießen die Aussicht über Öhringen und sein Umland am Ohrntal.

Ausgangspunkt: Bahnhof in 74632 Neuenstein. Parkmöglichkeiten in der Nähe des Bahnhofs in der Haller Straße und in den Nebenstraßen. Womo-Platz Heicamp Öhringen, N 49.19213, E 9.48001.
Endpunkt: Bahnhof in 74613 Öhringen (Rückfahrt per Zug oder Bus).
Anforderungen: Nach dem anfänglichen Anstieg, der kurz auf Waldpfaden verläuft, geht es bequem auf gut begehbaren Wegen weiter. Außer dem ersten Drittel wenig Schatten.
Information: Tourist Information im Schloss, Marktplatz 15, 74613 Öhringen, Tel. +49 7941 680, oehringen.de.
Karte: Wanderkarte Heilbronn (LGL Blatt W218, 1:25.000). Löwenstein/Waldenburger Berge, Blatt 54-544 (NaturNavi Verlag, 1:25.000).

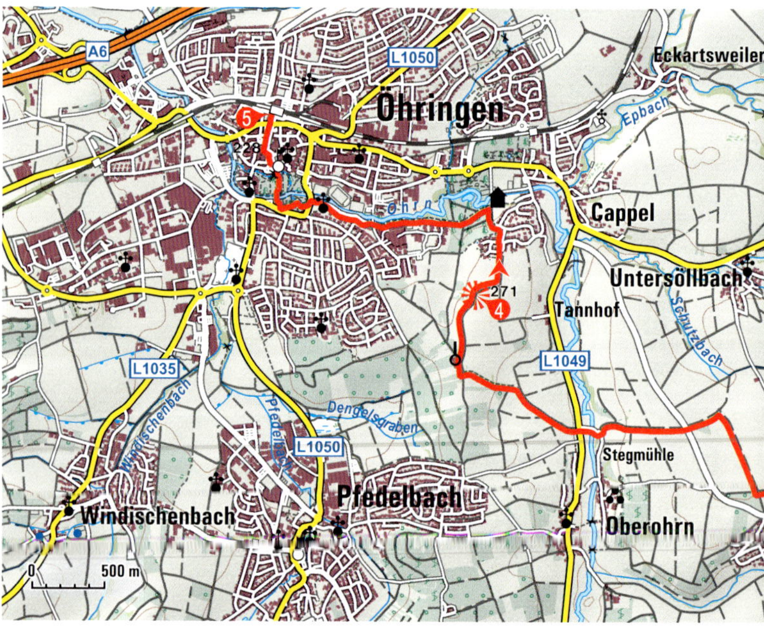

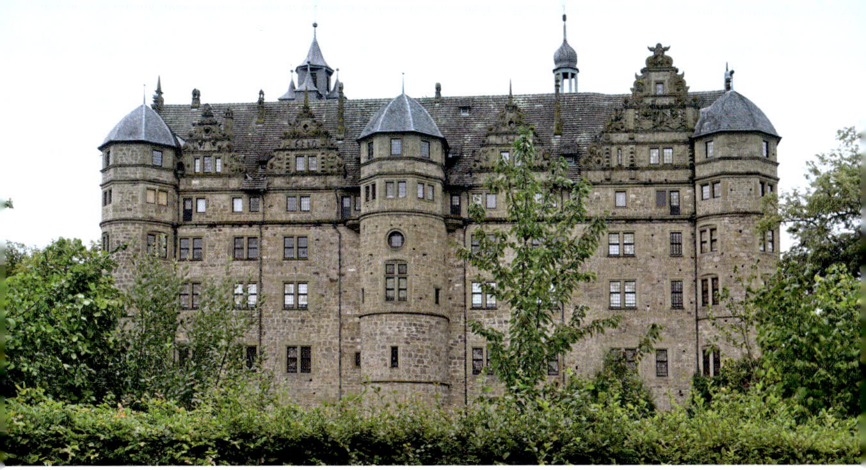

Neuensteiner Schloss.

Vor der Tour lohnt sich ein Abstecher in den alten Ortskern mit einigen interessanten Gebäuden, deren Historie auf Schildern beschrieben ist. Allein das gewaltige Neuensteiner Schloss aus dem 13. Jh., hervorgegangen aus einer staufischen Wasserburg und im 16. Jh. im Renaissancestil komplett umgebaut, sollte man auf keinen Fall versäumen. Im Schloss befindet sich ein reichhaltiges Museum mit dem Inventar aus sieben Hohenloher Schlössern.

Vom Bahnhof in **Neuenstein 1** wandern wir neben der Straße in östlicher Richtung am alten Bahnhof, dem heutigen Kulturbahnhof, vorbei. Dort finden wir auch eine

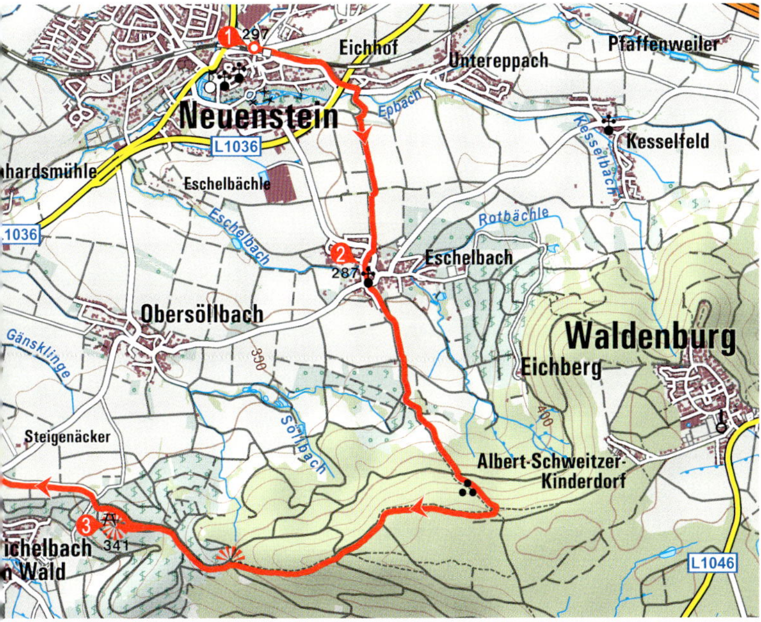

Wandertafel, die den heutigen Wegverlauf aufzeigt. Wir wandern vorwiegend auf dem Württembergischen Weinwanderweg über Eschelbach und Michelbach.
Weiter geht es den Wanderzeichen folgend an der Straße entlang stadtauswärts. An der Bushaltestelle Eichhof verlassen wir die Straße nach rechts und folgen dem gut beschilderten Weinwanderweg mit der roten Traube, der nach 100 m einen Rechts-Links-Schwenk vollzieht und dann für längere Zeit geradeaus über die Feldflur verläuft.
Linker Hand von uns lugt gerade noch über den Waldwipfeln die Silhouette von Waldenburg hervor. Der Weg zieht frontal in die Gehölzgruppe hinein. Dort setzen wir im üppig begrünten Gestrüpp eines Hohlweges die Richtung fort. Im Spätsommer bietet der Pfad allerlei Früchte zum Naschen.
Der Markierung folgend durchqueren wir das Dörfchen **Eschelbach ❷** und halten uns am gleichnamigen Flüsschen weiterhin geradeaus. An der ehemaligen Flaschnerei in der Stolzfeldstraße wenden wir uns nach links und gehen sofort wieder rechts die Herdgasse hoch. Auf der Schulter eines ehemaligen Hohlweges wandern wir nun bergauf bis zu den Weinbergen. Dort biegen wir bei nicht ganz eindeutiger Markierung links ab und wandern hoch zum Waldrand, wo der Weg davor nach rechts abknickt. Kurz darauf queren wir eine Weidefläche (Tor wieder schließen) und betreten auf einem leicht verwachsenen Pfad den Wald. Dort, wo der Pfad auf einen Waldweg stößt, überqueren wir ihn am Wegweiser und gehen weiter bergauf, jetzt dem blauen Punkt folgend. Schon nach wenigen Metern stoßen wir auf die ersten Pflastersteine mit Wagenspuren des sogenannten Römerweges, der aber nicht von den Römern stammt, da er weit hinter dem Limes verläuft. Tatsächlich handelt es sich um einen mittelalterlichen Handelsweg von Öhringen nach Waldenburg.
Oben, wo die Steine am größten sind, treffen wir auf einen querenden Pfad und folgen hier dem blauen Punkt nach rechts. Wir bleiben etwa 20 m auf dem herrlichen Höhenpfad, bis er auf einen breiten Forstweg stößt, auf dem wir nach rechts weiter marschieren. Ab hier übernimmt der blaue Strich die Führung. Am Waldaustritt erwartet uns eine gigantische Aussicht über die Hügel und die Weiten des Hohenloher Landes. Mitten durch die Weinberge geht es nun wieder auf dem Württembergischen Weinwanderweg bergab. Wer Lust hat, macht kurz nach der Sitzgruppe bei der geologischen Tafel 4 einen Abstecher nach links zur Panoramabank auf den **Bergsporn Guggling ❸**.
Zurück auf dem Weg überqueren wir oberhalb von Michelbach die Verkehrsstraße, biegen an nächster Verzweigung links ab und verlassen den Weg an der Apfelallee nach rechts. Unten an der Gehölzgruppe halten wir uns links auf einen Grasweg, queren die Kreisstraße und setzen jenseits davon die Richtung fort. Nach der ehemaligen Mühle im Tal queren wir den Fluss und die nächste Straße. Schon bald können wir oben am Hügel unser nächstes Zwischenziel erkennen, die Spitze des stählernen Aussichtsturms des Limesblicks.
Zunächst aber steuern wir eher die Richtung des Wasserturms an, biegen im Feld links ab und folgen den Wanderzeichen durch einen üppig zugewucherten Heckenweg. Ein Paradies für Vögel und Kleinstlebewesen.

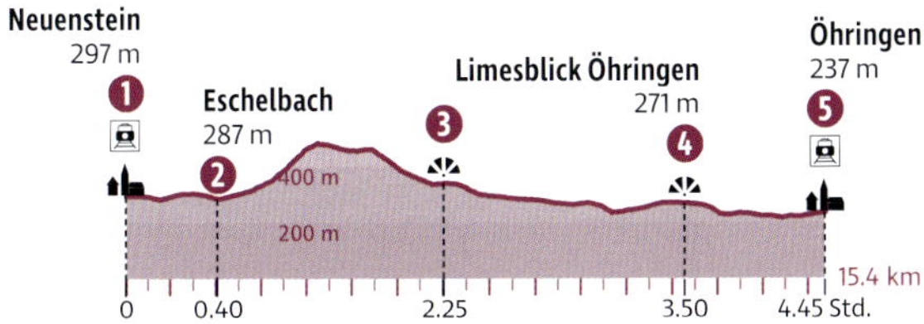

Hinter diesem Paradies biegen wir rechts ab und lassen den Wasserturm links liegen. Dabei verlassen wir den Weinwanderweg, der hier nach links führt.
Wir gehen jedoch geradeaus weiter zum **Limesblick Öhringen** ❹, der mit einigen informativen Tafeln zum römischen Grenzwall aufwartet. Am Siedlungsbeginn halten wir die Richtung bei und gehen an der T-Kreuzung nach links. Auf dem anschließenden Fußweg gehen wir hinab bis zur Ohrn und passieren dabei die Hohenloher Scheune.
Unterhalb der Scheune, kurz vor dem Fluss, biegen wir links ab und wandern nun gemütlich durch Grünanlagen stadteinwärts. Sollten Sie Kinder dabeihaben, könnten die letzten zwei Kilometer etwas länger dauern, da sie an einem äußerst beliebten Klettergarten vorbei kommen.
Nach der Unterführung gehen wir links hoch zum sorgfältig gepflegten Schlosspark (siehe Seite 184/185). Rechts über die Stufen des Hofgartens erreichen wir den Marktplatz von Öhringen. Über die Bahnhofstraße schlendern wir zum Bahnhof von **Öhringen** ❺ und treten die Rückfahrt mit Bus oder Bahn an.

EINKEHR

Hohenloher Scheune: Beliebter Treffpunkt im Ohrntal im ehemaligen Gelände der Landesgartenschau, geöffnet von April bis Oktober. Auf einfachen Biertischgarnituren, umrahmt von üppigen Blumenstauden, werden regionale Weine und einfache Mahlzeiten angeboten. Am Wochenende sind dies oft auch warme Gerichte. Mehrere Weingüter wechseln sich in der Bewirtung ab. Mi.–Sa. ab 17 Uhr, So. und Feiertag ab 12 Uhr, Cappelaue, 74613 Öhringen, oehringen.de/freizeit-tourismus/hohenloher-scheune.
Brauereigasthof Krone: Traditionsgasthof im stilvollen Fachwerkhaus wenige Meter vom Marktplatz entfernt. Die kreativen Gerichte sondern sich wohltuend ab von den üblichen Fleischgerichten vieler Gasthöfe und bieten regionale Spezialitäten, die man nur noch selten findet. Wo sonst gibt es Saure Nieren mit Lembergersauce, die Küchenmeister Bürkert auf den Tisch zaubert. Das ist hohe Schwäbische Küche mit hohenlohischem Einschlag. Für Wanderer interessant sind Tagesgerichte, die von 11–14 Uhr angeboten werden. Tgl. außer Mittwoch von 11–14 und ab 17 Uhr, Marktstraße 24, 74613 Öhringen, Tel. +49 7941 7278, krone-oehringen.de.
Café Bistro Hamballe: Die Kultkneipe der Öhringer mit dem sympathischen Chef ist einen Abstecher wert. Hier wird zwar kein Essen serviert, aber das Ambiente direkt in der Talaue der Ohrn, an der alten Stadtmauer, angrenzend an einen Spielpark, ist wunderbar. Mo.–Do. ab 14, Fr., Fr.–So. ab 11 Uhr, Ledergasse 27, 74613 Öhringen, Tel. +49 7941 38663.
Bistro Ambiente: Traditionelle Pizzeria mit typischen italienischen Speisen. Die Pizza ist üppig und gut belegt auf knusprigem Teig und gutem Preis-Leistungs-Verhältnis. Tgl. ab 16 Uhr, außer Mi., Mauerweg 5, 74632 Neuenstein, Tel. +49 7942 944300.

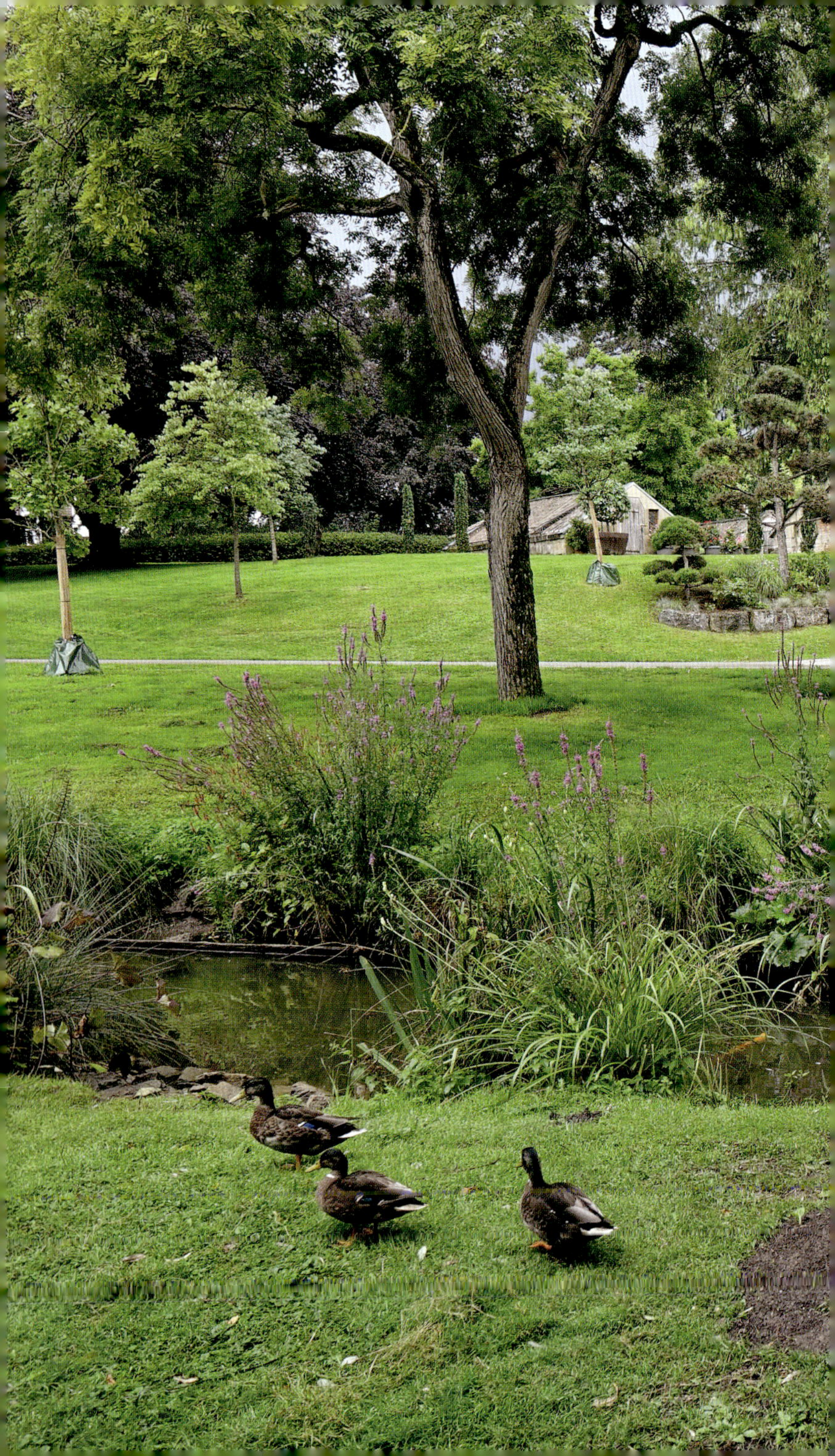

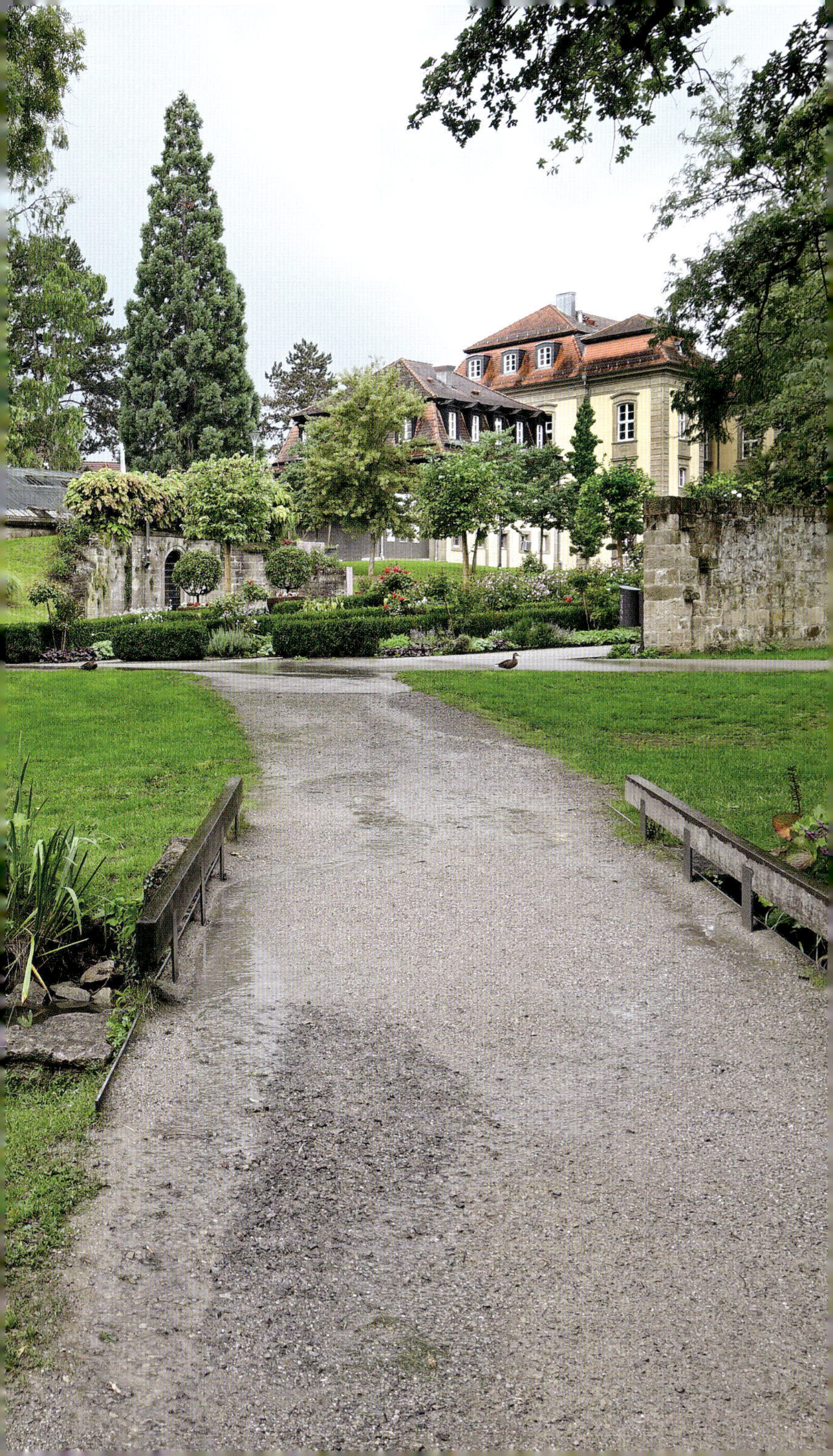

35 Im Tal der Brettach

Zum Mörike-Pfad bei Cleversulzbach

3.45 Std. | 13,0 km | ↗ 200 m | ↘ 200 m

Zur Wirkungsstätte Eduard Mörikes

Ade, o Tal, du Berg und Tal! / Rebhügel, Wälder allzumal! / Herzlieber Turn und Kirchendach, / Kirchhof und Steglein übern Bach!

In seinem Gedicht »Der alte Turmhahn« beschreibt der Dichter Eduard Mörike seinen Alltag im Pfarrhaus von Cleversulzbach, das er zusammen mit seiner Mutter und Schwester bewohnte. Fast 10 Jahre versah er den Dienst als Pfarrer in Cleversulzbach, bevor er von der Bürde ermattet schon mit 39 Jahren in Ruhestand ging. Gemeinsam mit Ludwig Uhland und Justinus Kerner zählte er zu den Lyrikern der Schwäbischen Schule. Auf einige Tafeln im ländlichen Cleversulzbach wird die Erinnerung an den Dichter wachgehalten. Auf dem Mörike-Pfad, den wir zum Teil ablaufen, erfahren wir mehr davon. Nach einer längeren Waldetappe wandern wir durch das liebliche Tal der Brettach wieder zurück nach Langenbrettach.

Ausgangspunkt: Ägidiuskirche im Ortszentrum von 74243 Langenbrettach. Parkmöglichkeit in der Kirchstraße oder in der Friedhofstraße. Bushaltestelle in der Hauptstraße. Womo-Platz Langenbeutingen Talhalle, N 49.21235, E 9.40765.

Anforderungen: Vorwiegend schattige Tour mit einer längeren Waldetappe. Abwechslungsreicher gut begehbarer Weg mit etwas Asphalt auf den Ortsdurchgängen.

Information: Gemeindeverwaltung, Rathausstr. 1, 74243 Langenbrettach, Tel. +49 7139 93060, langenbrettach.de.

Karte: Wanderkarte Heilbronn (LGL Blatt W218, 1:25.000).

Tipp: Das Mörike Museum in Cleversulzbach zeigt zahlreiche Dokumente, Schriften und persönliche Gegenstände des Dichters und vermittelt einen Eindruck über das Leben in seiner Zeit als Pfarrer von Cleversulzbach. Geöffnet von März bis November an Sonn- und Feiertagen, von 11 bis 16.30 Uhr, Tel. +49 7139 9723.

Variante: An der im Text beschriebenen Stelle folgt man geradeaus dem blauen Strich. Alle Abzweigungen ignorierend führt dieser Weg direkt nach Langenbrettach zurück und verkürzt die Tour um etwa 3,5 km.

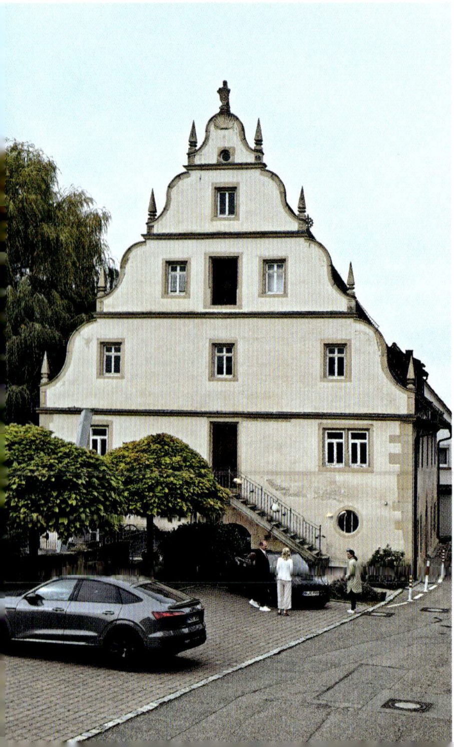

Die Brettacher Mühle.

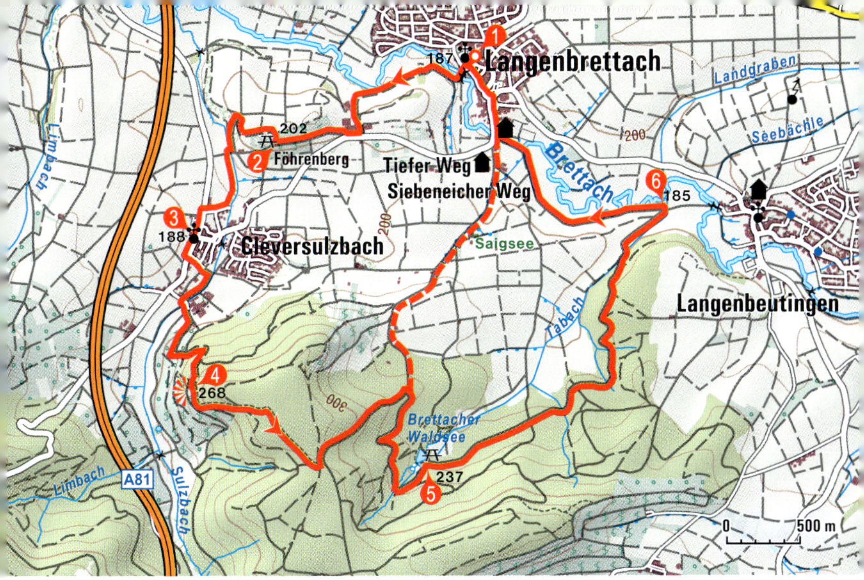

Von der Hauptstraße in **Langenbrettach** ❶ gehen wir über Kirchstraße und Pfarrgasse an einem Ensemble historischer Bauten hinab zur Brettacher Mühle. Das Renaissancegebäude der ehemaligen Mühle stammt aus dem Jahr 1600. Der Mühlbetrieb wurde mit vier Wasserrädern bis zum Tod des letzten Müllers im Jahr 1977 betrieben. Heute wird das Gebäude zu Veranstaltungszwecken genutzt.

Daneben führt der Weg über eine alte Steinbrücke ins Grüne. Wir queren den namensgebenden Fluss des Ortes und biegen am nächsten Brücklein rechts ab, wo sich der Talweg fortsetzt. Nach wenigen Minuten schwenkt der Weg nach links ein paar Meter höher. Vor einem landwirtschaftlichen Hof verlassen wir nun die Talsenke und gehen links den Hügel hoch. Wir ziehen an den Gewerbehallen vorbei, biegen an der Straße rechts ab und wandern 150 m an der Straße entlang, bis in der Kurve wieder ein Weg rechts abgeht, der nun unterhalb der Weinberge entlangführt.

Auf dem asphaltierten Weg geht es weiter, bis wir an einer Ruhebank das Wanderwegzeichen des **Mörikepfades** ❷ mit dem blauen Hahn finden. Hier, an Station 5a, mit einem Zitat aus einem Brief von Mörike an seinen Freund W. Hartlaub, biegen wir rechts ab und folgen nun der Beschilderung. Am Ende des Weges auf der Anhöhe biegen wir in spitzem Winkel links ab und wandern auf dem Asphaltsträßchen talwärts.

Unten gehen wir um die Rechtskurve und biegen unmittelbar nach der Brücke links ab auf den Grasstreifen

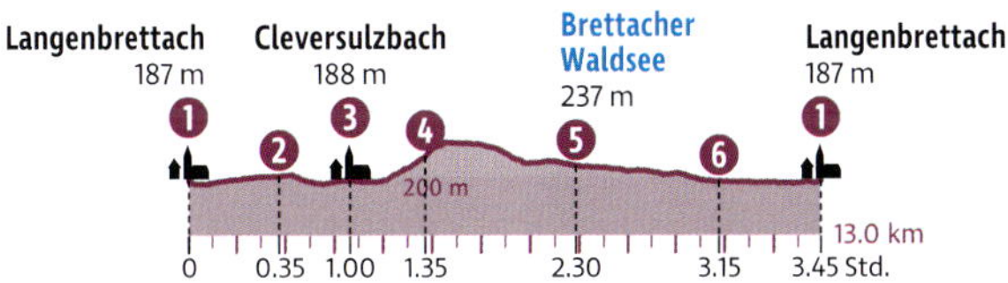

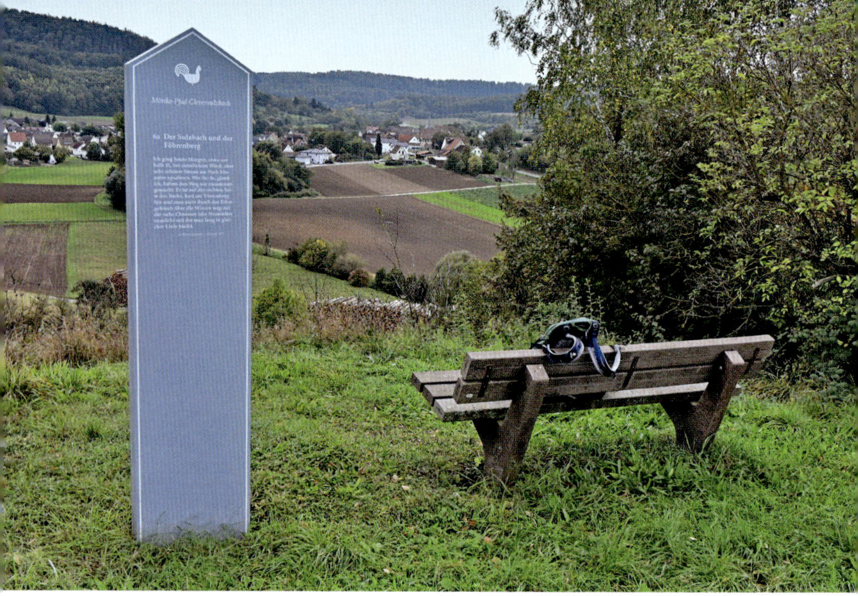

Aussichtsbank am Mörike-Pfad.

neben dem Sulzbach und riesigen Pappeln, der hoffentlich gemäht ist. An einem Privatgrundstück endet schließlich der Weg und wir schwenken rechts hoch. Auf der Durchgangsstraße von **Cleversulzbach** ❸ biegen wir links ab und stoßen nach wenigen Metern auf den Friedhof. Dort befindet sich Station 6 des Themenweges, mit den Gräbern der Mütter von Eduard Mörike und Friedrich Schiller. Der Grabstein von Schillers Mutter wurde von Mörike eigenhändig graviert, wie eine Infotafel besagt.

Die Gräber der Mütter von Eduard Mörike und Friedrich Schiller.

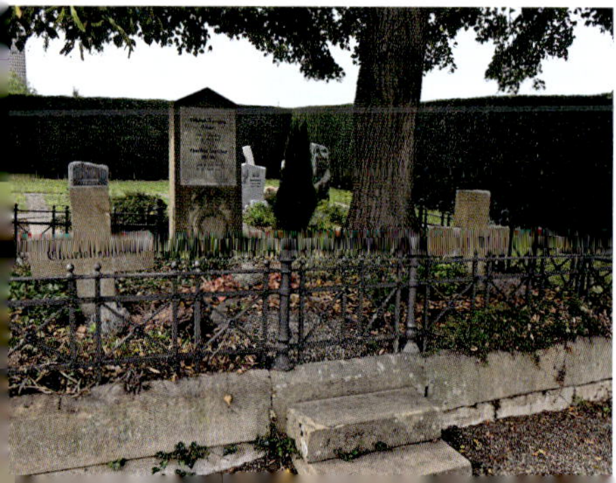

Kurz darauf erreichen wir das Pfarrhaus, das Mörikes Wohnstätte von 1834 bis 1843 war. Rechts der Kirche das kleine Mörike Museum. Dahinter sehen wir das ehemalige Gasthaus zum Löwen, in dem der Dichter gerne verkehrte.

Wir biegen links ab in den Kelterweg und folgen nun der deutlichen Beschilderung des KJ4-Wanderweges. Er führt uns erst am Bach entlang, bevor es nach links durch das Gelände einer Schlosserei hindurch in einigen Schlenkern bergauf Richtung Wald geht. Oben nach der Linkskurve ignorieren wir alle Abzweigungen und wandern weiter auf dem Weinstockweg (blauer Punkt). Leider werden wir nun für etwa 15 Minuten vom Lärmpegel der nahen Autobahn begleitet. Oben am Naturdenkmalschild des **Steppenheidewaldes** ❹ geht es nach wenigen Stufen links hoch und auf schmalem Pfad im Wald weiter. Achtung! Nicht verpassen: Nach einer Weile entfernt sich der Pfad vom darunter verlaufenden

Weinbergweg und führt leicht nach links mehr ins Waldinnere. Kurz danach finden wir wieder einen Wegweiser von KJ4, der uns die Richtung bestätigt. Allmählich lässt auch der Geräuschpegel nach.
Am Forstweg angekommen gehen wir sofort wieder nach links weiter. Auf federndem Waldboden laufen wir durch wundervollen Laubmischwald. Am Rechtsknick des Weges haben wir schließlich den höchsten Punkt unserer Tour erreicht. An einer Kreuzung verlässt uns der blaue Punkt nach rechts in Richtung Grünes Häusle. Wir gehen hier geradeaus, biegen am nächsten Wegweiser links ab und folgen weiter KJ4 in Richtung unseres Ausgangsortes Langenbrettach.
Endlich, nach langem etwas eintönigem Forstweg, biegen wir rechts ab in den Kesselweg. Wer den Weg abkürzen möchte, kann hier auch geradeaus weiter marschieren (Variante). An nächster Verzweigung gehen wir über den Seeweg weiter bergab und treffen auf den kleinen, völlig mit Algen überwucherten **Brettacher Waldsee ❺**. Sitzbänke an seinem Ufer laden ein zur Rast. Nach knapp zweistündigem Aufenthalt im Wald treten wir wieder ans Tageslicht. Nach der Pferdekoppel am Abzweig **Langenbeutingen ❻** müssen wir uns entscheiden, ob wir den Abstecher nach Langenbeutingen machen oder sofort scharf links abbiegen. Im ersten Fall gehen wir geradeaus weiter, überqueren die Brettach und wandern im Zickzack in den Ort und wieder zurück. Nun geht es weiter auf KJ4 durch das liebliche und grüne Tal der Brettach. Kurz vor einem Hof, in Sichtweite der Häuser, knickt der Weg nach links ab – wir setzen unseren Weg hier geradeaus fort.
In Langenbrettach biegen wir am Ortsschild nach rechts und gehen über die Brücke (Pizzeria Da Rosario rechts des Weges, Weinstube Reinhard links). Oben an der Durchgangsstraße halten wir uns links und verlassen die Straße wieder nach einem Steinmetzbetrieb nach links, wobei wir den Wanderwegweisern folgen. Nach wenigen Schritten erreichen wir unseren Ausgangspunkt im Zentrum von **Langenbrettach ❶** nahe der Brettacher Mühle.

EINKEHR

Pizzeria Da Rosario: Neben diversen Schnitzeln werden Salate, Pizzas und Nudelgerichte angeboten, wie man es vom Italiener kennt. Etwas nüchtern geht es im Inneren der Sportheimgaststätte zu. Bei gutem Wetter kann man die Pizza auch auf der Terrasse genießen. Di.–Sa. ab 16.30, So. ab 11 Uhr, Cleversulzbacher Straße 21/1, 74243 Langenbrettach, Tel. +49 7139 9361888, da-rosario-langenbeutingen.de.
Gasthaus Krone: Der Treffpunkt des Dorfes. Nur wenige Gerichte gibt es auf der Karte, diese sind aber mit Liebe zubereitet. Der Cheeseburger war jedenfalls nicht zu verachten. Di.–So. ab 16 Uhr, Erlenbacher Straße 1, 74243 Langenbrettach-Langenbeutingen, Tel. +49 7946 9481040.
Weinstube Reinhard: Während der Gastraum eher schlicht gestaltet ist, sitzt man im Sommer draußen unter der überdachten Terrasse oder an den rustikalen Biertischen unter den Bäumen wunderbar mit Blick über das Wiesental an der Brettach. Von Familienmitgliedern werden traditionelle Fleischgerichte – auch Wild – serviert, die man auch als kleine Portion erhält. Dazu gibt es Trollinger, Lemberger oder Riesling aus eigenem Anbau. Alles zu sehr zivilen Preisen. Zu Besenöffnungszeiten ab 11.30 Uhr, Siebeneicherweg 3, 74243 Langenbrettach, Tel. +49 7139 7471, weinstube-reinhard.de.

36 Am Kocher und seinen Seitentälern

Vom Kocher zum Harthäuser Wald

3.30 Std. | 12,0 km | ↗ 220 m | ↘ 220 m

Durch das grüne Tal des Buchsbaches

Die unspektakuläre Rundtour wird zwar mit dem Titel »KJ7 Unterwegs im Harthäuser Wald« von der Touristikgemeinschaft Heilbronner Land aufgeführt, ist aber nicht ausgeschildert. Ausgehend vom Wengertsweg am Kocher, zwischen den beiden Weinbaugemeinden Kochersteinsfeld und Gochsen, ziehen wir das grüne Seitental des Buchsbaches hoch. Auf urigem Pfad überqueren wir im Harthäuser Wald den Bach und wandern über die Hochfläche zum heute noch landwirtschaftlich geprägten Lampoldshausen, wo es immerhin noch zwei Landgasthöfe gibt. An Streuobstwiesen und Obstplantagen vorbei schlendern wir aussichtsreich zurück ins Kochertal.

Ausgangspunkt: Am Steinbachplatz in der Mittleren Gasse von Kochersteinsfeld. Dort befinden sich auch ein paar Parkplätze. Unterhalb, an der Forststraße ist die Bushaltestelle Kochersteinsfeld-Kelter, wo der Bus 622 aus Neuenstadt am Kocher hält.

Anforderungen: Wir wandern durchgehend auf breiten Feld- und Forstwegen. Nur nach der Überquerung des Buchsbaches wird es auf etwa 300 m etwas wild und ungepflegt. Daher sollte man die Tour nach starken Regenfällen nicht laufen.

Information: Rathaus, Lampoldshauser Straße 8, 74239 Hardthausen, Tel. +49 7139 47090, hardthausen.de.

Karte: Wanderkarte Künzelsau (LGL Blatt W212, 1:25.000).

Variante: Wer dem Asphalt etwas entfliehen möchte, biegt am Wegpunkt ❷ (Jugendhaus Hardthausen) scharf rechts ab und folgt erst auf Feldweg, später auf Grasweg dem Buchsbach im Tal bis zur Querung eines anderen Baches. Dort geht es links hinauf zum Holzlagerplatz und zurück zum Hauptweg auf der Straße.

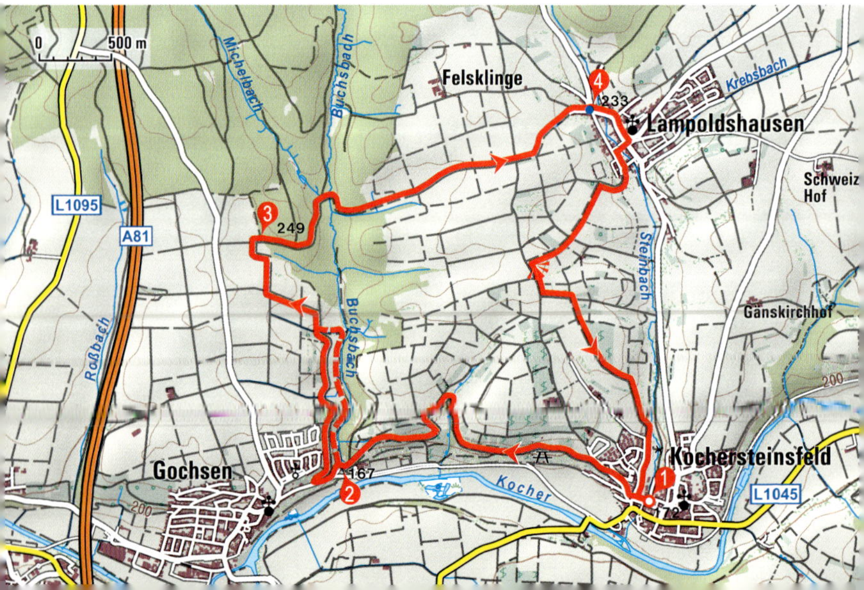

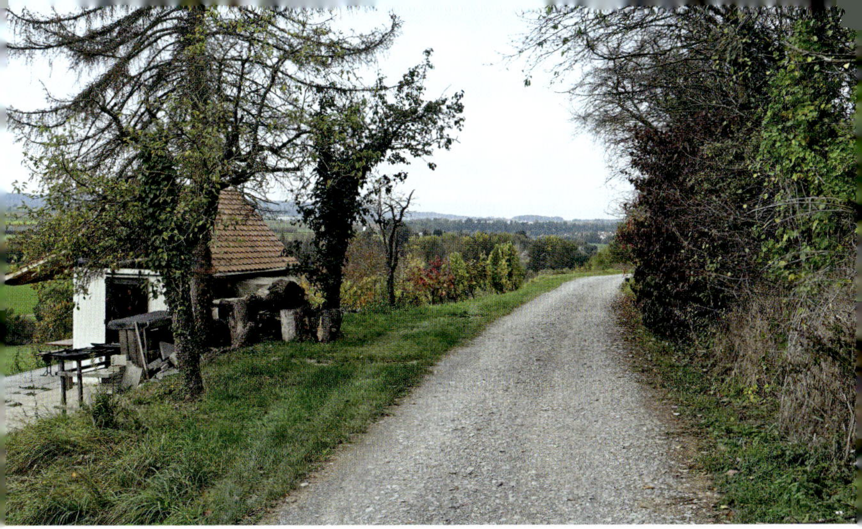

Auf dem Wengertsweg am Kocher.

Wir beginnen unsere Runde am Steinbachplatz mit Sitzgruppe und Infotafel in **Kochersteinsfeld** ❶ am Kreuzungspunkt von Mittlerer Gasse und dem Steinbach. Von dort gehen wir in westlicher Richtung durch die Mittlere Gasse.

Vor dem kleinen Dorfladen vollziehen wir einen Links-Rechts-Schwenk und wandern die Rosenbergstraße bergauf. Gegenüber einem Haus mit massiven Steinquadern im Vorgarten verlassen wir die Straße nach links auf einen Schotterweg (Wanderweg 10). Wie auf einer Terrasse spazieren wir nun längs des Kocher auf dem Wengertsweg zwischen Freizeitgrundstücken und Weinbergen mit schönen Ausblicken ins Tal. Immer wieder blinzelt der Fluss zwischen den Bäumen hervor.

Wenige Meter nach einer Gabelung geht links vom Weg ein versteckter Pfad hinab zum Schauweinberg am Kocher mit Picknickhütte und informativen Tafeln. Eine Miniaturausgabe eines Weinbergs mit »Stäffele«, Weinbergmauern und allem, was dazu gehört. Wieder oben durchschreiten wir bald in einem kleinen Wäldchen ein Seitental, biegen links ab und wandern um die Kehre bergan. Nach Austritt aus dem Wald geht es an der stählernen Sitzbank nach links und wir wandern das Teer-/Kiessträßchen bergab. Nach der Rechtskurve führt unser Weg geradeaus weiter, immer in Richtung der deutlich sichtbaren Kirchturmspitze. Vorbei an teilweise liebevoll geschmückten Weinberghäuschen ziehen wir hinab in Richtung Gochsen. Im Tal gehen wir am **Jugendhaus Hardthausen** ❷ vorbei und kurz bergauf an der Straße entlang. Wer die Naturvariante wandert, biegt di-

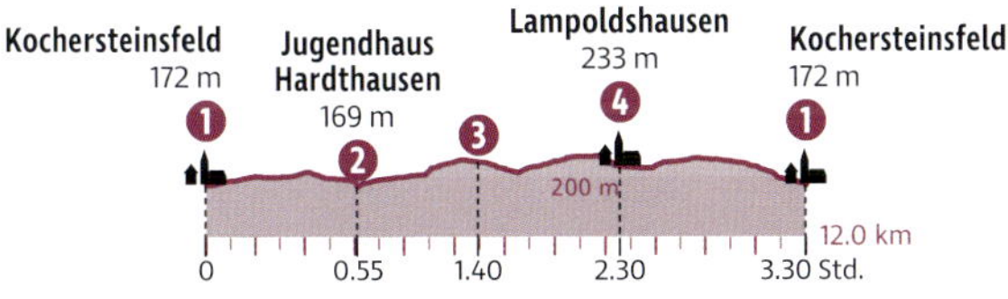

rekt am Jugendhaus rechts ab (siehe oben). Ansonsten zweigen wir an erster Möglichkeit um fast 180 Grad rechts ab (Wanderweg 8) und gehen in fast entgegengesetzter Richtung weiter. Unterhalb einer gepflegten Wohnsiedlung schreiten wir nun gemächlich das Tal hinauf. Die Abzweigung nach der Linkskurve ignorieren wir und gehen nach rechts weiter. Genauso bleiben wir auch nach der nächsten Kurve – hier stößt die Variante wieder von unten hinzu – und halten uns rechts auf dem geteerten Weg. Dieser Weg wendet sich nun vom Tal ab und zieht auf die Höhe. Dort biegen wir nach der umzäunten Obstplantage rechts ab.

Auf dem Grasweg wandern wir wieder talwärts, umrunden einen Holzlagerplatz und betreten auf dem **Buchsbachweg 3** den Hartwald (Wanderweg 15 und Martinusweg). Auch am folgenden Wegedreieck folgen wir diesen Wanderwegen. Achtung! Kurz bevor wir das Tal durchqueren, verlassen wir an der Verzweigung den breiten Forstweg und auch den Martinusweg nach rechts hinunter zum Bach. Wir überqueren den Buchsbach und folgen einem wilden, zum Teil überwachsenen Weg am Bach entlang. Immer die Richtung beibehaltend, treffen wir nach dem Waldausgang auf einen asphaltierten Wirtschaftsweg, der uns bergan leitet. Auf der Höhe gehen wir geradeaus weiter auf jetzt unbefestigtem Weg (blauer Strich). An der Gabelung halten wir uns links, wo ein eingekerbter Feldweg hinunter nach **Lampoldshausen 4** führt. Wir durchqueren auf der Durchgangsstraße den Ort und biegen nach dem Gasthaus zum Hirsch rechts ab.

Ein Fußweg verläuft hinab zur Schulstraße, auf der wir links abbiegen. Am Ende der Straße, an der Verzweigung, halten wir uns rechts und ziehen an Feuerwehr und Kindergarten vorbei um die Kurve. Dahinter, vor einem Grundstück mit Holzlagerplatz, verlassen wir den Asphalt nach links auf einen geschotterten Feldweg. Wir überschreiten die Kuppe, überqueren einen asphaltierten Wirtschaftsweg und steigen längs

Streuobstwiese kurz vor Kochersteinsfeld.

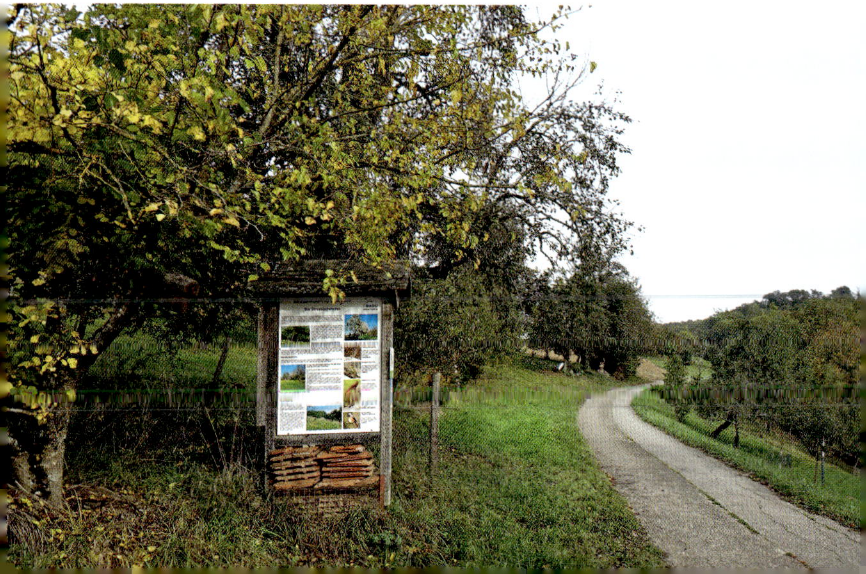

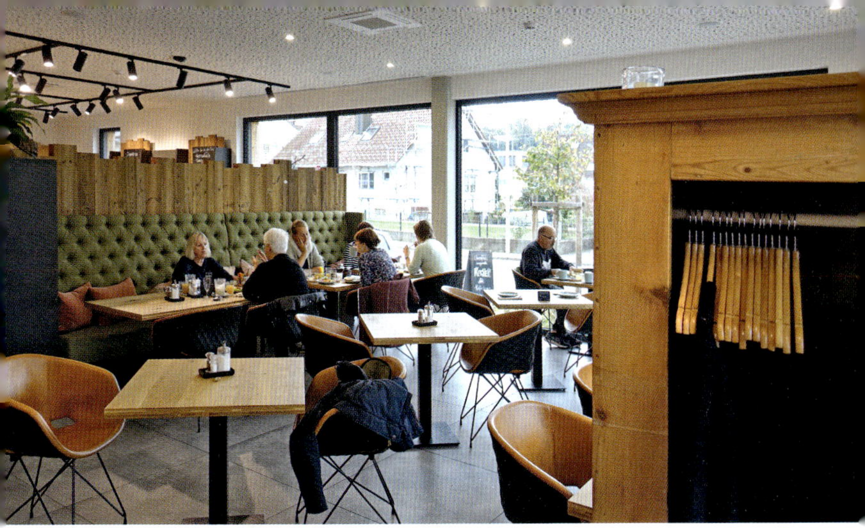

Hofcafé Ehrenfeld.

EINKEHR

Hofcafé Ehrenfeld: Der familiäre Obstbaubetrieb mit tollem Angebot regionaler Speisen und Getränke eröffnete im Jahr 2022 einen modernen Hofladen mit angeschlossenem Café und kleiner Sitzterrasse im Freien. Das Frühstück in verschiedenen Variationen wird gerne von Gästen aus dem Ort, aber auch von außerhalb angenommen. Neben Kuchen und feinem Backwerk gibt es zwischen 11.30 und 13.30 Uhr auch kleine warme Mittagsgerichte wie Kässpätzle, Salate oder diverse Suppen. Di.–Fr. von 7.00 bis 18.00 Uhr, Sa. 7–17 Uhr (Winter bis 16 Uhr), im Sommer auch So. von 9–17 Uhr, Forststraße 10, 74239 Kochersteinsfeld, Tel. +49 7139 9319655, hofladen-ehrenfeld.de.

Gaststätte zur Post: Viele Fleisch- und Wildgerichte, aber auch Vegetarisches bekommt man im traditionellen Landgasthaus bei Familie Beck. Da die Portionen üppig sind, werden auf Wunsch von allen Fleischgerichten auch kleine Portionen serviert. Dazu gibt es Württemberger Weine aus dem Weinhaus Willsbach in Obersulm. Di.–Sa. ab 17, So. 11.30–14 und ab 17 Uhr, Kochersteinsfelder Straße 28, 74239 Hardthausen-Lampoldshausen, Tel. +49 7139 453366, zurpost-la.net.

Gasthaus zum Hirsch: Rustikal geht es im Inneren des beliebten Landgasthofs zu, wo das Hirschgeweih über dem Kachelofen drapiert ist. Im Sommer sitzt man herrlich im Grünen unter der Pergola oder unter Sonnenschirmen auf der Wiese. Ob Thai-Suppe oder Schweine-Filet vom Lavagrill, auf der bunt gemischten Karte von Christian Steinbach ist für jeden etwas dabei und jedes Hauptgericht wird mit Salat serviert. Mo.–Sa. ab 17, So. 12–14 und ab 17 Uhr, Kochersteinsfelder Straße 36, 74239 Hardthausen-Lampoldshausen, Tel. +49 7139 1265, hirsch-la.de.

eines Obsthains wieder bergauf. Bei prächtiger Aussicht stoßen wir wieder auf einen asphaltierten Weg und biegen links ab. Kurz darauf, bei einer stählernen Aussichtsbank, wenden wir uns nach links. Nach 200 m verlassen wir die Teerstraße nach rechts auf einen Kiesweg. Durch riesige Obstplantagen setzen wir den Weg fort und ziehen hinab nach **Kochersteinsfeld 1**, wo wir am bekannten Dorflädele links abbiegen und zu unserem Ausgangspunkt zurückkehren.

37 Kulturwanderung am Kocher
Tal- und Höhenwege im Kochertal

4.00 Std. | 12,9 km | ↗ 350 m | ↘ 350 m

Orte, die Geschichte schrieben

Durch zwei mutige Menschen erlangte das mittelalterlich anmutende Forchtenberg eine traurige Berühmtheit. Hans und Sophie Scholl aus Forchtenberg wurden wegen ihrer Mitgliedschaft in der Widerstandsgruppe Weiße Rose und Verbreitung von Flugblättern gegen das Nazi-Regime von den Nationalsozialisten 1943 ermordet. Ein Themenrundweg mit weißer Rose versehen, erinnert daran. Wir wandern an den Tafeln vorbei hoch zur Burg und über die Höhenzüge auf linker Seite des Kochertals wieder hinab nach Niedernhall, wo Götz von Berlichingen einst zur Schule ging. Durch Wälder und Weinberge geht es auf gegenüber liegender Seite des Flusses aussichtsreich zurück.

Ausgangspunkt: Parkplatz und Bushaltestelle in 74670 Forchtenberg-Brücke. Womo-Platz hinter dem Friedhof am Kocher, 49.29117, 9.55802.
Anforderungen: Nach dem Anstieg zu Beginn geht es in mehrfachem Auf und Ab durch Wald, Weinberge und Orte. Ein größerer Asphaltanteil ist daher unumgänglich. Der Waldweg von Guthof nach Niedernhall hinab ist etwas ruppig. Wir wandern zuweilen auf unmarkierten Wegen.
Information: Rathaus, Hauptstraße 14, 74670 Forchtenberg, Tel. +49 7947 9111200, forchtenberg.de.
Tipp: Themenlehrpfad Weiße Rose. Der ausgeschilderte Stadtrundgang (ca. 1 Std.) führt zu 12 Stationen im Leben der beiden Widerstandskämpfer gegen die Nationalsozialisten sowie an den Sehenswürdigkeiten von Forchtenberg vorbei.
Karte: Wanderkarte Künzelsau (LGL Blatt W212, 1:25.000).
Variante: Mögliche Abkürzung über Weißbach. Wir biegen im Weiler Guthof links ab und folgen dem Wanderweg blauer Punkt, der die Kehren der Straße abschneidet. Damit verkürzen wir die Strecke um etwa 3,8 km. Unten in Weißbach links halten, in der Bahnhofstraße besteht die Möglichkeit, im gemütlichen Biergarten Lok7119 einzukehren.

Würzburger Tor in Forchtenberg.

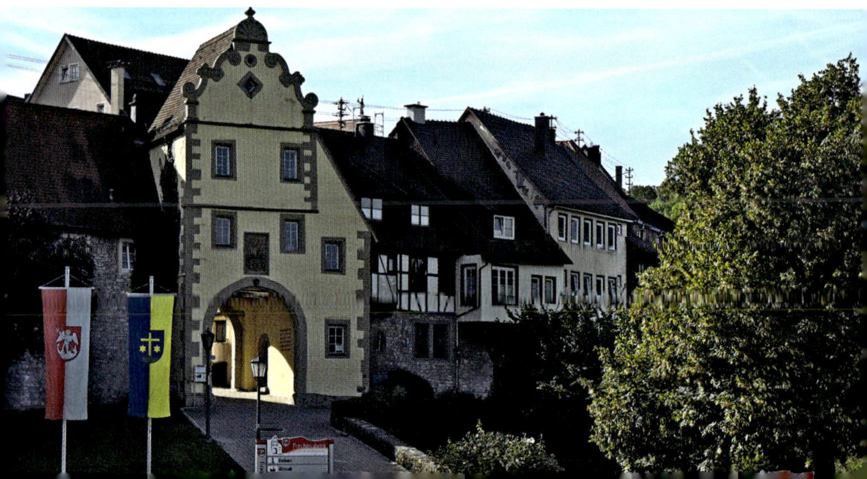

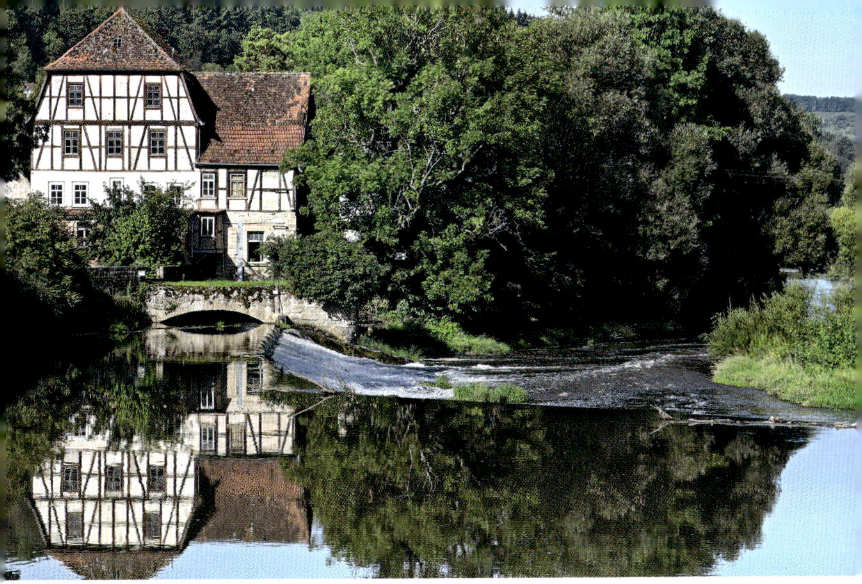

Alte Mühle in Forchtenberg.

Vom Parkplatz und der Bushaltestelle unten am Fluss in **Forchtenberg** ❶ gehen wir hinüber zur Öhringer Straße und hoch zum Würzburger Tor. Vor dem Stadttor von 1604 wenden wir uns nach rechts und wandern durch die Posaunengasse bis zur Hauptstraße an der wunderschönen Backhaus-Turmuhr vorbei. Wir biegen scharf links ab und bewundern die herrlichen alten Fachwerkhäuser. Mehrfach im Ort treffen wir auf Tafeln des Kulturspaziergangs durch den Geburtsort der von den Nationalsozialisten ermordeten Geschwister Scholl.

Wir gehen bis zum Rathaus und steigen rechts die Stufen hoch in Richtung Kirche und Schloss. Die Burg wurde im 13. Jh. erbaut und im Dreißigjährigen Krieg weitestgehend zerstört. Nur der Keller und Teile der Schildmauer und des Bergfrieds blieben erhalten. Heute dient die Burg als Veranstaltungsort für Konzerte und Open-Air-Kino. Vom Turm aus genießt man weite Blicke über das Kochertal.

Wir verlassen die Ruine in Höhe des Bergfrieds wieder nach links und biegen hinter den Mauern rechts ab auf den bergauf führenden Asphaltweg. An der zweiten Kreuzung steigen wir auf dem geschotterten Weg geradeaus weiter hinauf. Nach einem Holzlagerplatz stoßen wir auf die Kehre einer Straße und gehen im Scheitel geradeaus weiter (Zeltlager Schied). Oben in den Feldern, in der Rechtskurve der Straße, gehen wir nun geradeaus weiter, unterhalb der Gehölzgruppe etwa 50 m über die Wiese bis zum Waldrand. Dort finden wir wieder einen gut begehbaren Pfad und setzen geradeaus die Richtung fort. Nach 5 Minuten geht es in der Kehre eines breiten Forstweges geradeaus weiter. Unser Weg geht über in einen asphaltierten Wirtschaftsweg mit weiten Ausblicken über die Höhen links und rechts des Kochertals.

Wir treffen auf den Weiler **Guthof** ❷. Wer nur die kleine Runde über Weißbach machen möchte, folgt hier der Variante nach links. Andernfalls durchqueren wir das Örtchen und

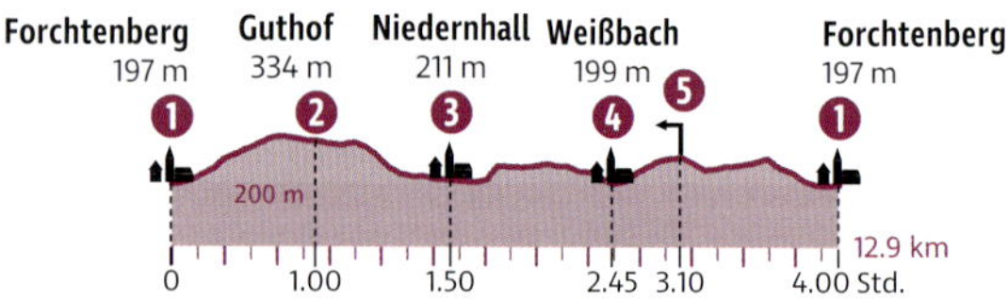

biegen nach dem letzten Gebäude am Ortsausgang links ab auf die Apfelallee. Zwischen Viehweiden ziehen wir hinab zum Wald, wo uns nun ein steiniger und ruppiger Weg hinunter ins Tal bringt (Vorsicht bei Nässe).

Mit herrlichem Ausblick auf **Niedernhall** ❸ und seine umrahmenden Weinberge betreten wir den Ort. Am Ende der ortseinwärts führenden Straße halten wir uns links und gehen an der fast 300 Jahre alten Gerichtslinde (1732) noch geradeaus weiter. Hinter dem Wohnturm gehen wir links an der gut erhaltenen Stadtmauer und den ehemaligen Wallanlagen entlang und biegen am nächsten Tor links ab ins Innere des alten Stadtkerns. Wir lassen uns durch die Gässchen treiben bis zur schiefergedeckten Stadtkirche. Am bunt bemalten prächtigen Götzenhaus vorbei – hier verbrachte Götz von Berlichingen seine Schulzeit – schreiten wir über die Kocherbrücke. Dahinter biegen wir links ab und steigen rechts den Fußgängerweg hoch (Wanderweg roter Strich). Wir überqueren eine Straße und gehen rechts neben dem holzverkleideten Haus den Naturpfad weiter bergauf. Oben angekommen genießen wir noch mal die Aussicht über das Städtchen, biegen scharf links ab und ziehen auf dem geteerten Weg weiter (Kocher Kulturwanderweg).

An der Verzweigung bei einer solitär stehenden Linde wenden wir uns nach rechts und bleiben auf dem Kulturwanderweg, der sich etwas mehr von der Straße entfernt als der Württembergische Weinwanderweg. Achtung! Bei der Baumgruppe in der Rechtskurve gehen wir geradeaus weiter und verlassen den asphaltierten Weg. Im Ortsteil Neu-Wülfingen angekommen, lassen wir uns von den Wanderzeichen durch den Ort lotsen und steigen zuletzt über Stufen hinab nach **Weißbach** ❹.

Am Ende des Fußgängerweges halten wir uns links und steigen an dem kleinen Platz rechts die Büschelhofer Straße wieder bergauf – es sei denn, wir gönnen uns eine Pause im Café Milchmädchen oder im Bistro Petri Heil gegenüber. Nun folgt ein längerer weniger angenehmer Anstieg auf Teerstraße. Endlich oben angekom-

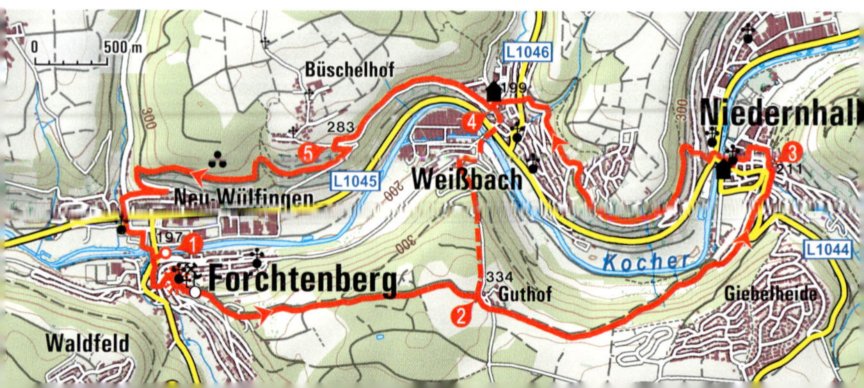

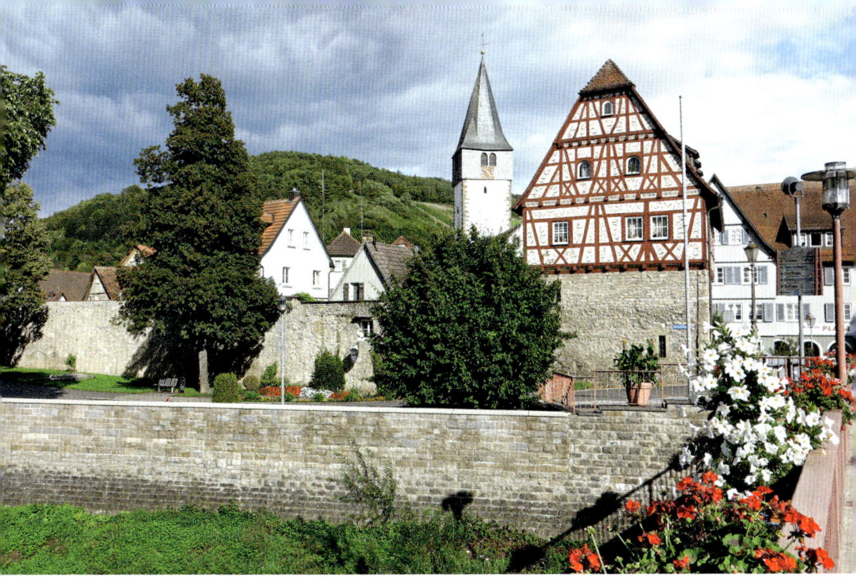

Niedernhall mit dem Götzenhaus.

men, biegen wir beim Anblick der Häuser des Weilers **Büschelhof** ❺ scharf links ab und verlassen die Straße an der großen Eiche auf den Weg nach rechts.
Bald geht es aussichtsreich zwischen Waldrand und Weinbergen weiter über dem geschäftigen Kochertal. Am Ende des Panoramaweges folgen wir den Wanderzeichen hinab in den Ort. Unten halten wir uns links und unterqueren die Bundesstraße. 100 m nach dem Friedhof verlassen wir die Straße rechts hinab Richtung Fluss, ziehen am Forchtenberger Teehaus vorbei hoch zur Kocherbrücke und zurück zum Parkplatz in **Forchtenberg** ❶.

EINKEHR

Schwarzmannseder's Ochsengarten: Der Erlebnis-Biergarten, nicht weit von der Backhaus Turmuhr entfernt, mit Streichelzoo und Abenteuerspielplatz, ist sehr beliebt. Unter schattigen Bäumen, mit Blick auf die mittelalterlichen Hausfassaden Forchtenbergs, lässt es sich wunderbar speisen. Und auch den Kindern wird es nicht langweilig. Serviert werden klassische bodenständige Fleischgerichte sowie Pizzas und Flammkuchen aus dem Holzofen, außerdem bunte Salatteller. An heißen Sommertagen öffnet dazu noch die Eisbar. Geöffnet bei gutem Wetter von Di.–Sa. ab 16 Uhr, Öhringer Str. 15, 74670 Forchtenberg, Tel. +49 7947 9432523, ochsengarten-restaurant.de.

Jägers Landhaus Rössle: Im stilvoll eingerichteten Fachwerkhaus werden klassische Fleischgerichte und auch mehrere vegane Gerichte zu zivilen Preisen serviert. Einen sehr preisgünstigen Mittagstisch gibt es von 11.30 bis 13.30 Uhr. Täglich 11.30–14 und ab 17 Uhr. Hauptstraße 12, 74676 Niedernhall, Tel. +49 7940 5033439, jaegers-landhaus-roessle.de.

Café Milchmädchen: Das etwas andere Café. Hier gibt es leckeres Frühstück und kleinere Gerichte wie Omelette oder belegte Bagels sowie besondere Getränke wie rosa Smoothies oder Pink Chai Latte. Mo.–Fr. 9–13 Uhr, Sa. 9–14 Uhr, Hauptstr. 4, 74679 Weißbach, Tel. +49 7947 4362266, milchmaedchen-weissbach.de.

38 Rund um Ingelfingen
Zum zweitgrößten Fass Europas

3.45 Std. | 11,4 km | ↗ 320 m | ↘ 320 m

Burgen und Reben

Funde aus der jüngeren Steinzeit deuten darauf hin, dass die Schleife am Kocher bei Ingelfingen schon früh besiedelt war. Nach dem Bau der Burg Lichteneck im 13. Jh. erhielt der Ort im Mittelalter Marktrechte. Seine 100-jährige Blütezeit erreichte Ingelfingen erst mit dem Bau der Residenz um 1700 von Fürst Christian Kraft zu Hohenlohe. Zahlreiche sehenswerte Gebäude stammen aus dieser Epoche. In der klassizistischen Schlossapotheke soll sich zu Zeiten der Französischen Revolution die Tochter Ludwigs XVI. versteckt haben. Vom geschichtsträchtigen Kleinstädtchen geht es durch die sonnigen Weinberge zum landwirtschaftlich geprägten Hinterland und wieder aussichtsreich zurück. An Ruine Lichteneck vorbei ziehen wir wieder hinab zum Neuen Schloss im alten Ortskern.

Ausgangspunkt: Im Zentrum von 74653 Ingelfingen an der Kreuzung Schlossstraße/Mariannenstraße, am ehemaligen Gasthaus Rose. Mit Bus 14 ist Ingelfingen von Künzelsau aus zu erreichen, Bushaltestelle Ingelfingen-Rose. Parkplätze in der Mühlstraße. Womo-Platz Weingut Gauffer, N 49.29980, E 9.65613.

Anforderungen: Gemütliche Rundwanderung auf sonnigen Weinbergs- und Feldwegen. Etwa die Hälfte des Weges ist asphaltiert. Größere Teile der Strecke sind unmarkiert, so dass man sich an die Beschreibung im Text, oder den GPS-Code halten sollte.

Information: Stadtverwaltung, Schlossstraße 12, 74653 Ingelfingen, Tel. +49 7940 13090, ingelfingen.de.

Tipp: Das Muschelkalkmuseum Hagdorn in der »Inneren Kelter« bietet eine einmalige Ausstellung von Fossilien und Artefakten zur Erdgeschichte des Trias in Mitteleuropa, Mo.–Fr., 8–12, Mo. und Do. 14–16 Uhr, Schlossstraße 12, Tel. +49 7940 13090.

Karte: Wanderkarte Künzelsau (LGL Blatt W212, 1:25.000).

Variante: Wer die lange Schleife durch die Weinberge nicht mehr gehen möchte, folgt nach Wegpunkt ❹ der Bühlhofer Straße ortseinwärts und verlässt sie am Ortseingang nach links auf die Straße Oberer Worgberg und folgt der Beschilderung zur Ruine Lichteneck. Von dort wie beschrieben zurück in den Ort.

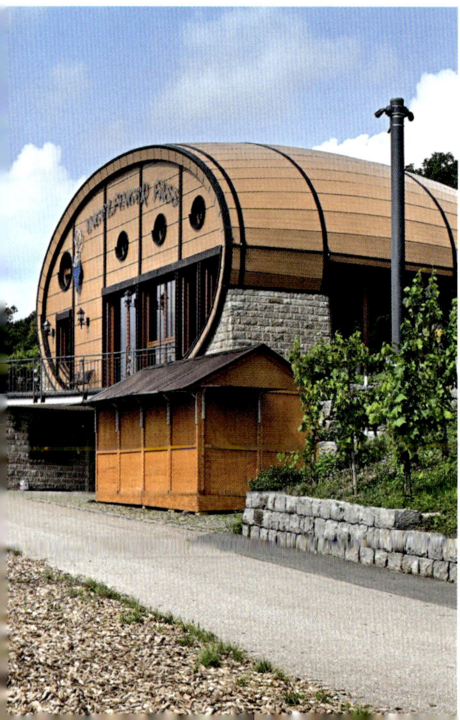

Ingelfinger Fass.

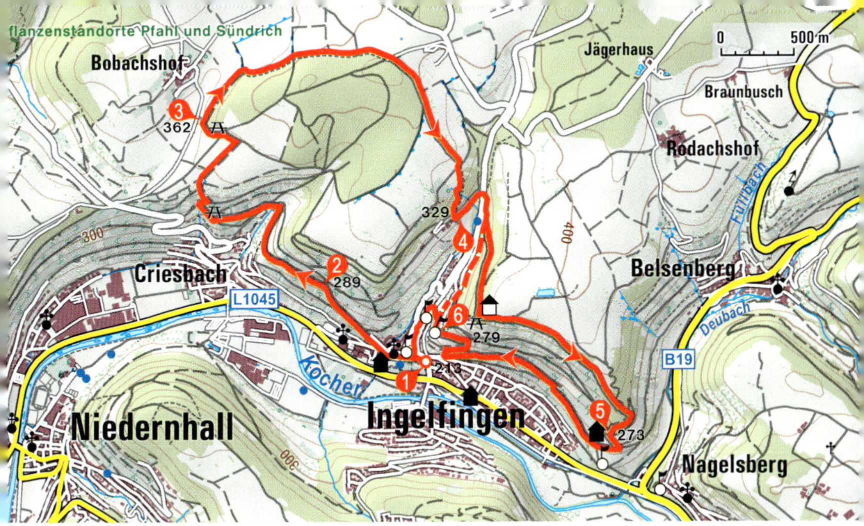

Wir beginnen im Zentrum von **Ingelfingen** ❶ an der Bushaltestelle gegenüber der ehemaligen Gaststätte Rose (Bushaltestelle Ingelfingen Rose). An der ehemaligen Hofapotheke mit den gewaltigen klassizistischen Säulen halten wir uns links und passieren Schlosshotel und Rathaus. Kurz darauf lohnt sich ein Blick in den Schwarzen Hof, ein Adelshaus aus dem 16 Jh. mit prächtigem Fachwerk-Innenhof.

Am Ausgang aus der historischen Stadt treffen wir gegenüber der Kirche auf das Muschelkalk-Museum in der ehemaligen Lateinschule. Dahinter finden wir eine Wandertafel und können uns den Verlauf unseres Weges anschauen. Bis wir wieder nach Ingelfingen zurückkommen, halten wir uns mit kleinen Abweichungen an den R2-Rundweg. Zum berühmten Fass im Weinberg geht es rechts hoch. Ein geologisches Schild weist darauf hin, dass wir uns im Übergang vom unteren Muschelkalk zum Röt (eine Formation des Oberen Buntsandsteins) befinden, mit kalkreichen Böden. Am Schild über die Weinerträge gehen wir weiter geradeaus auf dem Württembergischen Weinwanderweg mit der roten Traube.

Nach 10 Min. Anstieg erreichen wir das **Ingelfinger Fass** ❷ und setzen unterhalb unseren Weg fort. Rund um das zweitgrößte Fass Europas befindet sich das Weinbaumuseum, in dem alte Geräte des Weinbaus in Schaukästen besichtigt werden können.

Nach einer Weile wendet sich der Weg kurz ab vom Kochertal und führt durch eine aufgelockerte Weidelandschaft. Am Wasserschutzgebiet halten wir uns links und folgen

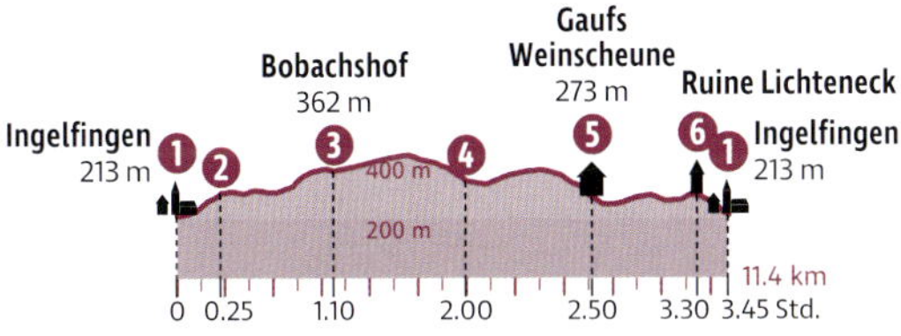

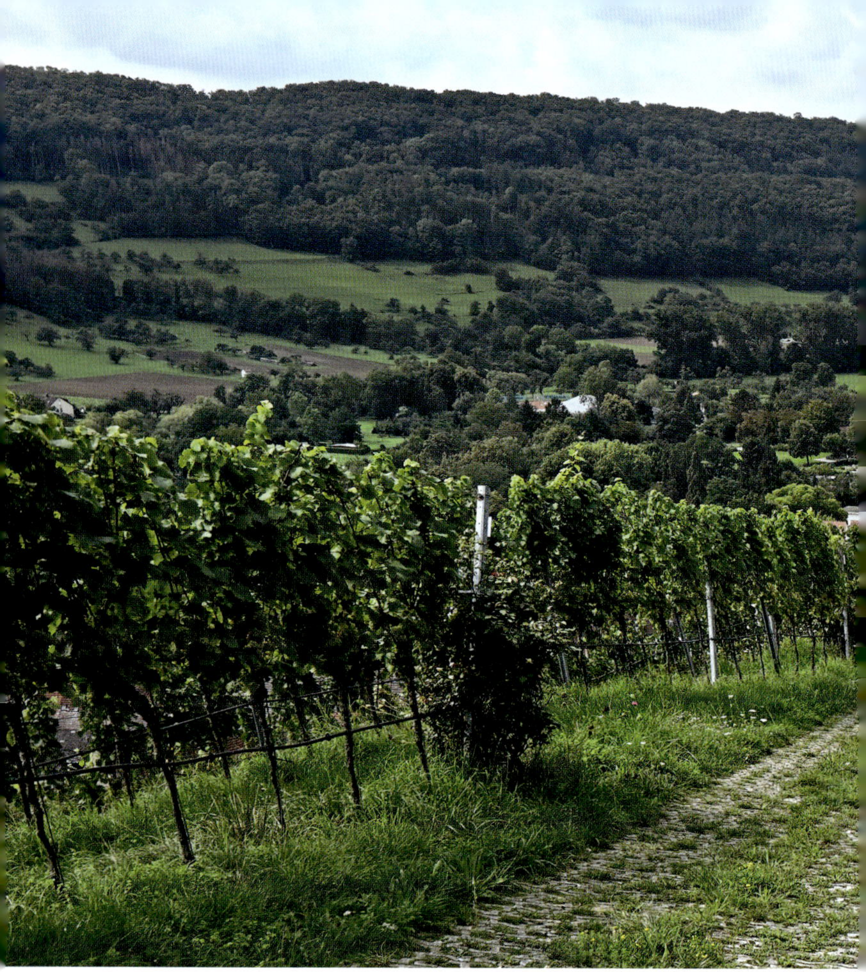

Ingelfingen im Kochertal.

weiter dem Schild mit den roten Trauben in Richtung Criesbacher Sattel. Am Rastplatz bleiben wir auf dem Hauptweg, der eine Rechtskurve beschreibt. Nach knapp 150 m biegen wir rechts ab und halten uns an erster Möglichkeit links. Auf schmalem Stein- und Grasweg ziehen wir weiter bergauf. Wir queren eine Asphaltstraße, bleiben auf dem Grasweg, wo uns nach 20 m die Wanderwege nach links verlassen, da sie dem Verlauf des Kochertals folgen.

Wir machen jedoch nur eine Rundwanderung und ziehen hier geradeaus weiter auf dem grünen Weg durch die Felder. Am Ende biegen wir auf dem Teersträßchen links ab. Wir gehen rechts an der Picknickgruppe am Wegedreieck vorbei und verlassen nach 100 m die asphaltierte Straße nach rechts auf den unbefestigten Weg, der oberhalb des Weilers **Bobachshof** 3 am Waldsaum entlangführt. Nun geht es aussichtsreich über die landwirtschaftlich intensiv genutzte Hochfläche.

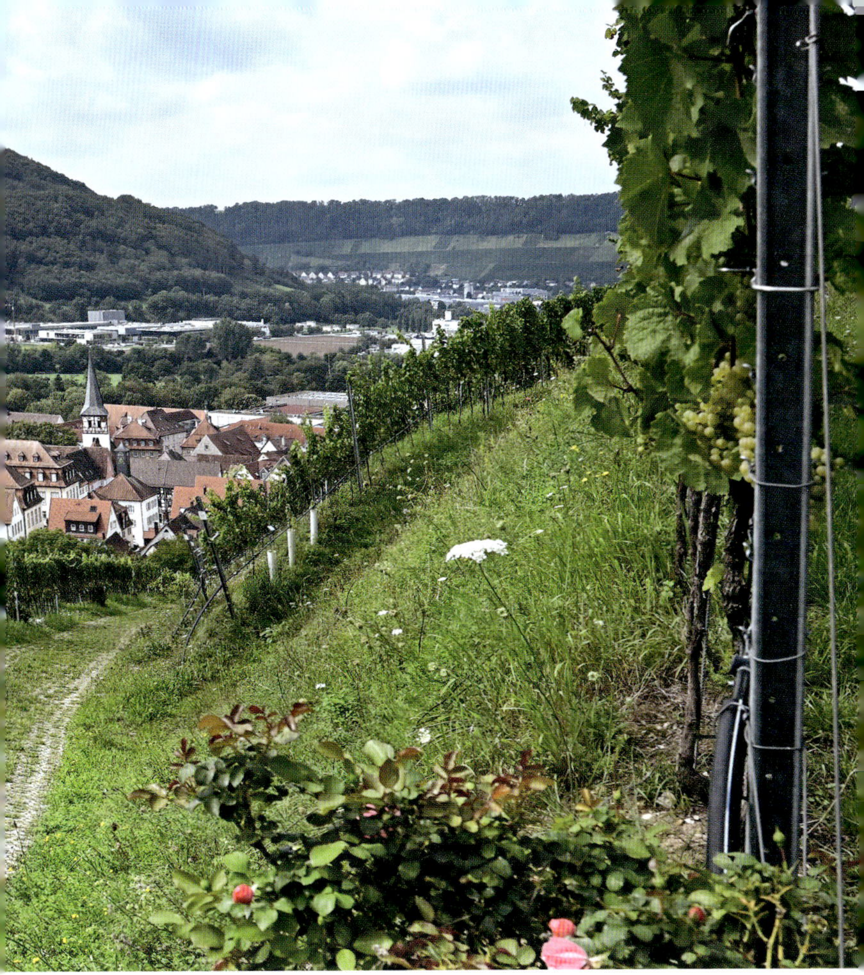

Am Ende folgen wir nach rechts dem geteerten Sträßchen, das ebenso wie der vorherige Weg weite Blicke in die intensiv landwirtschaftlich genutzte Hochebene bietet. Auch an der nächsten Kreuzung halten wir die Richtung bei und bleiben am Waldrand.

Am Wanderparkplatz oberhalb der Streuobstwiesen haben wir den höchsten Punkt der Tour erreicht und ziehen auf der Straße wieder bergab. An der Gabelung verlassen wir jetzt den Waldsaum und wenden uns nach links. Wir stoßen an eine T-Kreuzung und setzen hinter einer altertümlichen Bank die Richtung fort. Zwischen Freizeitgärten zur Linken und Weideflächen zur Rechten geht es weiter talwärts. Der Weg geht kurz darauf über in einen Grasweg. Etwa 50 m danach, schwer zu erkennen, finden wir vor einem Holzstapel nach links einen Durchgang zu einem urigen Waldpfad, auf dem wir weitergehen. Auf dem darunter befindlichen Weg biegen wir am **Weingut Hoffmann** 4 scharf links ab und wandern hinab bis zur Kreisstraße. Dort finden wir wieder einen Wanderwegweiser und orientieren uns kurz in Richtung Ruine Lichteneck (Württembergischer Weinwanderweg). Nach 20 m längs der Straße überqueren wir diese und gehen links hoch.

Unsere Weinbergrunde startet mit einem etwas eintönigen Anstieg, an dessen Ende wir zumindest mit einem Aussichtspavillon belohnt werden. Dort halten wir uns links und gehen 100 m danach nach rechts auf den Weinköniginnenweg, der sich herrlich zwischen Waldrand und (z. T. ehemaliger) Rebfläche dahin zieht. Am Ende, kurz nachdem von links ein Weg dazu stößt, verlassen wir 20 m nach einer mächtigen Eiche den geteerten Weg nach rechts. Wir queren einen Wirtschaftsweg und gehen direkt zwischen den Reben und der Gehölzgruppe hinab zu **Gaufs Weinscheune** **5** am Hohenloher Zargenblick. Dort ziehen wir links um die Kurve weiter bergab (Kochertal Kulturwanderweg). Linker Hand von uns auf der Wiese befindet sich die Zarge, vermutlich der Rest einer mittelalterlichen Burganlage aus dem 11. Jh. Wir gehen rechts um die Kurve und wandern wieder zurück nach Ingelfingen.

An der Verzweigung, wo der Weg sich absenkt und direkt in den Ort führt, gehen wir in spitzem Winkel wieder rechts hoch und nach 100 m im selben Winkel nach links weiter. Der geteerte Weg geht bald in einen gepflasterten über und führt unterhalb aufgelassener Weinberge entlang. Auf dem absteigenden Weg halten wir uns an der Gabelung beim geologischen Aufschluss oberhalb der Ruhebank rechts.

An der Felswand ist wunderbar die Schichtung und Faltung des Keupersandsteins zu erkennen.

Auch an der nächsten Gabelung halten wir uns rechts und gehen sofort am Schild für die Flur- und Neuordnung Ingelfingens steil rechts bergauf.

Rückkehr nach Ingelfingen.

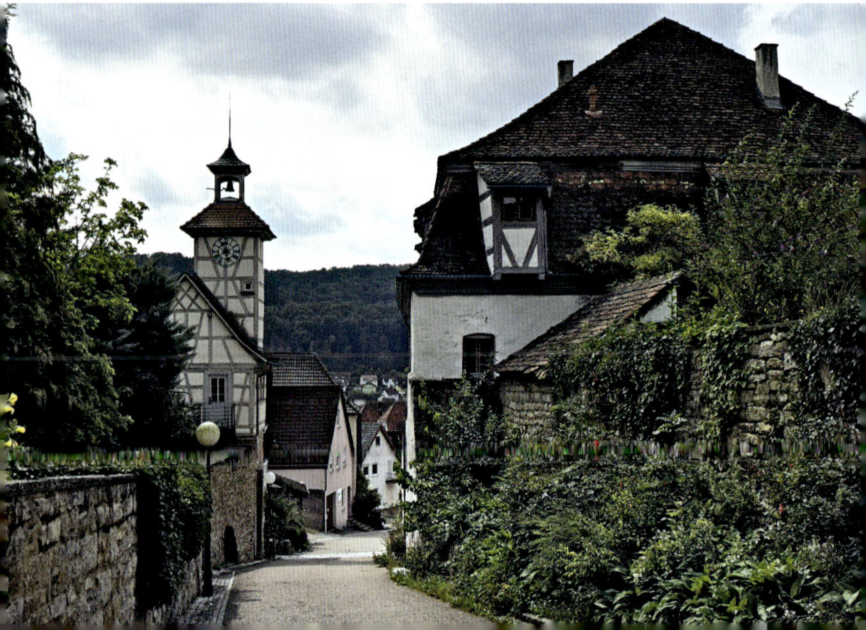

Am ersten querenden Weg unterhalb der Obstbäume wenden wir uns wieder nach links und erreichen nach wenigen Metern die mächtige **Burgruine Lichteneck** ❻.
Wir umrunden die Burg unterhalb und halten uns am Wegweiser nach der Schranke links. Nach 30 m finden wir links des Weges Treppenstufen, die durch den Grüngürtel hinabführen. An der Straße angekommen, setzen wir die Richtung stadteinwärts fort und marschieren kurz darauf am originellen Wächterhaus vorbei.
Rechts sehen wir das Obere Schloss mit dem Diebsturm dahinter, dessen Nutzung man sich vorstellen kann. An der Verzweigung nach dem Weingut Bauer halten wir uns links und gehen längs der ehemaligen Stadtbefestigung durch die Hintere Gasse zu unserem Ausgangspunkt ins Zentrum von **Ingelfingen** ❶.

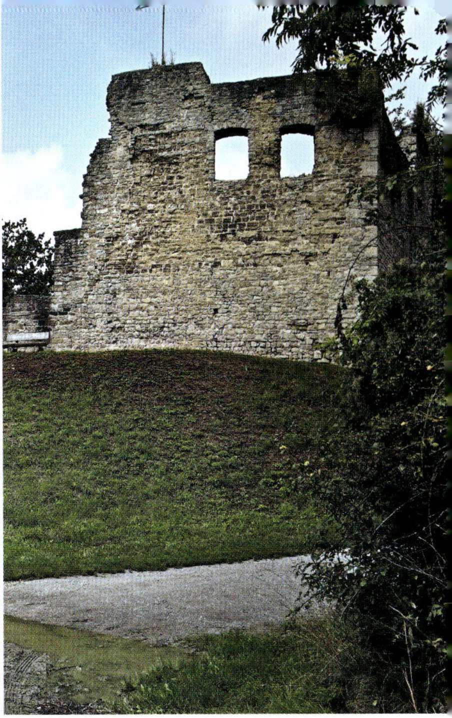

Burgruine Lichteneck in Ingelfingen.

EINKEHR

Hotel-Restaurant Haus Nicklass Weinstüble: Gepflegt speist man im Haus Nicklass, entweder im modernen Ambiente des Restaurant Lichteneck im Haupthaus, oder gegenüber im urigen Weinstüble, das allerdings zur Zeit (Stand Sommer 2023) aus personellen Gründen geschlossen hat. Die reichhaltigen kreativen Fleischgerichte werden auch als kleine Portion serviert. Auch Vegetarisches bereichert den Speiseplan. Eine Besonderheit ist der Pfälzer Winzerteller aus Mutters Heimat mit Saumagen, Leberknödel und Sauerkraut, was man in Hohenlohe sonst nicht findet. Mo.–Fr. ab 18 Uhr, Sa., So. und Feiertage, 11.30–13.30 und ab 18 Uhr, Künzelsauer Straße 1, 74653 Ingelfingen, Tel. +49 7940 91010, haus-nicklass.de.

Schloss-Hotel Ingelfingen: Gediegen und stilvoll geht es im Prinzessinnenbau am Schlosspark des Ingelfinger Schlosses zu. Besonders auf der herrlichen, von zahlreichen Pflanzkübeln eingerahmten Terrasse zwischen Schlosspark und Schlossmauer fühlt man sich im Sommer so richtig wohl. Preislich sind die Gerichte eher gehobene Klasse, dafür aber vom Feinsten, mit auserlesenen saisonalen und regionalen Produkten. Für Wanderer ist die Tageskarte interessant, die von Dienstag bis Freitag angeboten wird, mit Gerichten um die 10 Euro. Di.–Fr., 12–13.30 und ab 18 Uhr, Sa. ab 18 Uhr, So. 12–13.30. Schlossstraße 14, 74653 Ingelfingen, Tel. +49 7940 91650, schloss-hotel-ingelfingen.de.

Gaufers Weinbergshütte: Einmal monatlich gibt es Ausschank und Snacks bei der Weinaussicht gegenüber der Zarge. Auch auf diversen Veranstaltungen, die auf der Homepage des Weinguts veröffentlicht werden, wird Speis und Trank angeboten. Weingut Gaufer, Mariannenstraße 24, 74653 Ingelfingen, Tel. +49 7940 57373, weingut-gaufer.de.

39 Von Künzelsau zum Schloss Stetten

Wald- und Flusslandschaft bei Künzelsau

TOP | 5.30 Std. | 18,2 km | ↗450 m | ↘450 m

Auf dem Hermann-Lenz-Weg

Durch ausgedehnte Waldreviere geht es auf den linksseitigen Höhen des Kochertals zum bezaubernden Kocherstetten, wo wir schließlich die gegenüberliegende Flussseite betreten und auf das von Weitem sichtbare Schloss hoch oben am Berg zusteuern. Auf dem Rückweg von Schloss Stetten, einer der besterhaltenen staufischen Burganlagen, wandern wir auf den Spuren von Hermann Lenz längs der Trockenhänge alter Weinbergslagen des Kochertals. Obwohl der berühmte Schriftsteller der Nachkriegszeit nur seine Kindheit in Künzelsau verbracht hatte, zog es ihn immer wieder in diesen Landstrich zurück, in dem auch Teile seiner Erzählungen und Romane handeln. Aufgrund seiner literarischen Verbundenheit mit Hohenlohe wurde ihm dieser Wanderweg gewidmet und mit Zitaten seines Werks versehen.

Ausgangspunkt: Parkplatz an den Wertwiesen am Kocher bei 4653 Künzelsau. Womo-Platz am Eingang zum Freibad, N 49.2785, E 9.6956.

Anforderungen: Ausgedehnte, vorwiegend schattige Rundtour auf meist gut begehbaren Forstwegen und -pfaden. Die Waldwege zwischen Wegpunkt ❸ und ❹ waren im Jahr der Recherche 2023 teilweise zugewuchert. Laut Auskunft des Schwäbischen Albvereins ist dies inzwischen behoben.

Information: Stadtverwaltung Künzelsau, Stuttgarter Straße 7, 74653 Künzelsau, Tel. +49 7940 1290, www.kuenzelsau.de oder Touristikgemeinschaft Hohenlohe e.V., Allee 17, 74653 Künzelsau, Tel. +49 7940 18 1206, www.hohenlohe.de.

Karte: Wanderkarte Künzelsau (LGL Blatt W212, 1:25.000).

Variante: Schlenker zu Beginn über den Wartberg (der Turm ist allerdings nicht begehbar). Nach den Stufen gegenüber dem Biergarten biegen wir an der Treppenoberkante rechts ab, überqueren die Straße und wandern direkt hinter der Kurve den dicht überwachsenen Weg steil bergauf. An der Kreuzung setzen wir auf dem Pfad fort, stoßen auf eine Straße und gehen dort rechts zum Turm. Zurück an der Straße folgen wir dieser nach rechts über die Höhe und biegen nach dem Rechtsknick links ab auf den Häsleweg. Am Ende, vor der Linkskurve, finden wir die Markierung roter Strich und folgen ihr zur Hauptroute.

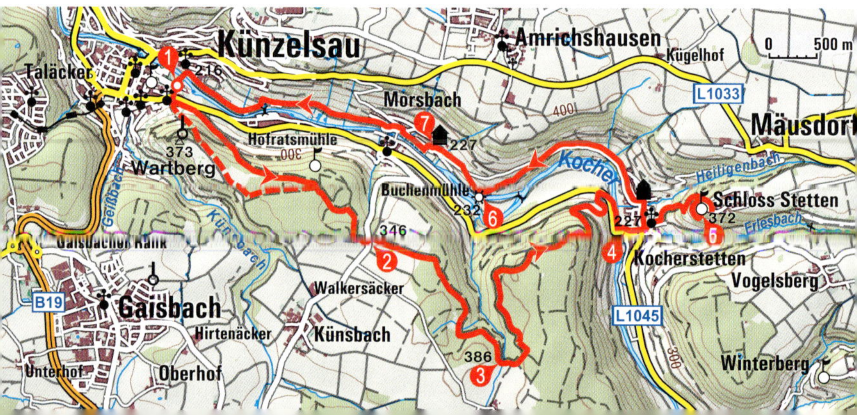

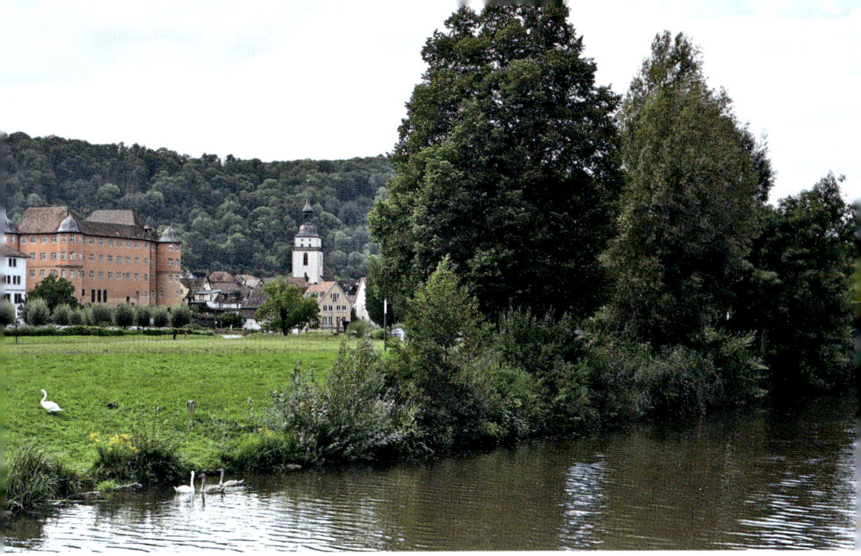

Blick auf Künzelsau mit Schloss Bartenau.

Vom Zentrum in **Künzelsau** ❶ gehen wir über den großen Parkplatz an den Wertwiesen in Richtung Freibad. Direkt vor dem Eingangstor gegenüber dem Biergarten steigen wir rechts die Stufen hoch. Oben an der Morsbacher Straße folgen wir den Wanderwegzeichen nach links.

Wir orientieren uns für die erste Hälfte der Tour am gut markierten roten Strich des HW8 (Frankenweg). Nach gut 200 m verlassen wir nach den letzten Häusern die Straße nach rechts und wandern an einem Gehöft vorbei ins Grüne. Wir ignorieren alle links abgehenden Wege und folgen dem Wandersymbol in den Häsleswald.

Nach einem Rechtsknick des Weges verlassen wir diesen nach links auf einen Grasweg. Ein weiterer Forstweg wird nun überquert, kurz darauf biegen wir links ab und setzen auf dem breiten Forstweg die Richtung fort.

An der Kreuzung nach der nächsten Schranke, kurz vor einem Wanderparkplatz, gehen wir links bergab und queren anschließend die **Künsbacher Straße** ❷. Nach 50 m biegen wir rechts ab und unterqueren die Hochspannungsleitung.

An der Kreuzung im Wald gehen wir geradeaus weiter. Kurz dahinter ist der Weg stellenweise überwuchert (Stand Sommer 2023) . Dort, wo wir wieder auf einen Weg stoßen, geht es erneut geradeaus auf dem grünen Waldpfad. An der Lichtung angekommen, wird es nun etwas knifflig. Wir gehen am unteren Rand etwa 20 m entlang und finden links ei-

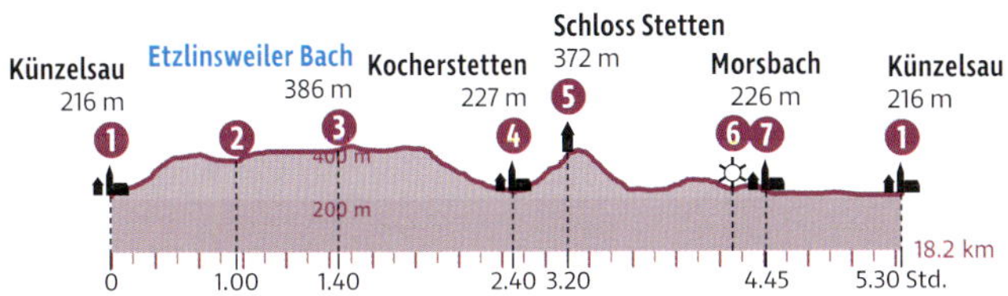

nen Eingang durchs Gebüsch für die Fortsetzung des Weges. Nach weiteren zehn Minuten auf dem Waldpfad treffen wir wieder auf einen befestigten Weg und biegen links ab. Wir überqueren den **Etzlinsweiler Bach ❸** und gehen an der Kreuzung dahinter erneut nach links.

Nach einer Weile stoßen wir auf einen breiteren Weg und setzen für 15 Minuten die Richtung auf fast gleichem Höhenniveau fort. Dort, wo der Forstweg nach rechts abknickt, verlassen wir ihn nach links und wandern auf steilem Pfad bergab. Achtung! In der anschließenden Linkskehre des Weges bei den großen Steinblöcken gehen wir nicht geradeaus weiter, sondern scharf nach links.

Nun geht es mit wunderbaren Ausblicken auf Schloss Stetten hinab ins Tal. Nach drei Serpentinen treffen wir auf die Straße, auf der wir für

Schloss Stetten.

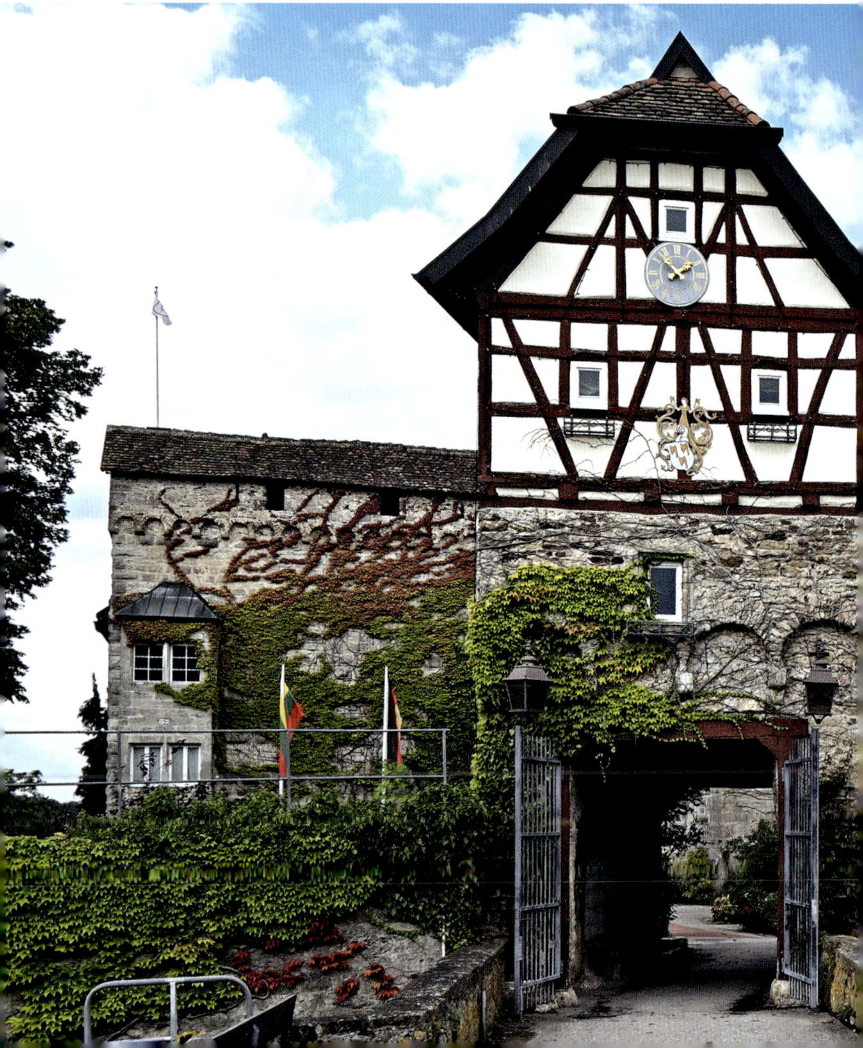

100 m bleiben, bis wir links über die Kocherbrücke das ehemalige Weindorf **Kocherstetten** ❹ erreichen.
Am schönsten ist nun der Weg rechts des Erlesbachs, wo wir an bezaubernden Bauerngärten vorbei bis zur Mäusdorfer Straße laufen. Wer sich den Aufstieg zum Schloss ersparen möchte, geht hier gleich nach links weiter.
Der Weg zur alten Stauferburg führt geradeaus weiter und nach 100 m links die Schlossbergsteige hoch. Vor der Tafel zum Natur- und Kulturlehrpfad halten wir uns links auf der Schlossbergsteige. Kurz darauf, am Schild des Natur- und Kulturlehrpfades über das dunkle Germanien, bleiben wir links auf dem Weinbergweg.
Oben vor dem mächtigen Wohntrakt von **Schloss Stetten** ❺ angekommen, gehen wir links an der Burg vorbei und steigen hinten im Bereich

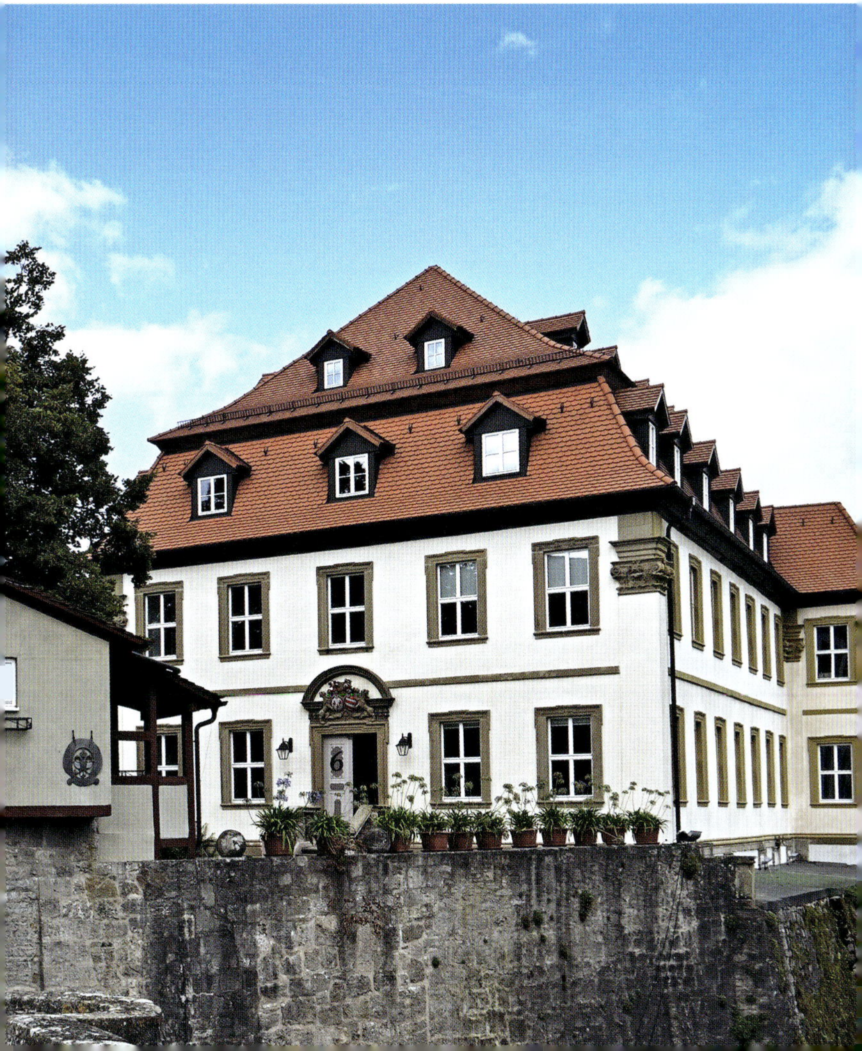

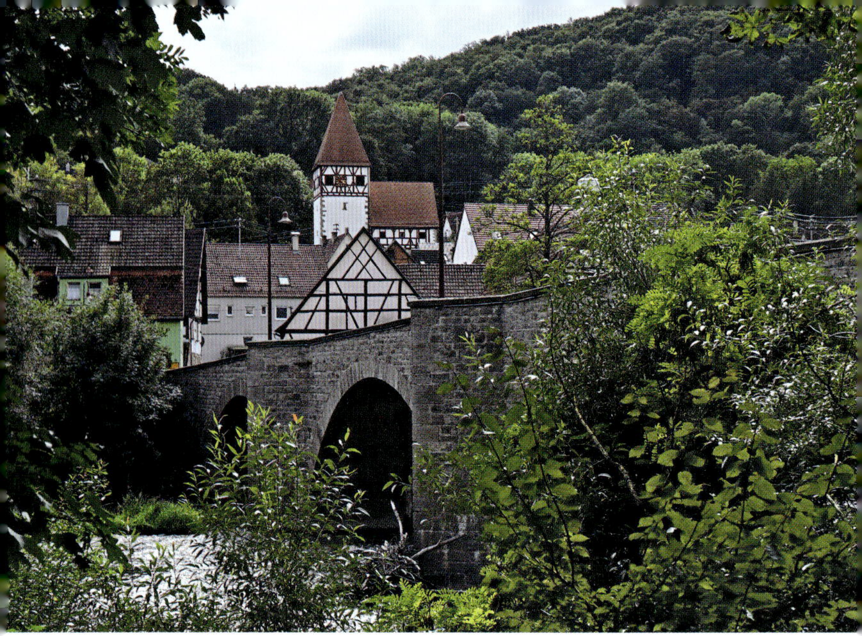

Morsbach mit der Fachwerkwehrkirche St. Alban.

zwischen äußerer Schildmauer und Burggebäude die Stufen hoch. Das Schloss aus der Stauferzeit (11. Jh.) wurde nie zerstört und bietet daher einen guten Eindruck hochmittelalterlicher Burganlagen. Allerdings befindet sich die Burg in Privatbesitz und kann daher nur von außen besichtigt werden.

Zurück im Ort gehen wir, sobald wir an der Mäusdorfer Straße angekommen sind, nach rechts aus dem Ort hinaus und biegen vor der Gaststätte Kelterstube links ab (blauer Punkt).

Auf dem kaum befahrenen Asphaltsträßchen verlassen wir den Ort und nehmen den eintönigen Anstieg in Angriff. Endlich an einem Wanderschild des Hermann-Lenz-Weges verlassen wir die Straße nach links und wandern auf unbefestigtem Weg wieder talwärts.

Der Weg führt uns hinab zur ehemaligen **Buchenmühle ❻** direkt am Ufer der Kocher. Wenige Meter hinter dem letzten Gebäude benutzen wir (entgegen den Wanderzeichen) den rechts abgehenden leicht bergauf führenden Weg durchs Grüne.

Auf dem Teersträßchen angekommen setzen wir die Richtung fort und betreten das Dörfchen **Morsbach ❼** mit der sehenswerten alten Fachwerkwehrkirche St. Alban und Wendelin aus dem 14. Jh. Eine Einkehrmöglichkeit bietet sich eventuell am Sportheim SV Morsbach.

Hinter dem Fußballplatz gehen wir links hinter dem Tor vorbei und wandern am grünen Kocherdamm entlang. Wieder auf der Straße geht es auf rechter Flussseite geradeaus weiter über die Brühlsteige. Am Abzweig bei der Ruhebank, vor der Kleingartenkolonie, wenden wir uns nach links in Richtung Kocher und biegen vor der Brücke rechts ab auf den Grasweg neben dem Fluss.

Das Symbol des Hermann-Lenz-Weges weist uns den Weg zurück zum Parkplatz am Kocher in **Künzelsau ❶**.

EINKEHR

Kelterstube Kocherstetten: Im historischen Gebäude der alten Kelter mit dem gewaltigen Walmdach, erbaut von den Herren von Stetten im Jahr 1678, befindet sich das gemütliche Restaurant Kelterstube unter griechischer Leitung. So zeigt das Lammkotelett mit Tsatsiki eindeutig die Handschrift des Wirts, der aber genauso hausgemachte schwäbische Maultaschen in verschiedenen Variationen anbietet. Do.–Sa. ab 17 Uhr, So. 11.30–14.30 und ab 17 Uhr, Mäusdorfer Straße 19, 74653 Künzelsau, Tel. +49 7940 546190.

Restaurant Anne-Sophie: Das Haus im Zentrum der Stadt zählt zu den Fair-Job-Hotels, in denen Mitarbeiter mit und ohne Handicap Hand in Hand arbeiten. Ein Konzept der Gründerin und Initiatorin Carmen Würth. Im luxuriösen Ambiente des antiken Hauses sitzt man gediegen. Kleine Snacks und Kuchen aus der hauseigenen Konditorei gibt es im Café Auszeit oder der Terrasse davor. Neben erlesenen Gerichten der gehobenen Küche, mit Fleisch, Fisch – auch Veganes ist dabei – gibt es ein täglich wechselndes, preisgünstiges Mittagsgericht. Tgl. ab 11.30 Uhr, Schlossplatz 9, 74653 Künzelsau, Tel. +49 7940 934677, hotel-anne-sophie.de.

Zur Alten Schmiede: Mitten in der Stadt auf einer Terrasse neben dem Bach zu sitzen, das findet man nicht alle Tage. Allerdings hat man nur im Sommer dieses Vergnügen. Wer stylisches Ambiente liebt, fühlt sich aber auch zu anderen Jahreszeiten im Inneren des bei jungen Menschen beliebten Lokals wohl. Angeboten wird eine bunte Mischung, von Pizza über Chicken Nuggets bis zum Alte Schmiede Burger. Di.–Fr. ab 15, sonst ab 17 Uhr. Gaisbacher Straße 7, 74653 Künzelsau, Tel. +49 7940 5032143.

Biergarten am Kocher: Das bis Dezember 2023 unter dem Namen »Pimpl's Biergarten« geführte Lokal hat 2024 die Besitzer gewechselt. Laut Pressemitteilung möchten die neuen Pächter gut bürgerliche Speisen, vegetarische und vegane Gerichte anbieten. Von März bis Oktober, tgl. bei schönem Wetter ab 11 Uhr, Badplatz 1, 74653 Künzelsau, Tel. +49 157 54232022, biergartenamkocher.de.

Biergarten am Kocher.

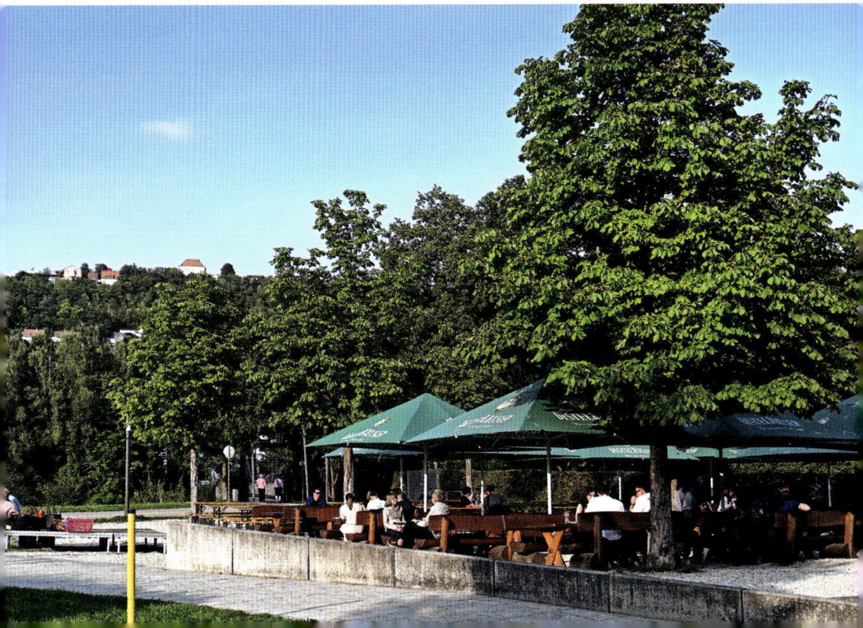

40 Von Kloster Schöntal nach Westernhausen

Durch das unberührte Jagsttal

4.15 Std. | 14,1 km | ↗280 m | ↘280 m

Ein barockes Schmuckstück sakraler Kunst

Schon von Weitem blickt man auf die beiden Türme des barocken ehemaligen Zisterzienserklosters Schöntal. Im Jahre 1157 gegründet, auf einem Gelände, das dem Kloster von den Herren von Berlichingen zur Verfügung gestellt wurde. Im Gegenzug erhielten diese das Recht der Grablege. Und so findet man heute noch im Kreuzgang das Grab des berühmtesten Ritters der Geschichte und Literatur, Götz von Berlichingen. Die Klosterkirche aus dem 18. Jh. ist ein barockes Gesamtkunstwerk. Ausgehend von diesem Kleinod sakraler Kunst wandern wir längs des harmonischen Jagsttals ins ländliche Westernhausen und über die linksseitigen Höhenzüge wieder zurück.

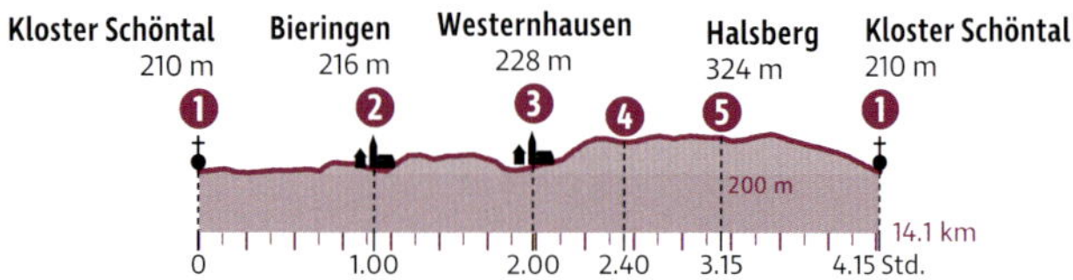

Ausgangspunkt: Parkplatz und Bushaltestelle von Kloster Schöntal, 74214 Schöntal. Von Möckmühl verkehrt die Buslinie 11 nach Schöntal.

Anforderungen: Anspruchslose Rundtour auf gut begehbaren Wald- und Feldwegen mit geringen An- und Abstiegen.

Information: Informationszentrum in der Alten Abtei, Klosterhof 1, 74214 Schöntal, Tel. +49 7943 894370, kloster-schoental.de.

Tipp: Zu verschiedenen Zeiten werden verschiedene (Sonder-)Führungen durch die Neue Abtei und die Klosterkirche angeboten. Sonn- und feiertags findet um 15 Uhr die kleine Klosterführung statt.

Karte: Wanderkarte Künzelsau (LGL Blatt W212, 1:25.000).

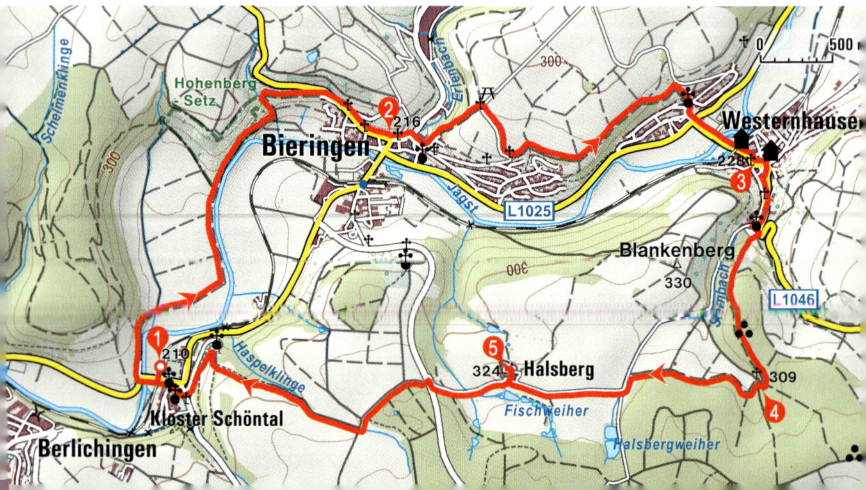

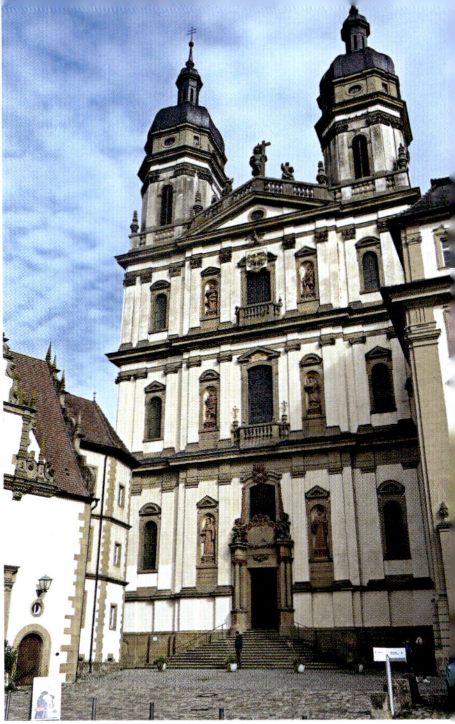

Kloster Schöntal.

Los geht's am Parkplatz und Busbahnhof von **Kloster Schöntal ❶**. Am ehemaligen Bahnhofsgebäude und heutigem Restaurant Duka's Bahnhof vorbei schreiten wir über die Jagstbrücke. Nach der Brücke biegen wir rechts ab und wandern zu Beginn auf dem Asphaltsträßchen geradeaus direkt neben dem Flussufer weiter. Unsere Markierung für die erste Hälfte des Weges ist der Kulturwanderweg Jagst mit dem blauen Logo.

Nach der Scheune verlassen wir die Teerstraße nach rechts durch den Heckendurchstieg und wandern auf dem geschotterten Weg weiter. Er führt uns erneut zum direkten Uferweg am Fluss. Gewaltige Eichen umgeben das kaum vernehmbare, sanft dahinfließende Gewässer. Wir ignorieren den Rechtsabzweig kurz vor der Fischerhütte und wandern den kleinen Abhang hoch. Kurz darauf, bei den beiden Scheunen, biegen wir links ab, ziehen steil bergauf und schwenken auf dem zweiten abgehenden Weg nach rechts. Wir queren eine der wenig verbliebenen Weinbergslagen an der Jagst und treffen auf die Landesstraße, der wir nun entgegen dem blauen Logo hinab nach **Bieringen ❷** folgen.

Der Kulturwanderweg führt meist auf Teerwegen rund um den Ort und wenig attraktiv an einer Industrieanlage vorbei. Daher wandern wir hinab in den Ort und gehen unten im Zentrum an der Kreuzung geradeaus weiter in die Max-Eyth-Straße. Nach 150 m biegen wir rechts ab, überqueren den Erlenbach und gehen auf der Osterberg-Straße links bergauf. Oben angekommen treffen wir wieder auf den Kulturwanderweg Jagst und biegen an der Ruhebank neben dem Feldkreuz rechts ab. In der folgenden Rechtskehre des Weges gehen wir halb links weiter. Oberhalb eines Neubaugebietes verlassen wir nach einer Weile den Asphalt und wandern auf dem Schotterweg auf der Talschulter weiter. Etwa 100 m nach Ende des Waldes – hier fehlt leider ein Markierungszeichen – führt ein Grasweg rechts hinab, dem wir folgen. Der Weg knickt nach rechts und führt an einer Kapelle vorbei hinunter zur Jagst. Wir überqueren die Landesstraße, passieren die Sportanlagen und schließlich die Jagst und erreichen **Westernhausen ❸**.

Auf der Durchgangsstraße wandern wir durch das ländlich geprägte Dorf bis zum Gasthaus zum Ochsen. Direkt davor, am Dorfplatz mit Brunnen, halten wir uns rechts. Wir biegen nach 50 m erneut rechts und kurz darauf wieder links ab (blaues Kreuz) und finden am Wegrand

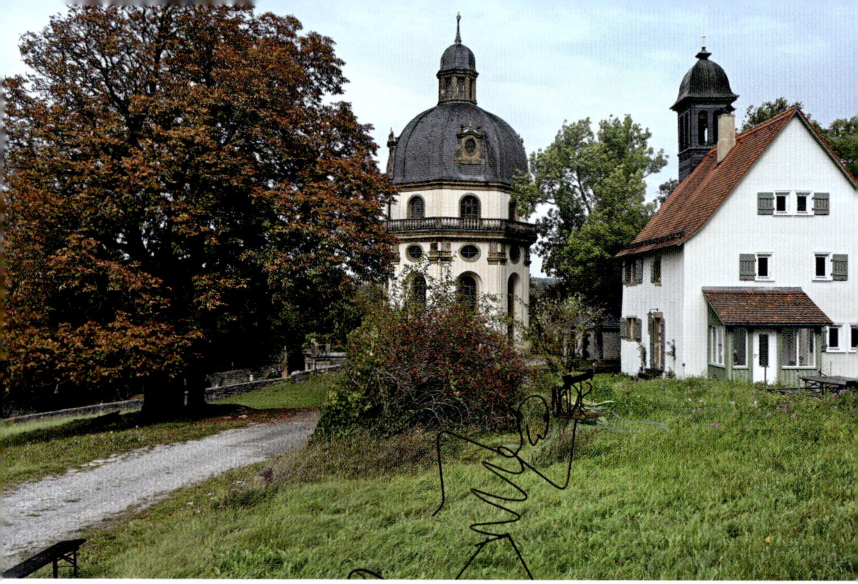

Heilig-Grab-Kapelle bzw. Kreuzbergkapelle beim Kloster Schöntal.

ein wunderschönes farbig bemaltes Madonnen-Standbild von 1790. An der nächsten Verzweigung, wo die nächste Stele steht, halten wir uns rechts.

Wir lassen die Kirche links liegen, biegen unmittelbar dahinter links ab und wandern vor der Friedhofshalle bergauf. An der Muttergottesstatue vorbei führt ein herrlicher Waldpfad weiter bergauf durch hochstämmigen Buchenwald. Wir queren einen Forstweg und folgen weiter dem blauen Kreuz mit sanftem Anstieg bergauf. Kurz darauf am nächsten Forstweg biegen wir rechts ab. Nach einem Rechts-Links-Knick des Weges verlassen wir am **Feldkreuz ❹** nun die Wanderwege und ziehen auf dem Schotterweg gegenüber am Waldrand entlang.

Der Steinbühlweg knickt nach rechts und führt weiter am Waldsaum entlang. Auf der Straße angelangt, gehen wir 50 m nach links und biegen bei den vier Bäumen rechts ab, jetzt der gelben Muschel des Jakobsweges folgend.

Über die Felder erreichen wir das Gut **Halsberg ❺**, das für Trauungen oder andere feierliche Events gemietet werden kann. An den Gebäuden halten wir uns links, werfen aber zuvor einen Blick ins Innere des prächtigen Gehöfts.

Vor der Bushaltestelle queren wir die Straße und gehen sofort rechts hoch am Waldrand entlang. Unten in der Talmulde haben wir zwei Möglichkeiten, um zum Kloster zu gelangen. Wer die Wallfahrtskapelle Neusaß besichtigen möchte, geht auf dem Teerweg geradeaus auf dem Jakobsweg weiter.

Andernfalls biegen wir rechts ab und folgen dabei dem Weg, der am Kreuzberg vorbeiführt. Entlang der zu Beginn tief eingeschnittenen Haspelklinge verläuft der attraktive Wanderpfad sanft hinab zur klassizistischen Heilig-Grab-Kapelle mit dem alten Mesnerhaus daneben und dem Friedhof von Kloster Schöntal.

Unter den schattigen Bäumen einer Allee geht es hinab zu unserem Ausgangspunkt am **Kloster Schöntal ❶**.

EINKEHR

Gaststätte SV Westernhausen: Nicht nur Fußballer dürfen hier einkehren, auch Wanderer sind willkommen am Sportheim neben der Jagst. Seit 2013 wird das Lokal von der griechischen Familie Tsatsakouli betrieben. Dementsprechend werden mediterrane griechische Spezialitäten serviert, mit diversen kreativen Salaten. Auch Pizza und deutsche Gerichte stehen auf der Karte. Man sitzt gemütlich und kann an manchen Tagen draußen im Biergarten kleinen oder großen Fußballern beim Training zuschauen. Mo.–So. 11.30–14 und ab 16 Uhr, außer Mi., Brückenstraße 32, 74214 Schöntal-Westernhausen, Tel. +49 7943 592, gaststaette.svwesternhausen.de.

Gasthof zum Ochsen: Seit vierter Generation ist das Haus im Familienbesitz der Familie Stöckel. Das prächtige Landgasthaus mit verschiedenen rustikalen Räumen und einer idyllischen Außenterrasse direkt am Dorfplatz kämpft wie viele andere mit dem Personalmangel. Die Einkehrzeiten für Wanderer beschränken sich daher eher auf Sonntag, es sei denn, man gehört zur Langschläferfraktion und startet die Tour erst am Nachmittag. Es werden Hohenloher und schwäbische traditionelle Gerichte zu zivilen Preisen serviert. Auch Vegetarisches aus Grünkern findet man auf der Karte. Di.–Sa. ab 17, So- und Feiertage ab 11 Uhr, Rathausweg 10, 74214 Schöntal-Westernhausen, Tel. +49 7943 2372, ochsen-jagsttal.de.

Gasthof zur Post: Urgemütlich sitzt man im traditionsreichen Landgasthaus direkt neben dem Kloster. Seit 5 Generationen befindet sich das Haus in Familienbesitz, bevor es den Mönchen als Klosterwaschhaus diente. Mit viel Holz, Zinntellern auf Regalen, schmiedeeisernen Leuchtern über den Tischen und einem alten Kachelofen in der Ecke fühlt man sich so richtig heimelig. Auch der Biergarten vor dem Haus unter Bäumen mit Blick auf die Klosterkirche ist beliebt. Die Auswahl der Gerichte ist hier allerdings

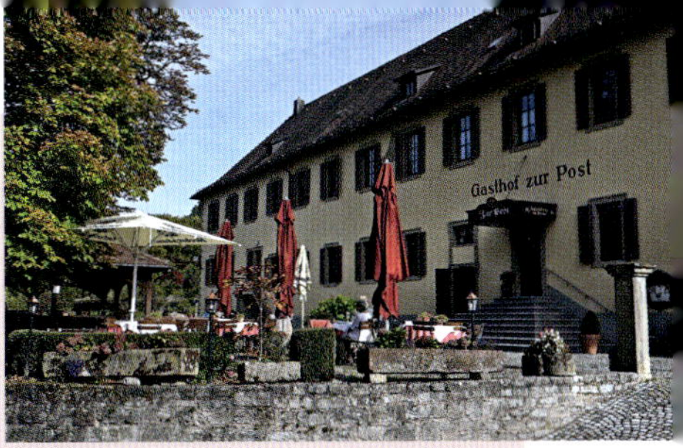

Gasthof zur Post.

eingeschränkt und mit Selbstbedienung. Die Karte bietet viele klassische Fleischgerichte und diverse Salate. Di.–So. ab 11 Uhr, Honigsteige 1, 74214 Schöntal, Tel. +49 7943 2226, gasthof-post-schoental.de.

Duka's Bahnhof: Originell sitzt man im oder neben dem umgebauten ehemaligen Fachwerkbahnhof von Schöntal mit Blick auf die alte Bogenbrücke über die Jagst und neben einem Waggon der ehemaligen Jagsttalbahn. Der Wirt des Württembergischen Hofs in Möckmühl betreibt das trendige Lokal und bietet eine Handvoll kleinerer Gerichte an. Bei gutem Wetter im Sommerhalbjahr, Mo.–Fr. ab 11.30, Sa., So. und Feiertag ab 10 Uhr, Großer Garten 14, 74214 Schöntal, Tel. +49 7943 9449644, dukas-bahnhof.de.

Klostercafé Schöntal: Eine großartige Auswahl vorzüglicher saisonaler und regionaler Kuchen und Torten findet man im Café hinter den Klostermauern. Außerdem selbstgefertigte Eisspezialitäten für kleine und große Süßmäuler. Mi.–Fr. 11–18, Sa. und So. 9–18 Uhr, Klosterhof 15, 74214 Schöntal, Tel. +49 7943 608, klostercafe-schöntal.de.

Klostercafé Schöntal.

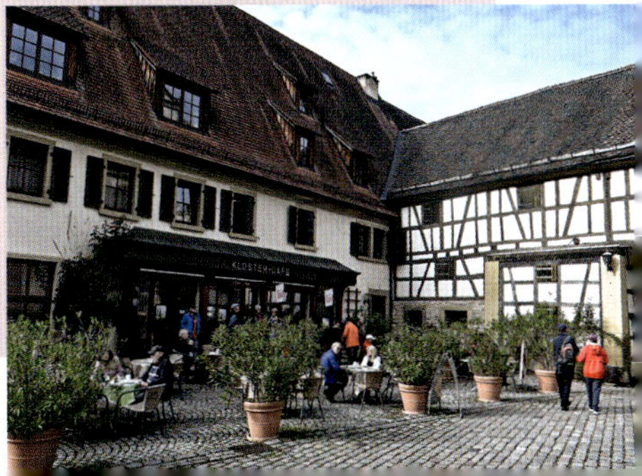

41 Von Jagsthausen zum Kloster Schöntal

Vom Jakobsweg zum Jüdischen Kulturweg

4.00 Std. | 13,5 km | ↗240 m | ↘240 m

Im Geburtsort des Ritters mit der Eisernen Hand

Nachdem wir in Tour 2 den Alterssitz des Götz von Berlichingen besucht haben, führt diese Wanderung nun in den Geburtsort des Ritters mit der Eisernen Hand. Nur seine frühe Kindheit verbrachte er auf Burg Jagsthausen, dem Stammhaus des Adelsgeschlechts von Berlichingen. Schon mit 12 Jahren begann seine Ausbildung erst in der Klosterschule in Niedernhall, später an diversen Höfen der Umgebung. Von der Jagst aus blicken wir hoch zum Schloss, bevor wir uns auf den Weg machen, längs des Flusses über Berlichingen zum Kloster Schöntal. Dabei wandern wir auf dem Hinweg auf dem Jakobsweg und treffen in Berlichingen und auf dem Rückweg auf den Jüdischen Kulturweg, der uns am größten jüdischen Landfriedhof Nordwürttembergs vorbeiführt. Die jüdische Gemeinde spielte im 19. Jahrhundert eine große Rolle im Wirtschaftsleben von Berlichingen.

Ausgangspunkt: Rathaus von 74249 Jagsthausen. Von Heilbronn mit Regionalbahn über Möckmühl und von dort mit Buslinie 11 zu erreichen. Parkplatz hinter dem Dorfladen, In den Steinäckern. Von Möckmühl verkehrt die Buslinie 11 nach Jagsthausen.

Anforderungen: Der Hinweg verläuft mitunter auf urigen Pfaden im Unterholz der Jagst. Zurück über Feld- und Waldwege.

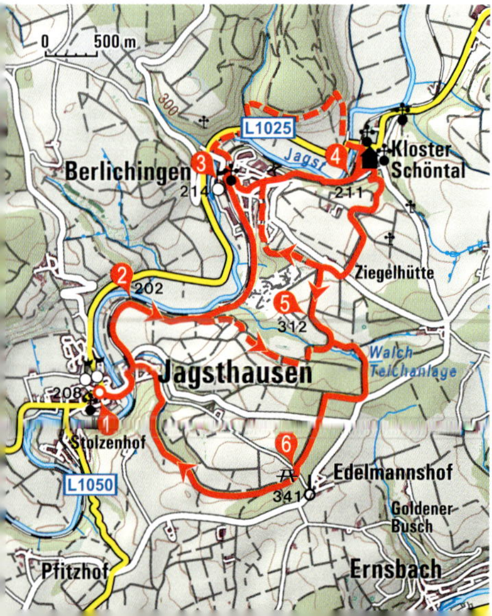

Information: Gemeindeverwaltung, Hauptstraße 3, 74249 Jagsthausen, Tel. +49 7943 91010, www.jagsthausen.de. Informationszentrum in der Alten Abtei, Klosterhof 1, 74214 Schöntal, Tel. +49 7943 894370, kloster-schoental.de.

Tipp: Durch Berlichingen verläuft der Jüdische Kulturweg Hohenlohe – Tauber und erinnert auf mehreren Tafeln an die große Jüdische Gemeinde des Ortes. Am Jüdischen Friedhof kommen wir auf dem Rückweg vorbei. juedischer-kulturweg.de.

Karte: Wanderkarte Künzelsau (LGL Blatt W212, 1:25.000).

Varianten: Am ersten Abzweig nach Wegpunkt 2 folgen wir nach rechts dem Rundweg 7, der in großem Bogen oberhalb um den Steinbruch herumführt und in Berlichingen wieder auf die Hauptstraße stößt.

Eine weitere aussichtsreiche Variante führt unterhalb des Storchenturms, auf der anderen Seite der Jagst, zum Kloster Schöntal. Wir biegen an der Kirche nicht rechts ab, sondern gehen geradeaus weiter und treffen auf die Hauptstraße. An einem Gedenkstein für Götz von Berlichingen mit seinem bekannten Zitat vorbei (Wanderweg 7) geht es zur Jagstbrücke. Dahinter nach

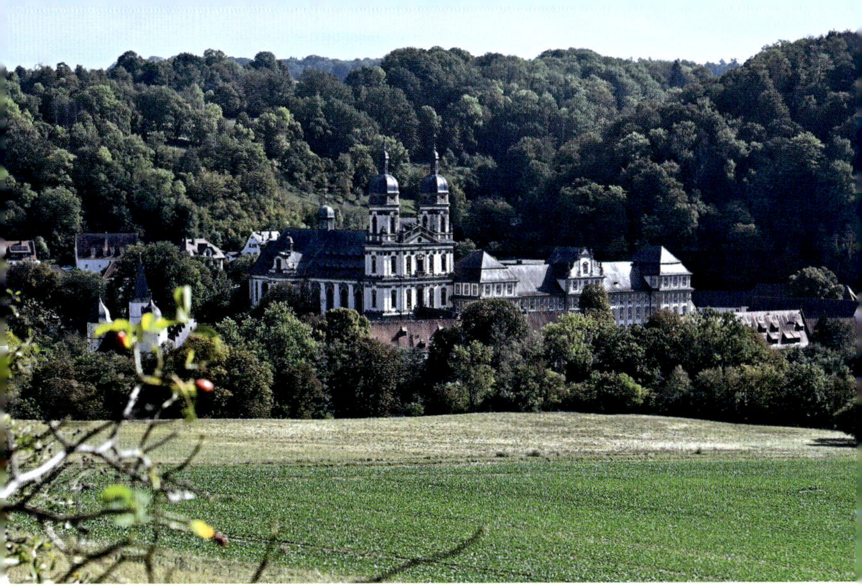

Blick auf Kloster Schöntal.

rechts, 500 m auf dem Fahrradweg, dann links hoch. Nach 200 m verlassen wir Rundweg 7 und biegen rechts ab auf einen Pfad in den Wald (Rundweg 4). Er führt uns auf herrlichem Panoramaweg unterhalb des Storchenturms vorbei. Über die Wiese kann man hoch zum mittelalterlichen Turm gehen, der allerdings nicht zugänglich ist. Am Ende des Aussichtsweges geht es auf dem unteren der beiden Wege nach links und anschließend im Wald auf dem Pfad scharf rechts hinab zur Jagst und über die Brücke zum Kloster.

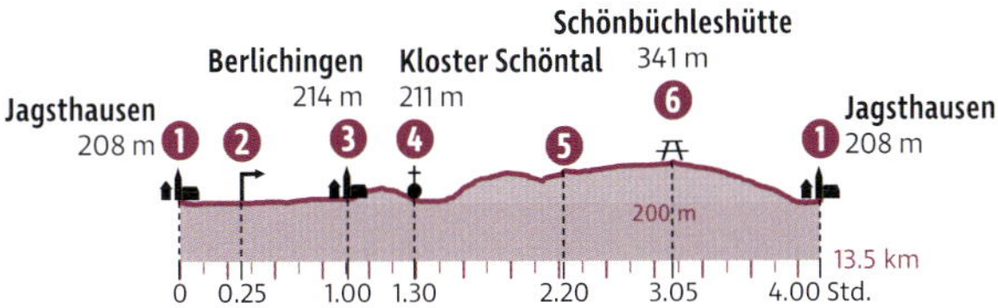

Wir starten gegenüber vom Rathaus von **Jagsthausen** ❶ am ehemaligen Gasthof zur Krone und schlagen erst mal den Fahrradweg in Richtung Berlichingen ein. Unten im Tal überqueren wir die Jagst und folgen dem Jakobsweg mit gelber Muschel in Richtung Berlichingen. Hinter dem Friedhof biegen wir links ab und erfreuen uns über den wunderbaren Ausblick zur Götzenburg.

Am Abzweig **Limestafel** ❷ verlassen wir den Radweg und gehen rechts den Grasweg bergauf (Rundweg 7). Am ersten Abzweig folgen wir nicht mehr den Rundwegen, sondern der blauen Wellenlinie linker Hand bergab. Da unser Weg direkt unterhalb eines aktiven Steinbruchs vorbeiführt, ist es auf einer Länge von etwa 200 m laut und etwas staubig.

Die Variante 1 auf Rundweg 7 führt oberhalb des Steinbruchs am Jüdischen Friedhof vorbei (unserem Rückweg) ebenfalls nach Berlichingen.

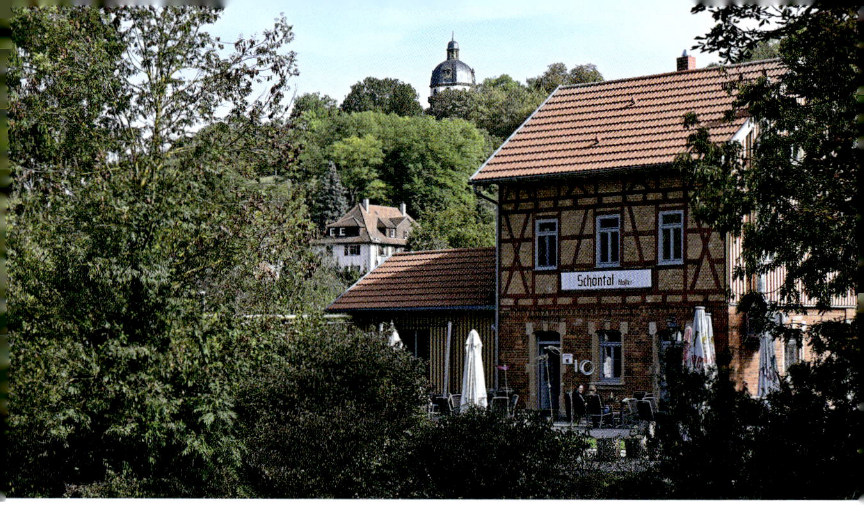

Der ehemalige Bahnhof Schöntal, heute Restaurant Duka's Bahnhof (siehe Tour 40).

Wer den Steinbruch nicht scheut, steigt nun auf schmalem Pfad hinab, der für eine Weile direkt an der urwüchsigen Jagst durchs Dickicht verläuft. Schon von einiger Entfernung hört man die Maschinen des Natursteinwerks Berlichingen.

Wir durchqueren unterhalb des Abbaugeländes die Anlage. Nach einer Fußdusche für die Lkw (zur Staubreduzierung) haben wir das Gröbste hinter uns und treffen auf die ersten Häuser von **Berlichingen ❸**.

Kurz vor der Kirche sollte man einen Abstecher nach links in den Tränkweg machen, dort befindet sich das Stammhaus derer von Berlichingen. In der ehemaligen Wasserburg – heute in Privatbesitz – hat Götz von Berlichingen das Licht der Welt erblickt.

An der Kirche müssen wir uns entscheiden, ob wir die 1,3 km längere Panoramavariante 2 über den Storchenturm einschlagen. Wenn nicht, gehen wir vor der Kirche rechts hoch (Jakobsweg) und biegen bei den Tafeln über den Jüdischen Kulturweg erneut rechts ab. An der wunderbaren historischen Mariensäule von 1752 gehen wir weiter geradeaus hoch und folgen auch in der Linkskurve vor dem Friedhof der Durchgangsstraße, die wir erst nach dem Ortsschild geradeaus verlassen. Etwa in der Mitte des Firmenparkplatzes folgen wir den Wanderwegen nach links. Wieder wandern wir auf wildromantischem Pfad oberhalb der Jagst und neben den verrosteten Gleisen der stillgelegten Jagsttalbahn.

Am Wegweiser kurz vor dem Kloster gehen wir links über die Fußgängerbrücke und betreten das ausladende Areal von **Kloster Schöntal ❹**. Wir besichtigen die ehemalige Zisterzienserabtei, insbesondere die barocke Klosterkirche und den Kreuzgang mit dem Grabstein von Götz von Berlichingen in der Alten Abtei. Auch das prächtige Treppenhaus im Rokoko-Stil ist sehenswert. Gegenüber lohnt sich noch ein Abstecher in den Kräutergärten.

Aus dem nördlichen Tor austretend befindet sich rechts der Gasthof zur Post, links von uns Duka's Bahnhof. Zurück am Tor, bei dem wir die Anlage betreten haben, führt dahinter links ein Treppenpfad hoch. Auf der Straße gehen wir 30 m nach links, finden erneut Stufen, die nach rechts zum Wald hoch weisen. Nach wenigen Schritten treffen wir auf den Rundwanderweg 3 und biegen links ab. Etwa nach 100 m, vor der Ruhebank, biegen wir rechts ab und folgen weiter dem Rundwanderweg Jagsthausen – Schöntal. In Serpentinen geht es nun den steilen Hang des Tiergartens hoch. Oben nach dem Waldrand ziehen wir nach einem Rechts-Links-Schwenk am Feldgehölz entlang, biegen rechts und an der Wasseraufbereitung vor dem Hof wieder links ab. Nach 100 m geht es nach rechts weiter in Richtung Jüdischer Friedhof.

Am Weiler Ziegelhütte treffen wir auf die Straße und wandern nach rechts 150 m daran entlang, bevor es wieder nach links in die Feldmark geht. Nach knapp 500 m erreichen wir an der Weggabelung geradeaus den **Jüdischen Friedhof** ❺. Ein Blick auf den größten jüdischen Landfriedhof Nordwürttembergs lohnt sich. Unter Rotbuchen und Eichen stehen und liegen die verwitterten und teils schiefen Grabsteine, deren ältester aus dem Jahr 1659 stammt. Berlichingen hatte über Jahrhunderte hinweg bis zum Dritten Reich eine florierende Jüdische Gemeinde (siehe Tipp).

Zurück am Weg geht es sanft bergab zur Pfaffenklinge, wo wir kurz nach der Kurve den Fahrweg nach links auf einen Grasweg verlassen. An der darauffolgenden Kreuzung biegen wir rechts ab, folgen nun dem Rundwanderweg 4 und passieren kurz darauf die Walch-Teichanlage. Am Ende der Gewässer gehen wir nach rechts in den Wald. Kurz bevor wir auf eine Autostraße stoßen, wenden wir uns im Wald nach rechts.

Wir folgen dem geradeaus verlaufenden Forstweg und biegen an erster Möglichkeit links ab. Nun überqueren wir die Autostraße und setzen auf dem G'hauweg fort, der uns zum Picknickplatz **Schönbüchleshütte** ❻ führt. Wir überqueren den Platz und finden auf gegenüberliegender Seite die Fortsetzung unseres Weges am Waldrand entlang. Auf asphaltiertem Weg geht es am Bogenschützenparcours vorbei weiter talwärts. Am Ende, an der T-Kreuzung, biegen wir links ab und betreten durch ein Wohngebiet wieder die Siedlungsfläche des Geburtsortes des Ritters mit der Eisernen Hand.

Über die alte Jagstbrücke geht es hinauf ins Zentrum von **Jagsthausen** ❶.

EINKEHR

Restaurants im und beim Kloster Schöntal siehe Tour 40.

Rotes Schloss: Die ehemalige Remise und der Pferdestall des Roten Schlosses wurden von Familie von Berlichingen zu einem schicken Restaurant mit Biergarten umgebaut, das historisches Flair mit modernem Ambiente verbindet. Kreative Ideen wie die umgebauten Pferdeboxen oder die Glasfront zur Küche unterstreichen den offenen Charakter des gesamten Ensembles. Die regionale und bodenständige Küche variiert mit den Jahreszeiten und bietet fantasievolle Fleisch- und vegetarische Gerichte neben diversen Salaten und Flammkuchen. Das Wild stammt aus eigener Jagd rund um Jagsthausen. Mi.-So. ab 16 Uhr, Schloßstraße 17, 74249 Jagsthausen, Tel. +49 7943 943765, www.rotes-schloss.de.

Dorfladen Jagsthausen: Für eine Tasse Kaffee oder eine kleine Vesper darf man sich gerne im genossenschaftlichen Dorfladen auf der Außenterrasse unter den Bäumen niederlassen. Mo.–Fr. 7–18 Uhr, März bis Oktober auch sonntags von 8–10.30 und 11.30–17 Uhr, In den Steinäckern 1, 74249 Jagsthausen, Tel. +49 7943 9438646, dorfladen-jagsthausen.de.

42 Auf dem Kulturwanderweg Jagst

Von Jagsthausen nach Möckmühl

TOP | 4.00 Std. | 13,1 km | ↗330 m | ↘360 m

Durch die kleinste Stadt Baden-Württembergs

Unweit des Stammsitzes des berühmtesten Ritters der Deutschen Geschichte, an der Götzenburg in Berlichingen, begeben wir uns auf den Weg durch die Kulturlandschaft des Jagsttales. Nach einem urigen und verwachsenen Weinbergweg hinter Olnhausen treffen wir auf die kleinste Stadt Baden-Württembergs mit knapp 2000 Einwohnern. Viele Herren kannte die Ministadt im Lauf ihrer Geschichte. Als »Ganerben-Stadt« gehörte sie zeitweise mehreren berühmten Adelshäusern gleichzeitig, wie jenen von Sickingen, von Gemmingen und von Berlichingen. Unter dem fast 1 km langen Autobahnviadukt hindurch geht es nach Ruchsen und dahinter ein zweites Mal auf grünem Weinbergweg hinab in die turmbewehrte Kleinstadt Möckmühl. Innerhalb der weitgehend erhaltenen, mit Bogenfries geschmückten Stadtmauer, verbergen sich einige historische Gebäude. Allen voran, das mit gelbem Fachwerk verzierte Rathaus vom Ende des 16. Jahrhunderts. Ein Stadtrundgang am Ende der Tour lohnt sich allemal.

Ausgangspunkt: Rathaus von Jagsthausen. Von Heilbronn mit Regionalbahn über Möckmühl und von dort mit Buslinie 11 zu erreichen. Parkplatz hinter dem Dorfladen, In den Steinäckern. Womo-Platz am Hallenbad, N 49.32358, E 9.36756.
Endpunkt: Bahnhof von Möckmühl. Rückfahrt mit Bus 11.
Anforderungen: Außer den beiden Weinbergwegen hinter Olnhausen und Ruchsen, wandern wir auf gepflegten Feld- und Waldwegen mit einigen Asphaltanteilen auf den Ortsdurchgängen.
Information: Gemeindeverwaltung, Hauptstr. 3, 74249 Jagsthausen, Tel. +49 7943 91010, www.jagsthausen.de. Rathaus, Hauptstr. 23, 74219 Möckmühl, Tel. +49 6298 2020, moeckmuehl.de.
Tipp: Der beschilderte historische Stadtrundgang von Möckmühl (Flyer dazu im Rathaus) führt an 19 interessanten Stationen vorbei.
Karte: Wanderkarte Künzelsau (LGL Blatt W212, 1:25.000).

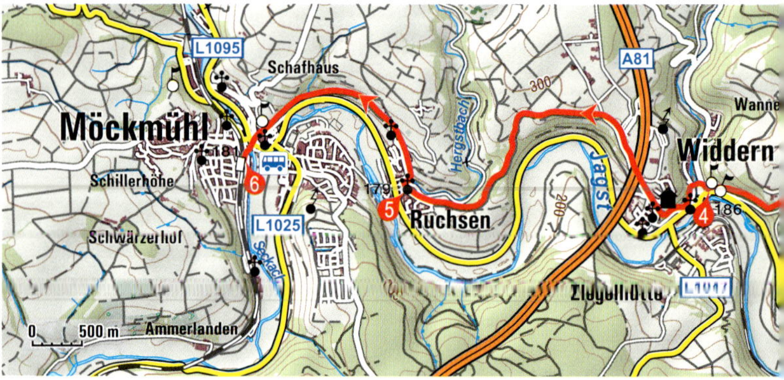

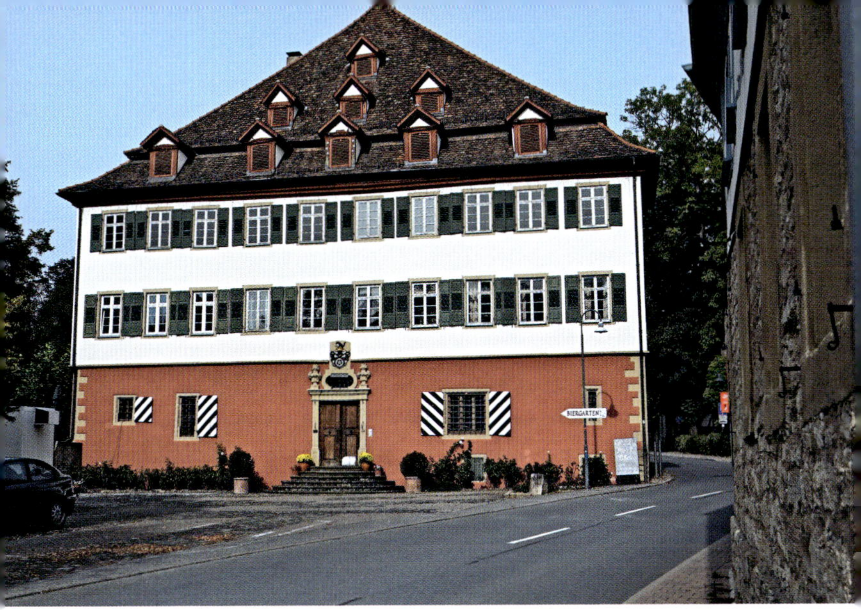

Das Rote Schloss.

Gegenüber dem Rathaus von **Jagsthausen** ❶ finden wir den gelben Wegweiser mit dem blauen Symbol des Kulturwanderwegs Jagst. Entgegen der Beschilderung ziehen wir aber erst hinauf zum Roten Schloss und zur Götzenburg.

Am Fachwerkgebäude vor dem Schloss, an der sogenannten Vorburg, gehen wir den Kiesweg bergab und umrunden das Schloss. Alternativ können wir auch links am Schloss vorbeigehen. Am Eingang

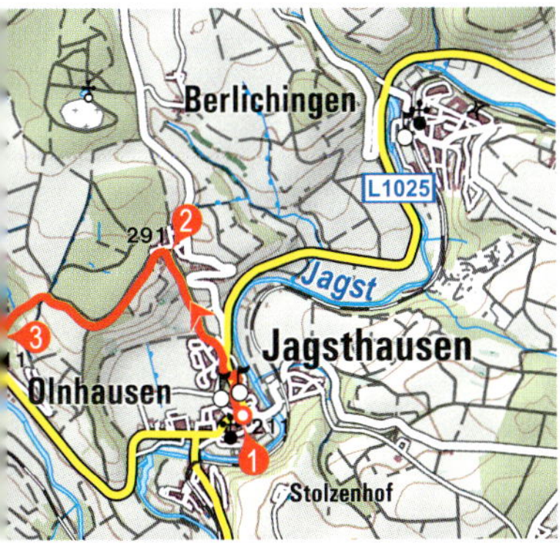

zum Schlossgasthof vorbei wandern wir geradeaus durch die Grünanlage. Wir überqueren nach links die Straße und finden an der Infotafel wieder unseren Wegweiser in Richtung Möckmühl, der uns sogleich links auf einem Wirtschaftsweg aus dem Ort führt.

Nach dem Gang durch die Felder steht uns ein kurzer Anstieg zum Wohnviertel **Rappen** ❷ bevor. An einer Schranke biegen wir links ab, durchqueren noch ein gepflegtes Wohngebiet und halten uns am Ende links, wo uns ein herrlicher Höhenweg am Waldrand erwartet.

Am Waldaustritt, bei der T-Kreuzung mit dem weiten Ausblick auf mehr als ein Dutzend Windkraftanlagen geht es nach rechts weiter. An der nächsten Kreuzung schickt uns die Beschilderung des Kulturwanderweges nach rechts. Wir gehen stattdessen nach links und folgen den Rundwanderwegen bergab. Diese Variante führt uns über den zauberhaften Weinbergweg hinter Olnhau-

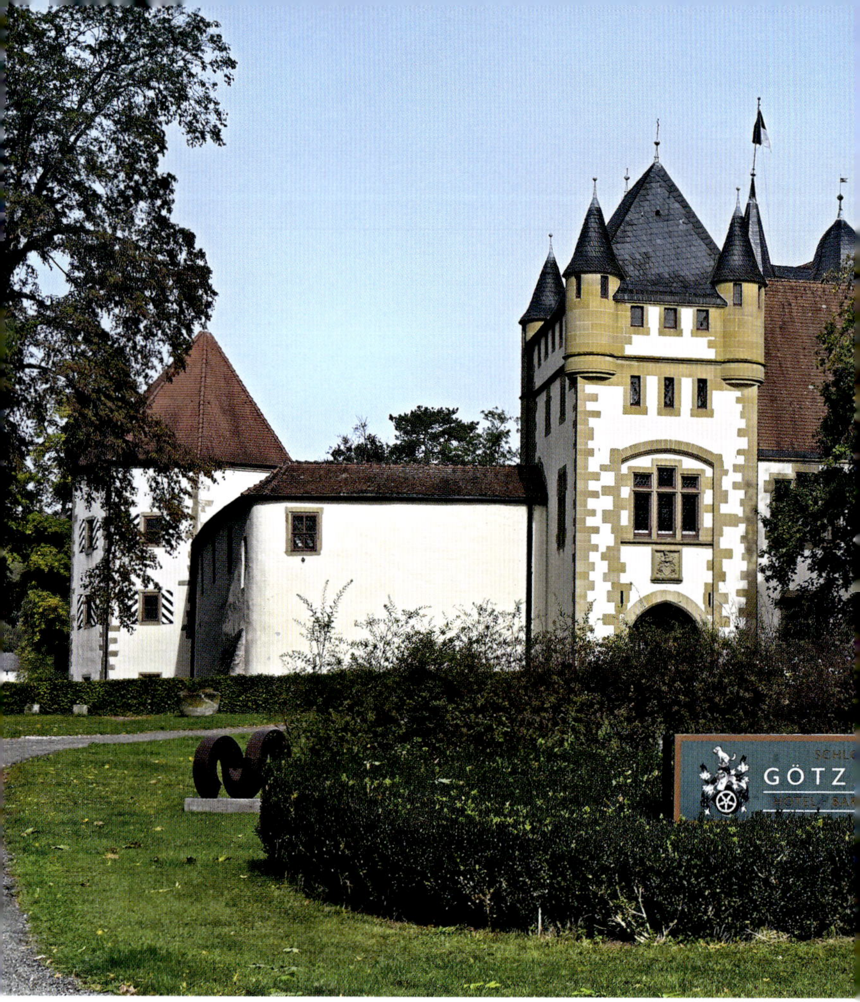

Die imposante Götzenburg.

sen, während der Kulturwanderweg Jagst den Ort weiträumig über die Feldflur umgeht. Nach dem kurzen Abstieg geht es nach rechts in den Wald.

In **Olnhausen** ❸ biegen wir an erster Möglichkeit in spitzem Winkel rechts ab und folgen den Wanderwegen links um die Kurve. Vor dem Friedhofstor gehen wir rechts den Grasweg hinauf. Bemerkenswert ist der beeindruckende Fachwerkturm der Kirche.

Wir queren eine Wohnstraße, halten die Richtung bei und wandern nun hangparallel längs einer Bruchsteinmauer auf herrlichem grasigem Pfad durch die ehemals bewirtschafteten Weinbergterrassen. Ein Weg, der tatsächlich die Bezeichnung Kulturwanderweg verdient hätte. Zeigt er doch wunderbar, wie die Natur die vom Menschen gestaltete Landschaft allmählich wieder zurückerobert. Am Ende gehen wir ein paar Schritte rechts hoch, biegen hinter

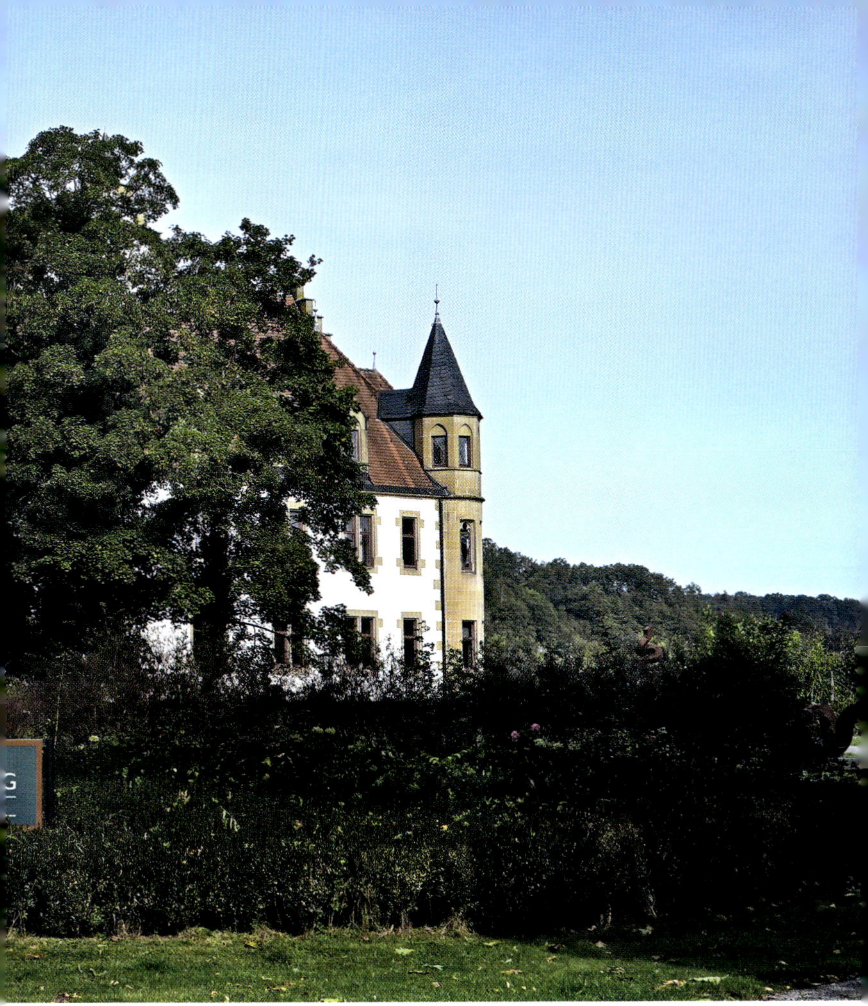

dem Privatgrundstück links ab und sind damit wieder auf dem ausgeschilderten Kulturwanderweg, dem wir auch am nächsten Wegweiser in Richtung Möckmühl folgen.
Wieder im Tal in **Widdern** ❹, der kleinsten Stadt Baden-Württembergs, queren wir die Straße, treffen auf das kleine Schlösschen und wandern an Aries Weinstube im ehemaligen Amtshaus vorbei zum Rathausplatz. Interessant ist der alte Grenzstein gegenüber dem Gasthaus Zum Lamm zwischen dem Großherzogtum Baden und dem Königreich Württemberg.
Gegenüber, vor dem Haus der Vereine, halten wir uns rechts und biegen dem Fahrradweg folgend links ab. Wir wandern über die Brücke der Kessach, mit Ausblick auf das malerische Ensemble einiger alter Häuser am Fluss.
Nach der Brücke gehen wir entgegen den Wegweisern nach links durch die Mühlgasse. Wir wählen auch hier eine

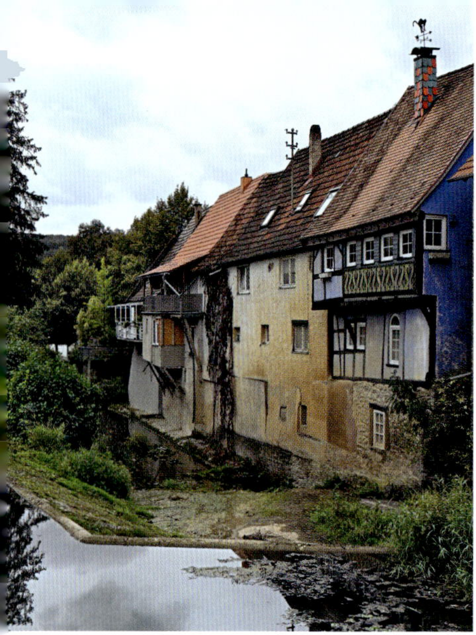

Häuser in Widdern an der Jagst.

andere Variante, da der Kulturwanderweg für eine geraume Weile unangenehm direkt an der lärmenden Autobahn entlang führt. Gegenüber der Kirche stoßen wir wieder auf die Hauptstraße und biegen rechts ab. An zweiter Möglichkeit geht es erneut rechts in die Kappelsteige in Richtung Friedhof (Jakobsweg).

Wir verlassen nach wenigen Metern die Straße nach rechts, steigen die Stufen hoch und bleiben in der Rechtskurve auf dem gepflasterten Weg. Nun geht es geradeaus unter der Autobahn hindurch und am Truckerplatz vorbei.

Etwa 100 m dahinter finden wir wieder die Markierung des Kulturwanderweges Jagst und verlassen die Straße nach links. Nun geht es wieder genüsslich auf der Oberkante des Jagsttals weiter. Wir verlängern auf einen Wiesenweg und stoßen nach Umrundung eines Brachereals wieder auf eine Asphaltstraße, auf der wir jetzt talwärts mit Blick auf Möckmühl marschieren.

Nach einem Rechtsschwenk des Weges erreichen wir das Dörfchen **Ruchsen 5**. Dort biegen wir 20 m nach der Kirche am Brunnen rechts ab, gehen an der Verzweigung sofort wieder nach links über die Brücke und halten uns vor einem prächtigen Fachwerkhof rechts und gelangen auf die Weinbergsteige.

Achtung oben am Friedhof! Wir nehmen den Weg, der direkt an der Friedhofsmauer entlangführt (Wanderwege 3, 4 und 5). Er leitet uns zum alten Weinbergweg, wo es längs alter Steinmauern mitten durch die aufgelassenen Weinbergterrassen geht. Wenige davon sind noch in Benutzung.

Am Ende müssen wir ein kleines Stück an der Straße entlang marschieren. Am Ortsschild geht es nach rechts direkt ins Ortszentrum, wo wir am Michita Brunnen links abbiegen in die Marktstraße.

Hinter dem Mauerdurchbruch queren wir die Durchgangsstraße und gehen nach rechts auf der Fußgängerbrücke über die Seckach zum Bahnhof von **Möckmühl 6**, wo sich auch die Bushaltestelle für die Rückfahrt befindet.

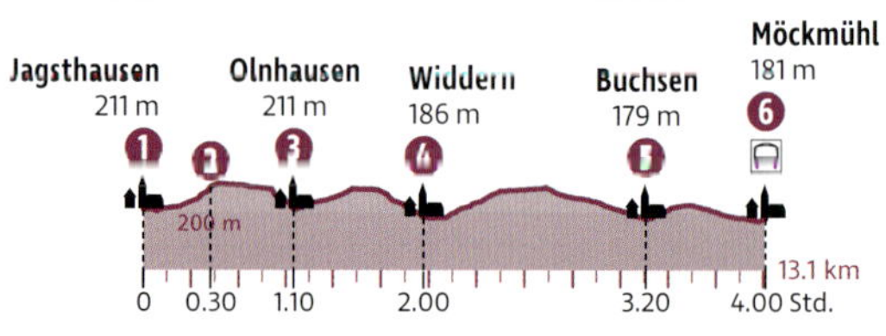

EINKEHR

Aries Widdern: Im Gemmingschen Amtshaus gegenüber vom Schloss, einem prächtigen Fachwerkbau von 1584, finden wir die gemütliche Weinstube von Familie Hirth. Im ebenfalls mit Fachwerk ausgestalteten Inneren des historischen Gebäudes werden die typischen deftigen Besengerichte wie Schlachtplatte oder Bauernbratwürste serviert. Auch Maultaschen und vegetarische Grünkernbratlinge stehen auf der Speisekarte. Auf ihrer Homepage erzählt das Besitzerpaar ausführlich die Geschichte ihrer Besenwirtschaft im alten Amtshaus. Zu Besenöffnungszeiten, Fr. und Sa. ab 17, So. ab 11 Uhr, Keltergasse 3, 74259 Widdern, Tel. +49 176 96668664, aries-weingut.de.

Café Reinert: Kuchen und kleine Snacks werden im Café oder auf der Terrasse davor serviert. Di.–Fr. 6–18.30, Sa. 6.30–17, So. 8–18 Uhr, Rathausplatz 3, 74259 Widdern, Tel. +49 6298 7305, reinert-baeckerei.de.

Gasthof zum Bären: Jene, die von schwäbischem Essen schwärmen, sind bei Familie Boos am richtigen Platz. Im Traditionsgasthof mit eigener Metzgerei wird alles serviert, was das Schwabenherz erfreut. Von Leberspätzle über Maultaschen und Saure Nierle, Saure Kutteln und Linsen mit Spätzle reicht die Palette. Daneben serviert man klassische Fleischgerichte und diverse Salate. Vieles auch als kleine Portion. Der Gastraum verströmt etwas Charme vergangener Zeiten, aber bei gutem Wetter kann man es sich auf der Terrasse gemütlich machen. Tgl. 11.30–14.30 Uhr, außer Mi. und Sa., Hauptstraße 16, 74219 Möckmühl, Tel. +49 6298 1361, baeren-moeckmuehl.de.

Württemberger Hof: Eine bunte Mischung zwischen vegetarischen und traditionellen Fleischgerichten findet man auf der Karte des gepflegten Speiselokals unweit vom Bahnhof. Viele Themenwochen ergänzen den Speiseplan. Die Gerichte zu fairen Preisen werden liebevoll zubereitet und angerichtet. Ob auf der umgrünten Terrasse oder im modernen Gastraum, man fühlt sich wohl bei Duka, der auch in Kloster Schöntal den ehemaligen Bahnhof bewirtschaftet. Mo., Mi. und Do. 11.30–14.30 und ab 17 Uhr, Di. und Fr. ab 17 Uhr, Sa. und So. ab 11 Uhr, Bahnhofstraße 11, 74219 Möckmühl, Tel. +49 176 31611410, wuerttembergerhof-moeckmuehl.de.

Bergfried der Möckmühler Burg.

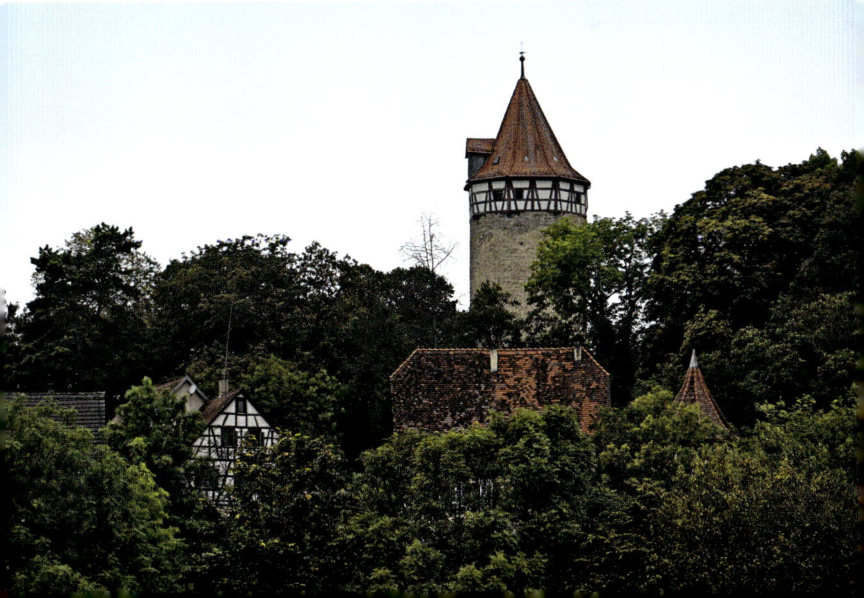

43 Kurze Rundtour um Stein am Kocher
Auf den Höhen zwischen Kocher und Jagst

2.45 Std. | 9,5 km | ↗120 m | ↘120 m

Zur Hohen Straße

Vom grabenumwehrten Renaissanceschloss in Stein am Kocher geht die kurze Rundtour am Rande der Hellerklinge entlang zum bedeutenden ehemaligen Fernhandelsweg Hohe Straße. Schon die Kelten benutzten den Höhenrücken zwischen Kocher und Jagst für den Salzhandel. Von den Römern ist überliefert, dass sie den westlichen Teil zwischen den Kastellen Wimpfen und Jagsthausen als Militärstraße nutzten. Selbst Kaiser Friedrich II. reiste im Jahr 1235 auf der sogenannten Königsstraße von Nürnberg nach Wimpfen. Neben der historischen Bedeutung faszinieren die weiten Ausblicke auf dem windreichen Höhenrücken.

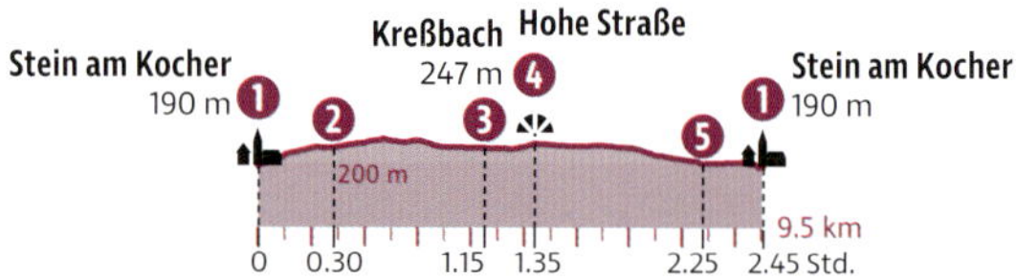

Ausgangspunkt: Wasserschloss in 74196 Stein am Kocher. Von Neuenstadt verkehrt Buslinie 621 nach Stein a. K. Parken am alten Wasserschloss.
Anforderungen: Angenehme Feld- und Waldwege ohne große Steigungen. Im Hochsommer ist eine Kopfbedeckung zu empfehlen, da ein großer Teil schattenlos ist.
Information: Stadtverwaltung, Hauptstraße 50, 74196 Neuenstadt a. K., Tel. +49 7139 970, neuenstadt.de.
Karte: Wanderkarte Künzelsau (LGL Blatt W212, 1:25.000).

Auf der Hohen Straße.

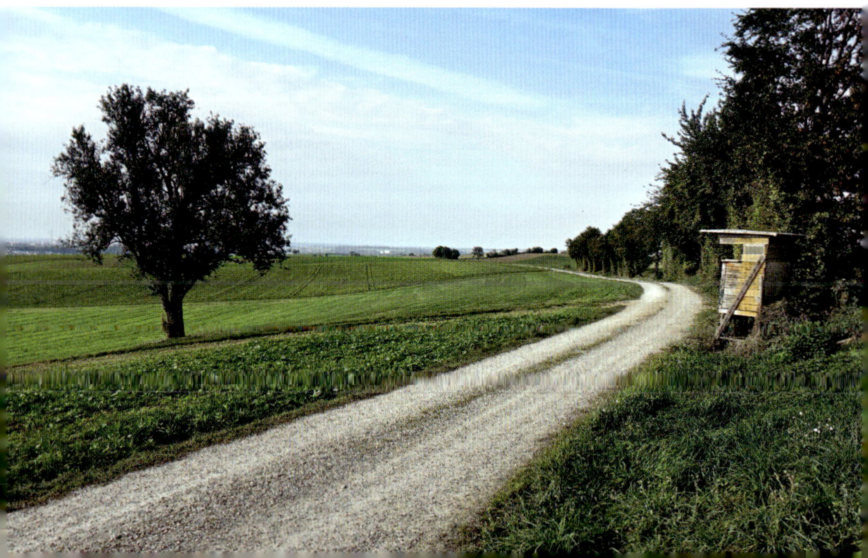

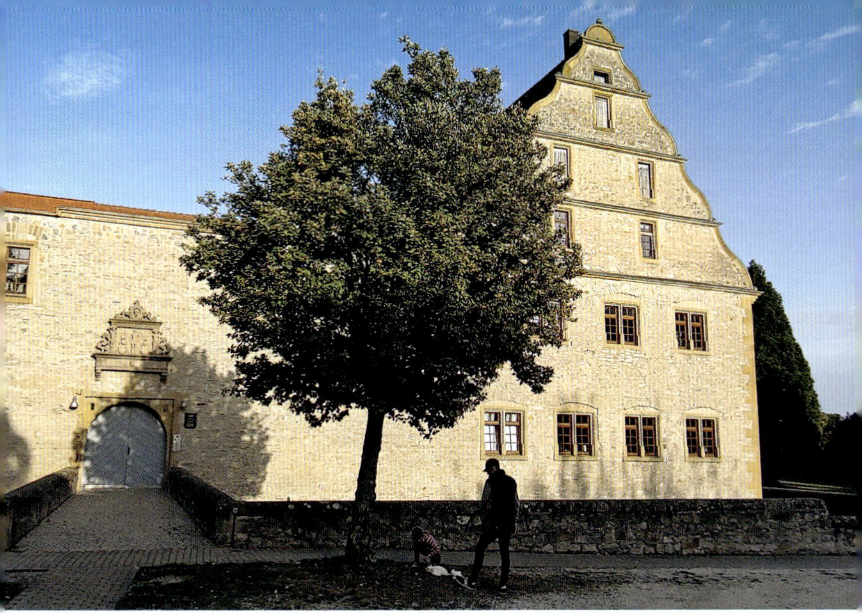

Wasserschloss Presteneck.

Wir starten im Zentrum von **Stein am Kocher** ❶ am Wasserschloss Presteneck und ziehen an der Metzgerei Leix vorbei die Kurmainzerstraße hoch bis zum Ehrenmal. Dort wenden wir uns nach rechts und marschieren am alten Pfarrhaus von 1782 vorbei den Kirchweg hoch. Hinter der neogotischen Kirche mit den bemerkenswerten bunten Dachziegeln, die auf einem Tuffsteinfels thront, biegen wir links ab.
Vorbei am Dalbergschen Landhaus, einer Villa im toskanischen Stil aus dem frühen 19. Jh., wandern wir den begrünten Weg hoch bis zur alten Wasserversorgungsanlage von 1908. Dort biegen wir rechts ab und gehen hinauf in Richtung Wald. Wir bleiben auf dem Asphaltsträßchen am

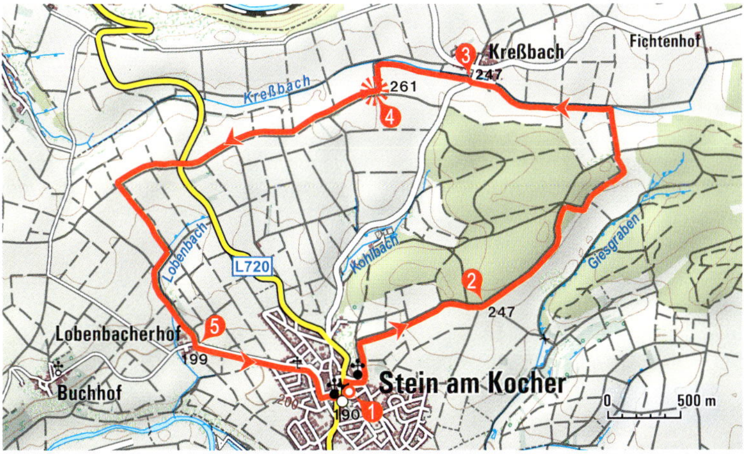

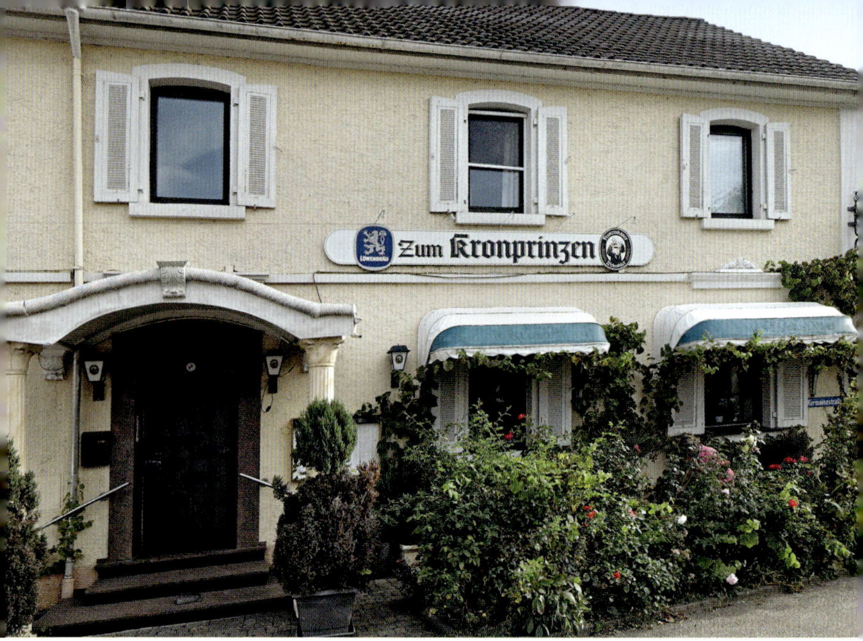

Zum Kronprinzen.

Waldrand bis zum Linksschwenk der Straße oberhalb des Taleinschnitts **Hellenklinge ❷**.

Hier verlassen wir den Asphalt und marschieren geradeaus auf geschottertem Weg am Waldsaum entlang. Nach 10 Minuten führt uns der Weg nach links in den Wald. Bald stoßen wir auf eine Kreuzung mehrerer Wege. Wir biegen rechts ab und treffen wieder auf den Waldrand, wo wir nach links auf dem Grasstreifen weitergehen. Vor dem Jägersitz steigen wir links hinauf, bleiben weiter am Waldrand und erreichen einen Wirtschaftsweg. Wir schwenken wenige Meter nach rechts und halten uns sofort wieder links talwärts.

Unten im Gründle, wie man den Talboden nennt, biegen wir links ab und folgen dem schilfbestandenen Bachlauf bis nach **Kreßbach ❸**. Dort, an der Zufahrtsstraße, gehen wir nach rechts, halten uns sofort wieder vor der Brücke links und bleiben weiterhin am Bachlauf.

An der Brücke mit dem alten Stauwehr geht es nun auf dem Wiesenweg weiter. Falls es zu nass sein sollte, können wir auch den befestigten Weg auf der anderen Seite des Gewässers benutzen. Wir wandern nun so lange am Bacheinschnitt entlang, bis wir einen Weg finden, der nach links hinaufführt.

Oben treffen wir auf die **Hohe Straße ❹**, einen uralten Fernhandelsweg zwischen Kocher und Jagst, den schon die Kelten benutzten, was zahlreiche Grabhügel der Hallstattzeit aus der Umgebung bezeugen. Wegen vieler versumpfter Täler wurden alte Handelswege früher meist auf den Höhenrücken angelegt. In südwestlicher Richtung genießen wir einen weiten Ausblick bis zum Kraftwerk in Heilbronn und bei guter Sicht bis zum Heuchelberg dahinter. Wir biegen auf dem befestigten Plattenweg rechts ab und halten die Richtung bei, auch dort, wo es auf Gras weitergeht. Nach einer Weile

lugt links die Spitze des Kirchturms unseres Zielortes Stein hervor.
An einem historischen steinernen Wegweiser mit Zeitangaben zu den nächsten Ortschaften überqueren wir die Straße und wählen die Richtung nach Jagstfeld aus. Am Ende einer Gehölzgruppe, 5 Meter vor einem gelben Metallpfosten der Gasleitung, biegen wir (entgegen der Wanderzeichen) links ab und wandern ohne Markierung durch die Felder talwärts. In der Mulde, vor dem Wiederanstieg, biegen wir auf dem Wirtschaftsweg erst rechts und nach 100 m links ab.
Unten im Weiler **Lobenbacherhof ❺** geht es auf dem Radweg nach links in Richtung Stein. Dort angekommen biegen wir nach der Rechtskurve links in die Straße Am Glanzbuckel ab und gelangen an der Marienkapelle vorbei ins Zentrum zum alten Wasserschloss Presteneck. Das heutige Renaissanceschloss geht aus einer mittelalterlichen Burg hervor, die zuvor an dieser Stelle war.

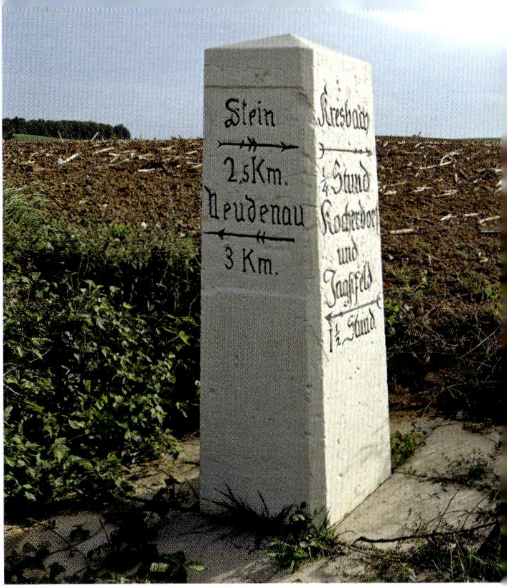

Historischer Wegweiser.

Der jetzige Bau stammt aus dem 16. Jh. vom Adelsgeschlecht derer von Gemmingen.
Bei der Metzgerei Leix halten wir uns links und passieren den Metzgerstadel beim Sonnenwirt. Dahinter geht es zu unserem Ausgangspunkt am kleinen Platz im Zentrum von **Stein am Kocher ❶**.

EINKEHR

Metzgerstadl Zum Sonnenwirt: Aus einer alten Scheune zauberte die Metzgerfamilie Leix ein einmaliges Gasthaus, das es in dieser Form nur selten gibt. Im Gastraum und darüber auf der Empore sitzt man originell zwischen Stahlträgern, Holzdecken und rustikalen Wänden. Ein Hingucker ist der lichte Wintergarten, der die Gaststätte erweitert. Im Sommer sitzt man kommunikativ an Biertischen vor dem Eingang auf der Terrasse. Serviert werden viele traditionelle schwäbische Fleischgerichte, die an Besenlokale erinnern, darunter auch ein paar vegetarische Leckereien »aus am Gärtle«. Die Preise der reichhaltigen Portionen sind sehr moderat. Mi.–Sa. ab 16, So. ab 10.30 Uhr, Kurmainzerstraße 10/1, 74196 Neuenstadt-Stein, Tel. +49 6264 927788, metzgerstadl-sonnenwirt.de.

Zum Kronprinzen: Wegen eines Streits mit dem Bürgermeister um die Konzession reiste der erste Besitzer 1880 zum Großherzog nach Karlsruhe und bekam von ihm die nötigen Rechte zur Eröffnung. Zum Dank und vermutlich auch zum Ärger des Bürgermeisters nannte er die Gaststätte »Zum Kronprinzen«. Heute betreibt Familie Jasarevic das Traditionshaus und serviert eine vielfältige Mischung großer Portionen von Balkangerichten, traditionellen Fleischgerichten, regionalen Speisen, vielen Salatplatten und Pizzen. Gute Weinauswahl mit Weinen aus der Region sowie Kroatien, Bosnien und Slowenien. Gespeist wird im rustikalen Gastraum oder auf der Terrasse. Mo., Fr., Sa. ab 17, So. und Feiertags ab 11 Uhr, Kurmainzerstraße 38, 74196 Neuenstadt-Stein, Tel. +49 6264 927987, zum-kronprinzen-stein.de.

44 Vom historischen Neudenau auf die Höhe

Ein städtisches Kleinod an der Jagst

3.15 Std. | 11,3 km | ↗ 210 m | ↘ 210 m

Zur einstigen Pfarrkirche von Deitingen

Kaiser Barbarossa verlieh 1236 der Gemeinde an der Jagst die Stadtrechte. Von der prosperierenden Vergangenheit zeugen noch viele prächtige Fachwerkhäuser, die den Marktplatz umgeben. Ausgehend von der kleinen überschaubaren Altstadt, wandern wir durch die Feldflur zu einem idyllischen Waldsee, der zur Rast und Naturbeobachtung einlädt. Auf dem Rückweg stoßen wir wieder einmal auf den Kulturwanderweg Jagst, der uns zum Schluss der Tour an der St.-Gangolf-Kapelle vorbeiführt. Die romanische Wallfahrtskapelle – einst die Pfarrkirche des untergegangenen Ortes Deitingen – zählt zu den ältesten Sakralbauten des Jagsttals und birgt im Inneren original erhaltene historische Fresken und einen herrlichen spätgotischen Hochaltar. Zahlreiche Hufeisen an der Eingangstür weisen auf die alljährliche Pferdewallfahrt mit bis zu 300 Reitern am zweiten Sonntag im Mai hin.

Ausgangspunkt: Bahnhof in 74861 Neudenau. Erreichbar mit Regionalbahn von Heilbronn. Parkmöglichkeit am Friedhof gegenüber dem Bahnhof.
Anforderungen: Wir wandern fast die gesamte Strecke auf gut begehbaren Feld- und Waldwegen.
Information: Stadtverwaltung, Hauptstraße 27, 74861 Neudenau, Tel. +49 6264 927800, www.neudenau.de. Womo-Platz, Camping Neudenau, N 49.28783, E 9.29476.
Tipp: Die St.-Gangolf-Kapelle ist von Mai bis Mitte September sonntags von 14 bis 17 Uhr geöffnet. Eine Besichtigung für Gruppen ist mit Führung unter Tel. +49 6264 7620 oder unter hubert.vochezer@gmx.de buchbar.
Karte: Wanderkarte Künzelsau (LGL Blatt W212, 1:25.000).

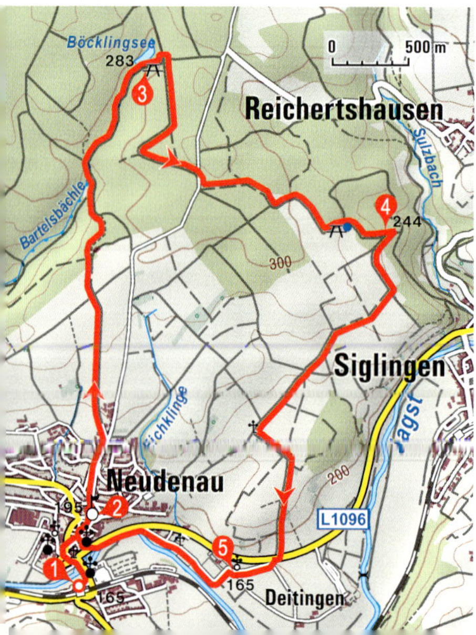

Vom Bahnhof in **Neudenau** ❶ gehen wir über die Jagstbrücke in den Ort. Wir steigen links von der Brücke die Stufen hoch. Oben finden wir das Wanderzeichen mit dem blauen Kreuz (Morre-Jagst-Weg) und folgen ihm nach rechts in die historische Altstadt. Weiter lotsen uns die Wanderzeichen zum prächtigen, von Fachwerkhäusern gesäumten Marktplatz. Darunter das Renaissancegebäude des Rathauses von 1587 mit dem Engelsbrunnen davor. Auch in den Seitenstraßen findet sich herrliches reich verziertes fränkisches Fachwerk in Drei-Ständer-Technik.
Wir ziehen weiter durch die Hauptstraße, am historischen Gasthaus

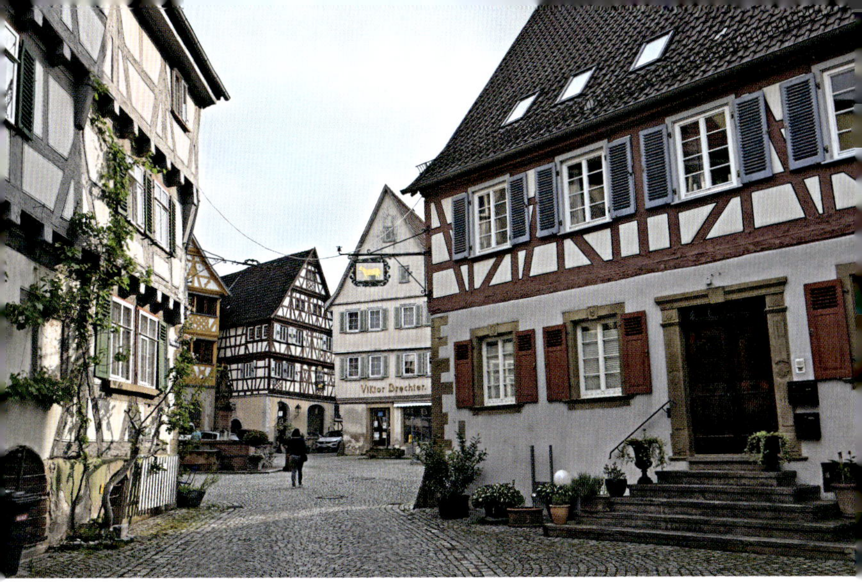

Altstadt von Neudenau.

Falken vorbei, das seit 1762 als Gasthaus und Herberge dient und heute noch das Zunftlokal der Stadt ist. Nach der Fahrschule steigen wir links die Stufen hoch in Richtung Museum, das im **Schloss Neudenau** ❷ aus dem 13. Jh. untergebracht ist. Das kleine Heimatmuseum darin ist am Sonntagnachmittag zugänglich.
Rechts am Turm vorbei führen weitere Treppenstufen bergauf. Danach geht es links weiter die Bergstraße hoch. Am Ortsende, kurz vor dem Neubaugebiet, weist uns das blaue Kreuz neben einem Walnussbaum nach links.
Durch die Feldflur wandern wir hoch zur Anhöhe. Dort, am Bildstock, gehen wir geradeaus weiter und beschreiten kurz danach hinter der ersten Hütte den Waldpfad nach links. Er mündet auf einen asphaltierten Forstweg, an dem wir uns links halten. An der Verzweigung bei der Schutzhütte schlagen wir nach rechts den Weg zum **Böcklingsee** ❸ ein, den wir 15 Minuten später erreichen. Nach einem Päuschen am idyllischen Waldsee biegen wir an nächster Kreuzung rechts ab auf den Seegrundweg und verlassen hier unser Orientierungszeichen, das blaue Kreuz. Nach einem größeren Linksbogen stoßen wir auf eine Verkehrsstraße, gehen knapp 100 m nach rechts daran entlang und überqueren sie nach links. Dort folgen wir dem linken der beiden Wege.
Am Waldaustritt ziehen wir auf einem Linksbogen durch üppige Wiesen mit Streuobstbeständen. An der Ecke des Waldrandes, beim Blick auf

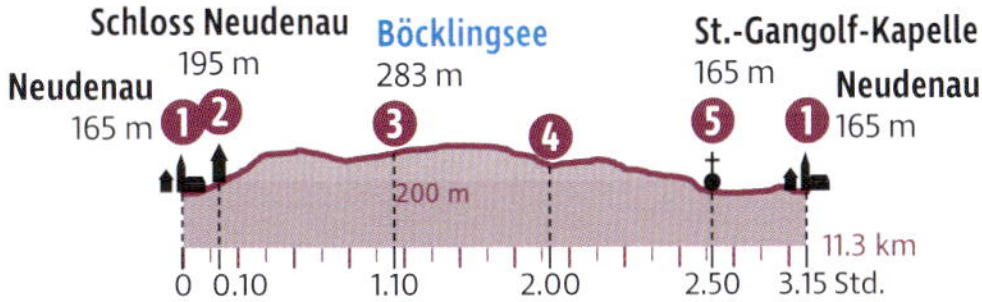

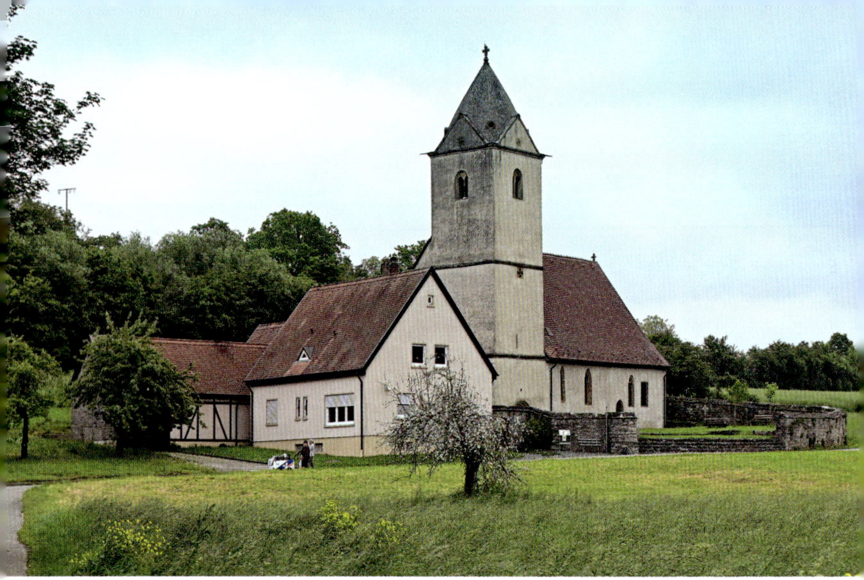

St.-Gangolf-Kapelle.

die Windkraftanlagen gegenüber, biegen wir links ab, wandern weiter längs des Waldsaums, wo wir kurz darauf eine Picknickgruppe mit Brunnen passieren.

An der nächsten Kreuzung treffen wir das Schild des **Kulturwanderweges Jagst** ❹ und folgen ihm nach rechts bergauf. Achtung! Nach 300 m knickt der Weg mitten im Feld nach rechts ab und führt weiter durch die Flur der Gemarkung »Kalte Hecke«. Wir folgen der Beschilderung, stoßen auf einen asphaltierten Wirtschaftsweg, auf dem wir am Feldkreuz links abbiegen. Kerzengerade führt uns das Sträßchen nun bergab ins Tal der Jagst. Dort überqueren wir die Landesstraße und biegen rechts ab zur **St.-Gangolf-Kapelle** ❺.

Kurz nach dem Stauwehr orientieren wir uns am Jakobsweg, gehen über die Straße und machen noch einmal einen kleinen Schlenker durch die Altstadt von **Neudenau** ❶, bevor wir zurück zum Bahnhof marschieren.

EINKEHR

Gasthaus Falken: Das alte Zunftlokal blickt auf eine lange Vergangenheit zurück. Ein Schild weist auf die badischen Zeiten hin, auf die man hier stolz ist. Erst 1973 kam der Ort zum württembergischen Landkreis Heilbronn. Fünf Jahre danach übernahm Rainer Fallman, der Falkenwirt, das Traditionslokal. Ein Blick ins Innere bestätigt die Geschichte des Hauses. Beim Essen muss man sich allerdings mit zwei oder drei Speisen genügen, die bis zum Vortag vorbestellt werden sollten. Dafür erhält man gute und preiswerte Hausmannskost. Mo.–Sa. ab 17, So. ab 11 Uhr, Mi. Ruhetag, Obere Brunnengasse 2, 74861 Neudenau, Tel. +49 6264 400, gasthaus-falken.de.

Gasthaus Jagsttal: Griechische Küche mit Fleischgerichten und diversen Salaten bekommt man bei Famile Vasileiadis. Die Portionen sind reichlich, bei üblichen Preisen. Während es drinnen etwas nüchtern ist, sitzt man umso schöner unter den Bäumen im Biergarten. Di.–Sa. 11–14 und ab 17 Uhr, So. ab 10 Uhr, Bahnhofstraße 4, 74861 Neudenau, Tel. +49 6264 222, Infos bei Facebook.

Zum Assulzerhof

Zu grünen Seitentälern der Jagst

4.15 Std. | 14,6 km | ↗ 200 m | ↘ 200 m

Einsame Weiler auf windreichen Höhen

Die welligen Hügel des Baulands zwischen Odenwald im Norden und Jagsttal im Süden ist die Heimat des Grünkerns. Von Höchstberg, einem Dorf auf der Hochfläche, das vor allem durch seine Wallfahrtskirche auf dem Ilgenberg – außerhalb des Dorfes – bekannt ist, wandern wir zunächst ins liebliche Schefflenztal hinab. Durch die bewaldete Mannsklinge ziehen wir wieder hinauf am kleinen Dörfchen Bernbrunn vorbei, um dessen Zugehörigkeit einst zwischen Baden und Württemberg jahrzehntelang gerungen wurde, da sechs Höfe badisch und zwei württembergisch waren. Heute gehört es zu Gundelsheim und zum Landkreis Heilbronn. Weiter geht es über die windige Hochfläche zum Weiler Assulzer Hof, wo ein uriger Landgasthof einlädt zu Speis und Trank. Über Tiefenbach und das gleichnamige Tal des Flüsschens geht es zurück.

Ausgangspunkt: Sportplatz in 74831 Höchstberg. Parken am Sportplatz von Höchstberg. Bushaltestelle in der Untergriesheimer Straße. Von Bad-Friedrichshall mit Buslinie 602 zu erreichen.
Anforderungen: Beschauliche Rundtour auf Wald- und Feldwegen ohne Wandermarkierung . Es sind zweimal kurze Wiesen-Etappen zu bewältigen, sodass bei Nässe wasserdichte Schuhe empfehlenswert sind.
Information: Tourismusbüro Tiefenbacher Straße 16, 74831 Gundelsheim am Neckar, Tel. +49 6269 9641, gundelsheim.de.
Karte: Wanderkarte Künzelsau (LGL Blatt W212, 1:25.000).
Variante: Wer in Bernbrunn einkehren möchte, geht am zweiten Abzweig nach links über die Kuppe. Kurz bevor der Grasweg beginnt, befindet sich links hinter einem Nussbaum eine sehenswerte alte Marienfigur. Wir gehen weiter bis zur Straße und biegen rechts ab. Am Ortsausgang liegt rechts die kleine Gaststätte. Geradeaus weiter stößt von rechts wieder der beschriebene Weg hinzu.

Blick zum Gänslacherhof.

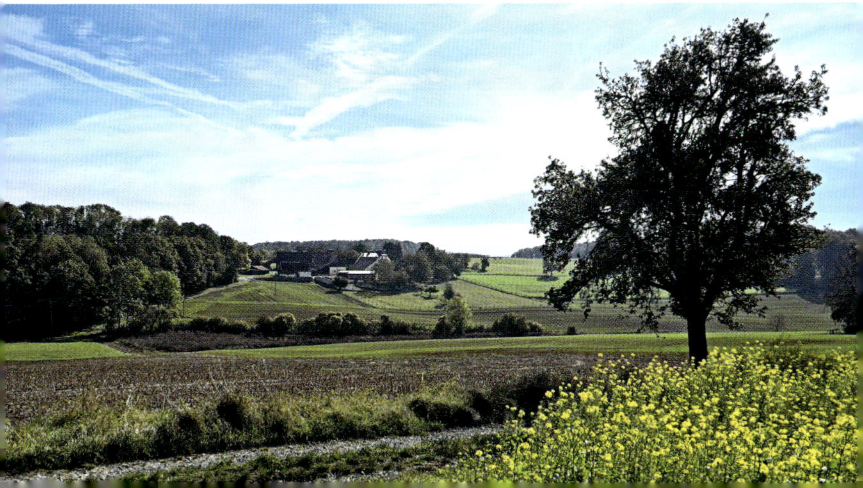

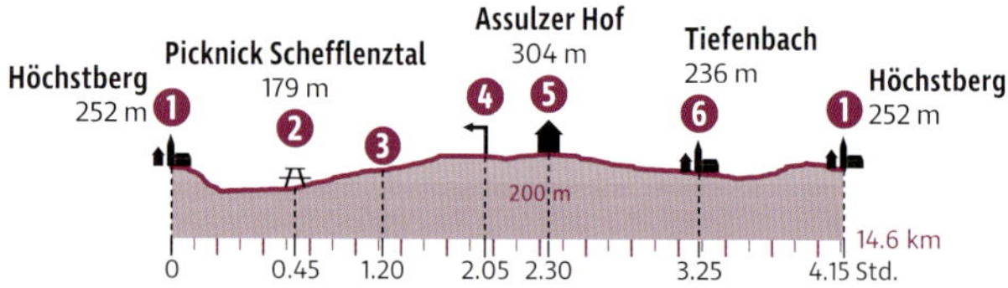

Vom Parkplatz an den Sportanlagen von **Höchstberg ❶** gehen wir auf der Sonnenstraße hinab bis zum Rechtsknick in der Dorfmitte. Hier verlängern wir geradeaus in die Schefflenzstraße und wandern den geteerten Hohlweg hinab. An der Kläranlage endet der Asphaltbelag und wir ziehen links ins Schefflenztal weiter. Herrlich verläuft der Weg auf der Oberkante des grünen Tals entlang.

Am **Picknick Schefflenztal ❷**, beim kleinen Pavillon, verlassen wir nun den Talweg und steigen links bergauf. Längs der Mannsklinge zieht sich der Waldweg durch den Langen Haldenwald sanft, aber stetig in die Höhe.

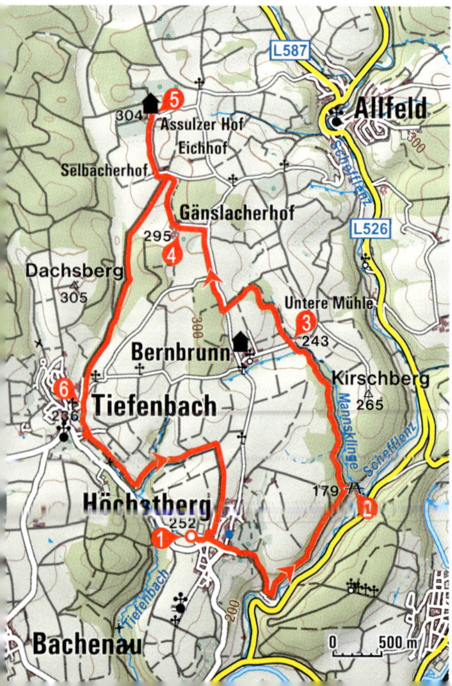

Am Waldaustritt gehen wir weiter am begrünten Bachlauf entlang. Wir ignorieren die beiden **Linksabzweige nach Bernbrunn ❸** und tauchen erneut in den Wald ein. An der T-Kreuzung am Ende des Waldes biegen wir links ab und ziehen hinauf zur Straße. Oben wenden wir uns nach rechts und folgen der kaum befahrenen Autostraße etwa 800 m über die manchmal recht windige Hochfläche. Wobei auch der seitliche Grünstreifen genutzt werden kann. Am **Abzweig zum Gänslacherhof ❹** biegen wir links ab und umrunden den Hof auf seiner rechten Seite.

Entlang des Waldsaums geht es nun wieder talwärts. Unten an der Ecke schlendern wir nach rechts auf dem Wiesenstreifen am Waldrand entlang. Falls die Wiese nicht gemäht ist und dies nicht möglich sein sollte, müssen wir leider zwischen den beiden Äckern hoch zur Straße marschieren und dort rechts abbiegen. Wir stoßen wieder auf eine Straße, die uns links zum Weiler Selbacherhof führt. Dort biegen wir an erster Möglichkeit vor einem Fachwerkgebäude rechts ab.

Nach Durchschreitung eines Höhenzugs und einer Mulde erreichen wir den schon von Ferne sichtbaren Weiler **Assulzer Hof ❺**. Nachdem wir den ländlichen Spezialitäten zur Genüge gefrönt haben, wandern wir auf demselben Weg wieder zurück bis Selbacherhof. Am Fachwerkhaus gehen wir nach links und nach 20 m nach rechts an einem auffälligen Holzbohlenhaus vorbei

EINKEHR

Gasthaus Waldeck: Nur Getränke gibt es in der urigen, kleinen Dorfschänke. Auf Anfrage bietet der Wirt Stefan Lamminger für Gruppen aber auch ein zünftiges Vesper an. Mi. 10–12 und ab 17 Uhr, Sa. und So. 10–12 Uhr, Odenwaldstraße 10, 74831 Gundelsheim-Bernbrunn, stefan.lamminger@gmail.com.

Assulzer Hof: Urige heimelige Gaststube mit Dielenboden und Hirschgeweihen an den Wänden. Auch die alte Wanduhr aus Holz fehlt nicht im Gastraum von Familie Hennrich. Falls niemand da ist, macht man sich vor dem Tresen mit der Kuhglocke bemerkbar. Zu essen gibt es deftige Landküche mit Odenwälder Einschlag, wie z.B. das Assulzer Kochkäseschnitzel. Auch Grünkerngerichte – typisch für die Region – stehen auf dem Speiseplan. Auf Vorbestellung werden Kartoffelsuppe und Dampfnudeln mit Weinschaumcreme gereicht. Die Preise sind ländlich moderat. Falls Sie noch Platz im Rucksack haben, gibt es auch einiges zum Mitnehmen. Die selbst gebrannten Brände und Liköre, gereift in alten Gewölbekellern, sind weithin beliebt. Je nach Saison gibt es Wild, Grünkern und Hausmacher Dosenwurst. Mi.–So. ab 11 Uhr, Assulzer Hof 5, 74842 Billigheim, Tel. +49 6265 211, assulzerhof.de.

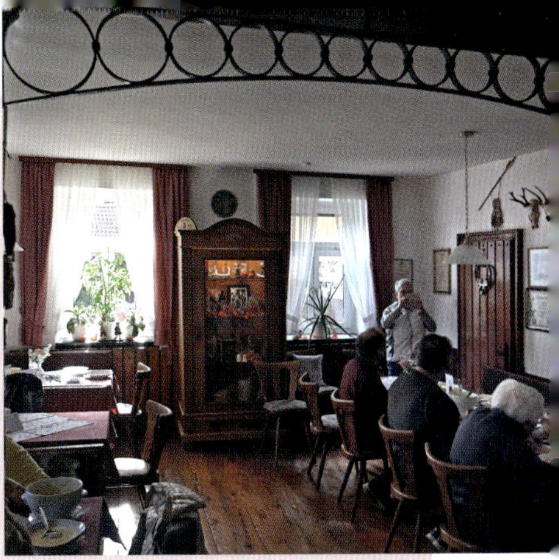

Im Assulzer Hof.

ins Tal. Dort setzen wir im Wald die Richtung fort und wandern für eine Weile bergab. Im Tal angekommen, geht es auf angenehmem Forstweg genüsslich am Waldsaum entlang. An einem großen Bauernhof vorbei betreten wir den Ort **Tiefenbach ❻**. Wir lassen das Zentrum des Dorfes rechts liegen und wandern weiter am Bach entlang. Nach einem Linksknick geht es zwischen Kleingärten hindurch. An einem Trafoturm biegen wir rechts und sofort wieder links ab und verlassen die Ortschaft nach einem Spielplatz. Auf Grasweg geht es an einem verlassenen Waldkindergarten vorbei. Wir überqueren den Bach und setzen unsere Rundtour auf der nächsten Wiese fort. An einer Wasserhebeanlage stoßen wir schließlich auf einen befestigten Weg. Wenige Meter dahinter biegen wir links ab und machen nun einen Schlenker, um nicht an der Straße entlanglaufen zu müssen. Wer damit kein Problem hat, kann auch nach rechts den kürzeren Weg (500 m) über die Straße benutzen.

Wir gehen links den Grasweg längs des Waldrandes hoch und überschreiten eine Lichtung. Auf der Oberkante eines Kerbtals geht es wieder bergauf. Am Schild des Landschaftsschutzgebietes wandern wir noch geradeaus weiter und treffen auf einen Schotterweg mit Grünstreifen in der Mitte. Auf diesem gehen wir weiter hoch und biegen an der nächsten Kreuzung rechts ab. Oben auf der Kuppe mit weitem Fernblick gehen wir den Hohlweg hinab zu unserem Ausgangspunkt an den Sportanlagen in **Höchstberg ❶**. Vor der Hausnummer 13 führt nach rechts ein Fußweg hinüber zum Sportplatz.

Stichwortverzeichnis

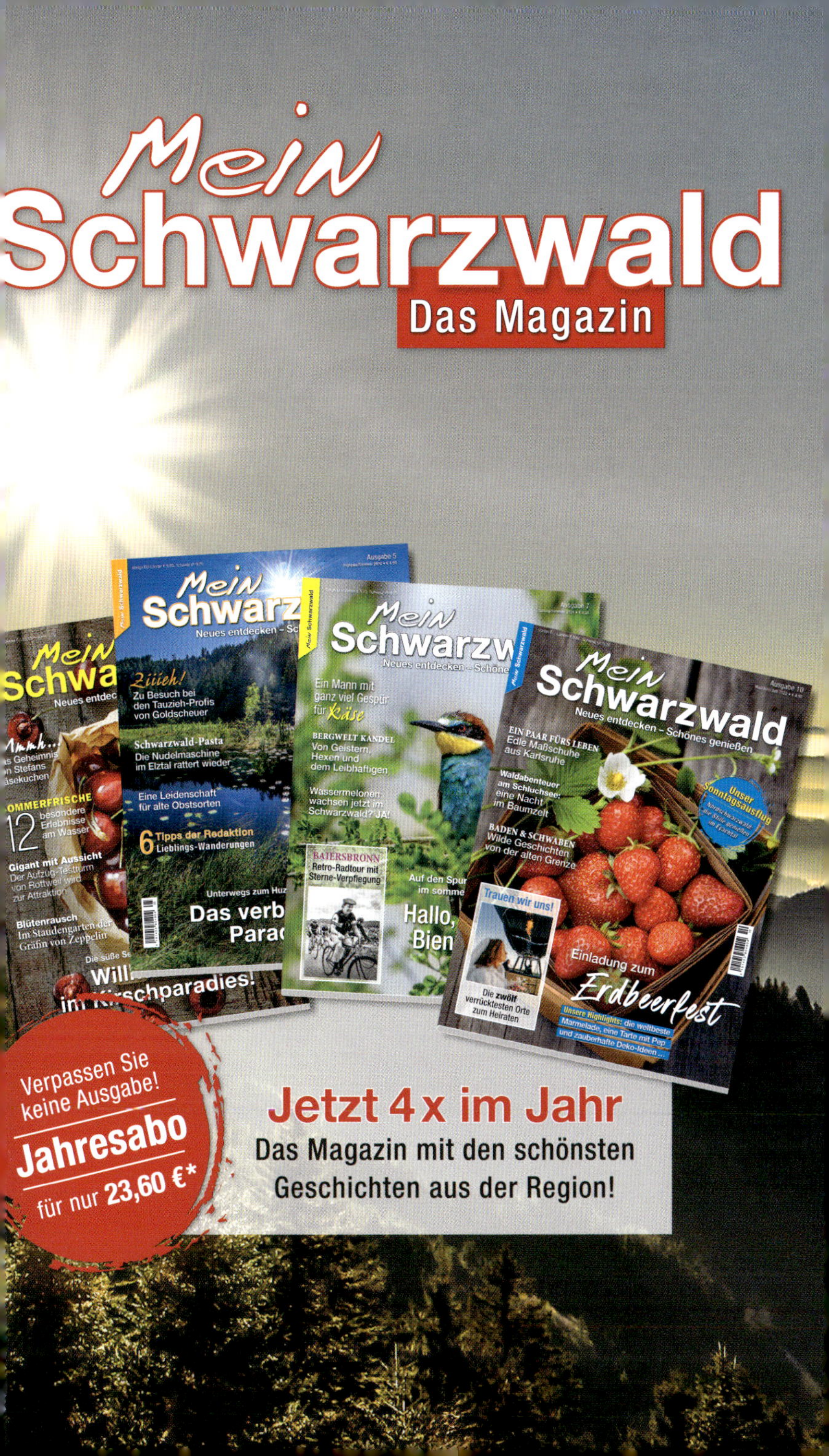
Mein
Schwarzwald
Das Magazin
Verpassen Sie keine Ausgabe!
Jahresabo
für nur 23,60 €*
Jetzt 4 x im Jahr
Das Magazin mit den schönsten Geschichten aus der Region!

Impressum

Umschlagbild: Wengertshäusle beim Breitenauer See (Tour 32)

Bild im Innentitel: Ausblick von der Burg Guttenberg ins Neckartal (Tour 2)

Bild S. 22/23: Lauffen am Neckar (Tour 15)

Bild S. 184/185: Schlosspark bei Öhringen (Tour 34)

Alle Fotos vom Autor

Kartografie: 45 Wanderkärtchen im Maßstab 1:50.000 / 1:75.000
Geodaten © OpenStreetMap und Mitwirkende
Kartografisches Design: SHOCart (CZ), www.shocart.cz,
eine Übersichtskarte im Maßstab 1:275.000
© Freytag & Berndt, Wien

Werk-Nr.: 3422

1. Auflage 2024

ISBN 978-3-7633-3422-3

MIX
Papier | Fördert gute Waldnutzung
FSC® C147178

Wir freuen uns über jeden Korrekturhinweis zu diesem Wanderbuch!
Bitte per E-Mail an: **leserzuschrift@rother.de**

ROTHER BERGVERLAG · Keltenring 17 · D-82041 Oberhaching
Tel. +49 89 608669-0 · rother.de